全国高职高专汽车类规划教材
国家技能型紧缺人才培养培训系列教材

汽车底盘构造与维修

第二版

郑劲　胡天明　主编
张子成　柴彬　副主编

·北京·

内 容 提 要

本书是为适应我国高等职业教育发展的需要，强化职业能力培养，推行一体化教学而编写的一本教材。本书系统地介绍了汽车底盘各系统和总成的作用、组成、构造和原理，介绍了零部件和总成的构造和检修方法；汽车底盘各系统的常见故障的诊断方法、维修工艺与维修技术要求等内容。全书的主要内容有：汽车底盘概述，离合器，手动变速器，自动变速器，万向传动装置，驱动桥，车架、车桥和车轮，悬架，汽车转向系和汽车制动系。为方便教学，本书配套课件、视频动画、习题答案等资源。

本书主要供高等工科和高等职业院校汽车专业的师生作教材使用，也可供汽车维修与检测技术人员使用和参考，还可以作为各类汽车维修培训班的培训教材。

图书在版编目（CIP）数据

汽车底盘构造与维修/郑劲，胡天明主编. —2版. —北京：化学工业出版社，2014.2（2021.7重印）
全国高职高专汽车类规划教材　国家技能型紧缺人才培养培训系列教材
ISBN 978-7-122-19512-8

Ⅰ.①汽⋯　Ⅱ.①郑⋯②胡⋯　Ⅲ.①汽车-底盘-结构-高等职业教育-教材②汽车-底盘-车辆修理-高等职业教育-教材　Ⅳ.①U463.1②U472.41

中国版本图书馆CIP数据核字（2014）第007962号

责任编辑：韩庆利　王金生　　　　　　　文字编辑：张燕文
责任校对：边　涛　　　　　　　　　　　装帧设计：尹琳琳

出版发行：化学工业出版社（北京市东城区青年湖南街13号　邮政编码100011）
印　　装：北京七彩京通数码快印有限公司
787mm×1092mm　1/16　印张19　字数503千字　2021年7月北京第2版第3次印刷

购书咨询：010-64518888　　　　　　　　售后服务：010-64518899
网　　址：http://www.cip.com.cn
凡购买本书，如有缺损质量问题，本社销售中心负责调换。

定　　价：49.00元　　　　　　　　　　　　　　　　　　　　版权所有　违者必究

前 言

本书是为适应我国高等职业教育发展的需要，强化职业能力的培养，推行一体化教学而编写的一本教材，是将汽车底盘的构造、原理、调整使用、故障诊断与维修等内容整合形成的一体化教材，很好地突出了理论适度够用、强化实践技能培养的高职特点，而且一体化教材特别符合教学规律。

针对汽车技术发展的情况和职业教育的特点，对教材内容作了改进：一是以典型国产车型及常见进口车型为基本车型；二是增加了汽车底盘新技术的内容，如电控自动变速器、电控悬架、防抱死制动系统等；三是根据汽车运用与维修专业技术领域和职业岗位的任职要求，确定教材的编写内容，简化繁琐的理论分析，突出职业能力培养，有较强的岗位针对性和实用性；四是配有简明丰富的插图，使汽车各零部件的构造、检测和维修保养操作工艺一目了然。

本书系统地介绍了汽车底盘各系统的作用、组成、构造和工作原理，总成和零部件的构造与检修方法；汽车底盘各系统的常见故障的诊断方法、维修工艺与维修技术要求等内容。全书的主要内容有：汽车底盘概述，离合器，手动变速器，自动变速器，万向传动装置，驱动桥，车架、车桥和车轮，悬架，汽车转向系和汽车制动系。

本书主要供高等工科和高等职业院校汽车专业的师生作教材使用，也可供汽车维修与检测技术人员使用和参考，还可以作为各类汽车维修培训班的培训教材。

参加本书编写的有：兰州石化职业技术学院郑劲（第一章、第九章及第十章）、胡天明（第四章）、冯乐雯（第二章、第三章）、潘宗友（第五章），酒泉职业技术学院柴彬（第六章）、兰州职业技术学院张子成（第七章、第八章）。全书由郑劲、胡天明担任主编，张子成、柴彬担任副主编。张鸿雁、杜文锁和孙怀君也参加了本书的编写。

在编写过程中得到了同行和同事们的大力支持，在此表示衷心的感谢。

本书有配套电子课件、习题答案、视频动画等资源，可送给用本书作为授课教材的院校和老师，如有需要，可发邮件到 hqlbook@126.com 索取。

由于编者水平所限，书中难免存在缺点与不足，承望读者给予批评指正。

编　者

目 录

第一章　汽车底盘概述 1
　第一节　了解汽车底盘技术的发展 1
　　一、前轮驱动汽车底盘上的主要配置和特点 1
　　二、后轮驱动汽车底盘上的主要配置和特点 2
　第二节　认识汽车底盘 3
　　一、汽车底盘的组成和功用 3
　　二、汽车传动系的布置形式 5
　　三、汽车行驶的基本原理 7
　复习题 8

第一部分　汽车传动系

第二章　离合器 10
　第一节　认识离合器 10
　　一、离合器的用途 10
　　二、摩擦离合器的组成 11
　　三、离合器的工作原理 12
　　四、离合器的性能要求 12
　　五、摩擦离合器的类型 12
　第二节　摩擦离合器的构造 13
　　一、膜片弹簧离合器 13
　　二、周布螺旋弹簧式离合器 15
　　三、从动盘和扭转减振器 17
　　四、离合器压盘的传力方式和离合器踏板自由行程 18
　第三节　离合器的操纵机构 20
　　一、人力式操纵机构 20
　　二、弹簧助力式操纵机构 23
　第四节　离合器的检测、调整、故障诊断与维修 24
　　一、离合器的检测与调整 24
　　二、离合器的故障诊断与维修 25
　复习题 30

第三章　手动变速器 33
　第一节　认识变速器 33
　　一、变速器的功用 33
　　二、变速器的类型 33
　　三、普通齿轮的传动比 34
　第二节　变速器的变速传动机构 35
　　一、两轴式齿轮变速器 35

二、三轴式变速器的变速传动机构 …………………………………………… 39
　　三、组合式变速器 …………………………………………………………… 40
　第三节　同步器 ………………………………………………………………… 41
　　一、同步器的作用 …………………………………………………………… 41
　　二、同步器的构造及工作原理 ……………………………………………… 42
　第四节　变速器的变速操纵机构 ……………………………………………… 44
　　一、功用与要求 ……………………………………………………………… 44
　　二、变速器操纵机构的构造 ………………………………………………… 45
　　三、换挡锁装置 ……………………………………………………………… 46
　第五节　四轮驱动汽车的变速传动机构 ……………………………………… 49
　　一、四轮驱动系统概述 ……………………………………………………… 49
　　二、分动器的典型结构和工作原理 ………………………………………… 50
　第六节　变速器的检测、故障诊断与维修 …………………………………… 52
　　一、变速器的检修 …………………………………………………………… 52
　　二、变速器的故障诊断与维修 ……………………………………………… 54
　复习题 …………………………………………………………………………… 58
第四章　自动变速器 ………………………………………………………………… 60
　第一节　认识自动变速器 ……………………………………………………… 60
　　一、自动变速器的功用 ……………………………………………………… 60
　　二、自动变速器的分类 ……………………………………………………… 60
　　三、自动变速器的组成和工作原理 ………………………………………… 61
　　四、自动变速器的特点 ……………………………………………………… 62
　　五、自动变速器选挡杆的使用 ……………………………………………… 63
　第二节　液力变矩器 …………………………………………………………… 63
　　一、液力变矩器的功用 ……………………………………………………… 63
　　二、液力变矩器的结构 ……………………………………………………… 64
　　三、液力变矩器的工作原理 ………………………………………………… 66
　　四、带锁止离合器的液力变矩器 …………………………………………… 67
　第三节　行星齿轮变速机构 …………………………………………………… 69
　　一、单排行星齿轮机构的工作原理 ………………………………………… 69
　　二、行星齿轮变速器换挡执行元件 ………………………………………… 71
　　三、辛普森行星齿轮变速器 ………………………………………………… 74
　　四、纳威挪行星齿轮变速机构 ……………………………………………… 78
　第四节　平行轴式齿轮变速器 ………………………………………………… 81
　第五节　自动变速器的液压操纵系统 ………………………………………… 82
　　一、液压泵 …………………………………………………………………… 82
　　二、阀体 ……………………………………………………………………… 84
　　三、主油路调压阀 …………………………………………………………… 84
　　四、换挡阀组 ………………………………………………………………… 85
　　五、变矩器锁止离合器控制阀 ……………………………………………… 86
　　六、安全缓冲系统 …………………………………………………………… 88
　　七、冷却滤油系统 …………………………………………………………… 89
　第六节　自动变速器的电子控制系统 ………………………………………… 90

一、概述 …………………………………………………………………………… 90
　　二、传感器 ………………………………………………………………………… 91
　　三、执行器 ………………………………………………………………………… 94
　　四、电子控制单元 ………………………………………………………………… 95
　复习题 ……………………………………………………………………………… 98

第五章　万向传动装置 …………………………………………………………… 100
　第一节　认识万向传动装置 …………………………………………………… 100
　　一、万向传动装置的功用和组成 ………………………………………………… 100
　　二、万向传动装置在汽车上的应用 ……………………………………………… 101
　第二节　万向节 ………………………………………………………………… 102
　　一、十字轴式刚性万向节 ………………………………………………………… 102
　　二、准等速万向节 ………………………………………………………………… 104
　　三、等速万向节 …………………………………………………………………… 104
　　四、挠性万向节 …………………………………………………………………… 107
　第三节　传动轴和中间支承 …………………………………………………… 107
　　一、传动轴 ………………………………………………………………………… 107
　　二、中间支承 ……………………………………………………………………… 108
　第四节　万向传动装置的检修与故障诊断 …………………………………… 109
　　一、万向传动装置的检修 ………………………………………………………… 109
　　二、万向传动装置的故障诊断 …………………………………………………… 111
　复习题 …………………………………………………………………………… 112

第六章　驱动桥 …………………………………………………………………… 114
　第一节　认识驱动桥 …………………………………………………………… 114
　第二节　主减速器 ……………………………………………………………… 116
　　一、单级主减速器 ………………………………………………………………… 116
　　二、双级主减速器 ………………………………………………………………… 119
　　三、主减速器调整总结 …………………………………………………………… 121
　第三节　差速器 ………………………………………………………………… 122
　　一、普通行星齿轮差速器 ………………………………………………………… 122
　　二、防滑差速器 …………………………………………………………………… 125
　第四节　半轴和桥壳 …………………………………………………………… 126
　　一、半轴 …………………………………………………………………………… 126
　　二、桥壳 …………………………………………………………………………… 128
　第五节　驱动桥的检测、故障诊断与维修 …………………………………… 129
　　一、驱动桥的主要零件的检测与调整 …………………………………………… 129
　　二、驱动桥的故障诊断与维修 …………………………………………………… 131
　复习题 …………………………………………………………………………… 133

第二部分　汽车行驶系

第七章　车架、车桥和车轮 ……………………………………………………… 136
　第一节　车架 …………………………………………………………………… 136
　　一、车架的功用和要求 …………………………………………………………… 136

二、车架的类型和构造 …………………………………………………………… 136
　第二节　车桥 …………………………………………………………………………… 140
　　一、转向桥 ………………………………………………………………………… 140
　　二、转向轮定位 …………………………………………………………………… 142
　　三、转向驱动桥 …………………………………………………………………… 145
　第三节　车轮 …………………………………………………………………………… 147
　　一、轮辋的构造、性能和规格标记 ……………………………………………… 147
　　二、轮胎的构造、性能和规格标记 ……………………………………………… 150
　　三、新型汽车轮胎 ………………………………………………………………… 156
　第四节　车架与车桥的检测、故障诊断与维修 ……………………………………… 157
　　一、车架的检修 …………………………………………………………………… 157
　　二、车桥的检测与维修 …………………………………………………………… 158
　复习题 …………………………………………………………………………………… 167
第八章　悬架 ………………………………………………………………………………… 169
　第一节　认识悬架 ……………………………………………………………………… 169
　　一、悬架的功用和组成 …………………………………………………………… 169
　　二、汽车悬架的类型 ……………………………………………………………… 170
　第二节　弹性元件 ……………………………………………………………………… 171
　　一、弹性元件的特性 ……………………………………………………………… 171
　　二、弹性元件的类型 ……………………………………………………………… 171
　第三节　减振器 ………………………………………………………………………… 177
　　一、减振器的功能及要求 ………………………………………………………… 177
　　二、双向作用式减振器 …………………………………………………………… 178
　第四节　典型悬架系统 ………………………………………………………………… 179
　　一、典型非独立悬架的结构和特点 ……………………………………………… 179
　　二、典型独立悬架的结构和特点 ………………………………………………… 182
　　三、多轴汽车的平衡悬架 ………………………………………………………… 187
　第五节　电子控制悬架系统简介 ……………………………………………………… 188
　　一、概述 …………………………………………………………………………… 188
　　二、电子控制空气悬架的结构及工作原理 ……………………………………… 190
　第六节　悬架系统的检测、故障诊断与维修 ………………………………………… 194
　　一、汽车悬架装置的故障诊断与维修 …………………………………………… 194
　　二、桑塔纳轿车悬架装置的检测 ………………………………………………… 195
　复习题 …………………………………………………………………………………… 197

第三部分　汽车转向系与制动系

第九章　汽车转向系 ………………………………………………………………………… 200
　第一节　认识转向系 …………………………………………………………………… 200
　　一、转向系的类型与组成 ………………………………………………………… 200
　　二、两侧转向轮偏转角之间的理想关系式 ……………………………………… 202
　　三、转向系的参数 ………………………………………………………………… 203
　第二节　机械转向器 …………………………………………………………………… 204

一、转向器的传动效率 204
　　二、转向器及其调整 204
　第三节　转向操纵机构 208
　　一、转向操纵机构的组成和布置 208
　　二、转向操纵机构的部件及安全装置 208
　第四节　转向传动机构 210
　　一、与非独立悬架配用的转向传动机构 210
　　二、与独立悬架配用的转向传动机构 213
　第五节　机械转向系的检测、故障诊断与维修 215
　　一、转向器的检测与维修 215
　　二、转向传动机构的检修 218
　　三、机械式转向系故障诊断与排除 218
　第六节　动力转向系 219
　　一、动力转向系的类型 220
　　二、液压动力转向装置的组成与原理 220
　　三、转向油泵 224
　　四、动力转向系故障诊断和检修 226
　第七节　电动式动力转向系 227
　　一、电动式动力转向系的组成、原理与特点 227
　　二、电动式动力转向系的类型 228
　　三、电动式动力转向系的关键部件 229
　　四、电动式动力转向系实例 231
　复习题 233
第十章　汽车制动系 235
　第一节　认识制动系 235
　　一、制动系的功用 235
　　二、制动系的类型 235
　　三、制动系的组成 236
　　四、制动系的工作原理 236
　　五、对制动系的要求 237
　第二节　车轮制动器 237
　　一、鼓式制动器 237
　　二、盘式制动器 249
　第三节　驻车制动器 252
　　一、鼓式制动器中的驻车制动装置 252
　　二、盘鼓组合式制动器 254
　　三、凸轮促动蹄鼓式中央制动器 255
　第四节　液压式制动传动装置 255
　　一、液压式制动传动装置的组成 256
　　二、制动液 257
　　三、液压式制动传动装置主要部件 258
　第五节　伺服制动系 260
　　一、真空助力式伺服制动系 261

二、真空增压式伺服制动系 ································· 264
　第六节　气压动力制动系 ····································· 265
　　一、气压制动回路 ··· 265
　　二、气压式制动系的主要零部件 ····························· 266
　第七节　制动力的调节装置 ··································· 274
　　一、限压阀和比例阀 ······································· 275
　　二、感载比例阀 ··· 276
　　三、惯性限压阀 ··· 276
　第八节　制动系的检测、故障诊断与维修 ······················· 277
　　一、制动踏板自由行程的调整 ······························· 277
　　二、液压制动系排气 ······································· 278
　　三、液压制动管路的检查 ··································· 280
　　四、制动系常见故障与排除 ································· 281
　第九节　汽车制动防抱死系统 ································· 281
　　一、概述 ··· 281
　　二、制动防抱死系统的基本组成和工作原理 ··················· 283
　　三、制动防抱死系统的特点 ································· 285
　　四、制动防抱死系统的组件和工作原理 ······················· 286
　复习题 ··· 290

参考文献 ··· 293

第一章　汽车底盘概述

【学习目标】
1. 了解前轮驱动汽车底盘上的主要配置和特点。
2. 了解后轮驱动汽车底盘上的主要配置和特点。
3. 了解汽车底盘的基本组成及功用。
4. 了解汽车底盘的各种布置形式。
5. 了解汽车行驶的基本原理。

第一节　了解汽车底盘技术的发展

现代汽车底盘分为前轮驱动和后轮驱动两大类，两大类汽车底盘在主要配置和结构上有着各自的特点。

一、前轮驱动汽车底盘上的主要配置和特点

随着20世纪70年代末前轮驱动轿车的普及，使汽车在结构上发生了许多变化，就汽车底盘而言，现代汽车发生了下面一系列的改进或变化。

1. 变速器

前轮驱动汽车使用的不再是单一的变速器，而是变速驱动桥，变速器里没有了过度用的中间轴；齿轮排列顺序发生了变化，就是齿轮前后顺序，越向后挡位越高（后轮驱动汽车越向前挡位越高）；变速器的输出轴（2轴）又是主减速器的主动齿轮轴，主减速器除少部分运用了圆锥双曲线齿轮外（发动机纵置时），大部分采用了圆柱斜齿轮（发动机横置时）。

2. 传动轴

前轮驱动轿车通常采用球笼式等速式万向节。同时两根传动轴又是前轮驱动的半轴。

3. 悬架与车轮定位

前轮驱动轿车通常采用麦弗逊式或烛式独立悬架，其中配置较好的中、高档轿车多用烛式独立悬架。这两种悬架使车轮的定位角发生了较大变化。主销内倾角不再是传统的正偏移，而是零主销偏移或负主销偏移。车轮也不是原来单一的外倾角，而是角度很小的外倾和负外倾。在前轮驱动轿车出现之前汽车只是作前轮定位。由于前轮驱动汽车通常采用承载式车身和较软的后悬架，所以需要作四轮定位。

4. 承载式车身

前轮驱动轿车通常采用承载式车身（无梁结构）。车架与车身合为一体，取消了传统的车架。与车身一体的底盘薄钢板制成盒形梁，在承载式车身中所有的部件形状和设计都有承受载荷和各个方向冲击的功能，避免了应力集中。

5. 弹性元件

前轮驱动轿车通常采用螺旋弹簧、空气弹簧和扭杆弹簧。这些弹性元件具有缓冲性能好、所占空间尺寸小的优点，但不具备减振和导向的功能。

6. 导向装置

传统汽车中只是越野车使用横向稳定杆。而现代前轮驱动轿车和使用空气弹簧悬架的大轿车除必备横向稳定杆外，还需配置撑杆、横向推力杆、纵向推力杆、下摆臂等导向装置。

导向装置的作用是汽车转向或在不良路面上行驶时减少车辆的横向角倾斜和横向滑移；在附着力较低的路面上行驶或行驶中突然加速时减少车辆的纵向滑移；保证汽车行驶的稳定性。

7. 转向器

前轮驱动轿车受空间尺寸限制，通常使用齿轮齿条式手动或动力转向器。没有了传统的转向器摇臂和直拉杆，由两根横拉杆直接操纵转向节臂。和梯形机构转向传动装置上所用的转向器相比，转向器啮合副采用了无间隙啮合，使转向盘自由行程明显变小了。不再用润滑油润滑，具有良好低温工作性能的二号通用锂基润滑脂负责齿轮与齿条啮合副的润滑，避免了因为寒冷转向变重的缺憾。齿轮与齿条式转向器还有较好的路感。但是由于摩擦点的减少，路面的冲击和振动也容易传到转向盘和客舱中。因此配置较好的轿车多在齿轮齿条式手动转向器上设置减振器。

8. 制动系统

前轮驱动轿车在盘式制动器中使用的都是浮钳盘式制动器，前盘后鼓的，后轮使用的都是助势作用最差的简单非平衡式鼓式制动器，其制动间隙自动调节是靠拉紧放松驻车制动。由于前轮驱动轿车后轮制动力只占到全车 20%～30%，所以制动管路按前后布置，一旦前轮管路失效，后轮就会因制动力过小而无法实现有效制动，因此前轮驱动轿车制动管路是采用对角交叉布置。如使用比例阀限制后轮的制动力，前轮驱动轿车的比例阀装在制动主缸通往两个后轮的出油口处。若使用感载比例阀，则是装在通往后轮的两根制动管路上，或装在两个后轮轮缸内。

以上前轮驱动轿车的特性也包括主驱动装置在前轮的四轮驱动的轿车。

二、后轮驱动汽车底盘上的主要配置和特点

后轮驱动的轿车和主驱动装置在后轮驱动的四轮驱动的越野车还保留了以往的一些特性。但也有了许多改进。

1. 传动轴

在工艺上，甚至材料上多有突破，但总的结构上后轮驱动还使用不等角速度的刚性十字轴万向节和挠性橡胶万向节。

2. 悬架

后轮驱动的轿车在前悬架上最常采用的还是双摆臂式独立悬架，但也出现了诸如多连杆式独立悬架等新型悬架，少数后驱的轿车在前悬架上也采用麦弗逊式和烛式独立悬架。后悬架上奔驰、凌志 LS430 等高档轿车的后驱轿车，后桥由原刚性驱动桥，变成后桥驱动单横臂的独立悬架。

3. 转向器

后轮驱动轿车的手动和动力转向器还是循环球式，但手动转向器中出现了可变量的手动转向器。动力转向器出现了 SSS 系统。

4. 制动器

后轮驱动轿车的盘式制动器较多使用浮钳盘式，但四轮都是盘式制动器时，前轮通常为四个轮缸，后轮通常为两个轮缸。如为前盘后鼓式，后轮通常使用助势作用最好的自动增力式制动器，自动增力式的制动间隙自动调节是靠倒车制动进行调节的，但所有的自动增力式制动器的初调都是靠手工调节的。

部分前盘后鼓、后轮驱动的汽车为了使制动间隙小的前盘式制动器和制动间隙较大的后轮制动器达到四轮同步，在通往前轮的制动管路上设置了滞后阀。

5. 汽车的四轮定位

20 世纪 70 年代前汽车只作前轮定位，因为那时的汽车都是后轮驱动，使用刚性很大的

刚性车架和刚性驱动桥,后悬架有足够的刚度,可以保证几何中心线和推力线的垂直。20世纪70年代后出现了前轮驱动汽车,使用刚性很小的承载式车身和同样刚性很小的独立及半独立后悬架,无法保证几何中心线和推力线的垂直,所以必须作四轮定位。开始四轮定位主要是前轮驱动的汽车,但现在一些中高档后轮驱动轿车的后桥也改为独立悬架,使这部分车辆也有了四轮定位的需要。

四轮定位包括:主销后倾角、主销内倾角、前轮外倾角、前轮前束、后轮外倾角和后轮前束。

四轮定位的最大好处是可以保证几何中心线和推力线的垂直,使前后车轮辙印一致,保证汽车直线行驶的稳定性;使汽车在直线行驶和拐弯时轮胎都可以保持垂直于路面。好的车轮定位角可以获得安全的操纵性、乘坐的舒适性和最长的轮胎使用寿命。当汽车出现行驶跑偏、车轮偏磨损、转向轮不能自动回正、高速行驶转向发飘、转向器摆振、转向略感发沉、支起转向轮左右转动没有变沉的感觉等情况时,应该尽快作车轮定位。

第二节 认识汽车底盘

一、汽车底盘的组成和功用

汽车底盘由传动系、行驶系、转向系和制动系四大系统组成,其功用为接受发动机的动力,使汽车运动并保证汽车能够按照驾驶员的操纵而正常行驶。图1-1和图1-2所示为常见轿车和货车的底盘结构。

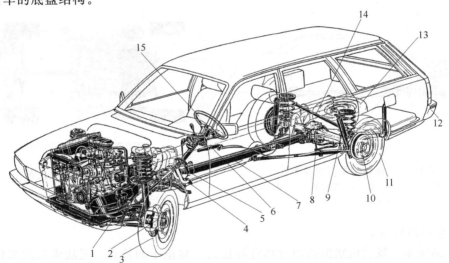

图1-1 轿车底盘结构

1—前悬架;2—前轮制动器;3—前轮;4—离合器踏板;5—变速器操纵机构;6—驻车制动手柄;7—传动轴;8—后桥;9—后悬架;10—后轮制动器;11—后轮;12—后保险杠;13—备胎;14—横向稳定器;15—转向盘

1. 传动系

传动系的基本功用是将发动机发出的动力传给驱动车轮。

现代汽车传动系大多采用机械式或液力传动式的,不同的汽车,其传动系的组成稍有不同。普通双轴货车及部分轿车的发动机纵向布置在汽车前部,并且以后轮为驱动轮,其传动系的组成与布置如图1-3所示,一般是由离合器、手动变速器、万向传动装置、驱动桥等组成。现代轿车中采用自动变速器的越来越多,其底盘包括自动变速器、万向传动装置、驱动

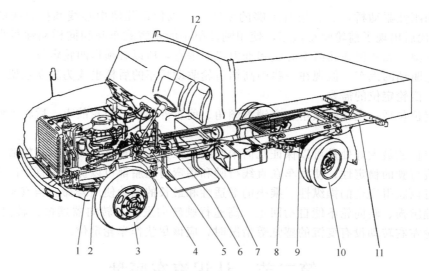

图1-2 货车底盘结构

1—前轴；2—前悬架；3—前轮；4—离合器；5—变速器；6—驻车制动器；
7—传动轴；8—驱动桥；9—后悬架；10—后轮；11—车架；12—转向盘

桥等，即用自动变速器取代了离合器和手动变速器，如图1-4所示。如果是越野汽车（包括SUV，即运动型多功能车），还应包括分动器。

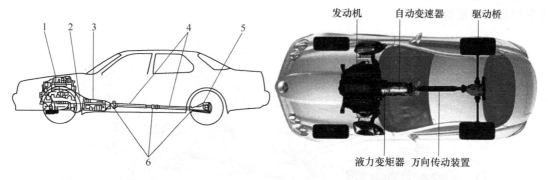

图1-3 机械传动系组成及布置

1—发动机；2—离合器；3—变速器；4—传动轴；
5—驱动桥；6—万向节

图1-4 液力传动系组成及布置

传动系的功用如下。

① 减速增矩 发动机输出的动力具有转速高、转矩小的特点，无法满足汽车行驶的基本需要，通过传动系统的主减速器，可以达到减速增矩的目的，即传给驱动轮的动力比发动机输出的动力转速低、转矩大。

② 变速变矩 发动机的最佳工作转速范围很小，但汽车行驶的速度和需要克服的阻力却在很大范围内变化，通过传动系统的变速器，可以在发动机工作范围变化不大的情况下，满足汽车行驶速度变化大和克服各种行驶阻力的需要。

③ 实现倒车 发动机不能反转，但汽车除了前进外，还要倒车，在变速器中设置倒挡，汽车就可以实现倒车。

④ 必要时中断传动系统的动力传递 启动发动机、换挡过程中、行驶途中短时间停车（如等候交通信号灯）、汽车低速滑行等情况下，都需要中断传动系统的动力传递，利用变速器的空挡可以中断动力传递。

⑤ 差速功能 在汽车转向等情况下,需要两驱动轮能以不同转速转动,通过驱动桥中的差速器可以实现差速功能。

2. 行驶系

汽车行驶系的功用是支持全车并保证车辆的正常行驶,主要由车架(车身)、车桥、悬架、车轮等组成,如图1-5所示。

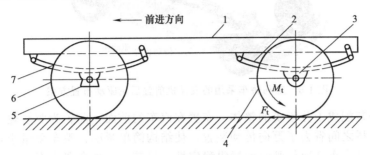

图1-5 汽车行驶系的组成

1—车架;2—后悬架;3—驱动桥;4—后轮;5—转向桥;6—前轮;7—前悬架

汽车行驶系的基本功能是:接受传动系传来的发动机转矩并产生驱动力;承受汽车的总重量,传递并承受路面作用于车轮上的各个方向的反力及转矩;缓冲减振,保证汽车行驶的平顺性;与转向系统协调配合工作,控制汽车的行驶方向,以保证汽车操纵的稳定性。

3. 转向系

转向系的功用是保证汽车能够按照驾驶员选定的方向行驶,主要由转向操纵机构、转向器、转向传动机构组成。现代汽车普遍采用动力转向装置。

4. 制动系

汽车制动系的功用是按照驾驶员的意图进行汽车的减速和停车,并能保证可靠的驻停。汽车制动系一般包括行车制动系和驻车制动系两套相互独立的制动系统,每套制动系统都包括制动器和制动传动机构。

转向系和制动系都是由驾驶员操纵控制的,一般合称为汽车控制系统。

现代汽车中电子控制技术的应用越来越广泛,如在底盘中普遍采用了电子控制自动变速器(EAT或ECT)、电子控制防滑差速器(EDL)、电子控制制动防抱死系统(ABS)、电子控制悬架系统(ECS)、电子控制转向系统等。

二、汽车传动系的布置形式

汽车传动系的布置方案与发动机的位置及汽车的驱动方式有关,一般有发动机前置后轮驱动、发动机前置前轮驱动、发动机后置后轮驱动、发动机前置全轮驱动等。驱动形式通常用汽车的全部轮数×驱动轮数(其中车轮数系按轮毂数计)来表示。四个车轮,由两个后轮或两个前轮驱动,则其驱动形式为4×2。若四个车轮都是驱动轮,则表示为4×4。

1. 发动机前置后轮驱动(FR)

发动机前置后轮驱动(FR)方案(简称前置后驱动)主要用于货车、部分客车和部分高级轿车,英文简称FR,如图1-6所示。发动机布置在汽车前部,动力经过离合器、变速器、万向传动装置、驱动桥,最后传到后驱动车轮,使汽车行驶。该方案的优点是,结构简单,工作可靠,前后轮的重量分配比较理想;其缺点是,需要一根较长的传动轴,这不仅增加了车重,而且影响了传动系统的效率。

2. 发动机前置前轮驱动(FF)

发动机前置前轮驱动简称前置前驱动,英文简称FF。发动机、离合器、变速器与主减

图 1-6　宝马轿车采用的发动机前置后轮驱动布置方案

速器、差速器等装配成十分紧凑的整体，布置在汽车的前面，前轮为驱动轮。这种布置形式在变速器与驱动桥之间省去了万向传动装置，使结构简单紧凑，整车重量小，由于前轮是驱动轮，有助于提高汽车高速行驶时的操纵稳定性。目前，这种布置方案已广泛应用于微型和中型轿车上，但这种布置形式的爬坡性能差，高级轿车应用较少，而是采用传统的发动机前置后轮驱动。

图 1-7 为发动机横置前轮驱动布置方案，其特点是发动机曲轴轴线与车轮轴线平行，主减速器可以采用圆柱齿轮传动。图 1-8 为发动机纵置前轮驱动布置方案，发动机纵置的特点是发动机曲轴轴线与车轮轴线垂直，主减速器必须采用圆锥齿轮传动。

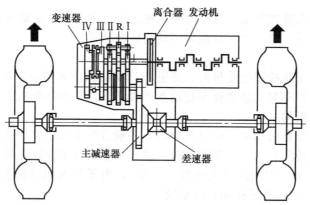

图 1-7　发动机横置前轮驱动布置方案

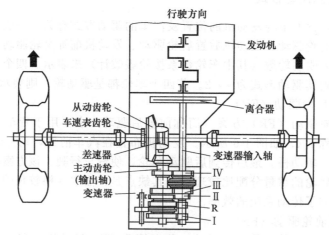

图 1-8　发动机纵置前轮驱动布置方案（桑塔纳 2000）

3. 发动机后置后轮驱动（RR）

发动机后置后轮驱动简称后置后驱动，英文简称 RR。如图 1-9 所示，汽车发动机和传动系统都横置于驱动桥之后。主减速器和变速器之间的距离较大，其相对位置经常变化。由于这些原因，必须设置万向传动装置和角传动装置。这种布置形式更容易做到汽车总重量在前、后轴之间的合理分配，而且便于车身内部的布置，空间利用率高，车厢内的噪声低等，因此它是大、中型客车普遍采用的布置方案。

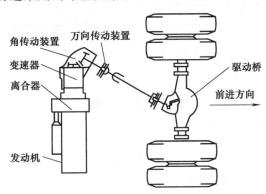

图 1-9　发动机后置后轮驱动布置方案

4. 发动机前置全轮驱动（nWD）

发动机前置全轮驱动简称全轮驱动，英文简称 nWD，表示传动系统为全轮驱动。对于要求在不良路段或无路地区行驶的越野汽车，为了充分利用所有车轮与地面之间的附着条件，以获得尽可能大的驱动力，总是将全部车轮作为驱动轮，故传动系采用 nWD 布置方案。图 1-10 所示为宝马轿车 4WD 的传动系布置方案。前、后车桥都是驱动桥，其特点是传动系增加了分动器，动力可以同时传给前、后轮。前驱动桥可根据需要，用换挡拨叉操纵分动器接通或断开。由于所有的车轮都是驱动车轮，提高了汽车的越野通过性能，主要用于越野车及重型货车。

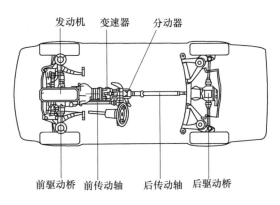

图 1-10　宝马轿车 4WD 传动系布置方案

三、汽车行驶的基本原理

欲使汽车行驶，必须对汽车施加一个驱动力以克服各种阻力，驱动力产生的原理如图 1-11 所示。发动机经传动系在驱动车轮上施加了一个驱动力矩 T_t 时，通过路面和车轮的附着作用，产生路面作用于驱动轮边缘上的向前的纵向反力——驱动力 F_t。驱动力 F_t 的一部分用以克服驱动轮本身的滚动阻力，其余大部分则依次通过驱动桥壳、悬架、车架等行驶系传到车身上，用来克服作用于汽车上的空气阻力和坡道阻力；还有一部分驱动力由车架进过悬架传至从动桥，使前轮克服滚动阻力向前滚动，于是，整个汽车便向前行驶了。

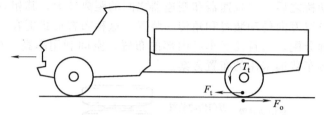

图 1-11　汽车行驶的基本原理

复 习 题

1. 简述汽车底盘的基本组成和功用。
2. 汽车底盘的总体布置形式有哪些？
3. 汽车型号后的标记 4×2、4×4、6×6 分别表示何意义？
4. 前轮驱动汽车底盘上的主要配置是什么？
5. 四轮定位有何作用？

第一部分

汽车传动系

第二章 离合器

【学习目标】
1. 了解离合器的功用、要求及基本工作原理。
2. 熟悉摩擦离合器的构造和具体组成。
3. 掌握膜片弹簧离合器的构造、拆装方法和检修项目。
4. 掌握离合器操纵机构的类型、构造及工作情况。
5. 了解离合器的操纵助力机构的构造及工作情况。
6. 掌握离合器常见故障现象、原因及排除方法。

第一节 认识离合器

离合器位于发动机和变速器之间,是汽车传动系中直接与发动机相联系的总成件。通常离合器与发动机曲轴飞轮组的飞轮安装在一起,是发动机与汽车传动系之间切断和传递动力的部件。在汽车从起步到正常行驶直至停车的整个过程中,驾驶员可根据需要操纵离合器,使发动机与传动系暂时分离或逐渐接合,以切断或传递发动机向传动系输出的动力。根据离合器工作形式的不同,离合器有多种类型。汽车上常用的离合器主要有摩擦式离合器、液力离合器及电磁离合器等几种。本章介绍摩擦式离合器。

一、离合器的用途

1. 传递转矩

发动机曲轴转矩必须传递到车轮上,要完成这样的传送,在汽车机械式传动系统中,转矩首先必须通过离合器传递到变速器。离合器起到传递转矩的作用。

2. 使发动机与传动系平顺地接合,保证汽车起步平稳

汽车起步时,由静止到行驶的过程中,其速度由零逐渐增大。此时,如果发动机与传动系刚性联系,一旦变速器挂上挡,汽车将因突然接受动力而猛烈地向前窜动,使汽车未能起步而迫使发动机熄火。原因是汽车由静止至走动时,产生很大的惯性力而对发动机产生很大的阻力矩。这种突然加在发动机曲轴上的阻力矩使发动机转速瞬间下降到最低稳定转速以下(300~500r/min),致使发动机熄火,汽车不能起步。而汽车安装了离合器后,汽车起步之前驾驶员先踏下离合器踏板,使发动机与传动系分离,再将变速器挂上适当挡位,然后逐渐松开离合器踏板,使之逐渐接合。与此同时,驱动轮通过传动系传给发动机的阻力矩也逐渐增加,为使发动机转速不致下降,应同时逐渐踏下加速踏板(也称油门踏板),这样发动机的转矩便可由小到大传给传动系。当牵引力足以克服汽车起步时的行驶阻力时,汽车便由静止开始缓慢逐渐加速,实现平稳起步。

3. 保证传动系换挡时工作平顺

在汽车行驶过程中,为适应不断变化的行驶工况,需要经常改变传动比(即换挡)。在机械式齿轮变速器中,换挡是通过拨动齿轮或其他换挡机构来实现的,即使原来处于某一挡位工作的齿轮副脱开,退出传动,再使另一挡位的齿轮副进入啮合工作。这就要求换挡前踩下离合器踏板,中断发动机的动力传动,便于退出原有齿轮副的啮合、进入新齿轮副的啮合。如果没有离合器或离合器分离不彻底使动力不能完全中断,原有齿轮副之间会因压力大

而难以脱开，而待啮合齿轮副之间因圆周速度不同而难以进入啮合，勉强啮合也会产生很大的冲击和噪声，甚至会打齿。

4. 限制所传递的转矩，防止传动系过载

汽车紧急制动时，如果发动机与传动系刚性连接，发动机转速将急剧下降，其所有零件将产生很大的惯性力矩（根据试验，其数值大大超过发动机正常工作时所发出的最大转矩），这一力矩作用于传动系，会造成传动系过载而使其机件损坏。有了离合器，当传动系承受载荷超过离合器所能传递的最大转矩时，离合器会通过主、从动部分之间的打滑来消除这一危险，从而起到过载保护的作用。

5. 减振作用

大多数离合器上还装有扭转减振器，能衰减发动机和传动系的扭转振动。

为使离合器起到上述几个作用，它应该是这样一个传动机构：其主动部分和从动部分可以暂时分离，又可逐渐接合，并且在传动过程中可以相对转动。所以，离合器的主动部分与从动部分之间不可采用刚性连接。利用两者接触面之间的摩擦作用来传递转矩的离合器称为摩擦离合器；利用液体作为传动介质的离合器称为液力偶合器；利用磁力传动的离合器称为电磁离合器。在离合器中，为产生摩擦所需的压紧力，可以是弹簧力、液压作用力或电磁力。目前，汽车上广泛采用的是用弹簧压紧的摩擦式离合器（简称摩擦离合器）。

二、摩擦离合器的组成

如图2-1所示，离合器由主动部分、从动部分、压紧装置和操纵机构四大部分组成。

离合器的主动部分包括飞轮4、离合器盖6和压盘5。飞轮用螺栓和曲轴1固定在一起，离合器盖通过螺钉固定在飞轮后端面上，压盘边缘的凸台伸入离合器盖上相应的窗口，并可沿窗口轴向移动，这样，只要曲轴旋转，发动机发出的动力便可经飞轮、离合器盖传至压盘，使它们一起旋转。

离合器的从动部分由装在压盘和飞轮之间的两面带摩擦衬片的从动盘和从动轴组成。从动盘通过内花键孔与从动轴滑动配合。从动轴前端用轴承支承在曲轴后端中心孔中，从动轴后端支承在变速器壳体上并伸入变速器，所以离合器的从动轴通常又是变速器的输入轴。

离合器的压紧装置是产生压紧力的部分。图2-1中压紧装置由若干根沿圆周均匀布置的螺旋弹簧组成，它们装于压盘与离合器盖之间，用来对压盘产生轴向压紧力，将压盘压向飞轮，并将从动盘夹紧在压盘和飞轮中间。

离合器的操纵机构由离合器踏板、拉杆及拉杆调节叉、分离拨叉、分离套筒和分离轴承、分离杠杆、回位弹簧等组成。分离杠杆中

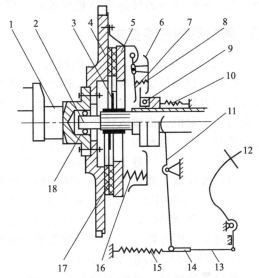

图2-1 摩擦离合器的基本构造及原理
1—曲轴；2—从动轴；3—从动盘；4—飞轮；5—压盘；
6—离合器盖；7—分离杠杆；8—弹簧；9—分离轴承；
10,15—回位弹簧；11—分离拨叉；12—踏板；
13—拉杆；14—拉杆调节叉；16—压紧弹簧；
17—从动盘摩擦片；18—轴承

部支承在装于离合器盖的支架上（称为支点），外端与压盘铰接（称为重点），内端处于自由状态（称为力点）。分离轴承压装在分离套筒上，分离套筒松套在从动轴的轴套上。分离拨叉是中部带支点的杠杆，内端与分离套筒接触，外端与拉杆铰接。离合器踏板中部铰接在车

架（或车身）上，一端与拉杆铰接。分离杠杆、分离轴承及分离套筒、分离拨叉常同离合器主、从动部分及压紧装置一起装于离合器壳内，其他构件装在离合器壳外部。

三、离合器的工作原理

1. 接合状态

离合器在接合状态下，操纵机构各部件在回位弹簧的作用下回到图2-1所示的各自位置，分离杠杆内端与分离轴承之间保持一定的间隙，压紧弹簧将飞轮、从动盘和压盘三者压紧在一起，发动机的转矩经过飞轮及压盘通过从动盘两摩擦面的摩擦作用传给从动盘，再由从动轴输入变速器。

2. 分离过程

分离离合器时，驾驶员踩下离合器踏板，分离套筒和分离轴承在分离拨叉的推动下，先消除分离轴承与分离杠杆内端之间的间隙，然后推动分离杠杆内端前移，使分离杠杆外端带动压盘克服压紧弹簧作用力后移，摩擦作用消失，离合器的主、从动部分分离，中断动力传动。

3. 接合过程

接合离合器时，驾驶员缓慢抬起离合器踏板，在压紧弹簧的作用下，压盘向前移动并逐渐压紧从动盘，使接触面间的压力逐渐增加，摩擦力矩也逐渐增加；当飞轮、压盘和从动盘之间接合还不紧密时，所能传动的摩擦力矩较小，离合器的主、从动部分有转速差，离合器处于打滑状态；随着离合器踏板的逐渐抬起，飞轮、压盘和从动盘之间的压紧程度逐渐紧密，主、从动部分的转速也渐趋相等，直到离合器完全接合而停止打滑，接合过程结束。

四、离合器的性能要求

1. 保证可靠地传递发动机的最大转矩

摩擦离合器所能传递的最大转矩取决于摩擦面间的最大摩擦力矩，而后者又由摩擦面间最大压紧力和摩擦面尺寸及性质所决定。因此，对于一定结构的离合器来说，其最大静摩擦力矩是一个定值。当输入转矩达到此值，则离合器将打滑，因而限制了传给传动系的转矩，防止超载。由于离合器工作中压紧弹簧的疲劳、退火等使其弹力下降，从动盘摩擦片磨损、温度升高使其摩擦因数下降等原因，将降低离合器传递最大转矩的能力。为了保证离合器在使用期内可靠地工作，其所能传递的最大转矩应大于发动机输出的最大转矩。

2. 分离迅速彻底，接合平顺柔和，以便于换挡和保证汽车平稳起步

踩下离合器踏板后，其主、从动部分应迅速而完全地脱离，以便发动机启动和方便换挡。同时要求离合器所传递的转矩能平稳地增加，以免汽车起步过猛或抖动。

3. 从动部分的转动惯量要小

离合器分离时，虽然飞轮的惯性力矩不会作用于传动系，但离合器从动盘的惯性力矩仍作用在变速器第一轴上。因此，要求从动盘的转动惯量尽可能小，以便换挡迅速。

4. 通风散热良好

离合器在接合过程中，由于主、从动部分之间的滑摩产生大量的热，为避免温度过高而烧损摩擦片和压盘，故要求离合器通风散热良好。

5. 操纵轻便，以减轻驾驶员的疲劳。

五、摩擦离合器的类型

摩擦离合器，随着所用摩擦面的数目（从动盘的数目）、压紧弹簧的形式及安装位置，以及操纵机构形式的不同，其总体构造也有差异。

1. 按从动盘的数目分类
(1) 单盘式离合器　只有一个从动盘。
(2) 双盘式离合器　有两个从动盘，摩擦面数目多，可传递的转矩较大。
2. 按压紧弹簧的结构形式分类
(1) 螺旋弹簧离合器　压紧弹簧是常见的螺旋弹簧。
(2) 膜片弹簧离合器　压紧弹簧是膜片弹簧。
目前，膜片弹簧离合器在汽车上的应用最为广泛。

第二节　摩擦离合器的构造

一、膜片弹簧离合器

1. 膜片弹簧离合器的结构

膜片弹簧离合器在现代汽车上得到了广泛应用，不仅在轿车上采用，而且在轻型、中型货车，甚至在重型货车上也得到应用。

图 2-2、图 2-3 所示为桑塔纳 2000 型膜片弹簧离合器总成，主要由从动盘、膜片弹簧、压盘组、离合器盖等零部件组成。

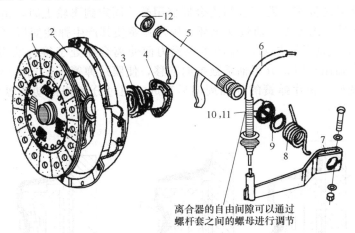

离合器的自由间隙可以通过螺杆套之间的螺母进行调节

图 2-2　桑塔纳 2000 型离合器总成
1—离合器从动盘；2—膜片弹簧与压盘；3—分离轴承；4—分离套筒；5—分离轴；
6—拉索；7—传动杆；8—弹簧；9—卡簧；10，11—轴承套及密封件；12—黄铜衬套

如图 2-4 所示，膜片弹簧采用优质薄弹簧钢板制成，钢板常用材料为 60Si2MnA，形状为碟形，凹面进行喷丸处理，开有径向切槽，切槽内端开通，外端为圆孔，形成多个弹性杠杆，它既是压紧杠杆，又是分离杠杆，简化了离合器的结构。膜片弹簧的两侧有钢丝支承环，膜片弹簧的末端圆孔穿过固定铆钉而处在两个支承环之间，借助于固定铆钉将它们安装在离合器盖上。两个支承环成为膜片弹簧工作的支点。

压紧装置由离合器盖、主动压盘、膜片弹簧、支承定位铆钉、分离钩及传动钢片组成，如图 2-5 所示。传动钢片共三组，均布于压盘周围，其两端分别与离合器盖和压盘连接，飞轮旋转时，转矩通过离合器盖、传动片传给压盘。离合器分离时，传动片弯曲。传动片式压盘定位和驱动结构无摩擦和磨损，无传动间隙，传动效率高，冲击噪声小。支承环在膜片弹簧中部，左右各一根，由定位铆钉固定，作为膜片弹簧变形时的支点。压盘周边对称固定有多个分离钩，把膜片弹簧的外边缘和压盘钩在一起，膜片弹簧外边缘就压在压盘的环形台上。

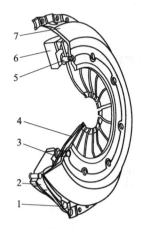

图 2-3 膜片弹簧离合器盖和压盘

1—铆钉；2—传动片；3—支承环；
4—膜片弹簧；5—支承铆钉；
6—压盘；7—离合器盖

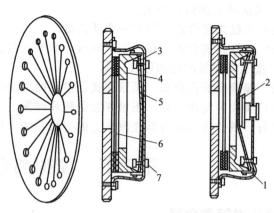

图 2-4 膜片弹簧

1—分离钩（回位弹簧片）；2—分离轴承；3—支承环；
4—主动（压）盘；5—膜片弹簧；6—从动盘；
7—支承环定位螺钉（铆钉）

2. 膜片弹簧离合器的工作原理

当离合器盖未固定到飞轮上时，膜片弹簧不受力而处于自由状态，如图 2-5（a）所示。此时离合器盖与飞轮之间有一距离。当离合器盖用螺栓固定到飞轮上时，由于离合器盖靠向飞轮，消除距离 l 后，离合器盖通过支承环、膜片弹簧使其产生弹性变形（膜片弹簧锥顶角增大），此时膜片弹簧的外圆周对压盘产生压紧力而使离合器处于接合状态，如图 2-5（b）所示。当踩下离合器踏板时，分离轴承被推向前移，使膜片弹簧压在支承环上，并以此为支点产生反向锥形变形，膜片弹簧的外圆周向后翘起，通过分离钩拉动压盘后移使离合器分离，如图 2-5（c）所示。

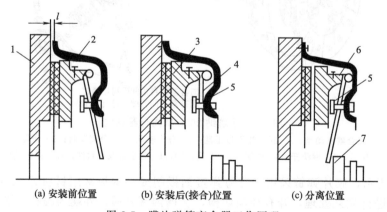

(a) 安装前位置　　(b) 安装后(接合)位置　　(c) 分离位置

图 2-5 膜片弹簧离合器工作原理

1—飞轮；2—离合器盖；3—压盘；4—膜片弹簧；5—膜片弹簧支承圈；6—分离钩；7—分离轴承

3. 膜片弹簧离合器的结构形式

膜片弹簧离合器根据分离杠杆内端受推力还是受压力，可分为拉式膜片弹簧离合器和推式膜片弹簧离合器。

图 2-5 所示为推式膜片弹簧离合器。

图 2-6 所示为拉式膜片弹簧离合器。拉式膜片弹簧离合器的特点是膜片弹簧的安装方向与推式的相反（即接合状态下锥顶向前），离合器的支承环移到了膜片弹簧的外端，分离离合器时，必须通过分离套筒将膜片中央部分向后拉。拉式膜片弹簧离合器的支承结构大大简

化,膜片弹簧的结构强度也得到提高,而且,由于离合器盖中央窗孔加大,通风散热条件变好。在一般的压式膜片弹簧离合器中,当支承环磨损时,在膜片弹簧与前支承环之间形成的间隙将导致离合器踏板自由行程增大,而在拉式膜片弹簧离合器中,在同样的磨损情况下,膜片弹簧仍能保持与支承环接触而不产生间隙。拉式膜片弹簧离合器在提高转矩容量、分离效率与减轻操作强度、冲击和噪声及提高寿命方面,都比推式离合器好。所以,拉式膜片弹簧离合器是一种很有发展前途的结构。一汽大众生产的捷达、高尔夫轿车的离合器就是拉式膜片弹簧离合器。

4. 膜片弹簧离合器的结构特点

① 由于膜片弹簧兼起压紧弹簧和分离杠杆的双重作用,使离合器结构大为简化,并显著地缩短了离合器的轴向尺寸。

② 膜片弹簧离合器工作性能稳定。膜片弹簧具有理想的非线性特征,从动摩擦片磨损后,弹簧压力几乎保持不变,压盘的压紧力几乎不变,即使磨损到极限,其压紧力仅下降2%~3%。而螺旋弹簧离合器,随从动盘摩擦片磨损变薄,分离杠杆内端逐渐抬高,从动盘每磨薄1mm,分离杠杆内端约向上抬高4mm,分离杠杆抬得越多,压紧弹簧的弹力释放越多。当从动盘磨损到极限时,压盘压力下降8%~17%。

③ 分离时操纵轻便,在离合器的工作容量和操纵机构均相同时,膜片弹簧离合器可使踏板力下降35%左右。

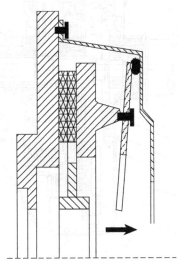

图2-6 拉式膜片弹簧离合器示意图

④ 膜片弹簧与压盘整个圆周方向接触,压紧力分布均匀,摩擦片接触良好,磨损均匀。

⑤ 膜片弹簧由制造保证其内端处于同一平面,不存在分离杠杆工作高度的调整。

⑥ 膜片弹簧中心位于旋转轴线上,在汽车行驶过程中,膜片弹簧的压紧力几乎不受离心力的影响,因此这种离合器更适合用于高速发动机。

因膜片弹簧离合器具有上述优点,因此在轿车、轻型及中型货车上用得越来越广泛,上海桑塔纳、一汽奥迪100、南京依维柯等汽车均采用膜片弹簧离合器。

二、周布螺旋弹簧式离合器

周布螺旋弹簧离合器根据从动盘数目可分为单盘式周布弹簧离合器和双盘式周布弹簧离合器。下面仅以单盘周布弹簧离合器为例作一简单介绍。

东风EQ1090E型汽车的单盘离合器即为这类离合器的典型,其构造如图2-7所示。离合器的主动部分、从动部分和压紧机构都装在发动机后方的离合器壳18内,而操纵机构的各个部分则分别位于离合器壳内部、外部和驾驶室中。

1. 主动部分

发动机飞轮、离合器盖和压盘是离合器的主动部分。离合器盖和压盘之间是通过四组传动片来传递转矩的。传动片用弹簧钢片制成,每组两片,其一端用传动片铆钉铆在离合器盖上,另一端则用传动片固定螺钉与压盘连接。离合器盖用螺钉固定在发动机飞轮上。因此,压盘能随飞轮一起旋转。在离合器分离时,弹性的传动片产生弯曲变形(其两端沿离合器轴向作相对位移)。为使离合器分离时不至于破坏压盘的对中和离合器的平衡,四组传动片相隔90°沿圆周切向呈均匀分布。传动片除具有将离合器盖的动力传给压盘的作用外,还对压盘起导向和定心作用。

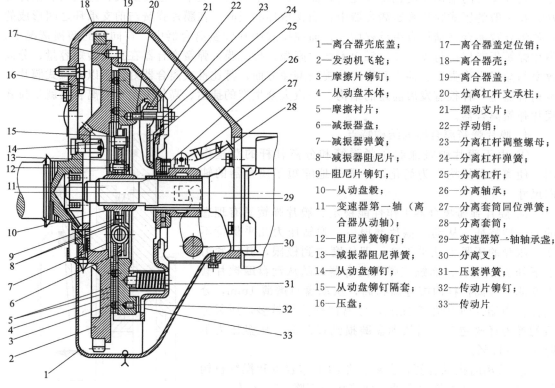

图 2-7 东风 EQ1090E 型汽车单盘离合器

1—离合器壳底盖；2—发动机飞轮；3—摩擦铆钉；4—从动盘本体；5—摩擦衬片；6—减振器盘；7—减振器弹簧；8—减振器阻尼片；9—阻尼片铆钉；10—从动盘毂；11—变速器第一轴（离合器从动轴）；12—阻尼弹簧铆钉；13—减振器阻尼弹簧；14—从动盘铆钉；15—从动盘铆钉隔套；16—压盘；17—离合器盖定位销；18—离合器壳；19—离合器盖；20—分离杠杆支承柱；21—摆动支片；22—浮动销；23—分离杠杆调整螺母；24—分离杠杆弹簧；25—分离杠杆；26—分离轴承；27—分离套筒回位弹簧；28—分离套筒；29—变速器第一轴轴承盖；30—分离叉；31—压紧弹簧；32—传动片铆钉；33—传动片

2. 从动部分

在飞轮和压盘之间装有一片带有扭转减振器的从动盘组件（以下简称从动盘）。从动部分由从动盘和从动轴组成。

3. 压紧装置

压紧装置由 16 个沿圆周分布于压盘和离合器盖之间的压紧弹簧组成。

离合器需与曲轴飞轮组组装在一起进行动平衡校正。为了保持离合器重新组装后的动平衡，离合器盖与飞轮的相对角位置由定位销确定。

4. 操纵机构

操纵机构中的分离杠杆、分离轴承及分离套筒、分离叉装在离合器壳的内部；而分离叉臂、踏板轴、踏板臂和踏板等则装在离合器壳的外部。

离合器在压紧弹簧的作用下经常处于接合状态，只有在必要时才暂时分离。EQ1090E 型汽车离合器有 4 个用薄钢板冲压而成的分离杠杆，它们沿周向均布并沿径向安装，其中部以支承柱孔中的浮动销为支点，外端通过摆动支片抵靠在压盘的沟状凸起部。当在分离杠杆内端施加一个向前的水平推力时，分离杠杆绕支点摆动，其外端通过摆动支片推动压盘克服压紧弹簧的力而后移，从而解除对从动盘的压紧力，于是摩擦作用消失，离合器不再传递转矩，即进入了分离状态。

前端装有分离轴承的分离套筒，松套在变速器第一轴轴承盖的管状延伸部分的外圆面上，并在回位弹簧的作用下，以其两侧的凸台平面，抵靠在分离叉两端的圆弧表面上。分离叉又以其两端轴颈支承在离合器壳孔中的衬套内，其外侧轴颈的延伸端固定着分离叉臂。分离叉绕其轴颈转动时，推动分离套筒向飞轮方向轴向移动，从而对分离杠杆内端施加推力。离合器工作时分离套筒不转动，分离杠杆则随离合器壳和压盘转动。为避免分离杠杆端部与分离套筒之间的直接摩擦，结构上设置了推力式或径向推力式的分离轴承。

当需要使离合器由分离状态恢复接合时，驾驶员放松离合器踏板。踏板和分离叉分别在弹簧作用下退回原位，于是压紧弹簧重又使离合器恢复接合状态。为使接合柔和，驾驶员应逐渐放松踏板。

为了及时散出摩擦面间产生的热量，离合器盖一般用钢板冲压成特殊形状，在其侧面与飞轮接触处有4个缺口，装合后形成4个窗口，当离合器旋转时，空气将不断地循环流动，以使离合器通风散热。

三、从动盘和扭转减振器

发动机传到汽车传动系中的转矩是周期地不断变化着的，这就使传动系中产生扭转振动。如果这一振动的频率与传动系的固有频率相重合，就将发生共振，这对传动系零件寿命有很大影响。此外，在不分离离合器的情况下进行紧急制动或猛烈接合离合器时，瞬间将造成对传动系极大的冲击载荷，从而缩短零件的使用寿命。为了避免共振，缓和传动系所受的冲击载荷，在不少汽车传动系中装设了扭转减振器。有些汽车上将扭转减振器制成单独的部件，但更多的是将扭转减振器附装在离合器从动盘中。

因此，从动盘就有不带扭转减振器的和带扭转减振器的两种。不带扭转减振器的多用在双盘离合器中，而带扭转减振器的则多用在单盘离合器中，特别是轿车离合器中。

1. 从动盘的结构和组成

图2-8所示为离合器从动盘，其基本结构由摩擦片（前摩擦片、后摩擦片）、从动盘本体和从动盘毂三个基本部分组成。

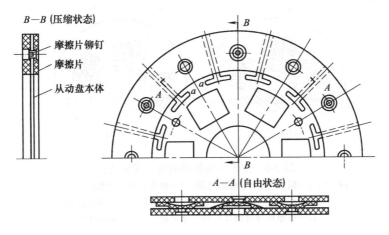

图2-8 整体式弹性从动盘

为了使单盘离合器接合柔和、起步平稳，从动盘一般应具有轴向弹性。具有轴向弹性的从动盘一般有整体式、分开式和组合式几种。

双盘离合器是逐片逐渐接合的，接合比较平稳，一般都不采用具有轴向弹性的从动盘，否则会使离合器踏板行程大大增加或要缩小分离杠杆比而增加踏板操纵力。

2. 扭转减振器

发动机传到汽车传动器中的转速和转矩是周期性地不断变化的，这就使传动系中产生了扭转振动。如果这一振动的频率与传动系的固有频率相一致或成整数倍，就会引发共振。此外，在不分离离合器的情况下进行紧急制动或猛烈接合离合器时，会瞬间给传动系施加极大的冲击载荷。共振和冲击载荷对传动系零件寿命有很大影响。为了避免共振，缓和传动系所受到的冲击，提高零件的寿命，大部分从动盘上都装有扭转减振器，采用扭转减振器可以有效地防止传动系的扭转振动。

带扭转减振器的从动盘的结构和原理如图 2-9 所示。从动盘钢片、从动盘毂和减振盘都开有 6 个矩形窗孔，在每个窗孔内都装有减振器弹簧，借以实现从动盘本体与从动盘毂之间在圆周方向上的弹性联系。3 个从动盘隔套铆钉穿过毂上相对的 3 个缺口，把从动盘本体和减振盘铆紧，并将从动盘毂及两侧的减振阻尼片夹在中间，从动盘本体上的窗孔有翻边，使 6 个减振器弹簧不致脱出。从动盘毂与铆钉并不直接相连，它们之间留有间隙，以使从动盘毂和从动盘本体之间有相对转动的可能。当从动盘受到转矩时，转矩从摩擦衬片传到从动盘钢片，再经减振弹簧传给从动盘毂，这时弹簧被压缩（工作时），借此吸收传动系统所受的冲击。

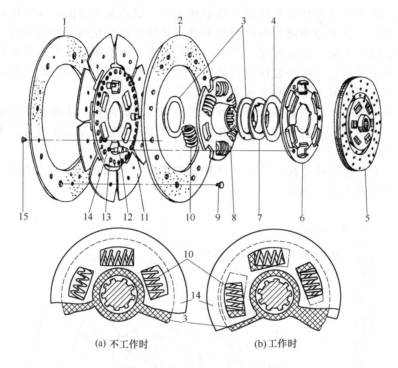

图 2-9　带扭转减振器的离合器从动盘

1,2—摩擦衬片；3—阻尼片；4—碟形垫圈；5—装合后的从动盘总成；6—减振器盘；
7—摩擦板；8—从动盘毂；9,13,15—铆钉；10—减振弹簧；
11—波浪形弹簧钢片；12—止动销；14—从动盘本体

有些离合器从动盘中采用两组或多组刚度不同的减振器弹簧，装弹簧的窗口长度尺寸不一，利用弹簧先后起作用的办法获得变刚度特性。这种变刚度特性可以避免传动系共振，降低传动系噪声。在减振器中也有采用橡胶弹性元件的，其形状有空心圆柱形以及星形等多种，也可具有变刚度特性。

阻尼片吸收振动能量，使振动衰减。传动的扭转振动会导致从动盘本体、减振盘、从动盘毂之间产生相对运动，而两个阻尼片与上述三者的摩擦则可消除扭转振动的能量。

四、离合器压盘的传力方式和离合器踏板自由行程

1. 离合器压盘的传力方式

压盘是离合器的主动部分，在传递发动机转矩时，它和飞轮一起带动从动盘转动，所以

它必须和飞轮连接在一起，但这种连接应允许压盘在离合器分离过程中能自由地作轴向移动，常用的传力方式如图 2-10 所示。

图 2-10（a）为传动片式压盘与离合器盖连接方式。离合器盖之间通过周向均布的三组或四组传动片来传递转矩。传动片用弹簧钢片制成，每组两片，一端用铆钉铆在离合器盖上，另一端用螺钉连接在压盘上。单盘膜片弹簧式离合器压盘几乎全部采用这种连接方式。图 2-10（b）为在单盘周布弹簧离合器中常采用的凸台连接方式，离合器盖固定在飞轮上，在盖上开有长方形的窗口，压盘上铸有相应的凸台，凸台伸进窗口以传递转矩。在设计时，应考虑到摩擦片磨损后，压盘将向前移，因此应使凸台高出窗口以上，以保证转矩的可靠传递。这种结构在原 BJ2021 型汽车上采用。单盘离合器也有采用键连接方式连接的，如图 2-10（c）所示。

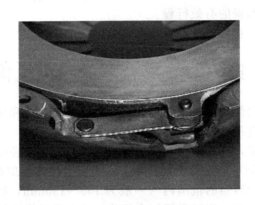

(a) 传动片

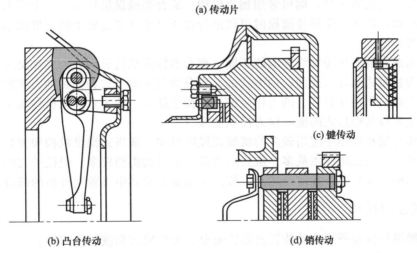

(b) 凸台传动　　　　　　　　　　　(c) 键传动

　　　　　　　　　　　　　　　　　(d) 销传动

图 2-10　压盘的几种传力方式

在双盘离合器中一般都采用综合式的连接方法，即中间压盘通过键，压盘则通过凸台。双盘离合器也有用销子传力的，如图 2-10（d）所示，通过传力销将飞轮与中间压盘、压盘连接在一起。

离合器压盘的驱动装置起着传力、导向和定心三方面的作用。

2. 离合器自由间隙和离合器踏板自由行程

从离合器的工作原理可知，从动盘摩擦片经使用磨损变薄后，在压紧弹簧作用下，压盘要向前移动，分离杠杆内端则相应地要向后移动，才能保证离合器完全接合。如果未磨损前分离杠杆内端和分离轴承之间没有预留一定间隙，则在摩擦片磨损后，分离杠杆内端因抵住分离轴承而不能后移，使分离杠杆外端牵制压盘不能前移，从而不能将从动盘压紧，则离合器难以完全接合，传动时会出现打滑现象。这不仅会降低离合器所能传递的最大转矩，而且会加速磨损摩擦片和分离轴承。因此，当离合器处于正常接合状态时，在分离杠杆内端与分离轴承之间必须预留一定量的间隙，即离合器的自由间隙。上海桑塔纳轿车离合器的自由间隙为1.5mm，东风EQ1090E型汽车为3～4mm。

由于自由间隙的存在，踏下离合器踏板时，首先要消除这一间隙，然后才能开始分离离合器。为消除这一间隙所需的离合器踏板行程，称为离合器踏板的自由行程。上海桑塔纳离合器踏板自由行程设计值为15～20mm，东风EQ1090E型汽车为30～40mm。第二汽车制造厂规定EQ1090E型汽车每行驶1000km左右，要检查调整离合器踏板的自由行程。

为使离合器分离彻底，必须使压盘向后移动足够的距离，这一距离通过一系列杠杆的放大，反映到踏板上就是踏板的有效行程。

离合器踏板的自由行程和有效行程之和即为踏板的总行程。

第三节 离合器的操纵机构

离合器的操纵机构是驾驶员借以使离合器分离，又使之柔和接合的一套装置。它起始于离合器踏板，终止于离合器壳内的分离轴承。

由于离合器使用频繁，因此离合器操纵机构首先要求操纵轻便，以减轻驾驶员的劳动强度。操纵轻便性包括两个方面：一是加在离合器踏板上的力不应过大，一般为196～245N；二是踏板总行程应在一个恰当的范围内（一般为100～150mm，最大不超过180mm）。如果上述两方面要求无法协调时，则可采用加力机构。离合器操纵机构的另一个要求是应有踏板行程的校正机构，以便当摩擦片磨损时可以进行校正（使分离套筒上的止推轴承与分离杠杆间能保持正常间隙）。

按照分离离合器时所需操纵能源的不同，离合器操纵机构分为人力式和助力式两种。人力式又可分为机械式和液压式的；助力式的又可分为气压助力式和弹簧助力式的。人力式操纵机构是以驾驶员作用在踏板上的力作为唯一的操纵能源。助力式操纵机构除了驾驶员的力以外，一般主要以其他形式的能源作为操纵能源。

本节主要介绍在轿车中应用较多的机械式操纵机构、液压式操纵机构和弹簧助力式操纵机构，其中液压操纵机构应用最多。虽然离合器操纵机构类型较多，但位于飞轮壳内的分离操纵机构的结构基本相同，且前已述及，故这里主要介绍其中飞轮壳外面的部分。

一、人力式操纵机构

人力式操纵机构按所用传动装置的形式来分，有机械式和液压式两种。

1. 机械式操纵机构

机械式操纵机构有杆系传动和绳索传动两种形式。杆系传动机构如图2-11所示，其结构简单，工作可靠，广泛应用于各型汽车上。例如东风EQ1090E型汽车即为杆系传动机构。但杆系传动中杆件间铰接多，摩擦损失大，车架或车身变形以及发动机位移时会影响其正常工作。在平头车、后置发动机汽车等离合器需要远距离操纵时，合理布置杆系比较困难。

绳索传动机构（见图2-12）可消除杆系传动机构的一些缺点，并能采用便于驾驶员操纵的吊挂式踏板。但绳索寿命较短，拉伸刚度较小，故只适用于轻型、微型汽车和某些轿车。例如，桑塔纳、捷达轿车离合器的操纵机构中，采用了绳索传动机构。

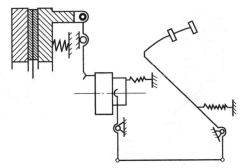

图 2-11 杆系传动机构

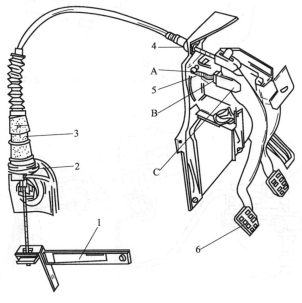

图 2-12 捷达轿车离合器绳索传动机构
1—离合器分离杠杆；2,4—固定点；3—离合器绳索总成；5—助力弹簧；6—离合器踏板；
A—助力弹簧导向杆与离合器踏板支架连接销轴；B—助力弹簧导向杆与离合器踏板连接销轴
C—离合器踏板轴

2. 液压式操纵机构

液压式操纵机构示意图如图 2-13 所示，主要由主缸 2、工作缸 7 以及管路系统组成。

液压式操纵机构具有摩擦阻力小、传动效率高、重量轻、接合柔和及布置方便等优点，并且不受车身车架变形的影响，因此其应用日益广泛。例如桑塔纳 2000GSI 型轿车、一汽红旗 CA7220 型轿车、奥迪 100 型及北京 BJ2020 型轻型越野车等汽车的离合器均采用液压式操纵机构。

桑塔纳 2000GSI 型轿车离合器的液压操纵机构如图 2-14 所示。液压操纵系统由离合器踏板 8、储液罐 4、进油软管 5、主缸 10、工作缸 3、油管总成 9、分离板 2、分离轴承 11 等组成。储液罐有两个出油孔，分别把制动液供给制动总泵和离合器液压操纵系统。

主缸构造如图 2-15 所示。主缸体借补偿孔、进油孔通过进油软管与储液罐相通。主缸体内装有活塞，活塞中部较细，且为"十"字形断面，使活塞右方的主缸内腔形成油室。活塞两端装有皮碗。活塞左端中部装有止回阀，经小孔与活塞右方主缸内腔的油室相通。当离合器踏板处于初始位置时，活塞左端皮碗位于补偿孔与进油孔之间，两孔均开放。

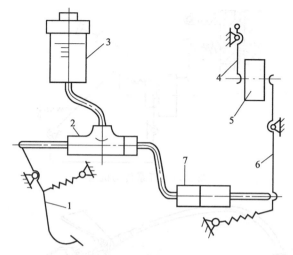

图 2-13 液压式操纵机构示意图
1—踏板；2—主缸；3—储液罐；4—分离杠杆；5—分离轴承；6—分离叉；7—工作缸

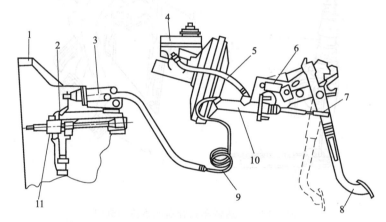

图 2-14 桑塔纳 2000GSI 型轿车离合器液压操纵机构
1—变速箱壳体；2—分离叉；3—工作缸；4—储液罐；5—进油软管；6—回位弹簧；
7—推杆接头；8—离合器踏板；9—油管总成；10—主缸；11—分离轴承

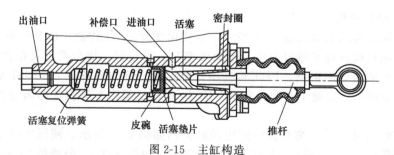

图 2-15 主缸构造

工作缸构造如图 2-16 所示。工作缸内装有活塞、皮碗、推杆等，缸体上还设有放气螺塞。当管路内有空气存在而影响离合器操纵时，可拧松放气螺塞放气。

踩下离合器踏板时，通过主缸推杆使活塞向左移动，止回阀关闭。当皮碗将补偿孔关闭后，管路中油液受压，压力升高。在油压作用下，工作缸活塞右移，工作缸推杆顶头直接推动分离板，从而带动分离轴承，使离合器分离。

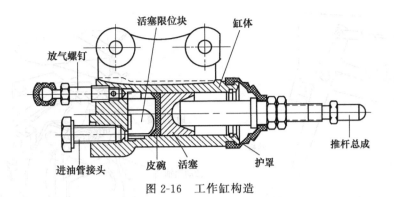

图 2-16 工作缸构造

工作缸活塞直径为 22.2mm，主缸活塞直径为 19.05mm。由于前者略大于后者，故液压系统稍有增力作用，以补偿液流通道的压力损失。

当迅速放松离合器踏板时，踏板复位弹簧通过主缸推杆使主缸活塞较快右移，而由于油液在管路中流动有一定阻力，流动较慢，使活塞左面可能形成一定的真空度。在左右压力差的作用下，少量油液通过进油孔经过主缸活塞的止回阀流到左面弥补真空。在原先已由主缸压到工作缸去的油液重又流回到主缸时，由于已有少量补偿油液经止回阀流入，故总油量过多，多余的油液从补偿孔流回储液罐。当液压系统中因漏油或因温度变化引起油液的容积变化时，则借补偿孔适时地使整个油路中油量得到适当的增减，以保证正常油压和液压系统工作的可靠性。

桑塔纳 2000GSI 型轿车离合器液压操纵系统与原机械式绳索传动装置相比有许多优点：其摩擦阻力小、重量轻、布置方便、接合柔和。经 15 万公里城市道路试验（出租车）和 10 万公里耐久道路试验，其踏板力没有明显上升（平均踏板力从 102N 上升到 112N），踏板行程也无明显变化。

二、弹簧助力式操纵机构

为了减轻驾驶员的劳动强度，为了减小所需踏板力，又不致因传动机构杠杆比过大而加大踏板行程，在有些轿车离合器的操纵机构中，在机械式或液压式操纵机构基础上增设弹簧助力装置。

图 2-17 所示为弹簧助力式操纵机构示意图。当离合器踏板完全放松时，即离合器接合，此时助力弹簧轴线位于踏板转轴下方。踩下离合器踏板，踏板绕自身转轴顺时针转动，压缩助力弹簧，此时助力弹簧实际是起到阻碍的作用，即助力弹簧的伸张力产生一个阻碍踏板转动的逆时针力矩 FL，但这个力矩是比较小的。当踏板转动到助力弹簧的轴线与踏板转轴处于一条直线上时，该阻碍力矩为零。随着踏板的进一步踩下，助力弹簧轴线位于踏板转轴上方，此时助力弹簧的伸张力产生一个有助于踏板转动的顺时针力矩 $F'L'$。踏板后段行程是最需要助力作用的，因而这种弹簧助力式操纵机构可以有效地减轻驾驶员的疲劳。

图 2-18 所示为捷达轿车离合器的绳索式机械操纵机构中的弹簧助力装置。其工作原理与上述弹簧助力装置相同。该结构中的助力弹簧是压缩弹簧，弹簧的一端支承在固定支架销轴上，另一端支承在活动销轴上。活动销轴通过连杆与踏板轴连接。

当离合器处于接合位置时，活动销轴的轴心位于固定支架销轴与踏板轴连线的下方。当踏下离合器踏板时，活动销轴绕踏板轴顺时针转动，当转到三销轴轴心处于同一直线上时，助力弹簧对踏板不起助力作用。继续踏下踏板时，活动销轴绕踏板轴继续转动，当活动销轴转到固定支架销轴与踏板轴连线的上方时，处于压缩状态的助力弹簧推动离合器踏板绕踏板轴顺时针转动，由于助力弹簧与踏板的转动方向一致，故对踏板施加一个附加作用力矩，从

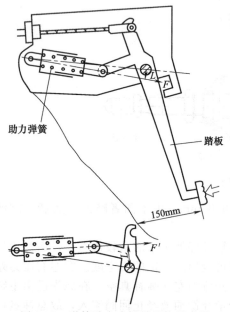

图 2-17 弹簧助力式操纵机构示意图

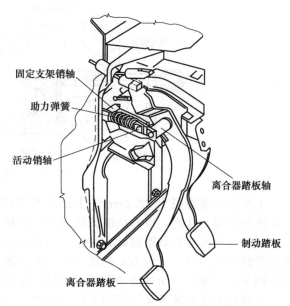

图 2-18 捷达轿车离合器的绳索式机械操纵机构中的弹簧助力装置

而起到了助力作用。当松开离合器踏板时，随着离合器踏板的复位，活动销轴又回到固定支架销轴与踏板轴连线的下方，处于压缩状态的助力弹簧又推动离合器踏板绕其轴逆时针转动，促使离合器踏板迅速复位。

第四节 离合器的检测、调整、故障诊断与维修

一、离合器的检测与调整

1. 离合器踏板自由行程的检测与调整

检查踏板自由行程的方法如图 2-19 所示，用一个钢直尺抵在驾驶室底板上，先测量踏板完全放松时的高度，再用手轻按踏板，当感到压力增大时，表示分离轴承端面已与分离杠杆内端接触，即停止推踏板，再测量踏板高度。两次测量的高度差，即为踏板的自由行程。

测量踏板的自由行程后，应与该车型的技术标准相比较，如果不符要求，应进行调整。踏板自由行程的调整如图 2-19 所示，液压式操纵机构一般是调整主缸推杆的长度，先将主缸推杆锁紧螺母旋松，然后转动主缸推杆，从而调整踏板自由行程，调整后应将锁紧螺母旋紧。有些车辆的操纵机构具有自调装置，如捷达轿车，可以免除离合器踏板自由行程的调整。部分车型离合器修理技术数据见表 2-1。

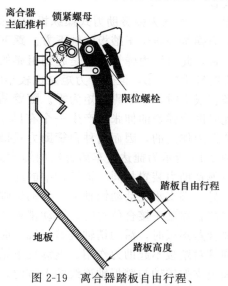

图 2-19 离合器踏板自由行程、踏板高度检查及其调整

表 2-1　部分车型离合器修理技术数据

项目 车型	摩擦片厚度/mm 标准	使用极限	分离杠杆与轴承间隙/mm	踏板自由行程/mm
解放 CA1091	4	2.8	3～4	30～40
东风 EQ1091E	4		3～4	30～40
一汽奥迪 100			1.5～2.0	15～25
上海桑塔纳			1.5	15～20
捷达/高尔夫				15～20
天津夏利 TJ7100				15～20
红旗 7220				26～40

2．离合器踏板高度的检测与调整

离合器踏板高度的检查如图 2-19 所示，掀起地毯或地板革，用直尺测量地面到离合器踏板上表面的距离。如果超出标准，应调整踏板高度。拧松锁紧螺母，转动限位螺栓至规定高度。国产轿车一般是 180～190mm。

3．分离杠杆与分离轴承的检测与调整

（1）离合器分离杠杆高度的调整　离合器分离杠杆的内端与分离轴承必须同时接触，汽车才能平稳起步。若分离杠杆内端高低不一，离合器接合时将发生抖动。因此，装配维护时需检查各分离杠杆内端与分离轴承的接触情况，要求各分离杠杆内端位于同一平面，误差应符合原厂规定，一般不大于 0.25mm。如果不符合要求，应进行调整。方法是调整分离杠杆内端或在外端调整螺栓的位置。

对膜片弹簧离合器，若膜片弹簧分离指因磨损、锈蚀、破裂等致使膜片弹簧所受载荷不均匀或降低时，必须更换。膜片弹簧分离指在圆周上必须均匀排列，其极限偏差不大于 0.5mm。同时各弹簧分离指高度应处于同一水平面上，其误差应不大于 0.5mm。如弹簧分离指高低不平，将使汽车起步不稳、发抖，离合器也不能彻底分离。

（2）分离轴承的检查　分离轴承应转动灵活，无尖锐响声或卡住现象，其轴向间隙不应超过 0.6mm，内座圈磨损不超过 0.3mm。分离轴承为封闭式，不能拆卸清洗或加润滑剂。在装车前，将轴承放在熔化的润滑油（采用钙基润滑脂和齿轮油各半的混合油）中浸透，待冷凝后才能装用。若损坏应换用新件。分离轴承保养不当会发生严重磨损或烧蚀现象，离合器会产生异响。应拆开离合器检查轴承，用手固定分离轴承内圈，转动外圈，同时在轴向施加压力（见图 2-20），如有阻滞或有明显间隙感时，说明轴承套或滚珠已磨损，应更换分离轴承。

图 2-20　分离轴承的检查

二、离合器的故障诊断与维修

1．离合器主要机件的检修

（1）离合器从动盘的检修　从动盘是离合器的摩擦元件，常见损伤是磨损、烧蚀、开裂、油污、铆钉松开和钢片翘曲变形。由于离合器在分离特别是接合过程中必然产生滑转，因而磨损、烧蚀和变质是主要损伤形式。油污主要是因变速器第一轴回油螺旋线回油能力降低使油从第一轴花键处漏出所致。从动盘钢片翘曲往往是由于变速器第一轴与曲轴中心线不同轴，使从动盘工作中产生周期性弯曲所致，这也是离合器从动盘加剧损坏的主要原因之一。另外,从动盘花键、减振弹簧与减振盘的磨损是造成从动盘损伤的原因。

摩擦片有轻微的油污可用汽油清洗后,用喷灯火焰烘干;轻微硬化、烧蚀可用砂布打磨;磨损严重、铆钉头埋入深度小于0.30~0.50mm(见图2-21),或有油污、裂纹、脱落、严重烧损时,应予换新。钢片翘曲变形,其外缘端面圆跳动一般应不超过0.50~0.80mm(见图2-22)。超过规定时可用专用板钳进行校正或换新(见图2-23)。变速器第一轴花键的配合间隙应符合原厂规定,过大时应换新。摩擦衬片与钢片一般为铆接结合,随着粘贴工艺新技术的运用与发展,摩擦片的粘贴技术有着广阔的前景。部分轿车离合器的检修数据见表2-2。

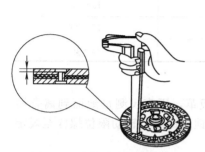 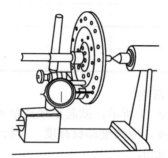 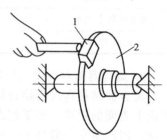

图2-21 摩擦片磨损的检查　　图2-22 从动盘端面跳动的检查　　图2-23 从动盘的校正
　　　　　　　　　　　　　　　　　　　　　　　　　　　　　　　　　1—校正钳;2—从动盘

表2-2 离合器的检修数据

车型	离合器结构形式	摩擦衬片尺寸/mm		从动盘尺寸/mm	摩擦衬片铆钉最小深度/mm
		内径	外径	外径	
红旗CA7220	单片、干式、膜片弹簧、液压操纵			228	0.30
一汽奥迪100	单片、干式、膜片弹簧、液压操纵				0.30
捷达/高尔夫	单片、干式、膜片弹簧、机械操纵			190 200	0.30
天津夏利TJ7100	单片、干式、膜片弹簧、机械操纵	120	170	170	0.30
上海桑塔纳	单片、干式、膜片弹簧、机械操纵	134	210	190 200	0.30

(2) 压盘和离合器盖的检修　压盘损伤主要是翘曲、破裂或过度磨损等。

先检查压盘表面粗糙度。压盘表面不应有明显的沟槽,沟槽深度应小于0.30mm。轻微的磨损可用油石修平。

再检查压盘平面度。检查方法如图2-24所示,用钢直尺压在压盘上,然后用塞尺测量。离合器压盘平面度不应超过0.2mm。

压盘平面度或表面粗糙度超过要求可用平面磨床磨平或车床车平,但磨、车的厚度应小于2mm,否则应更换压盘。

离合器盖与飞轮的接合面的平面度应小于0.5mm,如有翘曲、裂纹、螺纹磨损等应更换离合器盖。

(3) 离合器压紧弹簧的检修　膜片弹簧因长久负荷而疲劳,造成弯曲、磨损、开裂和弹力减弱,影响动力的传递。

膜片弹簧磨损的测量如图2-25所示,用游标卡尺测量膜片弹簧内端(与分离轴承接触面)磨损的深度和宽度,一般深度应小于0.6mm,宽度应小于5mm,否则应更换。奥迪100型轿车离合器膜片弹簧磨损深度极限应为0.3mm。

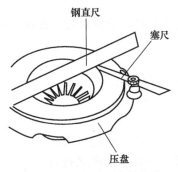 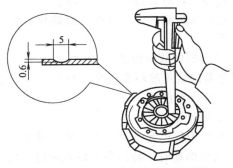

图 2-24 压盘平面度的检查　　　　　图 2-25 膜片弹簧内端磨损的测量

检查膜片弹簧的变形。如图 2-26 所示，用专业工具盖住弹簧分离指内端（小端），然后用塞尺测量弹簧分离指内端与专用工具之间的间隙。弹簧分离指内端应在同一平面内，间隙不应超过 0.5mm。否则要进行弯曲调整。调整时，用专用工具将它弯曲到正确的标准位置。调整后再测量一次，直到符合要求为止。

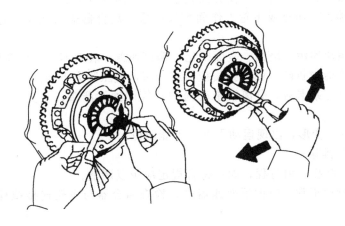

图 2-26 膜片弹簧变形的检修

（4）飞轮的检修　首先进行目视检查，检查齿圈轮齿是否磨损或打齿，检查飞轮端面是否有烧蚀、沟槽、翘曲和裂纹等，如果有则应修理或更换飞轮。

再检查飞轮上轴承。如图 2-27 所示用手转动轴承，在轴向加力，如果有阻滞或有明显间隙感，则应更换轴承。

最后检查飞轮端面的圆跳动。如图 2-28 所示，将百分表安装在发动机机体上，百分表表针抵在飞轮的最外圈，转动飞轮，测量飞轮的端面圆跳动，应小于 0.1mm。如果端面圆

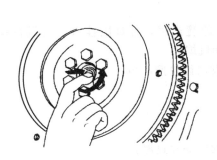 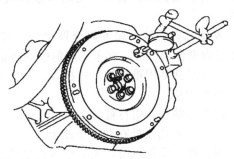

图 2-27 飞轮上轴承的检查　　　　　图 2-28 飞轮端面圆跳动的检查

跳动超过标准，应修磨或更换飞轮。

飞轮每次拆卸后，应更换连接螺栓。将飞轮安装到曲轴上时，应按对角线逐次以规定的力矩拧紧。

2. 离合器的故障诊断

离合器的常见故障有离合器打滑、分离不彻底、异响、发抖等。

(1) 离合器打滑

① 故障现象

a. 汽车用低挡起步时，放松离合器踏板后，汽车不能灵敏起步或起步困难。

b. 汽车加速时，特别是上坡加速时，发动机转速上升，车速不能随之提高。

c. 当载客上长坡和泥泞路时，打滑较明显，严重时会从离合器内散发出焦臭味。

d. 启动，挂低速挡，拉紧驻车制动器，缓慢放离合器踏板，汽车不发抖，不熄火。

e. 停车熄火，挂挡，拉紧驻车制动器，在离合器完全结合状态，用摇把盘车，摇把动，但车不动。

② 故障原因

a. 离合器踏板没有自由行程，使分离轴承压在分离杠杆上。

b. 从动盘摩擦片、压盘或飞轮工作面磨损严重，离合器盖与飞轮的连接松动，使压紧力减弱。

c. 从动盘摩擦片油污、烧蚀、表面硬化、铆钉外露、表面不平，使摩擦因数下降。

d. 压力弹簧疲劳或折断，膜片弹簧疲劳或开裂，使压紧力下降。

e. 离合器操纵杆系卡滞，分离轴承套筒与导管间油污严重，甚至造成卡滞，使分离轴承不能回位。

f. 分离杠杆弯曲变形，出现运动干涉，不能回位。

③ 故障诊断与排除

a. 检查离合器踏板自由行程，如不符合规定应予以调整。

b. 如果自由行程正常，应拆下变速器壳，检查离合器与飞轮连接螺栓是否松动，如松动则予以拧紧。

c. 如果离合器仍然打滑，应拆下离合器检查从动盘摩擦片的状况。如果有油污，一般可用汽油清洗并烘干，然后找出油污来源并设法排除。如果摩擦片磨损严重或有铆钉外露，应更换从动盘。

d. 如果从动盘完好，则应分解离合器，检查压紧弹簧，如果弹力过软则应更换。

离合器打滑主要可以从从动盘压不紧、从动盘摩擦因数下降等方面加以考虑。

(2) 离合器分离不彻底

① 故障现象

a. 离合器踏板踩到底后，主动部分和从动部分不能彻底分离，发动机和传动系仍有动力联系。

b. 发动机启动后，踩下离合器踏板，挂挡有齿轮撞击声，且难以挂入；虽强行挂入，但还没有抬离合器踏板，汽车就向前驶动或造成发动机熄火。

c. 变速时挂挡困难或挂不进挡，并从变速器端发出齿轮撞击声。

② 故障原因

a. 离合器踏板自由行程过大。

b. 膜片弹簧指不处在同一平面上。

c. 离合器从动盘翘曲，从动盘铆钉松脱或新换的摩擦片过厚。

d. 离合器工作缸的工作行程过小。

离合器工作缸的工作行程过小会造成离合器分离不彻底。离合器工作缸的工作行程应大于 15mm，否则说明液压操纵系统有故障，如离合器踏板自由行程过大，液压系统有空气，主缸内复位弹簧过软，主缸工作皮碗密封不良等。

e. 分离杠杆调整不当或分离杠杆弯曲、变形。

③ 故障诊断与排除

a. 检查离合器踏板自由行程，如果自由行程过大则进行调整。否则对于液压操纵机构检查是否储液罐油量不足或管路中有空气，并进行必要的排除。如果不是上述问题应继续检查。

b. 检查分离杠杆内端高度，如果分离杠杆高度太低或不在同一平面，则进行调整。否则检查从动盘是否装反，如果都没有问题则继续检查。

c. 检查从动盘是否翘曲变形、铆钉脱落，从动盘是否轴向运动卡滞等，如果是则进行更换或修理。

d. 若上述检查调整仍无效时，应将离合器拆下分解检查，必要时予以修理或换件。

离合器分离不彻底主要可以从离合器踏板自由行程、分离杠杆高度、从动盘等几个方面考虑。

(3) 离合器异响

① 故障现象　行驶中操纵离合器时有不正常响声。

② 故障原因

a. 分离轴承磨损严重或缺油，轴承回位弹簧过软、折断或脱落。

b. 从动盘铆钉松动或减振弹簧折断。

c. 踏板回位弹簧过软、脱落或折断。

③ 故障诊断与排除

a. 稍稍踩下离合器踏板，膜片弹簧与分离轴承接触，听到有"沙沙"的响声，为分离轴承响。若加油后仍响，为轴承磨损松旷或损坏，应予以更换。

b. 踩下、放松离合器踏板时，如出现间断的碰击声，为分离轴承前后滑动响（支承弹簧失效），应更换支承弹簧。

c. 发动机一启动就有响声，将踏板提起后响声消失，为踏板弹簧失效，应更换踏板弹簧。

d. 连踩踏板，在离合器刚接触或分开时响，为从动盘铆钉松动和摩擦片铆钉外露，应修复铆钉。

离合器异响主要可以从磨损过度、松旷、过紧、运动中刮碰等方面加以考虑。

(4) 起步时发抖

① 故障现象　汽车用低速挡起步时，按操作规程逐渐放松离合器踏板并徐徐踩下加速踏板，离合器不能平稳接合且产生抖振，严重时甚至整车产生抖振现象。

② 故障原因

a. 压盘和从动盘发生翘曲，或从动盘铆钉松动。

b. 变速器与飞轮壳或者离合器盖与飞轮固定螺栓松动。

c. 膜片弹簧弹力不均。

③ 故障诊断与排除

a. 让发动机怠速运转，挂上低速挡，缓慢松开离合器踏板并加大油门起步，如车身有明显的抖动，则为离合器发抖。

b. 检查变速器与飞轮壳、离合器盖与飞轮固定螺钉是否松动，检查膜片弹簧的高度。

c. 拆开离合器盖测量膜片弹簧的高度是否一致。

d. 若上述各项均符合要求,则拆下离合器,分别检查压盘、从动盘是否变形,铆钉是否松动,膜片弹簧的弹力是否在允许范围内。

起步发抖主要可以从起步时离合器在接合过程中不平稳来考虑,即发动机在匀速转动,而由于离合器接合不平稳使离合器的从动部分转动不平稳,从而反映为离合器乃至整车的抖振。

桑塔纳轿车离合器常见故障、原因及排除方法总结于表 2-3 中。

表 2-3 桑塔纳轿车离合器常见故障、原因及排除方法

故障	原因	排除方法
离合器分离不彻底(换挡时发响)	离合器踏板自由行程过大 从动盘变形翘曲 从动盘摩擦片破裂及铆钉松动 踏板钢索损坏或驱动臂变形 从动盘花键槽与变速器第一轴花键卡滞	调整踏板自由行程 检查端面圆跳动<0.5mm,否则更换 检查更换 检查更换 检查修理
离合器打滑	离合器踏板没有自由行程 离合器摩擦片有油污 离合器摩擦片磨损过薄、烧蚀硬化、铆钉外露 离合器盖与分配结合螺栓松动或膜片弹簧弹力不足 分离机构发卡	调整踏板自由行程 清洗并检查变速器前油封是否漏油 检查更换摩擦片 紧固螺栓或更换压盘总成 检查或更换钢索
离合器发抖	离合器从动盘或压盘表面翘曲不平,或盘毂铆钉松动 压盘起槽不平或膜片弹簧弹力不等 发动机脚固定螺栓松动 从动盘上减振器弹簧松弛或折断,减振盘破裂	检查更换 修理或更换 紧固螺栓 检查更换从动盘
离合器发响	分离轴承缺油或损坏 离合器盘铆钉松动 分离轴承回位弹簧脱落或折断 发动机和变速器连接轴心线不在同一直线上 从动盘花键盘毂铆钉松动,铜片破裂,或减振弹簧折断	加注润滑油或更换轴承 更换从动盘 更换回位弹簧 检查调整 更换从动盘
离合器踏板沉重	润滑油沾上灰砂,使分离套筒在导向套管上滑动困难 分离套筒与导向套管润滑不良 拉索润滑不良或起槽	清洁 更换其中一个 润滑或更换拉索

注:离合器套筒和导向套管有钢制的,也有塑料的。都是钢制的,应润滑;一个钢制,一个塑料,不需润滑。

【认证链接】

汽车维修工取证,汽车离合器部分技能要求:
1. 应会离合器的拆装、检修(压盘总成、从动盘等)。
2. 应会离合器踏板自由行程的检查调整作业。
3. 应会离合器液压式操纵装置(液压主缸、工作缸和管路)的拆装、检修。
4. 应会离合器液压操纵系统放气。
5. 应会检查分离轴承、分离杠杆和分离叉,确定必要的操作。
6. 应会诊断与排除离合器的异响、分离不彻底、打滑和发抖等故障,确定必要的操作。

复 习 题

一、选择题

1. 当离合器处于完全接合状态时,变速器的第一轴( )。

A. 不转动； B. 与发动机曲轴转速不相同； C. 与发动机曲轴转速相同
2. 离合器分离轴承与分离杠杆之间的间隙是为了（　　）。
　　A. 实现离合器踏板的自由行程；　　B. 减轻从动盘磨损；　　C. 防止热膨胀失效；
　　D. 保证摩擦片正常磨损后离合器不失效
3. 离合器从动盘中的减振器弹簧的作用是（　　）。
　　A. 吸收传动系所受冲击；　　B. 压紧压盘的机械力；　　C. 吸收扭力；　　D. 以上都不是
4. 以下哪一个选项不是膜片弹簧离合器相对于螺旋弹簧离合器的优点。（　　）
　　A. 转矩容量大且较稳定；　　B. 操纵轻便；　　C. 结构简单且较紧凑；　　D. 高速时平衡性好；
　　E. 摩擦片使用寿命长
5. 东风 EQ1090E 型汽车离合器盖用钢板冲压而成，在其侧面与飞轮接触处有四个缺口，制成这四个缺口的主要目的是（　　）。
　　A. 减轻离合器总成的重量；　　B. 使离合器通风散热；　　C. 便于装配；　　D. 便于检查
6. 膜片弹簧离合器的膜片弹簧既是压紧装置又起（　　）的作用。
　　A. 从动部分；　　B. 分离杠杆；　　C. 主动部分；　　D. 分离轴承
7. 东风 EQ1090E 型汽车离合器的分离杠杆支点采用浮动销的主要作用是（　　）。
　　A. 避免运动干涉；　　B. 利于拆装；　　C. 提高强度；　　D. 节省材料

二、填空题

1. 离合器的功用是（　　）、（　　）、（　　）。
2. 摩擦离合器按压紧弹簧的结构形式可分为（　　）和（　　）两种。
3. 图 2-29 所示为膜片弹簧离合器的工作原理，根据此图回答以下问题。

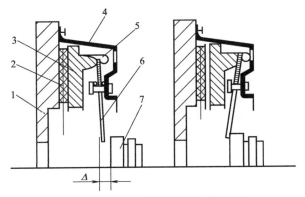

图 2-29　膜片弹簧离合器工作原理

（1）指出图中序号所代表的零部件名称：
1：（　　）；2：（　　）；3：（　　）；4：（　　）；6：（　　）。
（2）哪一个图为分离状态？（　　）。（请填左或右）
（3）图中尺寸 Δ 的作用是为了保证（　　）离合器仍能完全接合。
（4）图中离合器分离时，踩下（　　），通过外部操纵机构带动分离叉旋转，推动（　　）左移，从而推动膜片弹簧的（　　）内端左移，则膜片弹簧的外端（　　），并通过（以下空格填图中序号）（　　）拉动（　　）右移而使离合器分离。
4. 离合器操纵机构有机械式、液压式和空气助力液压操纵三大类。其中机械式分为（　　）和（　　）两种。
5. 从动盘在装配时，有减振盘的面应朝向压盘。如无减振盘，则选（　　）朝向压盘。
6. 汽车起步平稳主要靠逐渐接合过程中（　　）的变化来实现。
7. 为避免传动系产生共振，缓和冲击，在离合器上装有（　　）。
8. 从装配位置上看，离合器工作缸有装在离合器壳外、壳内两种，其中装在离合器壳内的为（　　），装在壳外的为（　　）。
9. 压盘的传动、导向和定心方式有（　　）、（　　）和（　　）。

10. 离合器常见故障有（　　）、（　　）和（　　）。

三、问答题

1. 离合器的功用是什么？
2. 什么是离合器踏板自由行程？离合器踏板自由行程太小有何危害？
3. 离合器接合和分离时压紧弹簧变形量（压缩量）哪个大？
4. CA1091型汽车双片离合器的调整包括哪几方面？
5. 为了使离合器接合柔和，常采用什么措施？
6. 压盘与离合器之间的连接装置有何作用？
7. 请说明离合器打滑的现象、原因和故障诊断与排除。
8. 请说明离合器发抖的现象、原因和故障诊断与排除。
9. 请说明离合器分离不彻底的现象、原因和故障诊断与排除。

第三章　手动变速器

【学习目标】
1. 熟悉手动变速器的功用、类型及变速原理，熟悉同步器的作用与工作原理。
2. 掌握两轴、三轴变速器各挡动力传动路线。
3. 掌握手动变速器操纵机构的结构和工作原理。
4. 掌握手动变速器检修内容和方法。
5. 给出的手动变速器故障现象能够运用所学的知识和技能分析和排除故障。
6. 了解分动器的功用及工作原理。

第一节　认识变速器

一、变速器的功用

目前汽车上广泛采用的动力装置是汽油发动机和柴油发动机，它们的转矩与转速变化范围都较小，而汽车的行驶条件非常复杂，行驶速度和行驶阻力的变化范围很大。为了解决这一矛盾，在汽车传动系中设置了变速器。

1. 实现变速、变扭

改变传动比，扩大驱动轮转矩和转速的变化范围，以适应汽车在各种行驶条件下所需的牵引力和合适的行驶速度，并使发动机能够经常在功率较高而油耗率较低的有利工况下工作。因此，变速器中应具有合理的挡数和合适的传动比。

2. 实现倒车

现在的内燃活塞式发动机，其旋转方向都是不变的（面对曲轴前端看，为顺时针旋转），为了使汽车能倒向行驶，变速器中设有倒挡。

3. 实现中断动力传递

在发动机启动、怠速运转、变速器换挡和进行动力输出时，都要中断发动机至传动系的动力传递，故变速器中设有空挡。

此外，还可以作为其他动力的输出装置，如举升、起吊等。

二、变速器的类型

变速器可以按照传动比变化方式或操纵方式来分类。

1. 按传动比变化方式分

（1）有级变速器　采用齿轮传动具有若干个数值一定的传动比，从传动比等于1的直接挡（或小于1的超速挡）直到传动比最大的最低挡（一挡），速比成阶梯式的变化。这种变速器按其采用的齿轮系形式的不同，又可分为轴线固定的普通齿轮变速器和轴线旋转的行星齿轮变速器。普通齿轮变速器按前进挡时传递动力的轴数又可分为两轴式和三轴式。其中两轴式变速器广泛用于前置前驱动（FF）轿车，如夏利、桑塔纳、捷达、奥迪等。三轴式变速器应用最广泛，为绝大多数具有机械式传动系的车辆所采用。行星齿轮变速器在传动系中一般不单独采用，常用于液力式传动系，与液力变矩器一起组成液力机械变速器。

变速器的挡数是指前进挡的数目，不包括倒挡。目前，轿车和轻、中型货车变速器的传动比通常有 3~5 个前进挡和一个倒挡，少数也有 6 个挡位的（如 CA1091 汽车）。对于重型和超重型汽车，为了得到更多的挡位，又不使变速器体积和重量过大、结构复杂、拆装困难，将变速器制成主、副变速器两部分，主变速器挡数较多，一般有 4~5 个挡；副变速器挡数少，一般有 2~4 个挡，没有倒挡。这样就使整个变速系统得到 8~20 个挡位。

（2）无级变速器　它的传动比在一定范围内是无限多级地连续变化的。如液力式传动系采用的液力变矩器、电力传动系中的直流串励电动机等均为无级变速传动元件。

（3）综合式变速器　一般是指由液力变矩器和齿轮式有级变速器组成的液力机械式变速器，其传动比是在几个区段内无级变化，为部分无级式。这种结构既可得到较大的传动比，又可实现无级变速，目前应用较多。

2. 按操纵方式不同分

（1）手动变速器　英文缩写为 MT，即 Manual Transmission 的缩写。通过驾驶员用手操纵变速杆来选定挡位，并直接操纵变速器的换挡机构进行挡位变换。齿轮式有级变速器大多采用这种换挡方式。

（2）自动操纵式变速器　英文缩写为 AT，即 Automatic Transmission 的缩写。传动比的选择和换挡是自动进行的。它是借助反映发动机负荷和车速的信号系统来控制换挡系统的执行元件来实现机械变速器的换挡，驾驶员只需操纵加速踏板以控制车速。

（3）手动自动一体变速器　这种变速器可以自动换挡，也可以手动换挡，比较典型的如奥迪 A6 的 Tiptronic，上海帕萨特 1.8T 也装有手动自动一体变速器。

本章仅介绍目前汽车上应用最广的手动操纵轴线固定式齿轮变速器。

变速器的基本构造包括：变速传动机构和操纵机构两部分。变速传动机构的主要作用是改变转矩的数值和方向；操纵机构的作用是实现传动比的变换——换挡。

三、普通齿轮的传动比

普通齿轮变速器也称定轴式变速器，它由一个外壳、固定的几根轴和若干齿轮组成，可实现变速、变矩和改变旋转方向。

普通齿轮变速器利用不同齿数的齿轮啮合传动来实现转矩和转速的改变。

齿轮传动的基本原理如图 3-1 所示，一对齿数不同的齿轮啮合传动时可以实现变速，而且两齿轮的转速比与其齿数成反比。设主动齿轮转速为 n_1，齿数为 z_1，从动齿轮转速为 n_2，齿数为 z_2。主动齿轮（即输入轴）转速与从动齿轮（即输出轴）转速之比值称为传动比，用字母 i_{12} 表示，即由 1 传到 2 的传动比。

$$i_{12}=n_1/n_2=z_2/z_1$$

当小齿轮为主动齿轮，带动大齿轮转动时，输出转速降低，即 $n_2<n_1$，称为减速传动，此时传动比 $i>1$，如图 3-1（a）所示；大齿轮驱动小齿轮时，输出转速升高，即 $n_2>n_1$，称为增速传动，此时传动比 $i<1$，如图 3-1（b）所示。这就是齿轮传动的变速原理。汽车变速器就是根据这一原理利用若干大小不同的齿轮副传动而实现变速的。

图 3-2 所示为两级齿轮传动示意图，齿轮 1 为主动齿轮，驱动齿轮 2 转动，齿轮 3 与齿轮 2 固连在一起，再驱动齿轮 4 转动并输出动力，此时由 1 传到 4 的传动比为

$$i_{14}=n_1/n_4=(z_2z_4)/(z_1z_3)=i_{12}i_{34}$$

因此，可以总结为多级齿轮传动的传动比为

i = 所有从动齿轮齿数的乘积/所有主动齿轮齿数的乘积 = 各级齿轮传动比的乘积

对于变速器，各挡的传动比 i 就是变速器输入轴转速与输出轴转速之比。即

$$i=n_{输入}/n_{输出}=T_{输出}/T_{输入}$$

当 $i>1$ 时，$n_{输出}<n_{输入}$，$T_{输出}>T_{输入}$，此时实现降速增矩，为变速器的低挡位，且 i

越大，挡位越低；当 $i=1$ 时，$n_{输出}=n_{输入}$，$T_{输出}=T_{输入}$，为变速器的直接挡；当 $i<1$ 时，$n_{输出}>n_{输入}$，$T_{输出}<T_{输入}$，此时实现升速降矩，为变速器的超速挡。汽车变速器就是利用这一关系通过改变速比来适应汽车行驶阻力变化的需要。

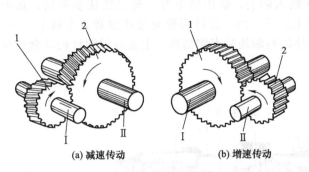

图 3-1　齿轮传动的基本原理
Ⅰ—输入轴；Ⅱ—输出轴；
1—主动齿轮；2—从动齿轮

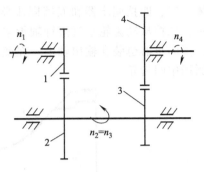

图 3-2　两级齿轮传动示意图
1,3—主动齿轮；2,4—从动齿轮

桑塔纳 2000 五挡手动变速器各挡的传动比见表 3-1。其Ⅰ~Ⅲ挡为降速挡，Ⅳ挡为直接挡，Ⅴ挡为超速挡。

表 3-1　桑塔纳 2000 五挡手动变速器各挡的传动比

挡位	传动比	挡位	传动比
Ⅰ	3.455	Ⅳ	0.969
Ⅱ	1.944	Ⅴ	0.800
Ⅲ	1.286		

第二节　变速器的变速传动机构

手动变速器包括变速传动机构和操纵机构两大部分。变速传动机构的主要作用是改变转速和转矩的大小与方向。操纵机构的作用是实现换挡。

变速传动机构是变速器的主体，按工作轴的数量（不包括倒挡轴）可分为两轴式变速器和三轴式变速器。

一、两轴式齿轮变速器

两轴式变速器用于发动机前置前轮驱动的汽车，一般与驱动桥（前桥）合称为手动变速驱动桥。目前，我国常见的几种国产轿车均采用发动机前置前轮驱动，如桑塔纳、捷达、奥迪、富康等轿车。

前置发动机又有纵向布置和横向布置两种形式。当发动机纵置时，主减速器齿轮和差速器齿轮就布置在离合器和变速器之间，主减速器齿轮为一对圆锥齿轮，如奥迪 100 型轿车、桑塔纳 2000 型轿车的传动系（见图 1-8）；当发动机横置时，由于主减速器的主动齿轮和从动齿轮轴线平行，故采用一对圆柱齿轮，如夏利、捷达轿车的传动系（见图 1-7）。

1. 发动机纵向布置的两轴式变速器

图 3-3 与图 3-4 所示分别为桑塔纳 2000 型轿车两轴式变速器传动机构的结构与传动原理。该变速器变速传动机构的输入轴和输出轴平行布置，输入轴也是离合器的从动轴，输出

轴也是主减速器的主动锥齿轮轴。该变速器具有五个前进挡和一个倒挡,全部采用锁环式惯性同步器换挡。输入轴上有一至五挡主动齿轮,其中一、二挡主动齿轮与轴制成一体,三、四、五挡主动齿轮通过滚针轴承空套在轴上。输入轴上还有倒挡主动齿轮,它与轴制成一体。三、四挡同步器和五挡同步器也装在输入轴上。输出轴上有一至五挡从动齿轮,其中一、二挡从动齿轮通过滚针轴承空套在轴上,三、四、五挡齿轮通过花键套装在轴上。一、二挡同步器也装在输出轴上。在变速器壳体的右端还装有倒挡轴,上面通过滚针轴承套装有倒挡中间齿轮。

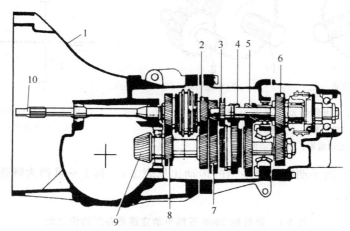

图 3-3　桑塔纳 2000 型轿车两轴式变速器传动机构的结构
1—变速器壳体;2—输入轴三挡齿轮;3—倒挡齿轮;4—倒挡轴;5—输入轴一挡齿轮;6—输入轴五挡齿轮;
7—输出轴二挡齿轮;8—输出轴四挡齿轮;9—输出轴;10—输入轴

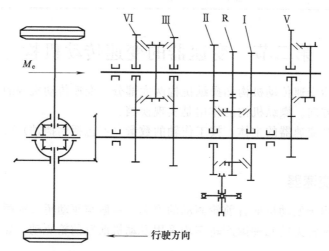

图 3-4　桑塔纳 2000 型轿车两轴式变速器传动机构的传动原理
Ⅰ—一挡齿轮;Ⅱ—二挡齿轮;Ⅲ—三挡齿轮;Ⅳ—四挡齿轮;Ⅴ—五挡齿轮;R—倒挡齿轮

如图 3-4 所示,各挡动力传动路线见表 3-2。

2. 发动机横向布置的两轴式变速器

发动机横向布置的两轴式变速器结构如图 3-5 所示,所有前进挡齿轮和倒挡齿轮都采用常啮合斜齿轮,并采用锁环式同步器换挡。其各挡位的动力传动路线分析如下。

(1) 一挡　如图 3-6 所示,一、二挡同步器使一挡齿轮与主减速器主动齿轮轴接合,将变速齿轮锁定到主减速器主动齿轮轴上。输入轴齿轮的一挡主动齿轮顺时针转动，逆时针地驱动一挡从动齿轮和主减速器主动齿轮轴，顺时针地驱动主减速器从动齿轮。

表 3-2　桑塔纳 2000 型轿车变速器动力传动路线

挡位	动力传递路线
一	变速器操纵杆从空挡向左、向前移动，实现： 动力→输入轴→输入轴一挡齿轮→输出轴一挡齿轮→输出轴上一、二挡同步器→输出轴→动力输出
二	变速器操纵杆从空挡向左、向后移动，实现： 动力→输入轴→输入轴二挡齿轮→输出轴二挡齿轮→输出轴上一、二挡同步器→输出轴→动力输出
三	变速器操纵杆从空挡向前移动，实现： 动力→输入轴→输入轴三、四挡同步器→输入轴三挡齿轮→输出轴三挡齿轮→输出轴→动力输出
四	变速器操纵杆从空挡向后移动，实现： 动力→输入轴→输入轴三、四挡同步器→输入轴四挡齿轮→输出轴四挡齿轮→输出轴→动力输出
五	变速器操纵杆从空挡向右、向前移动，实现： 动力→输入轴→输入轴上五挡同步器→输入轴五挡齿轮→输出轴五挡齿轮→输出轴→动力输出
倒挡	变速器换挡操纵杆从空挡向右、向后移动，实现： 动力→输入轴→输入轴倒挡齿轮→倒挡轴倒挡齿轮→输出轴倒挡齿轮→输出轴→动力反向输出

（2）二挡　从一挡向二挡换挡时，一、二挡同步器分离一挡从动齿轮，并接合二挡从动齿轮，其动力传动路线如图 3-7 所示。

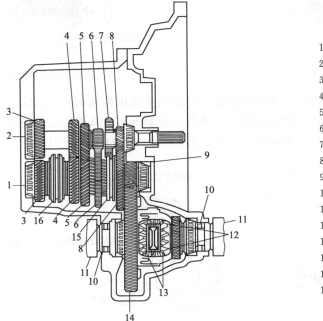

1—输出轴；
2—输入轴；
3—四挡齿轮；
4—三挡齿轮；
5—二挡齿轮；
6—倒挡齿轮；
7—倒挡惰轮；
8—一挡齿轮；
9—主减速器主动齿轮；
10—差速器油封；
11—等速万向节轴；
12—差速行星齿轮；
13—差速半轴齿轮；
14—主减速器从动齿轮；
15—一、二挡同步器；
16—三、四挡同步器

图 3-5　发动机横向布置的两轴式变速器结构

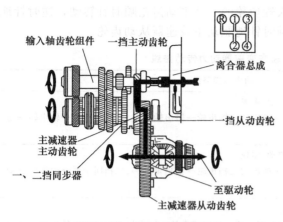

图 3-6　一挡动力传动路线

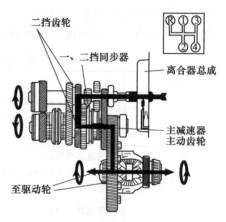

图 3-7　二挡动力传动路线

（3）三挡　当一、二挡同步器接合套返回空挡后，将三、四挡同步器锁定到主减速器主动齿轮轴上的三挡齿轮上。其动力传动路线如图 3-8 所示。

（4）四挡　将三、四挡同步器接合套从三挡齿轮移开，移向四挡齿轮，将其锁定在主减速器主动齿轮轴上。其动力传动路线如图 3-9 所示。

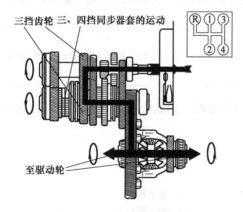

图 3-8　三挡动力传动路线

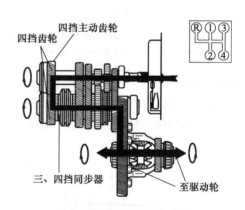

图 3-9　四挡动力传动路线

（5）倒挡　变速杆位于倒挡时，倒挡惰轮换入与倒挡主动齿轮和倒挡从动齿轮啮合。倒挡从动齿轮同时又是一、二挡同步器接合套，同步器接合套带有沿其外缘加工的直齿。倒挡惰轮改变变速齿轮的转动方向，汽车就可以倒车。其动力传动路线如图 3-10 所示。

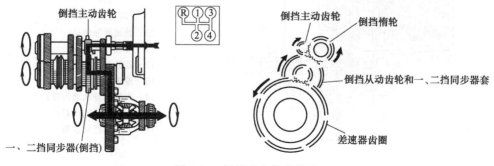

图 3-10　倒挡动力传动路线

二、三轴式变速器的变速传动机构

1. 变速器各挡传动情况

三轴式变速器用于发动机前置后轮驱动的汽车。下面以东风 EQ1092 中型货车的变速器为例进行介绍,其结构简图如图 3-11 所示,有三根主要的传动轴,一轴、二轴和中间轴,所以称为三轴式变速器。另外还有倒挡轴。

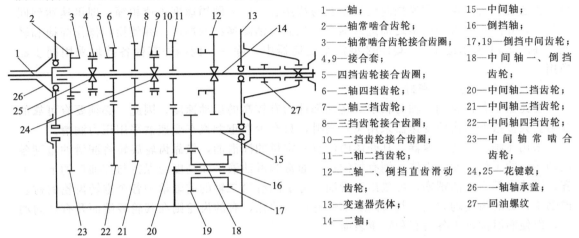

1——一轴;
2——一轴常啮合齿轮;
3——一轴常啮合齿轮接合齿圈;
4,9——接合套;
5——四挡齿轮接合齿圈;
6——二轴四挡齿轮;
7——二轴三挡齿轮;
8——三挡齿轮接合齿圈;
10——二挡齿轮接合齿圈;
11——二轴二挡齿轮;
12——二轴一、倒挡直齿滑动齿轮;
13——变速器壳体;
14——二轴;
15——中间轴;
16——倒挡轴;
17,19——倒挡中间齿轮;
18——中间轴一、倒挡齿轮;
20——中间轴二挡齿轮;
21——中间轴三挡齿轮;
22——中间轴四挡齿轮;
23——中间轴常啮合齿轮;
24,25——花键毂;
26——一轴轴承盖;
27——回油螺纹

图 3-11 东风 EQ1092 中型货车的三轴式变速器

该变速器为五挡变速器,各挡传动情况如下。

(1) 空挡 二轴上的各接合套、传动齿轮均处于中间空转的位置,动力不传给第二轴。

(2) 一挡 前移二轴一、倒挡直齿滑动齿轮 12 与中间轴一、倒挡齿轮 18 啮合。动力经一轴常啮合齿轮 2、中间轴常啮合齿轮 23、中间轴一、倒挡齿轮 18、二轴一、倒挡直齿滑动齿轮 12,传到第二轴使其顺时针旋转(与第一轴同向)。

(3) 二挡 后移接合套 9 与二轴二挡齿轮 11 的接合齿圈 10 啮合。动力经齿轮 2、23、20、11、10、接合套 9、花键毂 24,传到二轴使其顺时针旋转。

(4) 三挡 前移接合套 9 与二轴三挡齿轮 7 的接合齿圈 8 啮合。动力经齿轮 2、23、21、7、8、接合套 9、花键毂 24,传到二轴使其顺时针旋转。

(5) 四挡 后移接合套 4 与二轴四挡齿轮 6 的接合齿圈 5 啮合。动力经齿轮 2、23、22、6、5、接合套 4、花键毂 25,传到二轴使其顺时针旋转。

(6) 五挡 前移接合套 4 与一轴常啮合齿轮 2 的接合齿圈 3 啮合。动力直接由一轴、齿轮 2、齿轮 3、接合套 4、花键毂 25,传到二轴,传动比为 1。由于二轴的转速与一轴相同,故此挡称为直接挡。

(7) 倒挡 后移二轴一、倒挡直齿滑动齿轮 12 与倒挡中间齿轮 17 啮合。动力经齿轮 2、23、18、19、17、12,传给二轴使其逆时针旋转,汽车倒向行驶。倒挡传动路线与其他挡位相比较,由于多了倒挡中间齿轮的传动,所以改变了二轴的旋转方向。

2. 变速器换挡装置

普通齿轮式变速器的换挡装置常见的有直齿滑动齿轮式和同步器式两种结构。

(1) 直齿滑动齿轮式换挡装置 对于采用直齿齿轮传动的挡位,常采用这种换挡装置。它是通过直接移动啮合齿轮副中的一个齿轮,使之与另一个齿轮进入啮合或退出啮合,从而实现挂挡或退挡。例如,东风 EQ1092 型汽车五挡变速器中的第一挡和倒挡就是采用这种换挡装置。如图 3-11 所示,中间轴一、倒挡齿轮 18 固定在轴上,二轴一、倒挡直齿滑动齿轮

12通过花键与第二轴相连，并且可以沿花键作轴向移动。图3-11所示为空挡位置，当向左拨动二轴一、倒挡直齿滑动齿轮12使之与中间轴一、倒挡齿轮18啮合，便挂入一挡，当向右拨动二轴一、倒挡直齿滑动齿轮12时，便与倒挡中间齿轮17相啮合，即挂入倒挡（图中倒挡齿轮为展开位置）。由于直齿齿轮传动冲击大，噪声大，承载能力低，所以在变速器中很少采用。

（2）同步器式换挡装置　它是在接合套换挡机构的基础上又加装了同步元件而构成的一种换挡装置，可以保证在换挡时使接合套与待接合齿圈的圆周速度迅速相等，即迅速达到同步状态，并防止两者在同步之前进入啮合，从而可消除换挡的冲击，并使换挡操作简捷和轻便。在图3-11所示的东风EQ1092型汽车变速器中，除一、倒挡外其他各挡均采用同步器换挡。

3. 变速器的润滑与密封

变速器中各齿轮副、轴与轴承等运动部件均有较高的运动速度，因此，必须要有可靠的润滑。大多数普通齿轮变速器采用飞溅润滑，只有少数重型汽车变速器采用压力润滑。

采用飞溅润滑的变速器，其壳体内注有一定量的润滑油，依靠齿轮旋转将润滑油甩到各运动零件的工作表面。壳体一侧有加油口，通常润滑油液平面高度应保持与加油口的下沿平齐。壳体底部有放油螺塞，可放出润滑油。为了润滑第二轴的前轴承和各个空转齿轮的衬套或轴承，有的齿轮均匀地在其齿间底部钻有径向油孔，有的齿轮则在其轮毂端面开有径向油槽，以便润滑油进入各衬套和轴承表面。

为了防止润滑油泄漏，变速器盖与壳体以及各轴承盖与壳体的接合面之间都装有密封垫或用密封胶密封，第一轴和第二轴与轴承盖孔之间则用橡胶自紧油封或回油螺纹予以密封，并且一般在轴承盖下部制有回油凹槽。在壳体的相应部位开有回油孔，使沉积的润滑油流回壳体内，装配时应使凹槽与油孔对准。解放CA1092型汽车变速器的第一轴与轴承盖之间由橡胶油封密封，其第二轴与后盖的轴孔之间也装有橡胶油封密封。东风EQ1090E型汽车变速器的第一轴与轴承盖之间则由回油螺纹密封。为了防止变速器工作时由于油温升高使气压过大而造成润滑油渗漏，变速器盖上都装有通气塞。

三、组合式变速器

为保证重型汽车具有良好的动力性、经济性和加速性，要求变速器有较多的挡位，以扩大传动比的范围，常采用两个变速器串联的方式构成组合式变速器。

在两个串联的变速器中，其中一个为挡数较多且有倒挡的主变速器，另一个为只有高低两挡的副变速器。副变速器一般有一个直接挡和一个低速挡。副变速器低速挡传动比较大时，多置于主变速器之后，以利于减小主变速器的重量和尺寸；若副变速器低速挡传动比较小，则将其放在主变速器之前。

图3-12为常见的一种组合式变速器的变速传动机构示意图。它实质上是由具有四个前进挡和一个倒挡的主变速器与两挡副变速器串联而成（副变速器输入轴19同时也是主变速器的输出轴）。副变速器装在主变速器之后，具有一个直接挡和一个减速比为3.78的低速挡，采用分段式配挡。倒挡只用低速挡，其传动比为$i_R=10.03$。变速器除倒挡用接合套换挡外，其他挡均为常压式同步器换挡。主变速器由驾驶员通过变速杆操纵换挡，副变速器则由选择开关用压缩空气操纵换挡。倒挡传动是由主变速器第二中间轴一挡齿轮5驱动倒挡传动齿轮7，若接合套9与倒挡齿轮8的接合齿圈套合后，即可驱动副变速器输入轴齿轮18，动力输出轴13与第二中间轴14的接合及分离，由动力输出接合套12操纵。

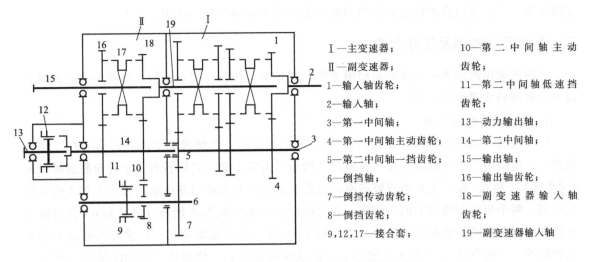

Ⅰ—主变速器；	10—第二中间轴主动齿轮；
Ⅱ—副变速器；	11—第二中间轴低速挡齿轮；
1—输入轴齿轮；	13—动力输出轴；
2—输入轴；	14—第二中间轴；
3—第一中间轴；	15—输出轴；
4—第一中间轴主动齿轮；	16—输出轴齿轮；
5—第二中间轴一挡齿轮；	18—副变速器输入轴齿轮；
6—倒挡轴；	19—副变速器输入轴
7—倒挡传动齿轮；	
8—倒挡齿轮；	
9,12,17—接合套；	

图 3-12 组合式变速器的变速传动机构示意图

第三节 同 步 器

一、同步器的作用

同步器的作用一是使接合套与待接合齿圈迅速同步，以缩短换挡时间；二是起到锁止作用，保证接合套与待接合齿圈在达到同步之前不可能啮合，从而避免换挡齿间冲击。

为了说明同步器的作用，首先以三轴式变速器四、五挡之间的换挡操作为例，分析无同步器时换挡过程中产生的问题。

如图 3-13 所示，变速器在四挡工作时，接合套 3 与齿轮 4 上的接合齿圈啮合，两者转速是相同的（$n_3 = n_4$）。在从四挡换入五挡时，驾驶员先踩下离合器踏板，使离合器分离，再通过变速操纵机构将接合套 3 左移，进入空挡位置。

由于齿轮 4 为低挡（四挡），齿轮 2 为高挡（五挡），所以齿轮 4 的转速永远比齿轮 2 的转速低，即 $n_4 < n_2$。在接合套 3 与齿轮 4 刚分离这一刻，两者转速是相同的，即 $n_3 = n_4$。所以在换入空挡的瞬间 $n_3 < n_2$，这时如果立即推动结合套 3 与齿轮 2 上的接合齿圈接合，就会发生打齿现象。

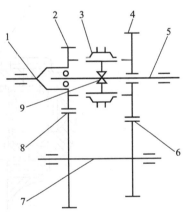

图 3-13 无同步器五挡变速器的四、五挡简图
1——轴；2——轴常啮合齿轮；3—接合套；
4—二轴四挡齿轮；5—二轴；6—中间轴四挡齿轮；7—中间轴；8—中间轴常啮合齿轮；9—花键毂

由上述分析可知，在变挡过程中接合套与待接合齿圈并不处于同一转速，在手动变速器加减挡时经常产生齿轮间的撞击现象，为了避免换挡时的齿轮冲击，减少驾驶员的劳动强度，简化换挡操作，提高齿轮的使用寿命，使用了同步器。

同步器是在接合套的基础上进一步发展起来的，目前，手动变速器的所有前进挡都使用了同步器。下面通过介绍同步器结构和原理进一步了解同步器的功用。

二、同步器的构造及工作原理

目前所采用的同步器几乎都是摩擦式惯性同步器，按锁止装置不同，可分为锁环式惯性同步器和锁销式惯性同步器。

1. 锁环式惯性同步器

（1）构造　锁环式惯性同步器的结构如图 3-14 所示，花键毂 7 用内花键套装在二轴外花键上，用垫圈、卡环轴向定位。花键毂 7 两端与齿轮 1 和 4 之间各有一个青铜制成的锁环（同步环）5 和 9。锁环上有短花键齿圈，其花键的尺寸和齿数与花键毂、齿轮 1 和 4 的花键齿相同。两个齿轮和锁环上的花键齿，靠近接合套 8 的一端都有倒角（锁止角），且与接合套齿端的倒角相同。锁环有内锥面，与齿轮 1、4 的外锥面锥角相同。在锁环内锥面上制有细密的螺纹（或直槽），当锥面接触后，它能及时破坏油膜，增加锥面间的摩擦力。锁环内锥面摩擦副称为摩擦件，外沿带倒角的齿圈是锁止件，锁环上还有三个均布的缺口 12。三个滑块 2 分别装在花键毂 7 上三个均布的轴向槽 11 内，沿槽可以轴向移动。滑块被两个弹簧圈 6 的径向力压向接合套，滑块中部的凸起部位压嵌在接合套中部的环槽 10 内。滑块和弹簧是推动件。滑块两端伸入锁环 5 的缺口 12 中，滑块窄而缺口宽，两者之差等于锁环的花键齿宽。锁环相对于滑块顺转和逆转都只能转动半个齿宽，且只有当滑块位于锁环缺口的中央时，接合套与锁环才能接合。

（2）工作原理　以二挡换三挡为例说明同步器的工作原理，如图 3-15 所示。

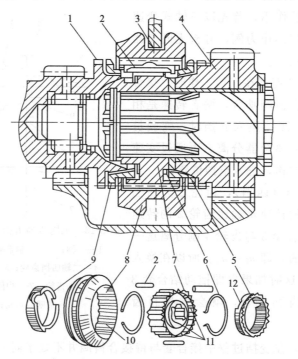

图 3-14　锁环式惯性同步器的结构

1——轴常啮合齿轮的接合齿圈；2—滑块；3—拨叉；4—二轴齿轮；5，9—锁环（同步环）；
6—弹簧圈；7—花键毂；8—接合套；10—环槽；11—三个轴向槽；12—缺口

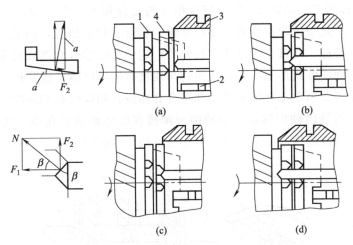

图 3-15 锁环式惯性同步器的工作原理
1—待啮合齿轮的接合齿圈；2—滑块；3—接合套；4—锁环（同步环）

① 空挡位置　接合套 3 刚从二挡退入空挡时，如图 3-15（a）所示，三挡齿轮 1、接合套 3、锁环 4 以及与其有关联的运动件，因惯性作用而沿原方向继续旋转（图示箭头方向）。由于齿轮 1 是高挡齿轮（相对于二挡齿轮来说），所以接合套 3、锁环 4 的转速低于齿轮 1 的转速。

② 挂挡　欲换入三挡时，驾驶员通过变速杆使拨叉推动接合套 3 连同滑块 2 一起向左移动，如图 3-15（c）所示，滑块又推动锁环移向齿轮 1，使锥面接触。驾驶员作用在接合套上的轴向推力，使两锥面有正压力 N，又因两者有转速差，所以产生摩擦力矩。通过摩擦作用，齿轮 1 带动锁环相对于接合套向前转动一个角度，直至锁环缺口靠在滑块的另一侧（上侧）为止，此时接合套的内齿与锁环上错开了约半个齿宽，接合套的齿端倒角面与锁环的齿端倒角面互相抵住。

③ 锁止　驾驶员的轴向推力使接合套的齿端倒角面与锁环的齿端倒角面之间产生正压力，从而形成一个企图拨动锁环的相对于接合套反转的力矩，此力矩称为拨环力矩。这样在锁环上同时作用着方向相反的摩擦力矩和拨环力矩，同步器的结构参数可以保证在同步前（存在摩擦力矩）拨环力矩始终小于摩擦力矩，所以，在同步之前无论驾驶员施加多大的操纵力，都不会挂上挡，即产生锁止作用，如图 3-15（c）所示。

④ 同步啮合　随着驾驶员施加于接合套上的推力加大，摩擦力矩不断增加，使齿轮 1 的转速迅速降低。当齿轮 1、接合套 3 和锁环 4 达到同步时，作用在锁环上的摩擦力矩消失。此时在拨环力矩的作用下，锁环 4、齿轮 1 以及与之相连的各零件都相对于接合套反转一个角度，滑块 2 处于锁环缺口的中央，如图 3-15（b）所示，键齿不再抵触，锁环的锁止作用消除。接合套压下弹簧圈继续左移（滑块脱离接合套的内环槽而不能左移），与锁环的花键齿圈进入啮合，进而再与齿轮 1 进入啮合，如图 3-15（d）所示，从而换入三挡。

锁环式同步器尺寸小、结构紧凑、摩擦力矩也小，多用于轿车和轻型车辆。

2. 锁销式惯性同步器

五挡锁销式惯性同步器的结构如图 3-16 所示。两个带有内锥面的摩擦锥盘 2，以其内花键分别固装在带有接合齿圈的斜齿轮 1 和 6 上，随齿轮一起转动。两个有外锥面的摩擦锥环

3，其上有圆周均布的三个锁销8、三个定位销4与接合套5装在一起。定位销与接合套的相应孔是滑动配合，定位销中部切有一小段环槽，接合套钻有斜孔，内装弹簧11把钢球10顶向定位销中部的环槽，使接合套处于空挡位置，定位销随接合套能轴向移动。定位销两端伸入两锥环3内侧面的弧线形浅坑中，定位销与浅坑有周向间隙，锥环相对于接合套在一定范围内作周向摆动。锁销中部环槽的两端和接合套相应孔两端切有相同的倒角；锁销与孔对中时，接合套才能沿锁销轴向移动；锁销两端铆接在锥环相应的孔中。两个锥环、三个锁销、三个定位销和接合套构成一个部件，套在花键毂9的齿圈上。

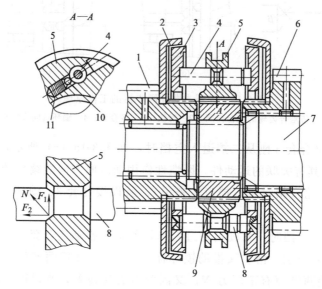

图 3-16 锁销式惯性同步器的结构

1——轴齿轮；2—摩擦锥盘；3—摩擦锥环；4—定位销；5—接合套；6—二轴四挡齿轮；
7—二轴；8—锁销；9—花键毂；10—钢球；11—弹簧

锁销式惯性同步器的工作原理与锁环式惯性同步器类似。

换挡时接合套受到拨叉的轴向推力作用，通过钢球10、定位销4推动摩擦锥环3向前移动。因摩擦锥环与锥盘有转速差，故接触后的摩擦作用使锥环和锁销相对于接合套转过一个角度，锁销与接合套上相应孔的中心线不再同心，锁销中部倒角与接合套孔端的锥面相抵触，在同步前，作用在摩擦面的摩擦力矩总大于拨销力矩，因而接合套被锁止不能前移，以防止在同步前接合套与齿圈进入啮合。同步后摩擦力矩消失，拨销力矩使锁销、摩擦锥盘和相应的齿轮相对于接合套转过一个角度，锁销与接合套的相应孔对中，接合套克服弹簧11的张力压下钢球并沿锁销向前移动，从而完成换挡。

第四节　变速器的变速操纵机构

一、功用与要求

变速器操纵机构的功用是根据汽车使用条件帮助驾驶员随时将变速器换上或摘下某个挡位。为了保证在任何情况下变速器都能准确、安全、可靠地工作，对变速器操纵机构有以下要求。

① 设自锁装置，防止变速器自动脱挡，并保证轮齿以全齿宽啮合。
② 设互锁装置，防止变速器同时挂入两个挡位，以免造成发动机熄火或损坏零部件。
③ 设倒挡锁，防止误挂倒挡，以免发生安全事故。

二、变速器操纵机构的构造

变速器操纵机构按照变速操纵杆（变速杆）位置的不同，可分为直接操纵式和远距离操纵式两种类型。

1. 直接操纵式

这种形式的变速器布置在驾驶员座椅附近，变速杆由驾驶室底板伸出，驾驶员可以直接操纵，解放 CA1091 中型货车六挡变速器操纵机构就采用这种形式，如图 3-17 所示。多用于发动机前置后轮驱动的车辆。

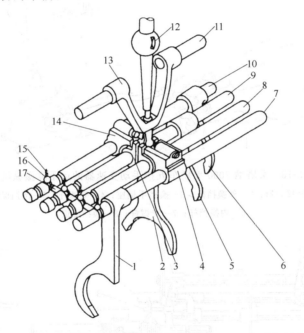

图 3-17　解放 CA1091 中型货车六挡变速器直接操纵式操纵机构
1—五、六挡拨叉；2—三、四挡拨叉；3—一、二挡拨块；4—五、六挡拨块；5—一、二挡拨叉；6—倒挡拨叉；
7—五、六挡拨叉轴；8—三、四挡拨叉轴；9—一、二挡拨叉轴；10—倒挡拨叉轴；11—换挡轴；
12—变速杆；13—叉形拨杆；14—倒挡拨块；15—自锁弹簧；16—自锁钢球；17—互锁销

拨叉轴 10、9、8 和 7 的两端均支承于变速器盖的相应孔中，可以轴向滑动。所有的拨叉和拨块都以弹性销固定于相应的拨叉轴上。三、四挡拨叉 2 的上端具有拨块。拨叉 2 和拨块 14、4、3 的顶部制有凹槽。变速器处于空挡时，各凹槽在横向平面内对齐，叉形拨杆 13 下端的球头即伸入这些凹槽中。选挡时可使变速杆绕其中部球形支点横向摆动，则其下端推动叉形拨杆 13 绕换挡轴 11 的轴线摆动，从而使叉形拨杆下端球头对准与所选挡位对应的拨块凹槽，然后使变速杆纵向摆动，带动拨叉轴及拨叉向前或向后移动，即可实现挂挡。例如，横向摆动变速杆使叉形拨杆下端球头深入拨块 3 顶部凹槽中，拨块 3 连同拨叉轴 9 和拨叉 5 沿纵向向前移动一定距离，便可挂入二挡；若向后移动一段距离，则挂入一挡。当使叉形拨杆下端球头深入拨块 14 的凹槽中，并使其向前移动一段距离时，便挂入倒挡。

各种变速器由于挡位数及挡位排列位置不同，其拨叉和拨叉轴的数量及排列位置也不相同。例如，上述的六挡变速器的六个前进挡用了三根拨叉轴，倒挡独立使用了一根拨叉轴，共有四根拨叉轴；而东风 EQ1092 的五挡变速器具有三根拨叉轴，其二、三挡和四、五挡各占一根拨叉轴，一挡和倒挡共用一根拨叉轴。

2. 远距离操纵式

在有些汽车上，由于变速器离驾驶员座位较远，则需要在变速杆与拨叉之间加装一些辅助杠杆或一套传动机构，构成远距离操纵机构。这种操纵机构多用于发动机前置前轮驱动的轿车，如桑塔纳 2000 型轿车的五挡手动变速器，由于其变速器安装在前驱动桥处，远离驾驶员座椅，因此需要采用这种操纵方式，如图 3-18 所示。而在变速器壳体上则具有类似于直接操纵式的内换挡机构，如图 3-19 所示。

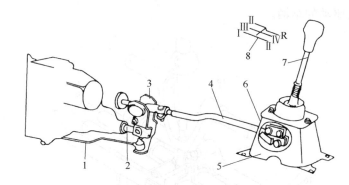

图 3-18　桑塔纳 2000 型轿车五挡手动变速器的远距离操纵机构
1—换挡杆接合器；2—外换挡杆；3—换挡手柄座；4—变速杆；5—倒挡保险挡块；
6—内换挡杆；7—支撑杆；8—换挡标记

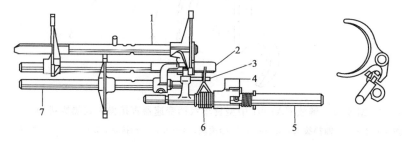

图 3-19　桑塔纳 2000 型轿车五挡手动变速器的内换挡机构
1—五、倒挡拨叉轴；2—三、四挡拨叉轴；3—定位拨销；4—倒挡保险挡块；
5—内换挡杆；6—定位弹簧；7—一、二挡拨叉轴

另外，有些轿车和轻型货车的变速器，将变速杆安装在转向柱管上，如图 3-20 所示，因此，在变速杆与变速器之间也是通过一系列的传动件进行传动，这也是远距离操纵方式。它具有变速杆占据驾驶室空间小、乘坐方便等优点。

三、换挡锁装置

为了保证变速器在任何情况下都能准确、安全、可靠地工作，变速器操纵机构一般都具有换挡锁装置，换挡锁装置包括自锁装置、互锁装置和倒挡锁装置。

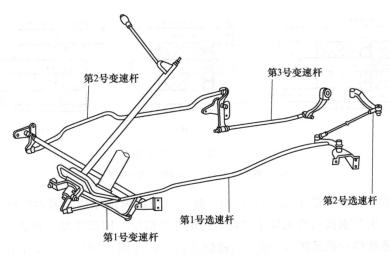

图 3-20 柱式换挡操纵机构

1. 自锁装置

自锁装置用于防止变速器自动脱挡或挂挡，并保证轮齿以全齿宽啮合。大多数变速器的自锁装置都是采用自锁钢球对拨叉轴进行轴向定位锁止。如图 3-21 所示，在变速器盖中钻有三个深孔，孔中装入自锁钢球和自锁弹簧，其位置处于拨叉轴的正上方，每根拨叉轴对着钢球的表面沿轴向设有三个凹槽，槽的深度小于钢球的半径。中间的凹槽对正钢球时为空挡位置，前边或后边的凹槽对正钢球时则处于某一工作挡位置，相邻凹槽之间的距离保证齿轮处于全齿长啮合或是完全退出啮合。凹槽对正钢球时，钢球便在自锁弹簧的压力作用下嵌入该凹槽内，拨叉轴的轴向位置便被固定，不能自行挂挡或自行脱挡。当需要换挡时，驾驶员通过变速杆对拨叉轴施加一定的轴向力，克服自锁弹簧的压力而将自锁钢球从拨叉轴凹槽中挤出并推回孔中，拨叉轴便可滑过钢球进行轴向移动，并带动拨叉及相应的接合套或滑动齿轮轴向移动，当拨叉轴移至其另一凹槽与钢球相对正时，钢球又被压入凹槽，驾驶员具有很强的手感，此时拨叉所带动的接合套或滑动齿轮便被拨入空挡或被拨入另一工作挡位。

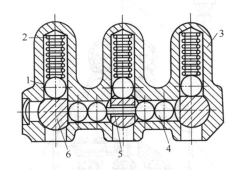

图 3-21 自锁和互锁装置

1—自锁钢球；2—自锁弹簧；3—变速器盖；4—互锁钢球；5—互锁销；6—拨叉轴

2. 互锁装置

互锁装置用于防止同时挂上两个挡位。如图 3-22 所示，互锁装置由互锁钢球和互锁销组成。

当变速器处于空挡时，所有拨叉轴的侧面凹槽同互锁钢球、互锁销都在一条直线上。当

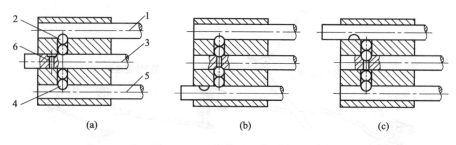

图 3-22 互锁装置工作示意图

1,3,5—拨叉轴；2,4—互锁钢球；6—互锁销

移动中间拨叉轴 3 时，如图 3-22（a）所示，轴 3 两侧的内钢球从其侧面凹槽中被挤出，而两外钢球 2 和 4 则分别嵌入拨叉轴 1 和轴 5 的侧面凹槽中，因而将轴 1 和轴 5 刚性地锁止在其空挡位置。若欲移动拨叉轴 5，则应先将拨叉轴 3 退回到空挡位置。于是在移动拨叉轴 5 时，钢球 4 便从轴 5 的凹槽中被挤出，同时通过互锁销 6 和其他钢球将轴 3 和轴 1 均锁止在

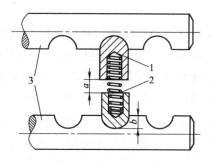

图 3-23 合二为一的自锁和互锁装置

1—锁销；2—锁止弹簧；3—拨叉轴

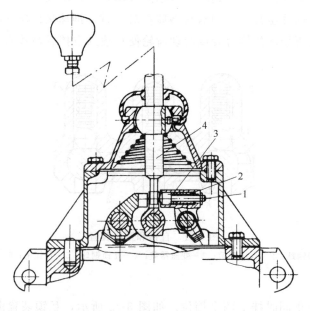

图 3-24 锁销式倒挡锁装置

1—倒挡锁销；2—倒挡锁弹簧；3—倒挡锁块；4—变速杆

空挡位置，如图 3-22（b）所示。同理，当移动拨叉轴 1 时，则轴 3 和轴 5 被锁止在空挡位置，如图 3-22（c）所示。由此可知，互锁装置工作的机理是当驾驶员用变速杆推动某一拨叉轴时，即可自动锁止其余的拨叉轴，从而防止同时挂上两个挡位。

国产某轻型越野汽车的变速器只有三个前进挡和一个倒挡，故操纵机构中只有两套拨叉和拨叉轴，因而自锁装置和互锁装置在结构上可以合二为一，如图 3-23 所示。两个空心锁销 1 套在锁止弹簧 2 的两端，图中尺寸 $a=b$。其工作原理与前述相同。

3. 倒挡锁装置

倒挡锁装置用于防止误挂倒挡。如图 3-24 所示为常见的锁销式倒挡锁装置。当驾驶员想挂倒挡时，必须用较大的力使变速杆 4 下端压缩弹簧 2，将锁销推入锁销孔内，才能使变速杆下端进入拨块 3 的凹槽中进行换挡。由此可见，倒挡锁的作用是使驾驶员必须对变速杆施加更大的力，才能挂入倒挡，起到警示注意作用，以防误挂倒挡。

第五节　四轮驱动汽车的变速传动机构

为了提高汽车在雨天、雪地和越野行驶时的附着力和操纵性能，有些车辆常制成四轮驱动。

一、四轮驱动系统概述

传统四轮驱动汽车的基本组成如图 3-25 所示，发动机的动力经过离合器传给变速器，然后利用分动器把动力分配给前、后传动轴，再通过传动轴将动力传递给前、后差速器以及四个半轴，使四轮转动。

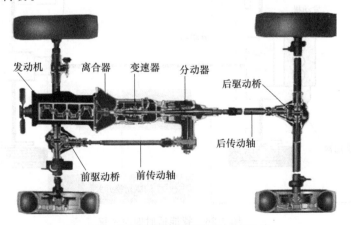

图 3-25　传统四轮驱动汽车的基本组成

目前，四轮驱动分为全时驱动、分时驱动和适时驱动三种形式。

1. 全时驱动（Full-time）

全时驱动车辆永远保持四轮驱动模式，正常行驶时将发动机输出转矩按 50%∶50% 设定在前、后轮上。当轮胎打滑时自动分配前后转矩以确保在不同路面上极佳的车辆性能和驾驶条件，分配比例在 30%∶70% 到 70%∶30% 之间（前后驱动转矩在 30%～70% 之间连续无级可调），采用这种驱动模式的车辆具有极佳的驾驶操控性和行驶循迹性。全时四驱科技含量高，车辆的行驶操控性能和舒适性也强，因此主要运用在奥迪 A4 Quattro、新奥迪

A6L、宝马 X5 等高挡车型上。

2. 分时驱动（Part-time）

分时驱动模式一般用于越野车或四驱 SUV 上。驾驶员可根据路面情况，通过接通或断开分动器来变化两轮驱动或四轮驱动模式，其优点是可根据实际情况来选取驱动模式，比较经济，缺点是其机械结构比较复杂，需要驾驶者有很强的驾驶经验。北京切诺基就是采用这种驱动模式。

3. 适时驱动（Real-time）

采用适时驱动的车辆，其选择何种驱动模式由电脑控制，正常路面一般采用两轮驱动，如果路面不良或驱动轮打滑，电脑会自动检测出并立即将发动机输出转矩分配给其他两轮，切换到四轮驱动状态，免除了驾驶人的判断和手动操作，应用更加简单。

如图 3-26 所示的智能适时四驱系统是智能转矩分配系统，它能够保证前轮的转矩输出在 50%～100% 的范围内调节。简单地说，这套系统在一般情况下都表现为前轮驱动，当有车轮出现附着力不足的情况时，系统便会配合 ESP 系统将四个轮胎上的驱动力重新分配，此时后轮最多可以分配到 50% 动力。从结构上看，这套四驱系统采用的依旧是传统的电控多片离合器接通四驱，只是它增加了一个可供驾驶者手动开闭的按钮。这样的好处就是在日常驾驶时选择前驱模式以达到省油的目的，在需要时打开四驱模式，以在冰雪、雨天等湿滑路面上获得更好的行驶稳定性。选用这种驱动模式代表车型有东风本田 CR-V 和北京现代途胜等。

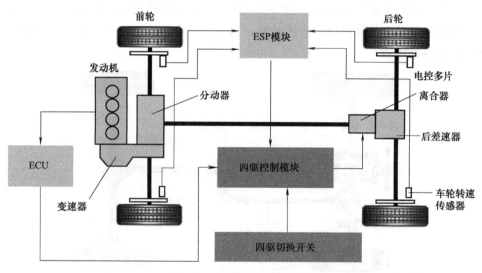

图 3-26 智能适时四驱系统

下面以传统的分时驱动的北京切诺基为例介绍其主要部件的结构和原理。

二、分动器的典型结构和工作原理

分动器的功用是把变速器传来的动力分配给前、后驱动桥。在大多数的分动器上设有变速机构。在进行两轮或四轮驱动切换的同时，也改变整车的传动比。在普通路面上使用高速挡，在恶劣路面上使用低速挡。

北京切诺基主要采用 87A-K 型分动器，其构造与原理与普通齿轮变速器类似。

1. 结构与组成

87A-K 型分动器的结构简图如图 3-27 所示。

分动器的高、低及空挡是由牙嵌式离合器接合套 3 的位置决定的。接合套内孔制有齿形花键和输入轴后端的齿形花键滑套着。当接合套处于前后不同位置时，可以分别和低挡齿轮 2 或后输出轴 6 的齿形花键接合，也可以处于中间位置与输入轴接合。当接合套处于前端位置时，其花键孔同时套着输入轴低挡齿轮和后端的齿形花键，输入轴的转矩就通过后端的齿形花键传给接合套继而通过低挡齿轮、中间轴大齿轮和中间轴小齿轮分别传给前输出轴 8 和四轮驱动齿轮 4（速比为 2.36∶1），此时同步器的接合套被同步器拨叉拨向后方与同步器盘 5 接合，转矩同时传递给后输出轴，其转速与前输出轴相同。当接合套处于中间位置时，接合套只与输入轴的齿形花键套合，因此，输入轴无转矩输出，成为空挡。当接合套处于后方位置时，输入轴的转矩通过接合套直接传给输出轴，两者转速相同，为高挡传动。

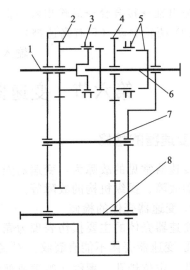

图 3-27　87A-K 型分动器的结构简图
1—输入轴；2—低挡齿轮；3—离合器接合套；
4—四轮驱动齿轮；5—同步器盘；6—后输出轴；7—中间轴；8—前输出轴

分动器的四轮或两轮驱动取决于同步器接合套的位置。当同步器处于前方时同步器和同步盘分离，此时后输出轴的动力不传给前轴仅后轮驱动；同步器接合套处于后方位置时，后输出轴不仅驱动后轴还通过四轮驱动齿轮驱动前轴，实现四轮驱动。由于接合套和同步器位置分别由换挡盘和两个拨叉来控制，其位置见表 3-3，这样即排除了低速两轮驱动工况，防止转矩传递过大而损坏传动系机件。

惯性同步器仅用于高速挡时后轮驱动的接合，低速挡时同步器断开后轮由高低挡接合套传递动力。因此允许车辆行驶中实施高速两轮或高速四轮驱动工况的变换。由于高、低挡是采用接合套变换，因此必须在车辆完全静止时进行。否则，会产生强烈套合器冲击及噪声，甚至损坏有关零件，换挡困难。

表 3-3　接合套和同步器配合的四种工况

情况	接合套位置	同步器位置	挡位
1	前	后	4L(四轮低速驱动)
2	中	后	N(空挡)
3	后	后	4H(四轮高速驱动)
4	后	前	2H(两轮高速挡驱动)

2. 转矩传递路线

分动器两轮或四轮驱动时转矩的传递路线如下。

（1）四轮低速时

输入轴 → 接合套 → 低速挡齿轮 → 中间齿轮组 → 前输出轴
　　　　　　　　　　　　　　　　　　　　→ 四轮驱动齿轮 → 惯性式同步器 → 后输出轴

（2）四轮高速时

输出轴→接合套→后输出轴→惯性式同步器→四轮驱动齿轮→中间轴齿轮→前输出轴

(3) 两轮驱动（只有高速挡）

输入轴→接合套→后输出轴

第六节 变速器的检测、故障诊断与维修

一、变速器的检修

变速器常见的故障为：变速器壳体的损伤、变速器盖的损伤、齿轮与花键及轴的损伤、同步器故障、操纵机构的故障等。

1. 变速器壳体的检修

变速器壳体的主要损伤表现为壳体的变形、裂纹和定位销孔、轴承孔、螺纹孔磨损等。

① 变速器壳体不能有裂纹。对受力不大的裂纹，可用环氧树脂粘接或焊接修复；如轴承座孔、定位销孔、螺纹孔等重要部位出现裂纹时必须更换壳体。

② 变速器壳体的变形将破坏齿轮的正常啮合，引起变速器的故障。检查时，对于三轴式变速器要用专用量具检查：上下两孔轴线间的距离；上下两孔轴线的平行度；上孔轴线与上平面间的距离；前后两端面的平面度。两轴式变速器壳体由前、后两部分组成，其变形检查主要是检查输入轴与输出轴的平行度及前、后壳体接合面的平面度，超过规定时要进行修复。

当变速器轴承孔磨损超限、变形时，可采用镶套、刷镀的方法修复或更换。当壳体平面度误差超限时，可采用铲、刨、锉、铣等方法修复或更换。

③ 壳体上所有连接螺纹孔的螺纹损伤不得多于 2 牙。螺纹孔的损伤可用换加粗螺栓或焊补后重新钻孔的方法修复。

2. 变速器盖的检修

变速器盖应无裂纹，其与变速器壳体结合面的平面度公差超限时，可采用铲、刨、锉、铣等方法修复；拨叉轴与轴孔的间隙超限时，应更换。

3. 齿轮与花键的检修

齿轮损伤表现为：齿面、齿顶、齿轮中心孔、花键齿磨损，齿面疲劳脱落、斑点，严重时会出现轮齿断裂、破碎等现象。

① 齿轮的齿面上出现明显的疲劳斑点、划痕或阶梯形磨损时，应更换；斑点小时可用油石修磨后继续使用。

② 齿轮端面的磨损长度不允许超过齿长的 15%，否则应更换。

③ 齿轮的啮合面应在齿高的中部，接触面积不得小于齿轮工作面的 60%。

④ 齿轮与齿轮、齿轮与轴及花键的啮合间隙要符合原厂的规定。

4. 轴的检修

① 检测输入、输出轴的弯曲度。如图 3-28 所示，将轴支于 V 形铁上，并置于平板上，用百分表测量轴中间部分的圆跳动，最大不超过 0.06mm。

② 检测齿轮和轴间隙。如图 2-29 所示，将齿轮装配在对应的轴上，将轴固定于钳台上，磁力表座固定于钳台，百分表表针抵在齿轮上，用手上下推动齿轮，记录百分表读数，应小于 0.03mm。

③ 检查所有油封是否磨损或损坏。包括前轴承盖、速度计从动齿轮、选挡外杆、延伸壳上的油封等。如有必要应更换。

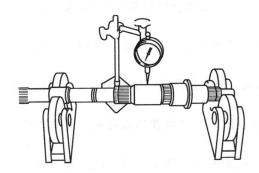

图 3-28　输入、输出轴弯曲度的检查

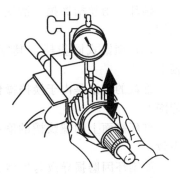

图 3-29　齿轮和轴间隙的检查

④ 检查各轴承是否磨损，如有必要应更换。

5. 同步器的检修

(1) 锁环式同步器　其损伤表现在锁环、滑块、接合套、花键毂和花键齿的损伤。锁环内锥面和滑块凸台的磨损都会破坏换挡过程的同步作用。锁环的内锥面与齿轮外锥面应保持有 80% 以上的接触面积。把锁环压在相结合齿轮的外锥面上，用手把两者压紧，并转动，新锁环或还能够使用的旧锁环在转动时应感到有明显的摩擦阻力，以致转不动。新锁环若摩擦阻力较小，说明接触不良，应更换。也可以用细研磨膏研磨，直到摩擦阻力符合要求，再用汽油洗净后即可使用。新锁环转动时若打滑，应先检查是否是同一组同步器，两侧锁环是否颠倒了位置。两侧锁环直径相同，只是锥度不一致，用肉眼无法分辨。两侧锁环如装错了位置，转动时均感打滑。如分辨不清，可将两侧的锁环颠倒位置，再检查一次。

有时旧锁环内锥面螺纹槽被磨平了，虽可以看见螺纹，但用手触摸已没有了刀刃的感觉，和齿轮外锥面压在一起转动时，已形不成明显的摩擦阻力（手感发滑）。此时必须更换新锁环。因为锁环的两个作用之一的摩擦作用已经丧失。

锁环、接合套锁止角的磨损，会使同步器失去锁止作用，锁止角为 45°。在换挡过程中锁止角要发生磨损，当锁止角磨成 60°，或锁止角横向磨平后，锁环便失去锁止作用，挂挡时就可以听到齿轮的撞击声。锁环内端有 3 个比滑块宽半个齿的缺口，这些缺口是和锁止角配合起锁止作用的。正常时滑块只有位于缺口中央时才能解除锁止。锁环的 3 个缺口磨损量超过标准 0.30mm，缺口宽度比滑块宽出部分明显大于半个齿时，会使锁止角接触面少于 1/3，容易导致换挡冲击。

锁环检验的方法是将同步器锁环压在换挡齿轮的端面上，检查摩擦效能，如图 3-30 (a) 所示，并用塞尺测量锁环和换挡齿轮端面之间的间隙 a，如图 3-30 (b) 所示。解放 CA1091 变速器的标准间隙是 1.2~1.8mm，磨损极限是 0.3mm；奥迪、桑塔纳的标准间隙是 1.1~

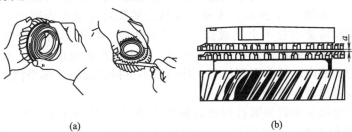

图 3-30　锁环内锥面磨损情况的检查

1.9mm，磨损极限是 0.5mm。超过此极限值时，应更换。

同步器滑块顶部凸台磨损出现沟槽时，必须更换。否则，会使同步作用减弱。

锁环上滑块槽磨损、滑块支承弹簧断裂或弹力不足以及接合套和花键毂的磨损都会使换挡困难。

(2) 锁销式同步器 其零件的主要损伤有锥盘的变形及锥环锥面、锁销、传动销磨损等。

锥盘的变形是由于换挡操作不当、冲击过猛造成，使锥盘外张，摩擦角变大造成同步效能降低。

锥环锥面上的螺纹槽的磨损严重，使摩擦因数过低，甚至两者端面接触，使同步作用失效。

如锥环因磨损导致与锥盘的端面接触时，可车削锥环端面修复，但车削总量不能大于 1mm；如锥环锥面上的螺纹槽的深度小于 0.1mm，应更换同步器总成。换用新总成时，可保留原来的锥盘，但两者的端面间隙不得小于 3mm。

同步器的锁销、传动销松动，锁止角磨损异常，都会使同步器失效，应换用新同步器。

6. 轴承的检修

轴承应转动灵活，滚动体与内、外圈不得有麻点、麻面、斑疤和烧蚀等，保持架完好，否则，应更换。

7. 操纵机构的检修

变速器操纵机构工作频繁，其损伤表现为：连接松动、变形、磨损、弹簧失效等。

① 检查变速器操纵机构各零件的连接情况，如有松动应及时紧固。

② 检查变速杆、拨叉轴、拨叉等变形情况，如有变形应校正。

③ 检查拨叉与接合套、拨叉与拨叉轴、变速轴等处的磨损，如磨损严重，应更换。

④ 检查复位弹簧、锁止弹簧的弹性，如失效应更换。

二、变速器的故障诊断与维修

变速器一般不会出现故障。但随着行驶里程的增加，以及不正常的操作，使其零件的磨损、变形随之加大，会出现异常响声、挂挡困难、跳挡、乱挡、发热、漏油等故障。

1. 变速器摘不下挡

(1) 弹簧圈的弹力过软或折断，造成部分挡不好摘 锁环式同步器中的滑块是靠弹簧圈支承的。弹簧圈过软或折断，使滑块相对于接合套出现偏斜，摘挡时，无论在挂挡手柄上用多大的力都无法将滑块中间凸起部分压入接合套中部的凹槽内，接合套被滑块挡住而无法摘挡。修理时应更换该同步器的两个弹簧圈，同时检查滑块中间凸起部位。如果该部位磨出凹槽，三个滑块也应一起更换。

(2) 滑块下方的弹簧变形、脱出，造成个别挡不好摘 某些变速器的滑块用钢球代替，弹簧圈用螺旋弹簧来代替。第一汽车制造厂生产的 CASS-25 型和 CASS-20 型变速器的同步器就采用这种结构，如图 3-31 所示。该种结构最大的优点是滑块为圆柱形，不会因滑块中间凸起部位过度磨损而造成挂不上挡或摘不下挡的故障。圆柱形滑块自身虽然不易出现损伤，但支承圆柱形滑块的螺旋弹簧在使用过程中，如发生严重变形脱出，使圆柱形滑块无法回到接合套中间的凹槽内，就会出现挂不上挡或摘不下挡的故障。哪个挡出现这类故障，就应检查这个挡同步器的螺旋弹簧。

检查时还应检查螺旋弹簧和圆柱形滑块间的 Y 形支承是否变形。发现变形的螺旋弹簧和 Y 形支承时，必须更换。这种同步器装配时，应先装接合套，然后依次装入螺旋弹簧和 Y 形支承，用一字旋具抵住 Y 形支承，压缩螺旋弹簧，将圆柱形滑块横向装入接合套的凹

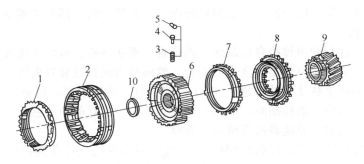

图 3-31 圆柱形滑块
1,7—锁环；2—同步器齿套；3—弹簧；4—弹簧座；5—滑块；
6—齿座；8—接合齿圈锥面；9—齿轮；10—卡簧

槽内。

(3) 齿轮外锥面过于粗糙，造成个别挡不好摘　个别旧的变速器在齿轮外锥面和锁环内锥面反复接合过程中，相互摩擦（特别是润滑油较脏的情况下），使齿轮外锥面变得过于粗糙，造成挂挡时锁环卡滞在齿轮外锥面上，导致变速器乱挡。锁环不能回位，接合套在锁环的阻碍下也不能回位，换挡拨叉轴不能回到空挡位，变速器无法挂入其他挡。修理此种故障时应更换磨损严重的齿轮。如一时找不到新齿轮（齿轮必须成对更换），且该齿轮其他方面都比较完好时，也可以找一个旧锁环套，涂上细研磨膏反复研磨受损齿轮，直到齿轮外锥面光滑为止。新的同步器要求齿轮的外锥面应非常光滑。

(4) 拨叉胀销脱落　换挡拨叉必须和拨叉轴同步运动，才可能实现换挡。如拨叉上的胀销脱落，拨叉与拨叉轴就分离了，拨叉轴无法回到空挡位，该挡就摘不下来。修理时找出脱落的胀销，再重新安装一个新的胀销。

(5) 换挡拨叉翘曲变形，造成个别挡不好摘　换挡拨叉翘曲变形，同时拨叉座槽又严重磨损，在操作时拨叉易从拨叉座槽中滑出，造成摘不下挡。

2. 变速器所有挡都不好挂

变速器换挡困难，所有挡都不好挂，通常是由于离合器分离不彻底造成的。离合器分离不彻底，无法中断发动机和传动系间的动力联系。这会产生两方面的问题：其一，同步器的摩擦副无法使转速不同的两个元件达到同步，因而所有挡都不好挂；其二，变速器工作时，啮合齿轮（套）间保持有一定的齿面压力，摘挡前需中断动力传递，减轻齿面压力，离合器分离不彻底时，即使将离分器踏板踩到底，也无法中断发动机和传动系的动力联系，齿面压力无法消弱，同样所有挡都不好挂。

部分挡位或个别挡位挂不上或不好挂是变速器和其他操纵机构的故障。

3. 变速器部分挡不好挂

(1) 带同步器的变速器换挡时必须两脚离合才能挂上挡　在正常的情况下，有同步器的变速器换挡时，只需一脚离合即可以挂上挡。如变速器的某个挡位需两脚离合才能挂上挡，说明该挡位的锁环螺纹槽磨平了，无法切割润滑油油线，必须更换锁环。

(2) 锁销式同步器的变速器挂挡费劲　汽车运行中空挡滑行时或变换挡位的瞬间，变速器内有"咯咯"声，同时感觉挂挡费劲，这表明锁销式同步器松旷了，需整套更换锁销式同步器。

远距离操纵的变速器选位拉杆长度调得不合适。以四挡变速器为例，如果选位拉杆调得过短，四挡变速器的倒挡挂不上；选位拉杆调得过长，四挡变速器的三挡和四挡挂不上。一些汽车选位拉杆的刚度不够，使用一定时间后，拉杆弯曲，就会出现个别挡挂不上。另外，锁环式同步器弹簧圈过软、滑块中间凸起部位磨出槽、同步器齿座端部磕伤、同步器齿座花键槽轴向磨损过大、拨叉轴弯曲、自锁弹簧过硬、互锁销卡滞等都会造成变速器挂挡困难。

4. 变速器跳挡

跳挡是指汽车在行驶中排挡自动跳回空挡位置。多在转速、负荷变化或者外界原因引发车辆振动时发生。起因是齿轮不能全齿宽啮合，轴向分力或自锁装置失效。

（1）挂挡时换挡手柄处无冲击感　在挂挡到位时，换挡手柄处应有前冲的感觉，这种感觉来自自锁钢球入位。如挂挡时，换柄手柄推到止端仍没有前冲的感觉，说明自锁钢球没有入位或自锁装置失效，变速器操纵机构有故障。

（2）远距离操纵的变速器操纵机构松旷　远距离操纵的变速器换挡拉杆接头和变速器换挡摇臂（所有远距离操纵的变速器，其上端的摇臂都是用于选位的，下边的摇臂是用于换挡的）、锁销严重松旷，会使换挡手柄"到位"后，换挡拨叉和滑动齿轮（齿套）未到位，接合的齿轮无法实现全齿宽啮合，自锁钢球也未入位。此时，汽车运行中只要一收油门就会跳挡。修理时应更换换挡拉杆上所有的接头和锁销。

（3）自锁装置失效　路况良好的道路上不跳挡，一到不良路段上就跳挡，说明自锁装置失效。自锁装置定位钢球凹槽磨损严重或弹簧过软，都会使挂挡到位后前冲感觉不明显。齿轮虽然可以实现全齿宽啮合，但自锁装置失效，遇有小的轴向力就会跳挡。

（4）换挡拨叉轴弯曲变形　拨叉轴一旦弯曲变形，拨叉轴上自锁用的圆形凹槽就会后移，使定位钢球无法入位，而锁不住换挡叉轴。维修时，冷态较正拨叉轴。

（5）挂挡时有冲击感，但一抬起节气门踏板就跳挡　同步器接合套和齿轮的侧面短齿沿齿长方向的接触面磨成锥形，接合套和齿轮的轮齿由于长期反复挂挡和摘挡，相互撞击、磨损，使相互啮合的轮齿在齿长方向磨损不均匀而形成锥形。锥形轮齿在传力过程中产生轴向分力，当轴向分力增大到足以克服自锁装置中定位弹簧的张力时，汽车行驶中一收油门（齿面压力降低）就会跳挡。

（6）接合套装反　接合套上拨叉座槽和接合套前后端的距离通常是不等分的。接合套装反不仅造成换挡不到位，齿轮不能全齿宽啮合跳挡，还会造成换挡拨叉和接合套上的拨叉座槽单面磨损，严重时拨叉能被磨去3mm。止推环或二轴凸缘处锁紧螺母松动，变速器一轴、二轴、中间轴大都是以卡环定位和二轴凸缘处螺母定位。螺母松动，卡环松动或折断，均会造成相关轴的轴向位移，轴上各齿轮的位置也发生了变化，结合时就不能保证全齿宽啮合，造成挂挡费劲。轴向位移量超过0.50mm时，还容易发生跳挡（齿轮在啮合时，轴向窜动引起的轴向分力可以使齿轮自动分离）。

（7）空载时不跳挡，重载时容易跳挡

① 同步器齿座与接合套啮合面磨损松旷，接合套和齿轮侧面短齿花键槽配合松旷。

② 支承轴承松旷，一轴、二轴、中间轴轴承严重松旷，使轴的轴向位移量超过0.50mm，或者使两个啮合齿轮不在同一轴线上。第一轴前轴承保持架坏，挂挡时有"咯噔"声，由于此时一轴和二轴不在同一轴线上，接合套和齿轮侧面短齿啮合时，也不易达到应有的啮合长度，容易造成直接挡和超速挡跳挡。二轴轴承松旷，使二轴上齿轮（套）在啮合时产生轴向窜动，容易出现跳挡。中间轴后轴承保持架坏，行驶中出现有节奏的齿面撞击声，变速操纵杆有回弹感觉，重载时五挡变速器的一挡、二挡、三挡和倒挡，四挡变速器的一挡、二挡、倒挡容易跳挡。

（8）特殊情况造成的跳挡　离合器壳上定位销脱落致使离合器壳下移，使离合器壳安装变速器的平面与曲轴中心线不垂直，则会使变速器第一轴与曲轴轴线不重合，会造成高速挡（直接挡和超速挡）跳挡。

5. 变速器乱挡

变速器乱挡现象是汽车起步挂挡或行驶中换挡，所挂挡与需要挡位不符，或虽然挂入所需挡位但不能退回空挡,或一次挂入两个挡位。

① 互锁装置失效:如拨叉轴、互锁销或互锁钢球磨损过度等。如同时能挂上两个挡位,这是互锁机构失效所致。

② 变速杆下端弧形工作面磨损过大或拨叉轴上拨块的凹槽磨损过大;如摆转角度正常,仍挂不上或摘不下挡,则故障由变速杆下端从凹槽中脱出引起(脱出的原因是下端弧形工作面磨损或导槽磨损)。

③ 变速杆球头定位销折断或球孔、球头磨损过于松旷。挂需要挡位时,结果挂入了别的挡位。摇动变速杆,检查其摆转角度,若超出正常范围,则故障由变速杆下端球头定位销与定位槽配合松旷或球头、球孔磨损过大引起。变速杆摆转360°,则为定位销折断。

6. 变速器漏油

在汽车上,变速器是比较容易产生泄漏的一个总成。使用中央驻车制动器的汽车,一旦二轴油封处泄漏,润滑油就会油污制动蹄片,导致驻车制动失效。漏油造成润滑油不足,还会加快同步器的磨损。

(1) 放气阀失效造成变速器泄漏　变速器工作时,其内部温度最高时可以达到 90℃ 以上,高温造成空气膨胀。空气阀正常时,膨胀的气体可以顶开空气阀,放出多余的空气,使变速器处于常压状态。空气阀锈蚀打不开时,膨胀的气体就会顶着润滑油到处乱窜,这种情况下本不泄漏的变速器,由于过高压力也肯定会发生泄漏。空气阀中只有一个钢球和一个限压弹簧。除少数变速器的空气阀是铸铝的外,绝大部分是铁皮的。检查铁皮的空气阀是否正常时,只需用手指按一下铁皮罩,如能按动,松手后又能弹回原位,说明空气阀正常,如按不动,说明空气阀锈蚀,必须换新的。

(2) 挡油盘装反了造成泄漏　部分变速器在二轴轴承盖内装有挡油盘,喷溅到轴承盖内的润滑油 90% 由挡油盘泵回。挡油盘装有叶片的面应朝着来油的方向(变速器内侧),如果装反了,挡油盘就会向油封一侧泵油,造成泄漏。

(3) 从二轴轴承盖油封处泄漏　装有中央驻车制动器的汽车,二轴轴承盖上的油封一旦发生泄漏,油液就会侵入驻车制动器,造成驻车制动器失效。油封的密封作用主要取决于密封唇和给密封唇提供张力的弹簧。检验时,将油封放在凸缘上的装配位置,一只手固定住凸缘,另一只手转动油封,应感觉到有涩感。如感觉不到有涩感,说明密封唇上的弹簧被拉长了。该弹簧接口处,一边为尖形,另一边为圆形,将圆形端剪去一段,重新连接。绷紧的弹簧和密封唇可有效防止油液的泄漏。

(4) 从一轴盖板处向离合器里漏油　一轴盖板处的油液密封有两种,一种是在轴承盖端部装油封,另一种不装油封,在一轴上加工一条螺旋形的回油线。汽车无论是前进挡,还是倒挡,一轴都不会改变旋转方向。根据该原理,回油线借助旋转将进入一轴轴承盖的润滑油泵回变速器壳体内。正常情况下一轴盖板处是不会向离合器内漏油的。变速器一轴盖板处向离合器内漏油的主要原因是变速器内加的润滑油过多。加油时汽车应停在平地,油液应位于加油口下沿平齐或往下 10mm 的范围内。有的人习惯从变速器的上盖或倒挡开关处加润滑油,加油时又没有打开加油堵,致使加油量失控,变速器内油量过多,引发漏油。

【认证链接】

汽车维修工取证,汽车手动变速器部分技能要求:

1. 应会分解、清洗、重新组装和调试手动变速器。
2. 应会检修手动变速器的主要零部件(齿轮、轴承、输入轴和输出轴及同步器等)。
3. 应会检查、调节和重新安装换挡操纵机构(变速杆、变速拨叉、定位机构、自锁与互锁装置等)。
4. 应会按车型要求完成变速器油的补给作业。

5. 应会诊断与排除变速器漏油、变速器异响等常见故障。
6. 应会对变速器的总成进行竣工验收。

复 习 题

一、选择题

1. 变速器由（ ）和（ ）组成。
2. 变速器按传动比变化方式可分为（ ）、（ ）和（ ）三种。
3. 变速器按操纵方式不同可分为（ ）、（ ）和（ ）三种。
4. 变速器操纵机构中的安全装置有（ ）、（ ）、（ ）。
5. 为防止变速器工作时，由于油温升高、气压增大而造成润滑油渗漏现象，在变速器盖上应装有（ ）。
6. 惯性式同步器是依靠（ ）作用实现同步的。
7. 三轴式变速器中的三根轴分别是（ ）、（ ）、（ ）。
8. 在多轴驱动的汽车上，为了将变速器输出的动力分配到各驱动桥，变速器之后需装有（ ）。
9. 为减少变速器内摩擦引起零件磨损和功率损失，需在变速器的壳体内注入（ ），采用（ ）方式润滑各齿轮副、轴与轴承等零件的工作表面。

二、选择题

1. 变速器中超速挡的齿轮传动比（ ）。
   A. 大于1；   B. 小于1；   C. 等于1；   D. 以上都不是
2. 以下哪种变速器有直接挡？（ ）
   A. 三轴式；   B. 二轴式；
   C. 二轴式和三轴式；   D. 以上都不是
3. 在三轴式变速器各挡位中，输入轴的动力不经中间轴齿轮直接传递给输出轴的是（ ）。
   A. 倒挡；   B. 低速挡；   C. 高速挡；   D. 直接挡
4. 下面哪一个不是二轴式变速器中的零部件？（ ）
   A. 拨叉轴；   B. 中间轴；   C. 支承轴承；   D. 倒挡轴
5. 下面哪一个不是三轴式变速器中的零部件？（ ）
   A. 中间轴；   B. 变速器壳；   C. 支承轴承；   D. 半轴
6. 挂倒挡时，倒挡轴上的倒挡齿轮（只有一个）可以（ ）。
   A. 改变输出轴旋转方向；   B. 改变输出轴转矩大小；
   C. 改变输出轴转速；   D. 对输出轴没有影响
7. 互锁装置的作用是（ ）。
   A. 防止变速器自动换挡或自动脱挡；
   B. 防止同时换入两个挡；
   C. 防止误换倒挡；
   D. 减小零件磨损和换挡噪声
8. 在多轴驱动汽车中，将变速器输出的动力分配给各驱动桥的装置是（ ）。
   A. 副变速器；   B. 主减速器；   C. 分动器；   D. 差速器
9. 两轴式变速器的特点是输入轴与输出轴（ ），且无中间轴。
   A. 重合；   B. 垂直；   C. 平行；   D. 斜交
10. 下面A、B、C、D是某三挡变速器的各挡传动比，最有可能是倒挡传动比的是（ ）。
    A. $i=2.4$；   B. $i=1$；   C. $i=1.8$；   D. $i=3.6$
11. 两轴式变速器适用于（ ）的布置形式。
    A. 发动机前置前驱动；   B. 发动机前置全轮驱动；
    C. 发动机中置后驱动；   D. 发动机前置后驱动
12. 为增加传动系的最大传动比及挡数，绝大多数越野汽车都装用两挡分动器，使之兼起（ ）的作用。

A. 变速器； B. 副变速器； C. 安全装置； D. 主减速器
13. 换挡操纵机构调整不当可能造成（　　）故障。
    A. 齿轮撞击； B. 换挡困难； C. 跳挡； D. 以上各项
14. 前进挡和倒挡有噪声，而空挡没有，故障可能是（　　）。
    A. 输出轴损坏；　　　　　　B. 输入轴轴承损坏；
    C. A 和 B；　　　　　　　　D. 以上都不是

三、问答题

1. 锁环式同步器的组成和作用是什么？
2. 变速器直接操纵机构一般由哪些零部件组成？
3. 变速器操纵机构中的安全装置有哪些？各有什么作用？
4. 试分析手动变速器挂挡时有齿轮的撞击声的故障原因？
5. EQ1090E 型汽车原地不动，发动机怠速运转，离合器接合，变速器挂空挡，试问变速器中哪几根轴和齿轮运转（画简图表示）。
6. 画出上海桑塔纳变速器挡位示意图，并标出各挡动力传递路线。

第四章 自动变速器

> 【学习目标】
> 1. 了解自动变速器的功用、分类、组成和基本工作原理。
> 2. 掌握液力变矩器的结构、工作原理和特性,以及基本检查的一般方法。
> 3. 掌握行星齿轮变速机构的组成、结构和动力传动路线的分析,以及行星齿轮组件的检测方法。
> 4. 掌握换挡执行机构的类型、组成、结构和工作原理,并了解离合器、制动器检测维修的程序。
> 5. 了解自动变速器液压操纵系统的组成、基本工作原理和换挡控制原理。
> 6. 掌握自动变速器电子控制系统的基本组成和工作原理。

第一节 认识自动变速器

自动变速器与传统手动变速器一样属于汽车传动系统的一部分。位于发动机和传动轴之间。承接发动机的运动和动力,经过自动或半自动的速度转变之后,再传递到下游零部件,即后桥或传动半轴。

自动变速器与手动变速器的主要差别在于以下几个方面。

① 自动变速器通过变矩器壳的前端由挠性盘用螺栓与发动机曲轴后端凸缘相连,发动机曲轴末端不再设置厚重的飞轮。

② 在发动机与自动变速器之间取消了离合器,因而在这类汽车上就没有离合器踏板。

③ 在前进挡位下,换挡过程基本上是自动进行的,因而大大减少了手动换挡的频率。

一、自动变速器的功用

① 根据汽车行驶条件自动地改变传动比,扩大驱动轮转矩和转速的变化范围,同时使发动机在有利的工况下工作。目前大多数自动变速器可以提供4个以上前进挡、一个空挡和一个倒挡。

② 在发动机旋转方向不变的前提下,使汽车能倒退行驶。

③ 利用空挡,中断动力传递,以使发动机能够启动和急速运转。

④ 利用液力变矩器,在一定范围内实现无级变速。并在很大程度上减缓传动系的冲击,延长传动系和发动机的使用寿命。

二、自动变速器的分类

自动变速器有电控液力自动变速器(AT)、机械式自动变速器(AMT)、双离合式自动变速器(DCT)和无级钢带式自动变速器(CVT)几大类。本章主要介绍电控液力自动变速器。故以后所说"自动变速器"即是指电控液力自动变速器。

按齿轮变速机构可分为行星齿轮式和平行轴式(日本本田公司自动变速器)。

按自动变速器选挡杆置于前进挡时的挡位数,可分为四挡、五挡、六挡等,目前比较常见的是四挡和五挡自动变速器,在某些高级轿车如宝马7系、奥迪A8等轿车采用六挡自动变速器。

按照自动变速器在车上的布置方式可分为前置后驱式、前置前驱式(也称自动变速驱动桥）和四轮驱动式。前置后驱式用于发动机前置后轮驱动的布置形式，变速器与主减速器、差速器分开，而自动变速驱动桥用于发动机前置前轮驱动，变速器与主减速器、差速器制成一个总成，如图 4-1 所示。

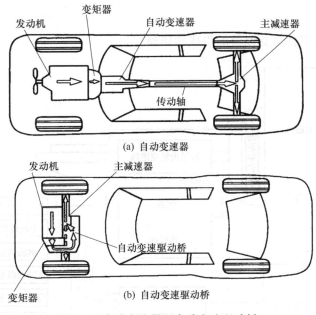

图 4-1 自动变速器和自动变速驱动桥

三、自动变速器的组成和工作原理

1. 基本组成

电控液力自动变速器主要由液力变矩器、机械变速器、液压控制系统、电子控制系统、冷却滤油装置等组成。

（1）液力变矩器 是一个通过自动变速器油（ATF）传递动力的装置，其主要功用如下。

① 在一定范围内自动、连续地改变转矩比，以适应不同行驶阻力的要求。

② 具有自动离合器的功用。在发动机不熄火、自动变速器位于动力挡（D 或 R 位）的情况下，汽车可以处于停车状态。驾驶员可通过控制节气门开度控制液力变矩器的输出转矩，逐步加大输出转矩，实现动力的柔和传递。

（2）机械变速器 以常见的行星齿轮变速器为例，其由 2～3 排行星齿轮机构组成，不同的运动状态组合可得到 2～5 种速比，其功用主要如下。

① 在液力变矩器的基础上再将转矩增大 2～4 倍，以提高汽车的行驶适应能力。

② 实现倒挡传动。

（3）液压操纵系统 由油泵、各种控制阀及与之相连通的液压换挡执行元件，如离合器、制动器油缸等组成液压控制回路。汽车行驶中根据驾驶员的要求和行驶条件的需要，控制离合器和制动器工作状况的改变来实现机械变速器的自动换挡。

（4）电子控制系统 将自动变速器的各种控制信号输入电子控制单元（ECU），经 ECU 处理后发出控制指令控制液压系统中的各种电磁阀实现自动换挡，并改善换挡性能。

（5）冷却滤油装置 自动变速器油（ATF）在自动变速器工作过程中会因冲击、摩擦产生热量，还要吸收齿轮传动过程中所产生的热量，油温将会升高。油温升高将导致 ATF

黏度下降,传动效率降低,因此必须对 ATF 进行冷却,保持油温在 80~90℃左右。ATF 是通过油冷却器与冷却水或空气进行热量交换的。自动变速器工作中各部件磨损产生的机械杂质,由滤油器从油中过滤分离出去,以减小机械的磨损,避免液压油路堵塞和控制阀卡滞。

2. 基本原理

图 4-2 所示为电控自动变速器的组成和原理。

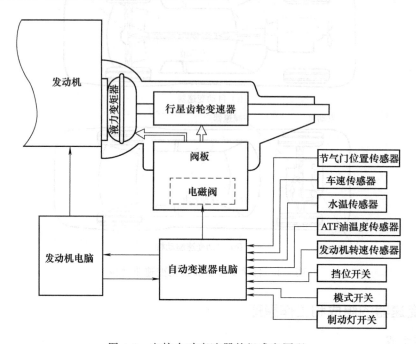

图 4-2 电控自动变速器的组成和原理

电控自动变速器是通过各种传感器,将发动机的转速、节气门开度、车速、发动机水温、自动变速器 ATF 油温等参数信号输入电控单元(ECU),ECU 根据这些信号,按照设定的换挡规律,向换挡电磁阀、油压电磁阀等发出动作控制信号,换挡电磁阀和油压电磁阀再将 ECU 的动作控制信号转变为液压控制信号,阀板中的各控制阀根据这些液压控制信号,控制换挡执行元件的动作,从而实现自动换挡过程。

电控自动变速器的换挡控制的主要参数是车速信号和节气门开度信号。

四、自动变速器的特点

汽车上采用自动变速器,具有许多优点。

① 汽车起步更加平稳,提高了乘坐舒适性。

② 由于发动机和自动变速器之间采用"软连接",提高了发动机和传动系的寿命。

③ 与发动机配合,保持发动机转速相对稳定,减少了发动机频繁改变工况而带来的排放污染。

④ 操作简单,不需要驾驶人员把注意力放在频繁换挡操作上,劳动强度低,不易疲劳,从而提高了行车的安全性。

⑤ 能自动适应行驶阻力的变化在一定范围内进行无级变速,改善了汽车的动力性,提高汽车的平均行驶速度,而且可以改善汽车在复杂路面情况下的通过能力。

缺点在于结构复杂,价格较高,对维修人员的技术要求高,液力传动的效率低。

自动变速器较广泛地应用于轿车、越野车、起重型自卸车、一级城市用大型客车上。

五、自动变速器选挡杆的使用

轿车自动变速器的选挡杆通常有 6 个位置，OD OFF 开关的通断控制超速挡，如图 4-3 所示。其功能如下。

P 位：驻车挡。选挡杆置于此位置时，驻车锁止机构将自动变速器输出轴锁止。

R 位：倒挡。选挡杆置于此位置时，液压系统倒挡油路被接通，驱动轮反转，实现倒向行驶。

N 位：空挡。选挡杆置于此位置时，所有机械变速器的齿轮机构空转，不能输出动力。

D 位：前进挡。选挡杆置于此位置时，液压系统控制装置根据节气门开度信号和车速信号自动接通相应的前进挡油路，行星齿轮变速器在换挡执行元件的控制下得到相应的传动比。随着行驶条件的变化，在前进挡中自动升降挡，实现自动变速功能。

2 位：高速发动机制动挡。选挡杆置于此位置时，液压控制系统只能接通前进挡中的一、二挡油路，自动变速器只能在这两个挡位间自动换挡，无法升入更高的挡位，从而使汽车获得发动机制动效果。

1 位（也称 L 位）：低速发动机制动挡。选挡杆置于此位置时，汽车被锁定在前进挡的一挡，只能在该挡位行驶而无法升入高挡，发动机制动效果更强。

这两个挡位多用于山区等路况的行驶，可避免频繁换挡，提高变速器的使用寿命。

发动机只有在选挡杆置于 N 或 P 位时，汽车才能启动，此功能靠空挡启动开关来实现。

常见的选挡杆的位置可布置在转向柱上或驾驶室地板上，如图 4-4 所示。

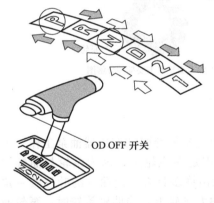

图 4-3　自动变速器选挡杆位置示意图

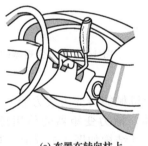

(a) 布置在转向柱上

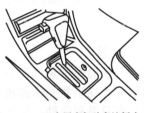

(b) 布置在驾驶室地板上

图 4-4　选挡杆的位置

第二节　液力变矩器

液力变矩器是自动变速器的核心组成部分之一，其作用是利用液体循环流动过程中动能的变化传递动力。

一、液力变矩器的功用

液力变矩器位于发动机和机械变速器之间，以自动变速器油（ATF）为工作介质，主要完成以下功能。

（1）传递转矩　发动机的转矩通过液力变矩器的主动元件，再通过 ATF 传给液力变矩器的从动元件，最后传给变速器。

(2) 无级变速　根据工况的不同，液力变矩器可以在一定范围内实现转速和转矩的无级变化。

(3) 自动离合　液力变矩器由于采用 ATF 传递动力，当踩下制动踏板时，发动机也不会熄火，此时相当于离合器分离；当抬起制动踏板时，汽车可以起步，此时相当于离合器接合。

(4) 驱动油泵　ATF 在工作时需要油泵提供一定的压力，而油泵一般是由液力变矩器壳体驱动的。

同时由于采用 ATF 传递动力，液力变矩器的动力传递柔和，且能防止传动系过载。

二、液力变矩器的结构

典型的液力变矩器由泵轮、涡轮、导轮和单向离合器等组成，如图 4-5 所示。

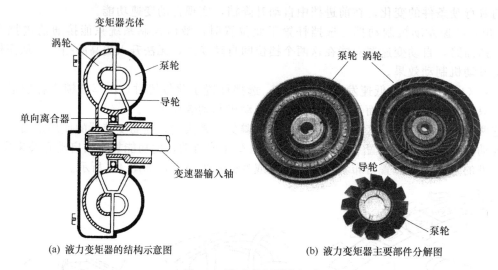

(a) 液力变矩器的结构示意图　　(b) 液力变矩器主要部件分解图

图 4-5　液力变矩器的组成

1. 泵轮

泵轮的作用是将发动机的机械能转变为液力能，并通过延伸套驱动变速器油泵工作。泵轮与液力变矩器壳体连成一体，液力变矩器壳体用螺栓固定在飞轮上，因为泵轮与曲轴相连，它总是和曲轴一起转动。其结构如图 4-5 所示。泵轮由许多具有一定曲率的叶片按一定的方向辐射状安装在泵轮壳体上，泵轮的壳体固定在曲轴大飞轮上，当曲轴旋转时，泵轮便随曲轴同方向同速旋转，而每两个叶片间均充满自动变速器油液，当泵轮旋转时，叶片便带动其间的液体介质一起运动。

2. 涡轮

涡轮的作用是将液力能转变为机械能，输入变速器。涡轮装有弯曲方向与泵轮叶片的弯曲方向相反的叶片，涡轮装在变速器输入轴上，其叶片与泵轮叶片相对放置，中间留有 3mm 的间隙，其结构如图 4-5 所示。

涡轮与变速器输入轴相连，变速器换挡杆置于 D、2、L 或 R 挡位，当车辆行驶时，涡轮就与变速器输入轴一起转动；当车辆停驶时，涡轮不能转动。在变速器换挡杆置于 P 或 N 挡位时，涡轮与泵轮一起自由转动。

3. 导轮

导轮的作用是在汽车起步和低速行驶时，增大变速器输入的转矩。其结构如图 4-6 所示。

导轮上有许多具有一定曲率、一定方向的叶片组装在导轮架上,导轮轴孔内装有单向离合器。因此,导轮只能向一个方向自由转动,而向另一方向转动时,则被单向离合器锁止在壳体上。

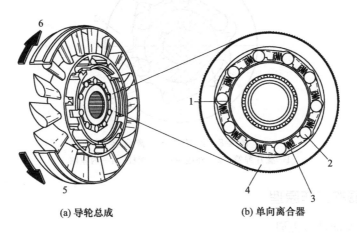

(a) 导轮总成　　　　(b) 单向离合器

图 4-6　导轮总成与单向离合器

1—内座圈;2—滚柱;3—弹簧;4—外座圈;
5—导轮不能按此方向转动;6—导轮可按此方向转动

4. 单向离合器

单向离合器又称自由轮机构、超越离合器,其功用是实现导轮的单向锁止,即导轮只能顺时针转动而不能逆时针转动,使液力变矩器在高速区实现偶合传动。

常见的单向离合器有楔块式和滚柱式两种结构形式。

楔块式单向离合器如图 4-7 所示,由内座圈、外座圈、楔块、保持架等组成。导轮与外座圈连为一体,内座圈与固定套管刚性连接,不能转动。当导轮带动外座圈逆时针转动时,外座圈带动楔块逆时针转动,楔块的长径与内、外座圈接触,由于长径长度大于内、外座圈之间的距离,所以外座圈被卡住而不能转动。当导轮带动外座圈顺时针转动时,外座圈带动楔块顺时针转动,楔块的短径与内、外座圈接触,由于短径长度小于内、外座圈之间的距离,所以外座圈可以自由转动。

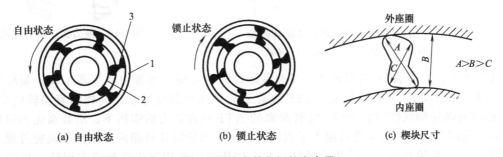

(a) 自由状态　　　　(b) 锁止状态　　　　(c) 楔块尺寸

图 4-7　楔块式单向超越离合器

滚柱式单向离合器如图 4-8 所示,由内座圈、外座圈、滚柱、叠片弹簧等组成。当导轮带动外座圈顺时针转动时,滚柱进入楔形槽的宽处,内、外座圈不能被滚柱楔紧,外座圈和导轮可以顺时针自由转动。当导轮带动外座圈逆时针转动时,滚柱进入楔形槽的窄处,内、外座圈被滚柱楔紧,外座圈和导轮固定不动。

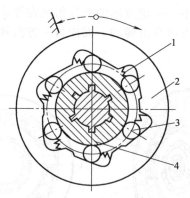

图 4-8 滚柱式单向离合器
1—叠片弹簧；2—外座圈；3—滚柱；4—内座圈

三、液力变矩器的工作原理

1. 液力变矩器的动力传递

液力变矩器工作时，壳体内充满 ATF，发动机带动壳体旋转，壳体带动泵轮旋转，泵轮的叶片将 ATF 带动起来，并冲击到涡轮的叶片；如果作用在涡轮叶片上冲击力大于作用在涡轮上的阻力（涡轮的阻力包括 ATF 油的摩擦阻力、与涡轮相联系的各元件的运动阻力等），涡轮将开始转动，并使机械变速器的输入轴一起转动。由涡轮叶片流出的 ATF 经过导轮后再流回到泵轮，形成如图 4-9 与图 4-10 所示的循环流动。

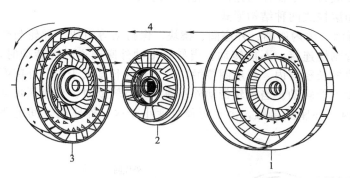

图 4-9 ATF 在液力变矩器中的循环流动
1—涡轮；2—导轮；3—泵轮；4—油流

图 4-10 液力变矩器的液流

具体来说，上述 ATF 的循环流动是两种运动的合运动。当液力变矩器工作，泵轮旋转时，泵轮叶片带动 ATF 旋转起来，ATF 绕着泵轮轴线作圆周运动；同样随着涡轮的旋转，ATF 也绕着涡轮轴线作圆周运动。旋转起来的 ATF 在离心力的作用下，沿着泵轮和涡轮的叶片从内缘流向外缘。当泵轮转速大于涡轮转速时，泵轮叶片外缘的液压大于涡轮外缘的液压。因此，ATF 油在作圆周运动的同时，在上述压差的作用下由泵轮流向涡轮，再流向导轮，最后返回泵轮，形成在液力变矩器环形腔内的循环运动。

液力变矩器要想能够传递转矩，必须要有 ATF 冲击到涡轮的叶片，即泵轮与涡轮之间一定要有转速差（泵轮转速大于涡轮转速）。

2. 低速增加转矩

变矩器不仅可以传递转矩，而且还可以增大转矩。将发动机传来的转矩放大之后再传到变速器的输入轴上，当然这时涡轮的转速就会比泵轮的转速低，变速器输入轴的转速也就比发动机的转速低。变矩器转矩增大的作用是由导轮的工作状态决定的。

如图4-11所示,在涡轮转速较低时,从涡轮出口流出的工作液流向导轮叶片的正面。这时固定的导轮叶片改变了工作液的流动方向,使之以有利于泵轮转动的方向进入泵轮;泵轮更有力地加速油液,这样油液作用于涡轮上的转矩就可能大于泵轮接受的发动机转矩,因此变矩器实现了转矩增大的作用。但是,当涡轮转速接近泵轮转速时,从涡轮流出的油液冲击到导轮叶片的背面,油液将以与泵轮转向相反的方向流动。这时导轮必须自由转动,不再改变油液的流向,否则变矩器的效率和转矩将急剧下降。所以,单向离合器只允许导轮与泵轮以相同的方向转动,而不能以与此相反的方向转动。

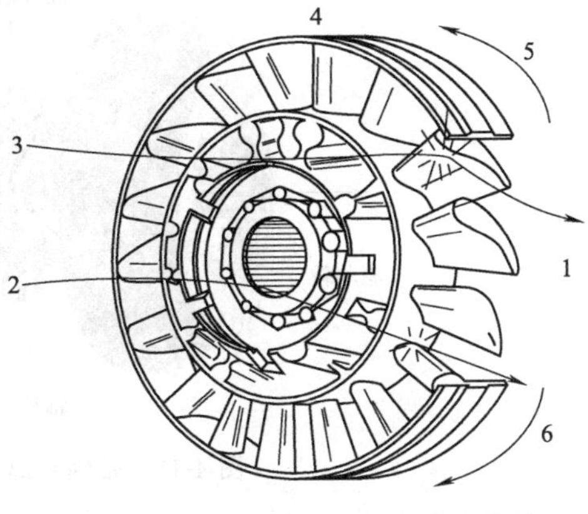

泵轮和涡轮间转速差越大,增扭效果就越明显。这和车速越低行驶阻力越大正好成正比。

低速增加转矩工况只存在于泵轮和涡轮之间有转速差的汽车起步和低速行驶阶段,所以称为低速增加转矩。

图4-11 导轮的工作状态与液流状况
1—液流形成有利的折射; 2—涡轮转速接近泵轮时的液流; 3—涡轮转速较低时的液流;4—导轮; 5—导轮不能按此方向转动; 6—导轮可按此方向转动

3. 无级变速

液力变矩器的工作可以分为增扭工况和偶合工况两部分。在整个增扭工况中液力变矩器起到无级变速作用。主动轮叶片焊在变矩器壳上,变矩器和发动机曲轴通过螺栓刚性连接在一起,即泵轮和发动机曲轴同步运转。发动机转速越高,泵轮输出液流的转矩就越大;车速越高,汽车的行驶阻力就越小;在汽车刚起步时,泵轮和涡轮的转速差最大,随着车速提高,两者的转速差逐步缩小;在到达偶合工况(两者转速差消失)前的这个过程为无级变速。由于液力变矩器的增扭工况只存在低速阶段,所以液力变矩器的无级变速也只存在汽车的低速阶段。

四、带锁止离合器的液力变矩器

因液力变矩器的涡轮和泵轮之间存在转速差和液力损失,液力变矩器的传动效率不如机械传动效率高,最高传动效率也只有85%~90%,因而在正常行驶时油耗高,经济性差。为提高变矩器在高传动比工况下的效率,从20世纪70年代起,广泛采用了具有液压锁止离合器的变矩器,典型的带锁止离合器的变矩器如图4-12所示。在这种变矩器内增设了一套锁止离合器压盘组件,其工作过程类似于活塞,故又称为活塞式锁止离合器。离合器压盘有扭转减振器,在锁止过程中起缓冲减振作用。在压盘的左侧或外侧是摩擦片,摩擦片和经过机械加工的液力变矩器壳内面的主动盘配合。

如图4-13所示,锁止离合器的主动盘即为变矩器的壳体,从动盘是一个可作轴向移动的压盘,它通过花键套与涡轮连接。压盘右侧的液压油与液力变矩器泵轮、涡轮中的油液相通;压盘左侧的油液通过液力变矩器输出轴中间的控制油道与阀板总成上的锁止控制阀相通。锁止控制阀由自动变速器的电子控制单元(ECU)通过锁止电磁阀来控制。

当车速较低,不满足锁止条件时,锁止控制阀让油液从锁止离合器压盘与变矩器盖之间进入,使压盘两侧保持相同的油压,锁止离合器处于分离状态[见图4-13(a)],动力由泵轮通过油液传递给涡轮,这时可充分发挥液力传动减振吸振、自动适应行驶阻力剧烈变化的优点,适合于汽车起步、换挡或在不良路面上行驶。

图 4-12 带锁止离合器的液力变矩器实物分解图

当车速较高（一般大于 60km/h），满足锁止条件时，锁止控制阀接通变矩器回油油路，使压盘左侧的油压降低，而压盘右侧的油压仍较高，压盘在左右两侧压力差的作用下压紧在主动盘上［见图 4-13（b）］。这时输入液力变矩器的动力通过锁止离合器的机械连接，由压盘带动涡轮输出。液力变矩器中因泵轮和涡轮的转速相同而不起液力传动作用，故传动效率接近 100%，提高了燃油的经济性。另外，锁止离合器接合能减少液压油因摩擦产生的热量，有利于降低液压油温度。

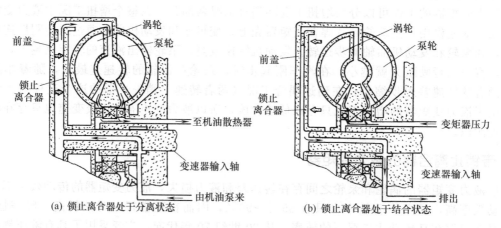

图 4-13 锁止离合器工作原理

电控液力自动变速器锁止离合器的接合与分离的条件不只是车速的高低，还与发动机水温、换挡模式等有关；即使对应的车速不高，也可以适时锁止进入机械传动，进一步提高了燃油经济性。

电控自动变速器的变矩器锁止离合器工作原理如图 4-14 所示，当满足离合器接合的所有条件时，自动变速器 ECU 使离合器继电器闭合，继电器控制接通离合器电磁阀的接地回路。电磁阀的动作使其单向球阀落座，停止泄油。随着主油路油压的升高，离合器锁止控制阀克服弹簧力而移动。这样压力油被引导至泵轮驱动毂和导轮支承轴形成的油道中，经泵轮和涡轮充满涡轮和压盘之间的空间。这一高压迫使离合器接合。

要使离合器分离，电脑通过离合器继电器，切断离合器电磁阀的电回路。电磁阀的动作使其单向球阀离开阀座，通过泄油解除主油路油压。随着油压的降低，弹簧重新推动离合器锁止控制阀移动。引导油液进入压盘与变矩器壳体之间的空间，从而使离合器分离。

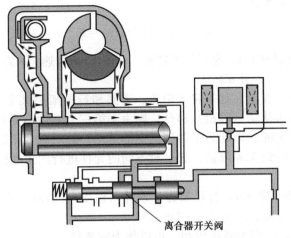

图 4-14　变矩器的锁止离合器工作原理

第三节　行星齿轮变速机构

自动变速器的齿轮变速机构普遍采用行星齿轮机构。许多四挡自动变速器是由单排行星齿轮机构和复合行星齿轮机构组合形成的。常见的复合行星齿轮机构有辛普森行星齿轮机构和纳威挪行星齿轮机构。首先介绍单排行星齿轮机构，以便有助于后续课程的学习。

一、单排行星齿轮机构的工作原理

1. 单排行星轮系的组成

单排行星齿轮由一个齿圈、一个太阳轮、一个行星架和数个行星轮组成，其结构如图 4-15 与图 4-16 所示。在单排行星齿轮的工作过程中，齿圈、太阳轮和行星架可作为输入、输出或固定元件，行星轮一般不具此功能。

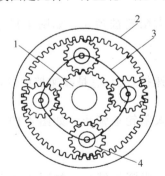

图 4-15　单排行星齿轮机构
1—太阳轮；2—齿圈；3—行星架；4—行星轮

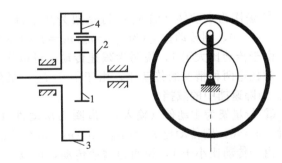

图 4-16　单排行星齿轮的组成简图
1—太阳轮；2—行星架；3—齿圈；4—行星轮

齿圈制有内齿，其余齿轮均为外齿轮。太阳轮位于机构的中心，行星轮与之外啮合，行星轮与齿圈内啮合。通常行星轮有 3~6 个，通过滚针轴承安装在行星齿轮轴上，行星齿轮轴对称均匀地安装在行星架上。行星齿轮机构工作时，行星轮除了绕自身轴线的自转外，同时还绕着太阳轮公转，行星轮绕太阳轮公转，行星架也绕太阳轮旋转。

2. 单排行星轮系的运动规律

根据机械基础有关行星轮系的传动比计算方法，可以得出表示单排行星齿轮机构（见图

4-17) 运动规律的特性方程式：

$$n_1 + \alpha n_3 - (1+\alpha)n_2 = 0$$

式中，n_1 为太阳轮转速；n_2 为行星架转速；n_3 为齿圈转速；α 为齿圈齿数 z_3 与太阳轮齿数 z_1 之比，即 $\alpha = z_3/z_1$，且 $\alpha > 1$。

由于一个方程有三个变量，如果将太阳轮、齿圈和行星架中某个元件作为主动（输入）部分，让另一个元件作为从动（输出）部分，则由于第三个元件不受任何约束和限制，所以从动部分的运动是不确定的。因此为了得到确定的运动，必须对太阳轮、齿圈和行星架三者中的某个元件的运动进行约束和限制。通过对不同的元件进行约束和限制，可以得到不同的动力传动方式。

① 太阳轮为主动件（输入），行星架为从动件（输出），齿圈固定，如图 4-18 所示。此时，$n_3 = 0$，则传动比 i_{12} 为 $i_{12} = n_1/n_2 = 1 + \alpha > 1$

由于传动比大于 1，说明为减速传动，可以作为减速挡。

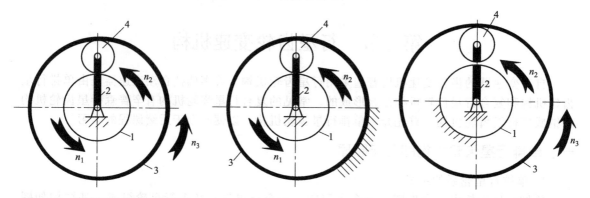

图 4-17 单排行星齿轮工作原理
1—太阳轮；2—行星架；
3—齿圈；4—行星轮

图 4-18 单排行星齿轮工作原理
［齿圈被锁止（图注同图 4-17）］

图 4-19 单排行星齿轮工作原理
［太阳轮被锁止（图注同图 4-17）］

② 齿圈为主动件（输入），行星架为从动件（输出），太阳轮被锁止，如图 4-19 所示。此时，$n_1 = 0$，则传动比 i_{32} 为 $i_{32} = n_3/n_2 = 1 + 1/\alpha > 1$

由于传动比大于 1，说明为减速传动，可以作为减速挡。

对比这两种情况的传动比，由于 $i_{12} > i_{32}$，虽然都为减速挡，但 i_{12} 是减速挡中的低挡，而 i_{32} 为降速挡中的减挡。

③ 行星架为主动件（输入），齿圈为从动件（输出），太阳轮被锁止，如图 4-19 所示。此时，$n_1 = 0$，则传动比 i_{23} 为 $i_{23} = n_2/n_3 = \alpha/(1+\alpha) < 1$

由于传动比小于 1，说明为增速传动，可以作为超速挡。

④ 行星架为主动件（输入），太阳轮为从动件（输出），齿圈被锁止，如图 4-18 所示。此时，$n_3 = 0$，则传动比 i_{21} 为 $i_{21} = n_2/n_1 = 1/(1+\alpha) < 1$

由于传动比小于 1，说明为增速传动，可以作为超速挡。

⑤ 太阳轮为主动件（输入），齿圈为从动件（输出），行星架被锁止，如图 4-20 所示。此时，$n_2 = 0$，则传动比 i_{13} 为 $i_{13} = n_1/n_3 = -\alpha$。

由于传动比为负值，说明主从动件的旋转方向相反；又由于 $|i_{13}| > 1$，说明为减速传动，可以作为倒挡。

⑥ 如果 $n_1 = n_2$，则可以得到 $n_1 = n_2 = n_3$。同样，$n_1 = n_3$ 或 $n_2 = n_3$ 时，均可以得到 $n_1 = n_2 = n_3$ 的结论。因此，若使太阳轮、齿圈和行星架三个元件中的任何两个元件连为一体转

动,则另一个元件的转速必然与前两者等速同向转动(见图 4-21)。即行星齿轮机构中所有元件(包含行星轮)之间均无相对运动,传动比 $i=1$。这种传动方式用于变速器的直接挡传动。

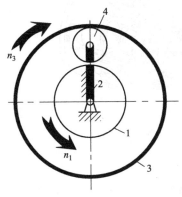

图 4-20 单排行星齿轮工作原理
[行星架被锁止(图注同图 4-17)]

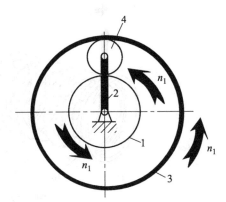

图 4-21 单排行星齿轮工作原理
[两构件联锁输入 $n_1=n_2$(图注同图 4-17)]

⑦ 如果太阳轮、齿圈和行星架三个元件没有任何约束,则各元件的运动是不确定的,此时为空挡。

从以上分析结论中,可以归纳出单排行星齿轮机构传动的一些规律。

① 当行星架被锁止时,行星轮只有自转而无公转。输出元件与输入元件的转动方向相反。

② 当太阳轮被锁止时,行星架输入,齿圈输出时为超速(增速)传动。

③ 太阳轮与齿圈其中有一元件为输入件,另一元件被锁止不动时,则行星架同向减速输出。

④ 如果太阳轮、齿圈和行星架三个元件没有任何约束,则各元件的运动是不确定的,此时为空挡。

⑤ 任意两个元件同速同向输入,行星齿轮机构锁止成为一个整体,成为直接挡传动。

自动变速器中的行星齿轮变速器一般是采用 2~3 排行星齿轮机构传动,其各挡传动比就是根据上述单排行星齿轮机构传动特点进行合理组合得到的。

二、行星齿轮变速器换挡执行元件

行星齿轮变速器的换挡执行元件包括离合器、制动器和单向离合器。单向离合器的结构、原理同导轮单向离合器,下面重点介绍离合器和制动器。

1. 离合器

离合器的功用是连接轴和行星齿轮机构中的元件或是连接行星齿轮机构中的不同元件。

(1) 结构组成 离合器主要由离合器鼓、花键毂、活塞、主动摩擦片、从动钢片、回位弹簧等组成,如图 4-22 所示。

离合器鼓是一个液压缸,鼓内有内花键齿圈,内圆轴颈上有进油孔与控制油路相通。离合器活塞为环状,内外圆上有密封圈,安装在离合器鼓内。如图 4-23 所示,从动钢片和主动摩擦片交错排列,两者统称为离合器片,均使用钢料制成,但摩擦片的两面烧结有铜基粉末冶金的摩擦材料。为保证离合器接合柔和及散热,离合器片浸在油液中工作,因而称为湿式离合器。钢片带有外花键齿,与离合器鼓的内花键齿圈连接,并可轴向移动,摩擦片则以内花键齿与花键毂的外花键槽配合,也可作轴向移动。花键毂和离合器鼓分别以一定的方式

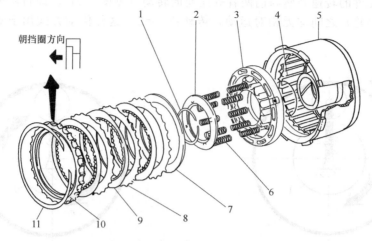

图 4-22 离合器零件分解图

1,11—卡环；2—弹簧座；3—活塞；4—O形圈；5—离合器鼓；6—回位弹簧；
7—碟形弹簧；8—从动钢片；9—主动摩擦片；10—压盘

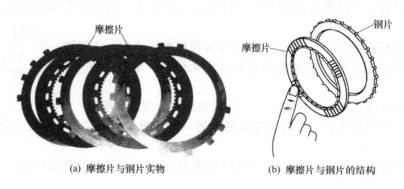

图 4-23 摩擦片与钢片的结构

与变速器输入轴或行星齿轮机构的元件相连接。碟形弹簧的作用是使离合器接合柔和，防止换挡冲击。可以通过调整卡环或压盘的厚度调整离合器的间隙。

(2) 工作原理 离合器的工作原理如图 4-24 所示。

当一定压力的 ATF 油经控制油道进入活塞左面的液压缸时，液压作用力便克服弹簧力

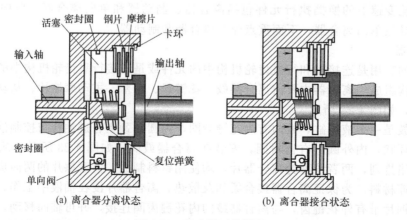

图 4-24 离合器工作原理

使活塞右移,将所有离合器片压紧,即离合器接合,与离合器主、从动部分相连的元件也被连接在一起,以相同的速度旋转。

当控制阀将作用在离合器液压缸的油压解除后,离合器活塞在回位弹簧的作用下回复原位,并将缸内的变速器油从进油孔排出,使离合器分离,离合器主、从动部分可以不同转速旋转。

为了快速泄油,保证离合器彻底分离,一般在液压缸中都有一个单向球阀,如图 4-25 所示。当 ATF 油压被解除时,球体在离心力的作用下离开阀座,开启辅助泄油通道,使 ATF 油迅速流走。

(3) 检修 离合器总成分解后要对每个零件进行清洗和检查,如离合器鼓、花键毂、离合器片、压盘等是否磨损严重、变形,回位弹簧是否断裂、弹性不足,单向球阀是否密封良好等,必要时更换零部件和总成。

离合器重新装配后要检查离合器的间隙。间隙过大会使换挡滞后、离合器打滑;间隙过小会使离合器分离不彻底。检查离合器间隙一般用厚薄规(塞尺)进行,如图 4-26 所示。

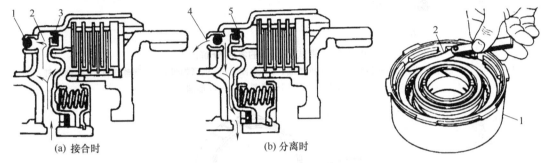

图 4-25 带单向安全阀的离合器
1—单向球阀;2—液压缸;3—油封;4—辅助泄油通道;5—活塞

图 4-26 检查离合器间隙
1—离合器总成;2—厚薄规

2. 制动器

制动器的功用是固定行星齿轮机构中的元件,防止其转动。制动器有摩擦片式和带式两种。摩擦片式制动器的结构和工作原理与离合器完全相同,只不过在作用上有所不同。摩擦片式制动器连接运动元件与变速器壳体,而离合器连接的是两个运动元件。下面只介绍带式制动器。

(1) 结构、组成 带式制动器由制动带和控制油缸组成,图 4-27 所示为带式制动器的零件分解图。制动带是内表面带有摩擦材料镀层的开口式环形钢带,如图 4-28 所示。制动带的一端支承在与变速器壳体固连的支座上,另一端与控制油缸的活塞杆相连。

(2) 工作原理 制动器的工作原理如图 4-29 所示,制动带开口处的一端通过支柱支承于固定在变速器壳体的调整螺钉上,另一端支承于油缸活塞杆端部,活塞在回位弹簧和左腔油压作用下位于右极限位置,此时,制动带和制动鼓之间存在一定间隙。

制动时,压力油进入活塞右腔,克服左腔油压和回位弹簧的作用力推动活塞左移,制动带以固定支座为支点收紧。在制动力矩的作用下,制动鼓停止旋转,行星齿轮机构某元件被锁止。随着油压解除,活塞逐渐回位,制动解除。

(3) 检修 检查制动带是否存在破裂、过热、不均匀磨损、表面剥落等情况,如果有任何一种,制动带都应更换。

检查制动鼓表面是否有污点、划伤、磨光、变形等缺陷。

制动器装配后要调整工作间隙,原因与离合器间隙的调整是一样的。方法是:将调整螺钉上的锁紧螺母拧松并退回大约五圈,然后用扭力扳手按规定力矩将调整螺钉拧紧,再按维修手册的要求将调整螺钉退回一定圈数,最后用锁紧螺母紧固。

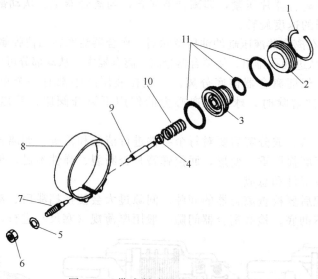

图 4-27 带式制动器的零件分解图

1—卡环；2—活塞定位架；3—活塞；4—止推垫圈；5—垫圈；6—锁紧螺母；7—调整螺钉；8—制动带；9—活塞杆；10—回位弹簧；11—O形圈

图 4-28 带有摩擦材料镀层的制动带

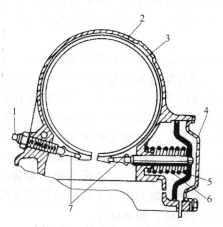

图 4-29 制动器的工作原理

1—调整螺钉（固定支承端）；2—制动带；3—制动鼓；4—油缸盖；5—活塞；6—回位弹簧；7—支柱

三、辛普森行星齿轮变速器

虽然单排行星齿轮有 5 个前进挡，在数量上能满足汽车变速器的要求，但单排行星齿轮的挡位之间的传动比不合理及换挡执行元件布置极其困难，不能应用在实际的汽车上，因此需要两排以上的行星排才能满足要求。行星齿轮机构主要有辛普森式和纳威挪式两种。目前汽车自动变速器是在这两种形式的基础上进行设计制造的。

辛普森（Simpson）行星齿轮变速器是在自动变速器中应用最广泛的一种行星齿轮变速器，它是由美国福特公司的工程师 H·W·辛普森发明的，目前多采用的是四挡辛普森行星齿轮变速器。

1. 三挡辛普森行星齿轮变速器的结构组成

如图 4-30 所示为三挡辛普森行星齿轮变速器的传动结构简图。

注意，不同厂家的三挡辛普森行星齿轮变速器的元件位置稍有不同。

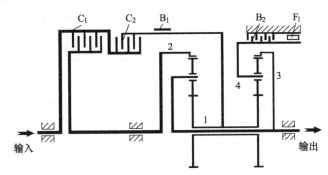

图 4-30 三挡辛普森行星齿轮变速器的传动结构简图
1—前后行星排太阳轮；2—前行星排齿圈；3—后行星排齿圈与前行星排行星架组件；4—后行星排行星架；
C_1—前进挡离合器；C_2—直接挡、倒挡离合器；B_1—二挡制动器；
B_2—低、倒挡制动器；F_1—低挡单向离合器

三挡辛普森行星齿轮变速器由三挡辛普森行星齿轮机构和换挡执行元件两大部分组成。其中三挡辛普森行星齿轮机构由两排行星齿轮机构组成，前面一排为前行星排，后面一排为后行星排。输入轴通过前进挡离合器或直接挡、倒挡离合器与前、后行星排相连。前、后行星排的结构特点是，共用一个太阳轮，前行星排的行星架与后行星排的齿圈相连并与输出轴相连。

换挡执行机构包括两个离合器、两个制动器和一个单向离合器共五个元件。具体的功能见表 4-1。

表 4-1 换挡执行元件的功能

换挡执行元件		功　能
C_1	前进挡离合器	连接中间轴与前行星排齿圈
C_2	直接挡、倒挡离合器	连接中间轴与前后行星排太阳轮
B_1	二挡制动器	制动前后行星排太阳轮
B_2	低、倒挡离合器	制动后行星排行星架
F_1	低挡单向离合器	防止后行星排行星架逆时针转动

注：各换挡执行元件的名称与其功能有关系。

2. 三挡辛普森行星齿轮变速器各挡传动路线

在变速器各挡位时，换挡执行元件的工作情况见表 4-2。

（1）D_1 挡　D 位一挡的动力传动路线如图 4-31 所示。D 位一挡时，C_1、F_1 工作。C_1 工作将中间轴与前行星排齿圈相连，前行星排齿圈顺时针转动驱动前行星排行星轮，前行星排行星轮即顺时针自转又顺时针公转，前行星排行星轮顺时针公转则输出轴也顺时针转动，这是第一条动力传动路线。由于前行星排行星轮顺时针自转，则前后行星排太

阳轮逆时针转动,再驱动后行星排行星轮顺时针自转,此时后行星排行星轮在前后行星排太阳轮的作用下有逆时针公转的趋势,但由于 F_1 的作用,使后行星排行星架不动。这样顺时针转动的后行星排行星轮驱动齿圈顺时针转动,从输出轴也输出动力,这是第二条动力传动路线。

表 4-2 各挡位时换挡执行元件的工作情况

选挡杆位置	挡位	换挡执行元件					发动机制动
		C_1	C_2	B_1	B_2	F_1	
P	驻车挡						
R	倒挡		○		○	○	○
N	空挡						
D	一挡	○				○	
	二挡	○		○			○
	三挡	○	○				
2	一挡	○				○	○
	二挡	○		○			○
L	一挡	○			○	○	○

注:○表示换挡元件工作或有发动机制动。

(2) L位一挡 如图 4-32 所示,L 位一挡时,C_1、B_2、F_1 工作。动力传动路线与 D 位一挡时相同。区别只是由于 B_2 的工作,使后行星排行星架固定。此挡为低速发动机制动挡。

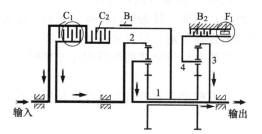
图 4-31 D 位一挡动力传动路线

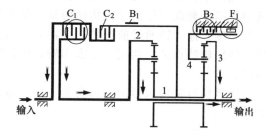
图 4-32 L 位一挡动力传动路线

发动机制动是指利用发动机怠速时的较低转速以及变速器的较低挡位来使较快的车辆减速。D 位一挡时,如果驾驶员抬起加速踏板,发动机进入怠速工况,而汽车在原有的惯性作用下仍以较高的车速行驶。此时,驱动车轮将通过变速器的输出轴反向带动行星齿轮机构运转,各元件都将以相反的方向转动,即后排行星架将有顺时针转动的趋势,F_1 不起作用,无法锁止后排行星架,将使反传的动力不能到达发动机,无法利用发动机进行制动。而在 L 位一挡时,B_2 工作使后排行星架被锁止固定,既不能逆时针转动也不能顺时针转动,这样反传的动力就可以传到发动机,所以有发动机制动。

(3) D_2 挡与 2_2 挡 如图 4-33 所示,D 位二挡与 2 位二挡时,C_1、B_1 工作。C_1 工作,动力顺时针传到前行星排齿圈,驱动前行星排行星轮顺时针转动,并使前后太阳轮有逆时针转动的趋势,由于 B_1 的作用,锁止前后行星排太阳轮,即前后行星排太阳轮不动。此时前行星排行星轮将带动行星架也顺时针转动,从输出轴输出动力。后行星排不参与动力的传动。在图 4-33 所示条件下,D_2 挡与 2_2 挡有发动机制动,原因同前所述。

(4) D_3 挡 如图 4-34 所示,D 位三挡时,C_1、C_2 工作。C_1、C_2 工作将中间轴与前行

星排的齿圈和太阳轮同时连接起来，前行星排成为刚性整体，动力直接传给前行星排行星架，从输出轴输出动力。此挡为直接挡。

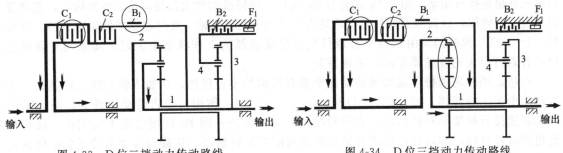

图 4-33　D 位二挡动力传动路线　　　　图 4-34　D 位三挡动力传动路线

（5）2_1 挡　二位一挡的工作与 D 位一挡相同。

（6）R 位　如图 4-35 所示，倒挡时，C_2、B_2、F_1 工作。C_2 工作将动力传给前后行星排太阳轮。由于 B_2 工作，将后行星排行星架固定，使行星轮仅相当于一个惰轮。前后行星排太阳轮顺时针转动驱动后行星排行星架逆时针转动，进而驱动后行星排齿圈也逆时针转动，从输出轴逆时针输出动力。

（7）P 位（驻车挡）　选挡杆置于 P 位时，一般自动变速器都是通过驻车锁止机构将变速器输出轴锁止实现驻车。如图 4-36 所示，驻车锁止机构由输出轴外齿圈、锁止棘爪、锁止凸轮等组成。锁止棘爪与固定在变速器壳体上的枢轴相连。当选挡杆处于 P 位时，与选挡杆相连的手动阀通过锁止凸轮将锁止棘爪推向输出轴外齿圈，并嵌入齿中，使变速器输出轴与壳体相连而无法转动。当选挡杆处于其他位置时，锁止凸轮退回，锁止棘爪在回位弹簧的作用下离开输出轴外齿圈，锁止撤销。

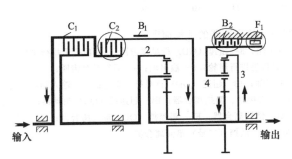

图 4-35　R 位动力传动路线

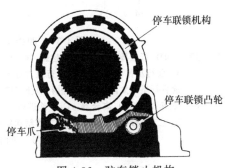

图 4-36　驻车锁止机构

3. 几点说明

通过分析各挡位换挡执行元件的工作情况及各挡位的动力传动路线，可以得出以下结论。

① 如果 C_1 故障，则自动变速器没有前进挡，即将选挡杆置于 D 位、2 位或 L 位时车辆都无法起步行驶。但对于倒挡没有影响。

② 如果 C_2 故障，则自动变速器没有三挡，倒挡也将没有。

③ 如果 B_1，则自动变速器没有 D 位二挡。

④ 如果 B_2 故障，则自动变速器没有倒挡。

⑤ 如果某挡位的动力传动路线上有单向离合器工作，则该挡位没有发动机制动。

将辛普森行星齿轮机构和单排行星齿轮机构以动力传递的顺序串联地组合起来，就可以得到四个前进挡，第四挡通常称为超速挡。典型的具有附加超速排的四速行星齿轮机构如图

4-37所示。

除超速挡以外的其他挡位，超速排行星齿轮机构作用的执行元件是 C_0 和 F_0。输入轴将动力输入到超速排行星架，由于 C_0 接合且 F_0 锁止，使行星架和太阳轮同速顺时针输入，超速排锁止为一个整体，故齿圈顺时针转动将动力传递到中间输入轴。此时超速排传动比 $i=1$。驾驶挡"1～3挡"和倒挡就由三挡辛普森行星齿轮变速器的工作状态来决定，其原理与前述三挡辛普森行星齿轮变速器相同，不再重复。

在超速挡时超速排形成增速传动而辛普森机构处于直接挡，从输入轴到输出轴就是一个传动比小于1的四挡。超速挡（OD挡）时 B_0、C_1、C_2 作用。动力传动原理是，输入轴Ⅰ带动超速排行星架顺时针转动，太阳轮随之顺时针公转；因 B_0 作用固定了太阳轮，故行星轮也顺时针自转；顺时针转动的行星轮驱使齿圈顺时针转动，齿圈再将动力传递到中间输入轴Ⅱ（顺时针），此时超速排为传动比小于1的增速传动。超速排齿圈将动力顺时针输入到三挡辛普森行星齿轮变速器。C_1 作用通过中间轴将动力传到辛普森机构的前齿圈，C_2 作用将动力传到辛普森机构的太阳轮，前齿圈和太阳轮同时输入，三挡辛普森机构锁止为一个整体直接驱动输出轴顺时针转动而输出，三挡辛普森行星齿轮变速器传动比 $i=1$。所以，形成高于直接挡的超速挡。

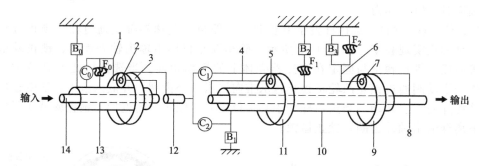

图 4-37 四挡辛普森行星齿轮变速器的结构简图

1—超速（OD）行星排行星架；2—超速（OD）行星排行星轮；3—超速（OD）行星排齿圈；4—前行星排行星架；
5—前行星排行星轮；6—后行星排行星架；7—后行星排行星轮；8—输出轴；9—后行星排齿圈；
10—前后行星排太阳轮；11—前行星排齿圈；12—中间轴；13—超速（OD）行星排太阳轮；14—输入轴；
C_0—超速挡（OD）离合器；C_1—前进挡离合器；C_2—直接挡、倒挡离合器；B_0—超速挡（OD）制动器；
B_1—二挡滑行制动器；B_2—二挡制动器；B_3—低、倒挡离合器；F_0—超速挡（OD）单向离合器；
F_1—二挡（一号）单向离合器；F_2—低挡（二号）单向离合器

四、纳威挪行星齿轮变速机构

纳威挪行星齿轮变速器由纳威挪行星齿轮机构及相应的操纵执行元件组成。从20世纪70年代起，被奥迪、福特、大众等公司使用于其轿车自动变速器中，特别是前轮驱动车型。纳威挪（Ravigneaux）行星齿轮变速器将以大众宝来AT型轿车的01N型4挡自动变速器为例进行介绍。

1. 四挡纳威挪行星齿轮变速器的结构、组成

01N型自动变速器如图4-38所示。采用带锁止离合器的液力变矩器。锁止离合器通过花键与变速器机械输入轴连接，变矩器的涡轮通过花键与变速器液力输入轴连接。

纳威挪行星齿轮机构各齿轮啮合关系如图4-39所示，小太阳轮只与短行星轮啮合，大太阳轮只与长行星轮啮合，齿圈只与长行星轮啮合，短行星轮同时与小太阳轮和长行星轮啮合，长行星轮既与前排短行星轮啮合又与后排大太阳轮、齿圈同时啮合。行星轮可以在各自的轴上转动，所有的行星轮轴都固定于两组行星轮共用的行星架上。

如图 4-39 所示，纳威挪行星齿轮机构也采用双行星排组合，其结构的特点是：两行星排具有公共行星架和齿圈，小太阳轮 1、短行星轮 5、长行星轮 6、行星架 3 及齿圈 4 组成一个双行星轮式行星排，大太阳轮 2、长行星轮 6、行星架 3 及齿圈 4 组成一个单行星轮式行星排。因此，它具有四个独立元件：小太阳轮、大太阳轮、行星架和齿圈。

2. 大众 01N 型四挡纳威挪行星齿轮变速器各挡传动路线

大众 01N 型自动变速器的传动结构简图如图 4-40 所示，其中离合器 K_1 用于驱动小太阳轮，离合器 K_2 用于驱动大太阳轮，离合器 K_3 用于驱动行星齿轮架，制动器 B_1 用于制动行星齿轮架，制动器 B_2 用于制动大太阳轮，单向离合器 F 防止行星架逆时针转动。B_2 结合时固定大太阳轮，B_1 结合或 F 锁止时固定行星架。齿圈为输出元件。

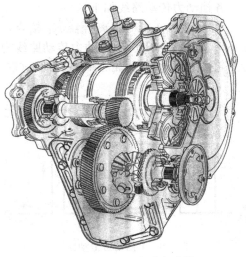

图 4-38　01N 型自动变速器

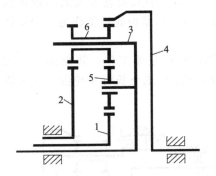

图 4-39　纳威挪行星齿轮机构的组成
1—小太阳轮；2—大太阳轮；3—行星架；
4—齿圈；5—短行星轮；6—长行星轮

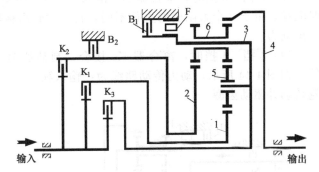

图 4-40　大众 01N 型自动变速器传动结构简图
K_1—前进挡离合器；K_2—中间挡、倒挡离合器；
K_3—高挡离合器；B_1—低、倒挡离合器；
B_2—中间挡制动器；F—单向离合器
（其他标记与图 4-39 相同）

各挡位换挡执行元件工作情况参见表 4-3。

表 4-3　大众 01N 型自动变速器各挡位执行元件的工作情况

挡位	B_1	B_2	K_1	K_2	K_3	F
R	○			○		
1H			○			○
1M			○			○
2H		○	○			
2M		○	○			
3H			○		○	
3M			○		○	
4H		○			○	
4M		○			○	

注：○表示离合器、制动器或单向离合器工作。H 表示液力挡；M 表示机械挡。

各挡动力传动路线如下。

（1）1挡　1挡时，离合器K_1接合，单向离合器F工作。单向轮参加工作，行星架固定不动。如图4-41所示，动力传动路线为：输入轴（顺）→离合器K_1→小太阳轮（顺）→短行星轮（逆）→长行星轮（顺）→齿圈（顺）。仅由长行星轮的自转驱动齿圈。

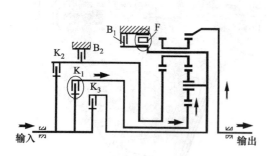

图4-41　1挡动力传动路线

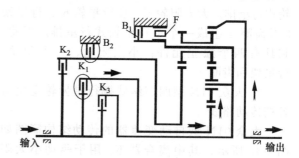

图4-42　2挡动力传动路线

（2）2挡　2挡时，离合器K_1、制动器B_2作用。制动器B_2将大太阳轮制动。如图4-42所示，动力传动路线为：动力传递由输入轴（顺）→离合器K_1→小太阳轮（顺）→短行星轮→长行星轮→齿圈（顺）。长行星轮的自转和公转驱动齿圈，齿圈的输出转速高于1挡。

（3）3挡　3挡时，离合器K_1和K_3作用。如图4-43所示，小太阳轮和大太阳轮被同时驱动，由于2个太阳轮的直径不同，行星齿轮组被固定，整个行星齿轮组就作为一个整体输出动力。

（4）4挡　4挡时，离合器K_3接合，制动器B_2工作，使行星架工作，并制动大太阳轮，如图4-44所示，动力传动路线为：输入轴→离合器K_3→行星架→长行星轮围绕大太阳轮转动并驱动齿圈。

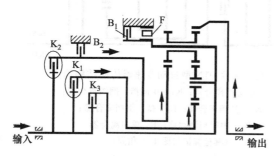

图4-43　3挡动力传动路线

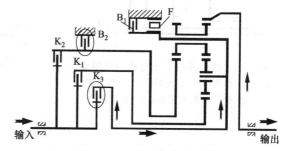

图4-44　4挡动力传动路线

（5）R挡　换挡杆在"R"位置时，离合器K_2接合，驱动大太阳轮；制动器B_1工作，使行星架制动。如图4-45所示，动力传动路线为：输入轴→离合器K_2→大太阳轮→长行星

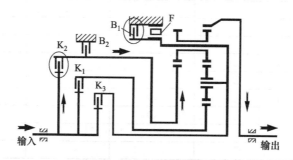

图4-45　倒挡动力传动路线

轮反向驱动齿圈。

第四节　平行轴式齿轮变速器

典型的平行轴式齿轮变速器就是本田变速驱动桥，其齿轮布置如图 4-46 所示。特点是采用常啮合斜齿轮和直齿轮，齿轮布置情况与手动变速器相似。

这种变速驱动桥有三根互相平行的轴，即第一轴、中间轴和第二轴。第一轴作为输入轴，变矩器的涡轮和锁止离合器将动力传到第一轴。中间轴是输出轴。通过液压控制的离合器把不同的齿轮副锁定在轴上，可实现四个前进挡、一个倒挡和一个空挡。倒挡通过一个拨叉拨动倒挡接合套来实现。

有四个多片离合器和一个单向离合器，控制倒挡离合器的伺服阀也是一个换挡执行元件。执行元件根据其作用命名为：第一挡离合器、第一挡锁定离合器、第二挡离合器、第三挡离合器、第四挡离合器、单向离合器，还有一个倒挡接合套也可以视为执行元件。离合器的内鼓与空套在轴上的齿轮连接，外鼓与轴连接。当离合器作用接合时，齿轮将随它的轴一起转动，并传递动力。单向离合器的作用是，当中间轴第一挡齿轮相对于中间轴逆时针转动则锁止，顺时针可以自由转动。当中间轴相对于中间轴第一挡齿轮逆时针可以自由转动，顺时针则锁止。

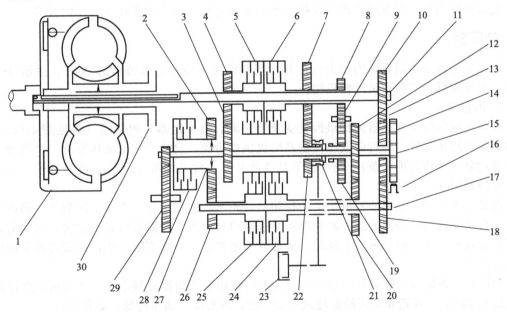

图 4-46　本田变速驱动桥齿轮布置简图
1—变矩器；2—中间轴第一挡齿轮；3—中间轴第三挡齿轮；4—第一轴第三挡齿轮；5—第三挡离合器；
6—第四挡离合器；7—第一轴第四挡齿轮；8—第一轴倒挡齿轮；9—倒挡惰轮；10—第一轴惰轮；
11—第一轴；12—中间轴第二挡齿轮；13—中间轴惰轮；14—停车齿轮；15—中间轴；16—停车爪；
17—第二轴；18—第二轴惰轮；19—中间轴倒挡齿轮；20—第二轴第二挡齿轮；21—倒挡接合套；
22—中间轴第四挡齿轮；23—伺服阀；24—第二挡离合器；25—第一挡离合器；
26—第二轴第一挡齿轮；27—单向离合器；28—第一挡锁定离合器；
29—主减速器齿轮；30—油泵位置

第一挡锁定离合器的作用是在手动低挡时可以利用发动机制动功能。

以驾驶挡 D 位一挡为例说明动力传递路线，其他挡位与此相似。D 位一挡作用的执行元件是第一挡离合器和单向离合器。发动机的动力通过涡轮轴传到第一轴（顺时针），第三挡离合器和第四挡离合器未接合，第一轴第三挡齿轮、第一轴第四挡齿轮、第一轴倒挡齿轮处于空转状态，动力只通过第一轴惰轮（顺时针）传到中间轴惰轮（逆时针）。中间轴惰轮空套在中间轴上并不能驱动中间轴输出，而是驱动第二轴惰轮（顺时针），再驱动第二轴（顺时针）。第一挡离合器接合带动第二轴第一挡齿轮（顺时针），驱动中间轴第一挡齿轮（逆时针）。此时单向离合器锁止，中间轴第一挡齿轮（逆时针）使中间轴及输出齿轮将动力输出（逆时针），再驱动主减速器齿轮（顺时针）。

第五节　自动变速器的液压操纵系统

自动变速器的自动换挡是靠液压操纵系统来完成的。液压操纵系统由动力源、执行机构和控制机构、安全缓冲系统及冷却系统等组成。

动力源是由液力变矩器泵轮驱动的液压泵，它是整个液压控制系统的工作基础。液压泵的基本功用就是提供满足需求的油量和油压。它除了向执行机构供给压力油以实现换挡外，还给液力变矩器提供冷却补偿油，向行星齿轮变速器供应润滑油。

执行机构包括各离合器、制动器和单向离合器，前面已经介绍。

控制机构包括主油路调压阀、手动阀、换挡阀及锁止离合器控制阀等，集中安装在自动变速器的阀体上。

液压操纵系统的安全缓冲系统包括一些用于防止换挡冲击的蓄压器、单向阀等。

一、液压泵

液压泵是液压控制系统的动力源，其功用是产生一定压力和流量的ATF，供给液力变矩器、液压操纵系统和行星齿轮机构。

1. 齿轮泵

液压泵通常位于变矩器和行星齿轮变速器之间，由变矩器后毂驱动（参见图4-12），和发动机曲轴同步旋转，负责向液压控制系统提供动力源。自动变速器液压泵有三种类型：内啮合齿轮泵（简称为齿轮泵）、摆线转子泵及叶片泵。常见的液压泵为内啮合齿轮泵，其结构、原理如图4-47所示。

齿轮泵工作时，在吸油腔由于主动轮和从动轮不断退出啮合，容积不断增大，形成局部真空，自动变速器油经油液滤清器和齿轮泵进油口被吸入，且随着齿轮的旋转，齿间的自动变速器油被带到压油腔，随着主动轮、从动轮不断啮合，容积不断减小，形成齿轮泵油压从出油口排出。

出厂时，齿轮泵齿隙必须小于0.15mm，齿轮和泵壳间隙必须小于0.04mm；齿轮泵齿隙超过0.25mm，齿轮和泵壳间隙超过0.08mm，会造成主油压过低，必须更换。

2. 检修

在自动变速器检修时针对齿轮泵检测的主要项目是齿轮泵零件的检修。用厚薄规分别测量齿轮泵从动齿轮外圆与油泵壳体之间的间隙、主动齿轮及从动齿轮的齿顶与月牙板之间的间隙、主动齿轮及从动齿轮端面与泵壳平面的端隙，应符合技术标准（参见表4-4），否则更换齿轮、泵壳或齿轮泵总成。

表4-4　丰田A341E和A342E液压泵齿轮间隙　　　　　　　　　　　　　　　　mm

项　目	标准间隙	最大间隙
从动齿轮与壳体间隙	0.07~0.15	0.3
齿顶与月牙板的间隙	0.11~0.14	0.3
齿轮端隙	0.02~0.05	0.1

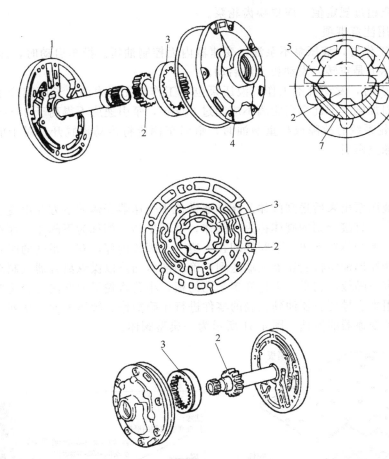

图 4-47 内啮合齿轮泵的结构、原理
1—泵盖；2—主动齿轮；3—从动齿轮；4—壳体；5—进油腔；6—出油腔；7—月牙板

(1) 从动齿轮与泵体之间的间隙检查 如图 4-48 所示，用厚薄规测量从动齿轮与泵体之间的间隙。

(2) 从动齿轮齿顶与月牙板之间的间隙 如图 4-49 所示，用厚薄规测量从动齿轮齿顶与月牙板之间的间隙。

(3) 主动齿轮与从动齿轮的侧隙 如图 4-50 所示，用直尺和厚薄规测量主动齿轮与从动齿轮的侧隙。

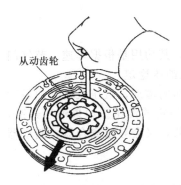

图 4-48 用厚薄规测量从动齿轮与泵体之间的间隙

图 4-49 用厚薄规测量从动齿轮齿顶与月牙板之间的间隙

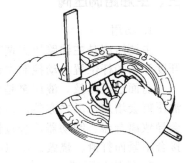

图 4-50 用直尺和厚薄规测量主动齿轮与从动齿轮的侧隙

如果工作间隙超过规定值，应更换齿轮泵。

3. 液压泵使用注意事项

① 发动机不工作时，液压泵不泵油，变速器内无控制油压。推车启动时，即使 D 位或 R 位，输出轴实际上是空转，发动机无法启动。

② 车辆被牵引时，发动机不工作，液压泵也不工作，无压力油。长距离牵引，齿轮系统无润滑油，磨损加剧。因此牵引距离不应超过 80km，牵引速度不得高于 30～50km/h。

③ 变速器齿轮系统有故障或严重漏油时，牵引车辆应将传动轴脱开。对于前轮驱动的汽车，应将前轮悬空牵引。

二、阀体

变速器油从液压泵出来后送到阀体。阀体通常位于变速器壳体的下方并由变速器油底壳盖着。打开油底壳，直接看到的阀体称为上阀体，看不见的一侧称为下阀体。而在使用中两者位置正好相反，上阀体在下边，下阀体却在上边。在阀体内部，有一系列的阀和蛇形油路或小的油道。这些蛇形油路将变速器油输送到正确的液压油路以操纵离合器或制动器。上阀体与下阀体之间有一隔板，它是一个带许多小孔的板，小孔将蛇形油路内的变速器油输送到变速器壳中，还用来引导变速器油到正确的零件进行正确操作。阀体中的一系列阀、控制装置和弹簧控制自动变速器的换挡。图 4-51 所示为一典型阀体。

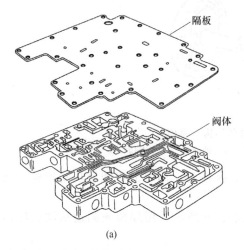
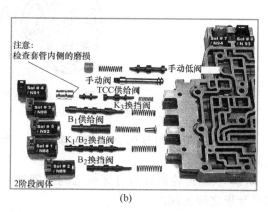

图 4-51 典型阀体

三、主油路调压阀

1. 功用

主调压阀是主油路压力调节阀的简称，也称为第一调压阀，其功用是根据车速、节气门开度和选挡杆位置自动控制主油压（管道压力），保证液压系统油压稳定。

前面已经提及，液压泵是由发动机驱动的，随着发动机转速的增加，液压泵输出油量和油压就会增加，反之亦然。但自动变速器的正常工作需要相对稳定的油压。如果油压过高，会导致离合器、制动器接合过快而出现换挡冲击。如果油压过低，又会导致离合器、制动器接合不紧而打滑、烧毁。所以必须要有油压调节装置。

2. 结构与原理

主调压阀的结构如图 4-52 所示。当发动机转速增加，液压泵输出油压会升高，作用在阶梯滑阀阀体上部 A 处的油压升高，使阀体向下移动，回油通道的截面积增大，从泄油口排出的油液增加，使主油压下降；反之，阀体向上移动，主油压升高。

当发动机负荷（节气门开度）增加，由于传递的转矩增加，所以需要较大的油压才能保证离合器、制动器的正常工作。此时，随着节气门开度的增加，作用在阶梯滑阀阀体上部 A 处的油压会降低，使阀体向上移动，使主油压升高。

当选挡杆置于"R"时，来自手动阀的主油压从 B 处进入滑阀下端，使阀体受到向上力的作用，阀体向上移动，主油压升高，满足倒挡较大传动比的要求。

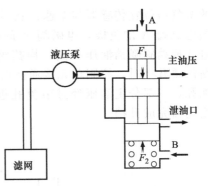

图 4-52　阶梯滑阀式主油路调压阀的结构与原理

四、换挡阀组

换挡阀组根据换挡信号系统提供的信号，控制自动变速器中液压操纵油路的方向，由此决定不同的挡位。换挡阀组主要由手动阀和换挡阀组成。

1. 手动阀

手动阀是安装于控制系统阀板总成中的多路换向阀，由驾驶室内的自动变速器操纵手柄控制。其作用是根据变速杆位置的不同依次将管路压力油导入相应各挡油路。

图 4-53 所示为手动阀工作原理，在阀体上有多条油道，一条进油道与液压泵主油路相连，其余为出油道，分别通至"D"、"S"、"L"、"P"和"R"挡位的相应滑阀或直接通往换挡执行元件。

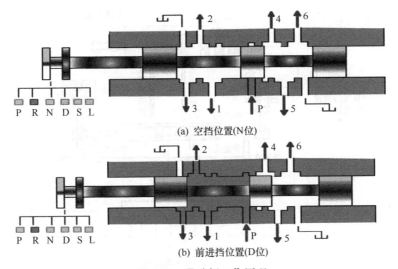

图 4-53　手动阀工作原理

P—主油路；1—前进挡油路；2—二挡油路；3—高挡油路；4—手动二挡油路；
5—手动低挡油路；6—倒挡油路

2. 换挡阀

电控自动变速器的升降挡由节气门位置传感器和车速传感器向变速器控制单元提供发动机负荷和车速信号，控制单元通过换挡电磁阀的工作油压操纵换挡阀实现换挡。在"D"位时变速器控制单元根据节气门位置传感器和车速传感器的信号（负荷大降挡，车速高升挡），通过换挡电磁阀进行升降挡控制。

换挡电磁阀对控制阀中的换挡阀进行升降挡的控制见图 4-54。控制单元根据接收到的节气门位置传感器与车速传感器信号,当通过分析判断需要降挡时,控制单元接通换挡电磁阀 A 的负极,电磁阀 A 的柱塞向下移动,堵住泄油孔,一部分主油压经过节流孔进入换挡阀降挡油压一侧,换挡阀向低速挡一侧移动,变速器完成降挡。当通过分析判断需要升挡时,控制单元接通换挡电磁阀 B 的负极,电磁阀 B 的柱塞向下移动,堵住泄油孔,一部分主油压经过节流孔进入换挡阀升挡油压一侧,换挡阀向高速挡一侧移动,变速器完成升挡。

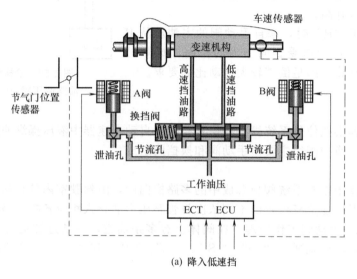

(a) 降入低速挡

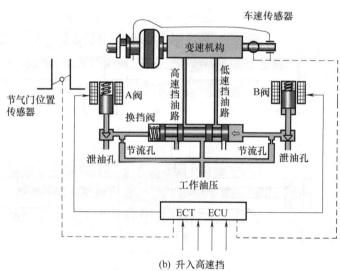

(b) 升入高速挡

图 4-54 换挡电磁阀对控制阀中的换挡阀进行升降挡的控制

换挡阀的数量比前进挡的数量少一个,四速自动变速器有三个换挡阀。即 1-2 换挡阀、2-3 换挡阀和 3-4 换挡阀。分别由三个换挡电磁阀来控制,并通过三个换挡阀之间油路的互锁作用实现四个挡位的变换。

五、变矩器锁止离合器控制阀

如前所述,变矩器在某些时候是通过锁止离合器锁止的,以提高传动效率。电控自动变速器的变矩器锁止离合器的工作是由 ECU 控制的。电脑按照设定的控制程序,利用一个电磁阀（称为锁止电磁阀）来操纵锁止离合器控制阀，实现锁止离合器的结合或分离。

一种电控式自动变速器的锁止电磁阀采用开关式电磁阀，主油路压力油经节流孔作用在锁止离合器控制阀的右端（见图4-55），锁止离合器控制阀的左端作用着弹簧力。当车速、节气门开度等因素未达到锁止条件时，锁止电磁阀不通电，电磁阀的排油孔开启，作用在锁止离合器控制阀右端的控制油压下降，使阀芯在弹簧的作用下处于右位，来自变矩器阀的压力油经锁止离合器控制阀同时作用在变矩器内锁止离合器活塞两侧，从而使锁止离合器处于分离状态［见图4-55（a）］。当车速、节气门开度等因素满足锁止条件时，电脑向锁止电磁阀发出信号，电磁阀排油孔关闭，作用在锁止离合器控制阀右端的控制油压上升，阀芯在右端控制油压的作用下左移，此时锁止离合器活塞右侧的变速器油经锁止离合器控制阀泄压，活塞左侧的变矩器油压将活塞压紧在变矩器壳体上，使锁止离合器处于接合状态［见图4-55（b）］。

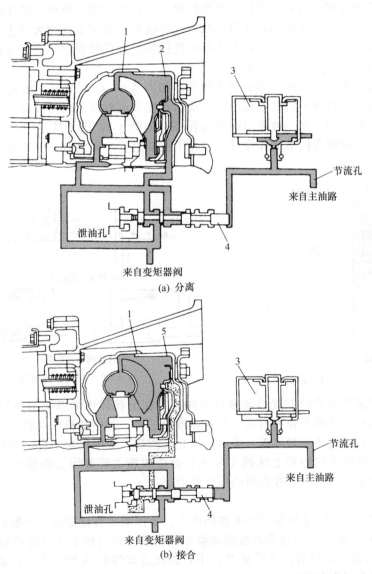

图 4-55 电控系统锁止离合器控制阀工作原理（开关式电磁阀）
1—变矩器；2—处于分离状态的锁止离合器；3—锁止电磁阀；
4—锁止离合器控制阀；5—处于接合状态的锁止离合器

六、安全缓冲系统

液压控制的安全缓冲系统是在换挡瞬间不降低压力情况下通过节流、分流和机械缓冲装置，使离合器和制动器接合速度放缓，避免发生换挡冲击。安全缓冲系统主要由蓄压器和液压阀组成。

1. 阀体中的球阀

阀体中间隔板两侧装有许多球阀，这些球阀按作用不同，分为离合器和制动器的工作油路限压阀，防止换挡冲击的单向节流球阀等。

（1）工作油路限压阀　图4-56所示为一个单向球阀，是离合器和制动器的工作油路限压阀。其作用是负责保持离合器或制动器液压缸中的主油压，防止自动变速器油在压力较低时流回油底壳，当自动变速器油超过设定压力时，球阀打开泄油。

（2）单向节流球阀　布置在换挡阀至换挡执行元件之间的油路中，其作用是对流向换挡执行元件的液压油产生节流作用，在换挡执行元件接合时延缓油压增大的速率，以减小换挡冲击。在换挡执行元件分离时，单向节流阀对换挡执行元件的泄油不产生节流作用，以加快泄油过程，使换挡执行元件迅速分离。

单向节流阀有两种：一种是弹簧节流阀式，如图4-57（a）所示，在充油时，节流阀关闭，液压油只能从节流阀中的节流孔通过，从而产生节流效应，在回油时，液压油将节流阀推开，节流孔不起作用，另一种是球阀节流孔式，如图4-57（b）所示，在充油时，球阀关闭，液压油只能从球阀旁的节流孔经过，减缓了充油过程，回油时，球阀开启，加快了回油过程。

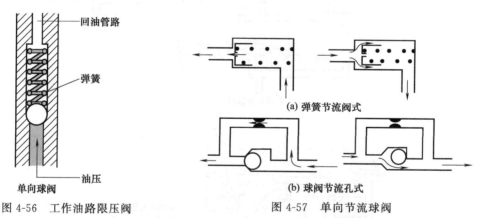

图4-56　工作油路限压阀　　　图4-57　单向节流球阀

不同自动变速器的单向节流球阀数量不同，装在上阀体中的单向节流球阀没有回位弹簧。单向节流球阀从材料上分为钢质、塑料和橡胶三种，其中塑料球阀容易破坏铝制中间隔板阀孔的密封性，上阀体中间隔板上单向球阀孔失圆后，会因密封不良，油液流速过快，造成换挡冲击，下阀体中间隔板上球阀孔失圆后会造成施力装置因工作油压不够，而产生打滑，严重时与之相通的施力装置会因油压过低而退出。

2. 蓄压器

自动变速器中也常用蓄压器来缓冲换挡冲击。蓄压器也称储能器，一般由蓄压器活塞和弹簧组成（见图4-58），它与离合器或制动器并联安装。压力油进入离合器或制动器活塞工作腔A的同时也进入蓄压器，将活塞B压下，以此方式降低A腔的压力，防止离合器片或制动器片快速接合时引起的冲击。

图4-59所示为一自动变速器中所备有的三个蓄压器，分别与三个前进挡换挡执行元件的油路相通，对应于各挡动作时起作用。当变速器换挡时，主油路在进入离合器等换挡执行

元件的同时也进入蓄压器的活塞下部。在压力油通入执行元件的初期，油压不是很高，主要作用是消除离合器、制动器这些执行元件摩擦片间的间隙，使其开始接合。此后，压力迅速增大，若没有蓄压器，摩擦片将在瞬间接合并被加载，从而造成较大的换挡冲击。有蓄压器以后，情况就不一样了，油压的升高使蓄压器活塞克服弹簧力上升，容积增大，油路中部分压力油进入蓄压器工作腔，延长了换挡执行元件液压缸的充油时间，油压的增长速度减缓，摩擦片逐渐接合，因而减小了换挡冲击。

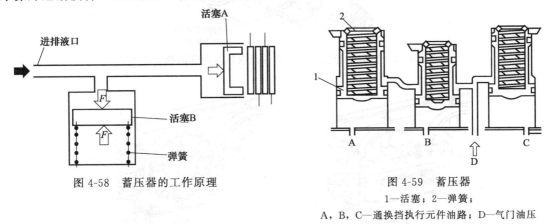

图 4-58　蓄压器的工作原理

图 4-59　蓄压器
1—活塞；2—弹簧；
A，B，C—通换挡执行元件油路；D—气门油压

七、冷却滤油系统

变速器的离合器产生摩擦，会增加变速器油的温度。如果变速器油温升得太高，其润滑性能会降低，并且变速器会损坏。为了克服这些问题，变速器油通过油冷却器进行冷却。

冷却滤油系统包括油底壳、滤清器、散热器及外部输油管路等。油底壳和滤清器的布置如图 4-60 所示。冷却滤油系统的功用是滤除自动变速器油中的杂质、金属颗粒和摩擦产物，保持油液清洁，防止阀件卡滞或堵塞及整个自动变速器过早磨损，并保持自动变速器油在正常的温度范围。图 4-61 所示的方法是将变速器油送到散热器内部的热交换器冷却（变速器油的工作温度比发动机冷却液的温度高出大约 5～7℃）。发动机冷却液吸收自动变速器油的热量以冷却 ATF 油。热负荷较大的车辆也可以在散热器的前方装一个 ATF 油辅助外部冷却器。如图 4-62 所示，既有散热器内部的热交换器，又有辅助外部冷却器。

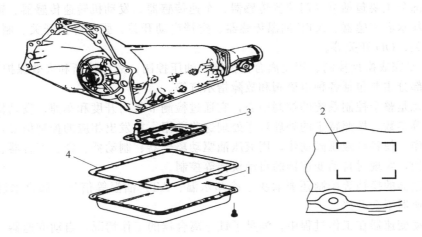

图 4-60　自动变速的油底壳及滤清器
1—磁铁；2—油底壳上用来安放磁铁的凹槽；3—滤清器；4—油底壳密封垫

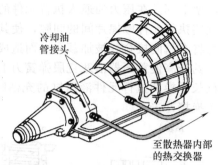

图 4-61 冷却油管引导变速器油至散热器内部的热交换器

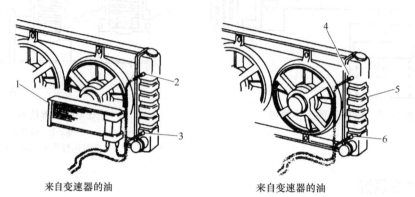

图 4-62 用于 ATF 油冷却的外部热交换器的两种形式
1—辅助外部冷却器;2,4—进油口接头;3,6—出油口接头;5—内部热交换器

第六节 自动变速器的电子控制系统

一、概述

自动变速器的电子控制系统包括传感器、电控单元(ECU)和执行器三部分,其组成框图如图 4-63 所示。

传感器部分主要包括节气门位置传感器、车速传感器、发动机转速传感器、输入轴转速传感器、冷却水温传感器、ATF 油温传感器、空挡启动开关、强制降挡开关、制动灯开关、模式选择开关、OD 开关等。

ECU 主要完成换挡控制、锁止离合器控制、油压控制、故障诊断和失效保护等功能。

执行器部分主要包括各种电磁阀和故障指示灯等。

电控单元是整个控制系统的控制中心,它通过检测节气门开度和车速、发动机转速、控制开关信号等参数,按照特定的处理程序处理这些数据,并发出相应的控制信号,控制各种电磁阀的工作,使各种液压阀动作,用液压油驱动离合器、制动器、锁止离合器、单向离合器等执行机构,实现对自动变速器的自动换挡等控制。

自动变速器的换挡等控制还要取决于冷却水温、ATF 油温等信号。如果水温、油温过低,自动变速器不会升挡。

如果自动变速器在工作过程中,满足了锁止离合器的工作情况,自动变速器电脑就会给锁止离合器(TCC)电磁阀通电,切换油路使锁止离合器工作。

在换挡过程中,为了防止换挡冲击,自动变速器还会通过电磁阀控制换挡油压。

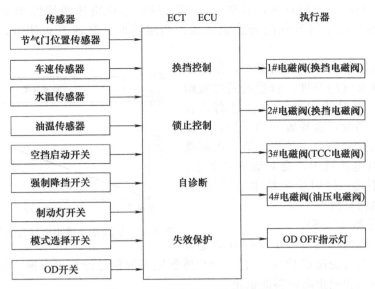

图 4-63　电子控制系统组成框图

自动变速器 ECU 具有自诊断功能，如果电子控制系统出现故障，电脑会将故障码存储在存储器中，以便读取；另外电脑还会点亮 OD OFF 指示灯（或故障指示灯）提示自动变速器出现故障，并可通过 OD OFF 指示灯的闪烁读取故障码。

如果自动变速器出现故障，除了 OD OFF 灯会点亮，一般自动变速器还会锁挡，即自动变速器不会升挡也不会降挡，锁挡一定有故障码。

二、传感器

1. 节气门位置传感器（TPS）

（1）功用　节气门位置传感器安装在节气门体上，用于检测节气门开度的大小，并将数据传送给电脑，电脑根据此信号判断发动机负荷，从而控制自动变速器的换挡、调节主油压和对锁止离合器进行控制。节气门位置信号相当于液控自动变速器中的节气门油压。

（2）结构、原理　一般是采用线性输出型节气门位置传感器，也称可变电阻式传感器，其结构、原理如图 4-64 所示，实际上是一个滑动变阻器，E 是搭铁端子，IDL 是怠速端子，V_{TA} 是节气门开度信号端子，V_C 是 ECU 供电端子，电脑提供恒定 5V 电压。当节气门开

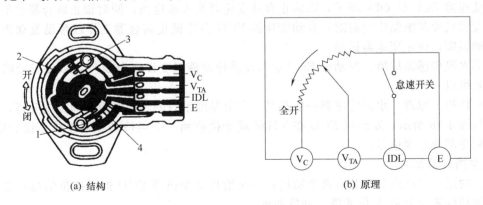

(a) 结构　　　　　　　　　　　(b) 原理

图 4-64　节气门位置传感器的结构、原理

1—怠速信号触点；2—电阻器；3—节气门开度信号触点；4—绝缘体

度增加，节气门开度信号触点逆时针转动，VT_A 端子输出电压也线性增大。如图 4-65 所示，VT_A 端子输出电压与节气门开度成正比。当怠速时，怠速开关闭合，IDL 端子电压为 0V。

由于滑动电阻中间部分容易磨损，使其阻值无法正确反映节气门开度，测量电阻时欧姆表会产生波动，同时输出电压也会过高或过低。当输出电压高时，会导致升挡滞后，不能升入超速挡；同时会导致主油压过高，出现换挡冲击。当输出电压低时，会导致升挡提前，汽车行驶动力不足；同时会导致主油压过低，使离合器、制动器打滑。

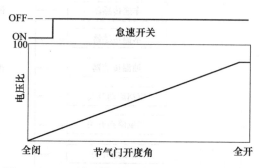

图 4-65　VT_A 端子输出电压与节气门开度的关系

2. 车速传感器（VSS）

（1）功用　车速传感器用于检测自动变速器输出轴转速，自动变速器 ECU 根据车速传感器输入的信号计算出车速，并以此信号控制自动变速器的换挡和锁止离合器的锁止。

（2）类型　常见的车速传感器有电磁式、舌簧开关式、光电式三种。一般自动变速器装有两个车速传感器，分为 1 号和 2 号传感器。2 号车速传感器一般为电磁式的，它装在变速器输出轴附近的壳体上，为主车速传感器，1 号车速传感器一般为舌簧开关式的，为副车速传感器，它装在车速表的转子附近，负责车速的传输，它同时也是 2 号车速传感器的备用件，当 2 号车速传感器失效后，由 1 号车速传感器代替工作。

3. 输入轴转速传感器

对于轿车自动变速器，一般在机械变速器输入轴附近的壳体上装有检测输入轴转速的输入轴转速传感器。该传感器一般也是采用电磁式，其结构、原理及检测与车速传感器一样。

自动变速器 ECU 根据输入轴转速传感器的信号可以更精确地控制换挡。另外，ECU 还可以把该信号与发动机转速信号进行比较，计算出变矩器的转速比，使主油压和锁止离合器的控制得到优化，以改善换挡性能并提高行驶性能。

4. 水温传感器

（1）功用　水温传感器的信号不仅用于发动机的控制，还用于自动变速器的控制。如图 4-66 所示，当发动机冷却液温度低于设定温度（如 60℃）时，发动机 ECU 会发送一个信号给自动变速器 ECU 的 OD_1 端子，以防止自动变速器换入超速挡，同时锁止离合器也不能工作。当发动机冷却液温度过高时，自动变速器 ECU 会让锁止离合器工作以帮助发动机降低冷却液的温度，防止变速器过热。

如果水温传感器故障，发动机 ECU 会自动将冷却液温度设定为 80℃，以便发动机和自动变速器可以工作。

（2）结构、原理　水温传感器一般都是一个负温度系数的热敏电阻，即温度升高，电阻下降。如图 4-66 所示，发动机 ECU 在 THW 端子接收到一个与冷却液温度成正比的电压，从而得到冷却液温度信号。

5. 空挡启动开关

（1）功用　空挡启动开关有两个功用：一是给自动变速器 ECU 提供挡位信息；二是保证只有选挡杆置于 P 或 N 位才能启动发动机。

（2）结构、原理　如图 4-67 所示，当选挡杆置于不同的挡位时，仪表盘上相应的挡位指示灯会点亮。当 ECU 的端子 N、2 或 L 与端子 E 接通时，ECU 便分别确定变速器位于

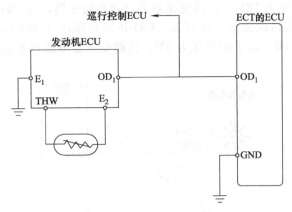

图 4-66 水温传感器线路

N、2 或 L 位；否则，ECU 便确定变速器位于 D 位。只有当选挡杆置于 P 或 N 位时，端子 B 与 NB 接通，才能给启动机通电，使发动机启动。

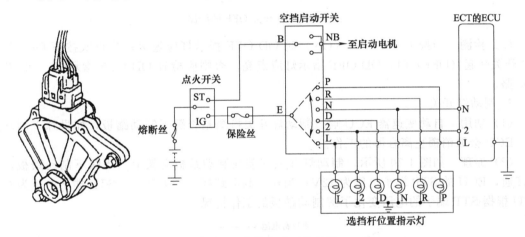

图 4-67 空挡启动开关线路

6. OD 开关

(1) 功用　OD 开关（超速挡开关）一般安装在选挡杆上，由驾驶员操作控制，可以使自动变速器有或没有超速挡。

(2) 原理　如图 4-68 所示，当按下 OD 开关（ON），OD 开关的触点实际为断开，此时

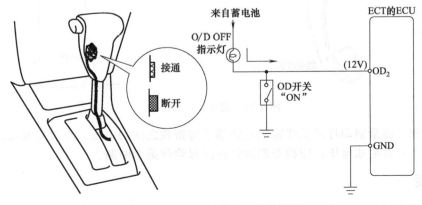

图 4-68 OD 开关 ON 的线路

ECU 的 OD_2 端子的电压为 12V，自动变速器可以升至超速挡，且 OD OFF 指示灯不亮。

如图 4-69 所示，当再次按下 OD 开关，OD 开关会弹起（OFF），OD 开关的触点实际为闭合，此时 ECU 的 OD_2 端子的电压为 0V，自动变速器不能升至超速挡，且 OD OFF 指示灯点亮。

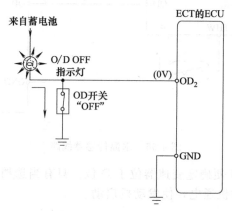

图 4-69　OD 开关 OFF 的线路

（3）检测　当按下 OD 开关（ON）时 OD OFF 指示灯应熄灭；当再次按下 OD 开关，OD 开关弹起（OFF）时，OD OFF 指示灯应点亮。否则应检查 OD OFF 指示灯、OD 开关及线路。

7．制动灯开关

（1）功用　自动变速器 ECU 通过制动灯开关检测是否踩下制动踏板，如果踩下制动踏板，ECU 会取消锁止离合器的工作。

（2）原理　如图 4-70 所示，制动灯开关安装在制动踏板支架上。当踩下制动踏板，开关接通，ECU 的 STP 端子电压为 12V；当松开制动踏板，开关断开，STP 端子电压为 0V。ECU 根据 STP 端子的电压变化了解制动踏板的工作情况。

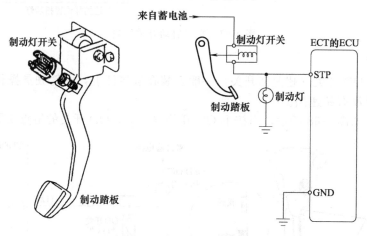

图 4-70　制动灯开关线路

（3）检测　测量制动灯开关线路的电源端子与搭铁之间的电压，在没有制动时应为蓄电池电压。若不是蓄电池电压，应检查制动灯线路保险丝是否断路。

三、执行器

电子控制系统的执行器主要指电磁阀和故障指示灯，这里只介绍电磁阀。

1. 分类

电磁阀根据功能的不同可以分为换挡电磁阀、锁止离合器电磁阀和油压电磁阀。根据工作原理的不同可以分为开关式电磁阀和占空比式（脉冲线性式）电磁阀。不同的自动变速器使用的电磁阀数量不同，一般为 3～8 个。例如，上海通用的 4T65-E 自动变速器电控系统有 4 个电磁阀，其中 2 个是换挡电磁阀、1 个是油压电磁阀、1 个是锁止离合器电磁阀，而一汽大众的 01N 自动变速器电控系统则采用 7 个电磁阀。

绝大多数换挡电磁阀是采用开关式电磁阀，油压电磁阀是采用占空比式电磁阀，而锁止离合器电磁阀采用开关式的和占空比式的都有。

2. 开关式电磁阀

（1）功用　开关式电磁阀的功用是开启或关闭液压油路，通常用于控制换挡阀和部分车型锁止离合器的工作。

（2）结构、原理　开关式电磁阀由电磁线圈、衔铁、阀芯等组成，如图 4-71 所示。当电磁阀通电时，在电磁吸力作用下衔铁和阀芯下移，关闭泄油口，主油压供给到控制油路。当电磁阀断电时，在回位弹簧的作用下衔铁和阀芯上移，打开泄油口，主油压被泄掉，控制油路压力很小。

（3）电控换挡阀的工作原理　图 4-72 所示为换挡电磁阀控制换挡阀的工作原理。当换挡电磁阀断电时，阀芯及球阀在回位弹簧作用下升起，主油压不能到达换挡阀的左侧，则换挡阀处于左端位置，主油压经过换挡阀给换挡执行元件供油，得到相应的挡位，如图 4-72（a）所示。当换挡电磁阀通电时，电磁吸力使阀芯及球阀下移，主油压经过换挡电磁阀到达换挡阀的左侧，换挡阀右移，主油压到达换挡阀后被截止，不能给换挡执行元件供油，得到另外的挡位，如图 4-72（b）所示。

3. 脉冲线性式电磁阀

脉冲线性式电磁阀的结构与电磁式相似，也是由电磁线圈、衔铁、阀芯或滑阀等组成，如图 4-73 所示。它通常用来控制油路中的油压。当电磁线圈通电时，电磁力使阀芯或滑阀开启，液压油经泄油孔排出，油路压力随之下降。当电磁线圈断电时，阀芯或滑阀在弹簧弹力的作用下将泄油孔关闭，使油路压力上升。和开关式电磁阀的不同之处在于脉冲线性式电磁阀的电压信号是一个固定频率的脉冲信号。电磁阀在脉冲电信号的作用下不断反复地开启和关闭泄油孔，ECU 通过改变每个脉冲周期内电流接通和断开的时间比率

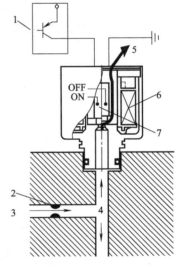

图 4-71　开关式电磁阀

1—ECU；2—节流口；3—主油路；
4—控制油路；5—泄油口；
6—电磁线圈；7—衔铁和阀芯

（即占空比，变化范围为 0%～100%），改变电磁阀开启和关闭时间的比率，来控制油路的压力。占空比越大，经电磁阀泄出的液压油越多，油路压力就越低；反之，占空比越小，油路压力就越高。

脉冲线性式电磁阀一般安装在主油路或蓄压器背压油路上，ECU 通过这种电磁阀在自动变速器升挡或降挡的瞬间使油压下降，进一步减少换挡冲击，使挡位的变换更加平顺。

四、电子控制单元

电子控制单元英文缩写为 ECU。自动变速器 ECU 具有换挡控制、锁止离合器控制、换挡平顺性控制、故障诊断、失效保护等功能。

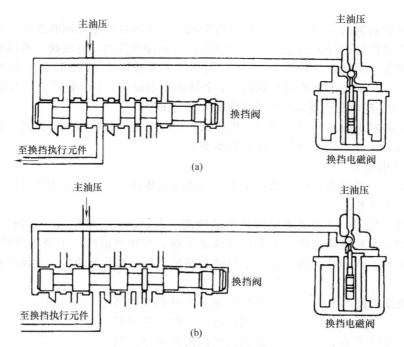

图 4-72 电控换挡阀的工作原理

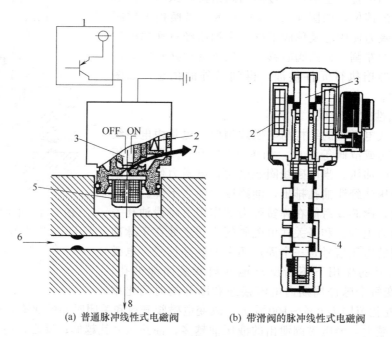

图 4-73 脉冲线性式电磁阀
1—ECU；2—电磁线圈；3—衔铁和阀芯；4—滑阀；5—滤网；
6—主油道；7—泄油孔；8—控制油道

1. 换挡控制

自动变速器换挡时刻的控制是 ECU 最重要的控制内容之一。汽车在某个特定工况下都有一个与之对应的最佳换挡时刻，使汽车发挥出最好的动力性和经济性。汽车行驶过程中，自动变速器 ECU 根据模式选择开关信号、节气门开度信号、车速信号等参数来打开或关闭换挡电磁阀,从而打开或关闭通往离合器、制动器的油路,使变速器升挡或降挡。

图 4-74 所示为常见四挡自动变速器的自动换挡图,具有如下特点。

① 随着节气门开度增加,升挡或降挡车速增加。以 2 挡升 3 挡为例,当节气门开度为 2/8 时,升挡车速为 35km/h,降挡车速为 12km/h;当节气门开度为 4/8 时,升挡车速为 50km/h,降挡车速为 25km/h。在实际的换挡操作过程中,可以采用"收油门"的方法来快速升挡。

② 升挡车速高于降挡车速,以免自动变速器在某一车速附近频繁升挡、降挡而加速自动变速器的磨损。

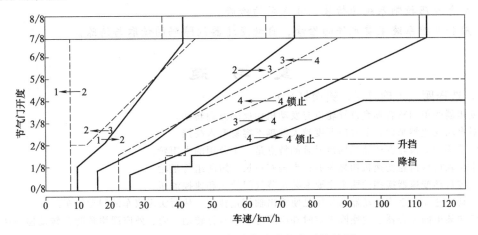

图 4-74　常见四挡自动变速器的自动换挡图

2. 锁止离合器控制

自动变速器 ECU 将各种行驶模式下锁止离合器的工作方式编程存入存储器,然后根据各种输入信号,控制锁止离合器电磁阀的通、断电,从而控制锁止离合器的工作。

3. 换挡平顺性控制

自动变速器改善换挡平顺性的方法有换挡油压控制、减少转矩控制和 N-D 换挡控制。

(1) 换挡油压控制　自动变速器在升挡和降挡的瞬间,ECU 会通过油压电磁阀适当降低主油压,以减少换挡冲击,改善换挡性能。也有的自动变速器是在换挡时通过电磁阀来减小蓄能器背压,以减缓离合器或制动器油压的增长率,来减少换挡冲击。

(2) 减少转矩控制　在自动变速器换挡的瞬间,通过推迟发动机点火时刻或减少喷油量,减少发动机输出转矩,以减少换挡冲击和输出轴的转矩波动。

(3) N-D 换挡控制　当选挡杆由 P 位或 N 位置于 D 位或 R 位时,或由 D 位或 R 位置于 P 位或 N 位时,通过调整喷油量,把发动机转速的变化减少到最小限度,以改善换挡平顺性。

4. 故障自诊断

电控自动变速器 ECU 具有内置的自我诊断系统,它不断监控各传感器、信号开关、电磁阀及其线路,当有故障时,ECU 使 OD OFF 指示灯闪烁,以提醒驾驶员或维修人员;并将故障内容以故障码的形式存储在存储器中,以便维修人员采用人工或仪器的方式读取故障码。

当故障排除后,OD OFF 指示灯将停止闪烁,不过故障码仍然会保留在 ECU 存储器中。

当 OD 开关 ON 时(OD 开关断开),如果有故障,OD OFF 指示灯将点亮而不是闪烁。

注意:不同的自动变速器,故障指示灯不同。如丰田车系采用 OD OFF,通用车系采用 Service Engine Soon 指示灯,本田车系采用 D4 指示灯。

5. 失效保护

当自动变速器出现故障时，为了尽可能使自动变速器保持最基本的工作能力，以维持汽车行驶，便于汽车进厂维修，电控自动变速器 ECU 都具有失效保护功能。

【认证链接】

汽车维修工取证，汽车自动变速器部分技能要求：
1. 应会自动变速器选挡杆使用。
2. 应会正确检修液力变矩器。
3. 应会辛普森行星齿轮变速器的检修和简单故障诊断与排除。
4. 应会液压控制系统的拆装、液压泵的检修。
5. 应会电控系统主要元件的检修、自动变速器故障码的读取与清除。

复 习 题

一、选择题（正确打√、错误打×）

1. 变矩器的单向离合器允许导轮以与发动机相反的方向转动。（　）
2. 对自动变速器来说，节气门开度越大就越不容易升入高挡。（　）
3. 纳威挪行星齿轮变速器机构最显著的特点是一个公用的太阳轮。（　）
4. 辛普森行星齿轮变速机构显著的特点是有一长一短两组行星轮。（　）
5. 电控自动变速器换挡的两个主要参数是节气门油压和速控油压。（　）
6. 自动变速器中带式制动器的作用是使输出轴停止转动，从而实现汽车的制动停车。（　）
7. 已知某单向离合器在内座圈固定时外座圈可以顺时针转动，内、外座圈均顺时针转动但内座圈较快则锁止。（　）
8. 节气门开度不变时，汽车升挡和降挡时刻完全取决于车速。（　）
9. 泵轮与变矩器的壳体是刚性连接的。（　）
10. 液力变矩器可以在一定范围内无级地改变转矩和传动比。（　）
11. 发动机不工作时，液压泵不泵油，变速器内无控制油压。（　）
12. 当选挡杆置于前进挡位时，手控阀除了将主油路压力油直接送入前进离合器之外，还将主油路压力油送入各换挡阀。（　）
13. 节气门开度越大，汽车升挡的车速越高。（　）
14. 行星架制动，太阳轮输入，齿圈输出时为减速传动的情况。（　）
15. 发动机不工作时，液压泵不泵油，但变速器内有控制油压。（　）
16. 自动变速器在 1 挡能产生发动机制动作用。（　）

二、填空题

1. 自动变速器液压操纵系统通常由（　）、（　）、（　）及（　）等部分组成。
2. 液控自动变速器变矩器锁止离合器接合的条件是（　）。
3. 自动变速器与发动机之间的连接，可以称为（　）。
4. 由变矩器毂驱动的液压泵，只要（　）工作，液压泵就开始工作。
5. 复合式行星齿轮机构主要有（　）和（　）两种。
6. 自动变速器常用的液压泵结构类型有（　）、（　）等。
7. 电控自动变速器的换挡信号是（　）和（　）。
8. 具有四个前进挡的自动变速器有七个预选挡位，分别是（　）、（　）、（　）、（　）、（　）、（　）、（　）。
9. 单排行星齿轮机构的三个基本元件是（　）、（　）及（　）。
10. 行星齿轮变速器的换挡执行元件包括（　）、（　）及（　）。
11. 液力机械自动变速器的电子控制系统由（　）、（　）和（　）三个部分构成。

三、问答题

1. 变矩器是怎样将发动机的动力传递到变速器输入轴的？

2. 变矩器的导轮上为什么要安装单向离合器？
3. 液控自动变速器由哪几部分组成？简要说明各部分的功能。
4. 说明四挡纳威挪行星齿轮变速器各挡动力传动路线。
5. 说明液力变矩器常见单向离合器的结构、功用和工作原理。
6. 四挡辛普森行星齿轮变速器是怎样实现超速挡控制的？

第五章　万向传动装置

【学习目标】
1. 了解万向传动装置的组成和功能及在汽车上的应用。
2. 熟悉常见万向节的结构、工作原理及其特点和应用。
3. 了解传动轴的类型及构造特点。
4. 了解中间支承的类型与结构。
5. 掌握万向传动装置的检测。
6. 掌握传动轴和中间支承的检修。
7. 掌握万向传动装置的故障诊断与维修。

第一节　认识万向传动装置

万向节即万向接头，是实现变角度动力传递的部件。万向节与传动轴组合，称为万向传动装置。

一、万向传动装置的功用和组成

1. 功用

万向传动装置在汽车上有很多应用，结构也稍有不同，但其功用都是一样的，即在轴线相交且相互位置经常发生变化的两转轴之间传递动力。

图 5-1 所示为在汽车中最常见的应用，位于变速器与驱动桥之间的万向传动装置。由于汽车布置、设计等原因，变速器输出轴和驱动桥输入轴不可能在同一轴线上，并且变速器虽然是安装在车架（车身）上，可以认为位置是不动的，但驱动桥会由于悬架的变形而引起其位置经常发生变化，所以在变速器和驱动桥之间装有万向传动装置正好可以满足这些使用、设计的要求。

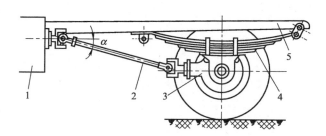

图 5-1　变速器与驱动桥之间的万向传动装置
1—变速器；2—万向传动装置；3—驱动桥；4—后悬架；5—车架

2. 组成

万向传动装置主要包括万向节和传动轴，对于传动距离较远的分段式传动轴，为了提高传动轴的刚度，还设置有中间支承，如图 5-2 所示。

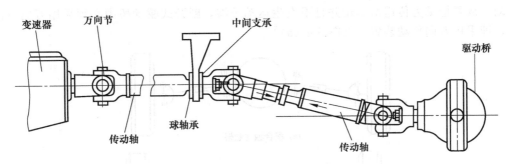

图 5-2 万向传动装置的组成

二、万向传动装置在汽车上的应用

1. 变速器与驱动桥之间

在发动机前置后驱的汽车上，变速器与发动机、离合器连在一起安装在车架上，而驱动桥则通过弹性悬架与车架连接。汽车行驶过程中，弹性悬架受路面冲击而产生振动，使变速器输出轴和驱动桥输入轴的相对位置经常变化，如图 5-1 所示。因此，在变速器的输出轴与驱动桥的输入轴之间不可以直接刚性连接，而必须采用一般由两个万向节和一根传动轴组成的万向传动装置。

在变速器与驱动桥距离较远的情况下，可将传动轴分成两段，即采用主传动轴和中间传动轴与三个万向节，且中间传动轴后端设置了中间支承，如图 5-2 所示，这样可以避免因传动轴过长而产生自振频率降低，高转速下产生共振；同时提高了传动轴的临界转速和工作可靠性。

2. 变速器与分动器之间及分动器与驱动桥之间

越野汽车中，当变速器与分动器分开布置时，在变速器与分动器及分动器与驱动桥之间也常设万向传动装置，如图 5-3 所示。

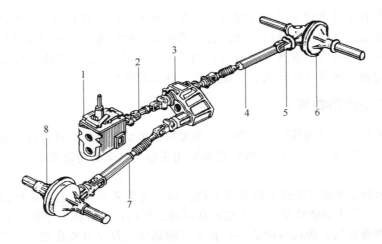

图 5-3 变速器、分动器和驱动桥之间的万向传动装置
1—变速器；2—中间传动轴；3—分动器；4—主传动轴；5—十字轴万向节；
6—驱动桥；7—前桥传动轴；8—转向前驱动桥

3. 断开式驱动桥中的半轴

在断开式驱动桥中，当驱动轮采用独立悬架时，两侧的驱动轮分别通过弹性悬架与车架相连，而主减速器壳固定在车架上。当汽车行驶过程时两侧车轮可彼此独立地相对于车架上下跳动，故要把动力传递给车轮并且不发生运动干涉，断开式驱动桥中必须采用万向节铰接半轴，即采用万向传动装置［见图5-4（a）］。

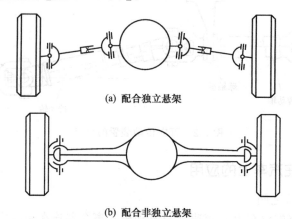

(a) 配合独立悬架

(b) 配合非独立悬架

图 5-4 转向驱动桥中的万向传动装置

4. 转向驱动桥中的半轴

在转向驱动桥中，前轮既是转向轮又是驱动轮。作为转向轮，要求它能在最大转角范围内任意偏转某一角度；作为驱动轮，则要求半轴在车轮偏转过程中能不断地把动力从主减速器传到车轮。因此转向驱动桥的半轴不能做成整体而要分段，且用万向节连接，以适应汽车行驶时半轴各段的交角不断变化的需要，如图5-4所示。

万向传动装置除应用于汽车传动系外，还可应用于汽车转向操纵机构、动力输出装置等。

第二节 万 向 节

万向节按其在扭转方向上是否有明显的弹性可分为刚性万向节和挠性万向节。前者动力是靠刚性零件的铰链式连接传递的，而后者则靠弹性零件传递，且有缓冲减振作用。刚性万向节按速度特性又可分为不等速万向节（常用的为十字轴式）、准等速万向节（双联式、三销轴式等）和等速万向节（球笼式、三枢轴式、球叉式等）。

一、十字轴式刚性万向节

十字轴式刚性万向节因其结构简单，工作可靠，传动效率高，且允许相邻两传动轴之间有较大的交角（一般为15°～20°），故广泛地应用于各类汽车的传动系中。

1. 构造

图5-5所示为十字轴式刚性万向节的构造。两万向节叉5和9上的孔分别活套在十字轴7的两对轴颈上。当主动轴转动时，从动轴既可随之转动，又可绕十字轴中心在任意方向摆动。为了减小摩擦损失，提高传动效率，在十字轴轴颈与万向节叉孔之间装有滚针和套筒组成的滚针轴承，然后用螺钉和轴承盖将套筒固定在万向节叉上，并用锁片将螺钉锁紧。

通常十字轴内钻有油道，通过注油嘴注入润滑油，以润滑轴承。如图5-6所示，为避免润滑脂流出及尘垢进入轴承，十字轴轴颈的内端套装有油封。安全阀的作用是当十字轴内腔润滑油压力超过允许值时，阀打开润滑油外溢，使油封不会因油压过高而损坏。

十字轴式万向节的损坏是以十字轴轴颈和滚针轴承的磨损为标志的，因此润滑与密封直接影响万向节的使用寿命。为了提高密封性能，现代汽车十字轴式万向节中多采用橡胶油封，当油腔内油压大于允许值时，多余的润滑油便从橡胶油封内圆表面与十字轴轴颈接触处溢出，故在十字轴上不需要安装安全阀。

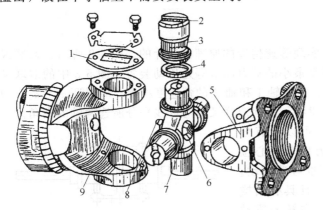

图 5-5 十字轴式刚性万向节
1—轴承盖；2—套筒；3—滚针；4—油封；5,9—万向节叉；
6—安全阀；7—十字轴；8—油嘴

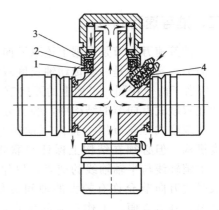

图 5-6 十字轴润滑油道及密封装置
1—油封挡盘；2—油封；3—油封座；
4—滑脂嘴

万向节中滚针轴承轴向定位方式有盖板式和内、外挡圈固定式，特点是工作可靠、零件少、结构简单。

2. 十字轴式刚性万向节的速度特性

单个十字轴式刚性万向节在输入轴和输出轴有夹角的情况下，如果主动轴以等角速转动，而从动轴则是时快时慢，此即单个十字轴万向节在有夹角时传动的不等速性。值得注意的是，传动的不等速性是指从动轴在一周中角速度不均匀而言，而主、从动轴的平均转速是相等的，即主动轴转过一周从动轴也转过一周。

单万向节传动的不等速性，将使从动轴及与其相连的传动部件产生扭转振动，从而产生附加的交变载荷及振动噪声，影响部件寿命。所以可以采用如图5-7所示的双十字轴刚性万向节的传动方式，第一万向节的不等速特性可以被第二万向节的不等速特性所抵消，从而实现两轴间的等角速传动。但要达到这一目的，还必须满足两个条件：第一万向节两轴间夹角 α_1 与第二万向节两轴间夹角 α_2 相等；第一万向节的从动叉与第二万向节的主动叉处于同一平面。

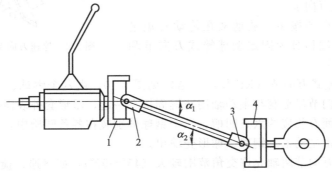

图 5-7 双十字轴刚性万向节等速传动布置
1,3—主动叉；2,4—从动叉

由于悬架的振动，不可能在任何时候都保证 $\alpha_1 = \alpha_2$，因此这种双十字轴刚性万向节的传动只能近似地解决等速传动问题，且由于两轴夹角最大只能是20°。在某些情况下，例如转向驱动桥的分段半轴间，在布置上受轴向尺寸限制，而且转向轮要求偏转角度大（30°～

40°），因此上述双万向节传动已难以适应。在长期实践过程中，人们又创造出了各种各样的等速和准等速万向节。

二、准等速万向节

准等速万向节是根据上述双万向节实现等速传动的原理而设计的。图 5-8 所示为双联式万向节，实际上是一套传动轴长度减缩至最小的双万向节等速传动装置。图 5-8 中的双联叉 3 相当于两个在同一平面上的万向节叉。欲使轴 1 和轴 2 的角速度相等，应保证 $\alpha_1 = \alpha_2$，为此在双联式万向节的结构中，装有分度机构，以期双联叉的对称线平分所连两轴的夹角。

双联式万向节用于转向驱动桥时，可以没有分度机构，但必须在结构上保证双联式万向节中心位于主销轴线与半轴轴线的交点，以保证准等速传动。双联式万向节允许有较大的轴间夹角，且具有结构简单、制造方便、工作可靠的优点，故在转向驱动桥中的应用逐渐增多。北京吉普切诺基轻型越野汽车的前传动轴与分动器前输出轴之间即采用了这种双联式万向节。

三、等速万向节

等速万向节的基本原理是从结构上保证万向节在工作过程中，其传力点永远位于两轴交点的平分面上。图 5-9 所示为等速万向节等速传动原理。两齿轮的接触点 P 位于两齿轮轴线交角 α 的平分面上，由 P 点到两轴的垂直距离都等于 r。在 P 点处两齿轮的圆周速度是相等的，因而两个齿轮旋转的角速度也相等。与此相似，若万向节的传力点在其交角变化时，始终位于角平分面内，则可使两万向节叉保持等角速的关系。

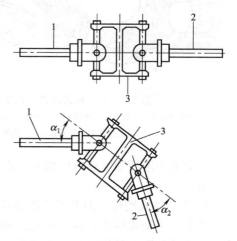

图 5-8 双联式万向节
1,2—轴；3—双联叉

目前采用较广泛的球笼式等速万向节和三枢轴式等速式万向节就是依据这一原理制成的。

1. 球笼式等速万向节

球笼式等速万向节按主、从动叉在传动转矩过程中轴向是否产生位移分为固定型球笼式万向节和伸缩型球笼式万向节。

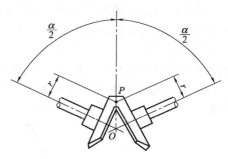

图 5-9 等速万向节等速传动原理

（1）固定型球笼式万向节（RF 节） 结构见图 5-10，由六个钢球、星形套、球形壳和保持架等组成。万向节星形套与主动轴用花键固接在一起，星形套外表面有六条弧形凹槽滚道，球形壳的内表面有相应的六条凹槽，六个钢球分别装在各条凹槽中，由球笼使其保持在同一平面内。动力由主动轴、钢球、球形壳输出。

固定型球笼式万向节两轴允许交角范围较大（45°～50°），如奥迪、捷达、红旗 CA7220 型等轿车的两轴交角最大可达 47°，且在工作时，无论传动方向如何，六个钢球全部传力。固定型球笼式万向节的特点是承载能力强，结构紧凑，拆装方便，因此应用非常广泛。目前国内外大多数轿车的前转向驱动桥在转向节处均采用这种固定型球笼式万向节。

（2）伸缩型球笼式万向节（VL 节） 图 5-11 为伸缩型球笼式万向节（VL 节），其内、外滚道是圆筒形的，在传递转矩过程中，星形套 2 与筒形壳 4 可以沿轴向相对移动，故可省

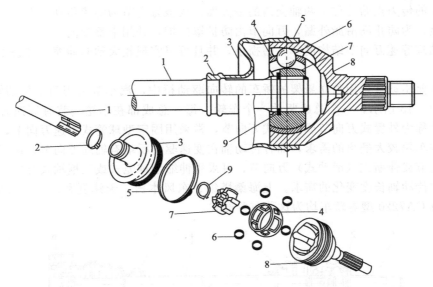

图 5-10 固定型球笼式万向节
1—主动轴；2,5—钢带箍；3—外罩；4—保持架（球笼）；6—钢球；
7—星形套（内滚道）；8—球形壳（外滚道）；9—卡环

去其他万向传动装置中必须有的滑动花键。这不仅使结构简化，而且由于星形套 2 与筒形壳 4 之间的轴向相对移动是通过钢球 5 沿内、外滚道滚动来实现的，与滑动花键相比，其滑动阻力小，最适用于断开式驱动桥。VL 节两轴交角范围约 20°～25°，较十字轴式刚性万向节相邻两轴的交角范围大，但小于 RF 节。

这种万向节保持架的内球面中心 B 与外球面中心 A 位于万向节中心 O 的两边，且与 O 等距离。钢球中心 C 到 A、B 距离相等，以保证万向节作等角速传动。

2. 三枢轴式等速万向节

图 5-12 所示为三枢轴式等速万向节，它主要由三枢轴总成、滑动外座圈和万向节套等组成。三枢轴总成上装有外表面为球面的滚动轴承，既可减小磨损，又可保证等速传动。当输出轴与输入轴交角为 0° 时，因三枢轴的定心作用，能使两轴轴线重合；当输出轴与输入轴有交角时，由于球面滚子轴承既可沿枢轴轴向移动，又可沿滑动外座圈槽形轨道滑动，可

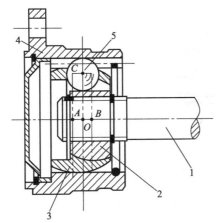

图 5-11 伸缩型球笼式万向节
1—主动轴；2—星形套（内滚道）；3—保持架（球笼）；
4—筒形壳（外滚道）；5—钢球

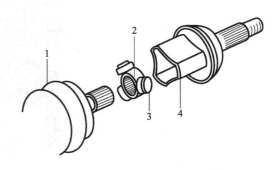

图 5-12 三枢轴式等速万向节
1—万向节套；2—三枢轴总成；
3—球面滚轴承；4—滑动外座圈

以保证滚子的传力点始终位于两轴交角的平分面,故该万向节为等速传动。万向节套的凸缘用螺栓连接,为防止润滑脂外漏,万向节由防护罩封护,并用卡箍紧固。

三枢轴式等速万向节结构简单,磨损小,并且可以实现较大轴向伸缩,在轿车中的应用逐渐增多。

在前置前驱动且采用独立悬架的轿车的转向驱动桥中,汽车常采用两根传动轴(半轴)总成,如图 5-13 所示,一个总成驱动一个车轮。每一总成都在车轮端装有等速万向节,该等速万向节称为外置式万向节或固定式万向节,常采用固定型球笼式等速万向节,可以实现汽车转向时车轮较大摆角的需求,而各传动轴在变速驱动桥端有辅助万向节,该万向节称为内置式万向节或伸缩式(滑动式)万向节,可采用伸缩型球笼式或三枢轴式等速万向节,以适应运行中传动轴长度变化的需求。上海桑塔纳、东风本田、天津夏利、一汽大众、捷达、奥迪及红旗 CA7220 型等轿车均为这种布置形式。

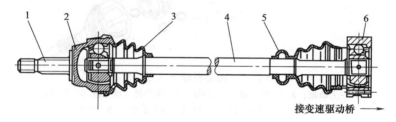

(a) 差速器侧布置 VL 节

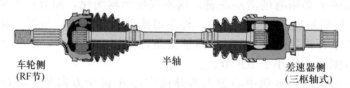

(b) 差速器侧布置三枢轴式万向节

图 5-13 转向驱动桥中等速万向节的布置

1—前轮半轴;2—固定式等速万向节;3,5—防尘罩;4—传动轴(半轴);6—伸缩式等速万向节

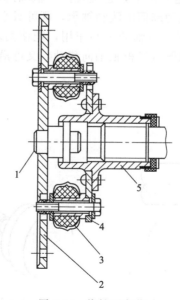

图 5-14 挠性万向节

1—中心轴;2—大圆盘;3—弹性连接件;4—连接圆盘;5—花键毂

四、挠性万向节

挠性万向节是依靠弹性连接件的弹性变形来保证相交两轴间的转矩传递的,且传动时不会发生机械运动干涉,如图 5-14 所示。弹性件可以采用橡胶盘、橡胶金属套筒、六角形橡胶圈等结构。

挠性万向节在汽车上主要用于后轮驱动的轿车。为了使后排座中间坐的人有伸腿的地方,传动轴交角都按近似零度角设计。挠性万向节交角的变化是依靠自身弹性变形来实现的,所以其交角必须小于 3°~5°。挠性万向节利用自身弹性元件的弹性变形,可以消除安装误差和车架及车身变形对传动轴传动的影响,还可以吸收传动系的冲击载荷和衰减扭转振动。此外,挠性万向节还有结构简单、不需润滑等优点。

第三节 传动轴和中间支承

一、传动轴

为了得到较高的传动轴的强度和刚度,在轻、中型货车中,传动轴一般用厚度为 1.5~3.0mm 的薄钢板卷焊而成,超重型货车则直接采用无缝钢管。转向驱动桥、断开式驱动桥或微型汽车的传动轴通常制成实心轴。

为满足汽车行驶过程中变速器与驱动桥相对位置的变化,避免运动干涉,传动轴中设有由滑动叉和花键轴组成的滑动花键连接。为减小传动轴花键连接部分的轴向滑动阻力和磨

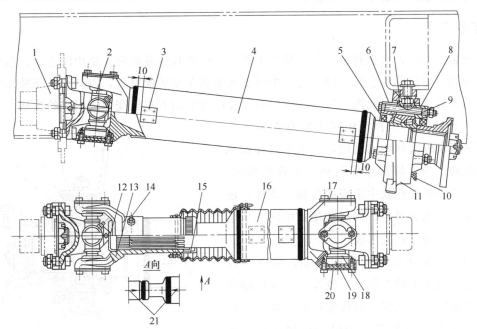

图 5-15 中型载货汽车传动轴与中间支承

1—凸缘叉;2—万向节十字轴;3—平衡片;4—中间传动轴;5—油封;6—中间支承前盖;7—橡胶垫环;8—中间支承后盖;9—双列圆锥滚子轴承;10,14—油嘴;11—支架;12—堵盖;13—滑动叉;15—油封;16—主传动轴;17—锁片;18—滚针轴承油封;19—万向节滚针轴承;20—滚针轴承轴承盖;21—装配位置标志

损，可加注润滑脂进行润滑，还可以对花键进行磷化处理或喷涂尼龙层，还可在花键槽内设置滚动元件等。

为防止传动轴高速旋转时产生剧烈振动，传动轴与万向节装配后必须满足动平衡要求，必要时焊平衡片（见图5-15）。平衡后，在滑动叉13与传动轴16上刻上箭头，以便拆卸后重新装配时对齐。

对于发动机前置后轮驱动的汽车，当一定长度和直径的传动轴转速提高到某一限度时，会因产生剧烈振动而损坏。使传动轴产生振动的转速为危险转速，即临界转速。要提高传动轴的临界转速，就需做到以下各项：平衡好，即要满足动平衡要求；直径大，传动轴直径加大，刚度增加，振动随之减小；长度短，传动轴越短越不容易产生振抖；交角小，传动轴角度越小运转平稳性越好。故为了减小传动轴的交角，提高汽车传动轴的临界转速，发动机的安装通常设计为前高后低，有2.5°左右的倾角，变速器也有类似的倾角。轴距较大的可以设置中间支承，以缩短传动轴的长度和交角。

由于传动轴越长，交角越大，平衡越差；转速越高，振动频率就越高。为了减少振动和噪声，以往制造商主要采用保证垂直度和焊平衡片，减小交角和长度。近年来国内外厂商又采取了一些新办法：将厚纸板制成的圆形衬套塞入传动轴管中，通过增加强度来减少轴的振动；在传动轴钢管和硬纸板圆形衬套之间放置圆柱形橡胶块，在传动轴内降低噪声传递；管中管，双层钢管，内层钢管外径与伸缩缝处直径相等，两层钢管之间镶上橡胶衬套，可降低中速行驶中急剧改变车速带来的噪声和振动；用合成纤维取代无缝钢管，合成纤维线性刚度较强，和无缝钢管比具有重量轻、扭转强度高、疲劳抗力强、易于较好的平衡、降低了扭力变换和冲击负载产生的干涉等优点。

二、中间支承

传动轴过长时，自振频率降低，易产生共振。故将其分成两段并加中间支承，前段称为中间传动轴，后段称为主传动轴。通常中间支承安装在车架横梁上，以补偿传动轴轴向和角度方向的安装误差，以及汽车行驶过程中由于发动机窜动或车架变形等引起的位移。

东风EQ1090E型汽车中间支承如图5-16所示，它采用了蜂窝软垫式结构，轴承3可在轴承座2内滑动。由于蜂窝形橡胶垫5的弹性作用，能适应安装误差和行驶中出现的位移。此外，还可吸收振动、减少噪声。蜂窝软垫式中间支承结构简单、效果良好，应用较广泛。

有的汽车采用摆动式中间支承，如图5-17所示，它可绕支承轴3摆动，改善了发动机轴向窜动时轴承的受力状况。而橡胶衬套2和5能适应传动轴线在横向平面内少量的位置变化。此外，也有一些汽车采用双列圆锥滚子轴承等其他各种中间支承方式，来满足分段式传动轴的传动要求。

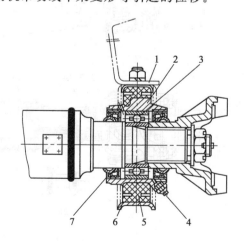

图5-16 蜂窝软垫式中间支承
1—车架横梁；2—轴承座；3—轴承；4—注油嘴；
5—蜂窝形橡胶垫；6—U形支架；7—油封

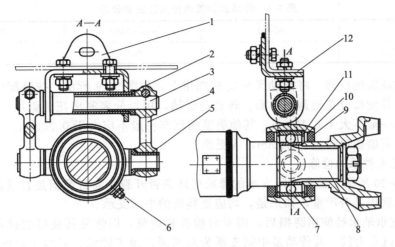

图 5-17 摆动式中间支承
1—支架；2,5—橡胶衬套；3—支承轴；4—摆臂；6—注油嘴；7—轴承；
8—中间传动轴；9—油封；10—支承座；11—卡环；12—车架横梁

第四节 万向传动装置的检修与故障诊断

一、万向传动装置的检修

1. 传动轴的检修

（1）传动轴外观检查 如果传动轴出现裂纹及严重凹瘪，均应更换。防尘套老化破裂，也应更换。

（2）传动轴径向圆跳动的检查 如图 5-18 所示，先用 V 形铁将传动轴两端支起来，再用百分表在轴的中间部位测量传动轴外圆的径向圆跳动，要求在传动轴全长上的径向圆跳动应不超过原厂规定。

若传动轴径向圆跳动超过最大极限，应在压力机上矫正。如果矫正后仍不能达到技术要求，则应更换传动轴。

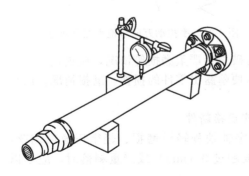

图 5-18 检查传动轴径向圆跳动

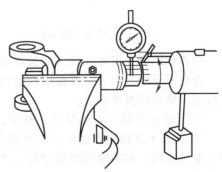

图 5-19 测量花键的侧隙

轿车传动轴径向圆跳动应比表 5-1 的值相应减小 0.2mm。中间传动轴支承轴颈的径向圆跳动为 0.10mm。当传动轴轴管的径向圆跳动超过表 5-1 的规定时，应对传动轴进行校正或更换。

表 5-1　传动轴轴管的径向圆跳动公差　　　　　　　　　　　　　　mm

轴长	<600	600～1000	>1000
径向圆跳动	0.6	0.8	1.0

（3）滑动花键的检修　将滑动叉夹持在虎钳上，如图 5-19 所示，按装配标记把花键轴插入滑动叉，并使部分花键露在外面。转动花键轴，用百分表测出花键侧面的读数变化值。配合间隙轿车一般不大于 0.15mm，其他类型的汽车一般不应大于 0.30mm。配合间隙超过规定或花键齿宽磨损量超过 0.20mm，应更换。

2. 中间支承轴承的检修

① 如图 5-20 所示，检查中间支承的橡胶垫环是否开裂，油封磨损是否过甚而失效，轴承松旷或内孔磨损是否严重，如果是，均应更换新的中间支承。

② 中间支承轴承经使用磨损后，需及时检查和调整，以恢复其良好的技术状况。以解放 CA1092 型汽车为例，其传动系中间支承为双列圆锥滚子轴承，有两个内圈和一个外圈，两内圈中间有一个隔套，供调整轴向间隙用。

磨损使中间支承轴向间隙超过 0.30mm 时，将引起中间支承发响和传动轴严重振动，导致各传力部件早期损坏。

调整方法：拆下凸缘和中间轴承，将调整隔板适当磨薄，传动轴承在不受轴向力的自由状态下，轴向间隙在 0.15～0.25mm 之间，装配好后用 195～245N·m 的扭矩拧紧凸缘螺母，保证轴承轴向间隙在 0.05mm 左右，即转动轴承外圈而无明显的轴向游隙为宜，最后从油嘴注入足够的润滑脂，以减小磨损。

3. 万向节的检修

（1）十字轴式不等速万向节　十字轴与滚针轴承配合间隙的检查：用手拉动万向节，不能有明显的松旷感，如图 5-21 所示。

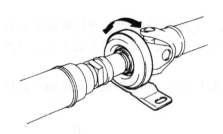　　　　　　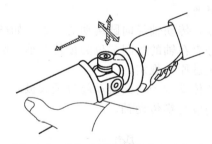

图 5-20　检查中间支承　　　　　　图 5-21　手拉动万向节检查配合间隙

检查轴承壳、滚针及轴承油封等其他零件，如有破裂、严重磨损等情况，应更换。

万向节分解完成后，需要用汽油清洗各零件，以便暴露出零件的损伤、磨损情况，而且应按以下要求检查和修复。

① 检查滚针轴承，如果滚针断裂、油封失效，应更换新件。

② 检查十字轴轴颈磨损、压痕剥落等情况。十字轴轴颈轻微磨损、轻微压痕或剥落，仍可继续使用，如果轴颈磨损过甚、严重压痕（深度超过 0.1mm）或严重剥落时，应予以更换。

③ 检查万向节叉不得有裂纹或其他严重损伤，否则更换新件。

④ 万向节装配完毕后，可用手扳动十字轴进行检验，以转动自如没有松旷感觉为合适。若装配过紧或过松，应查明原因，必要时应拆检及重新装配。

（2）球笼式等速万向节　以桑塔纳 2000 轿车为例，主要是检查内、外等速万向节中各部件的磨损情况和装配间隙。一般外等速万向节酌情单件更换。内等速万向节,如某部件磨损严重,则应整体更换。

外等速万向节的六个钢球要求有一定的配合公差,并与星形套一起组成配合件。检查轴、球笼、星形套与钢球有无凹陷与磨损,若万向节间隙过大,需更换万向节。

内等速万向节的检修要检查球形壳、星形套、球笼及钢球有无凹陷与磨损,如磨损严重则应更换。内等速万向节只能整体调换,不可单个更换。

防尘罩及卡箍、弹簧挡圈等损坏时,应予以更换。

二、万向传动装置的故障诊断

万向传动装置由于经常受汽车在复杂道路上行驶的影响,使传动轴在其角度和长度不断变化的情况下传递转矩,因此常出现传动轴动不平衡、万向节与中间支承松旷、发响等故障。

1. 传动轴动不平衡

(1) 现象　在万向节和伸缩叉技术状况良好时,汽车行驶中发出周期性的响声,速度越高响声越大,甚至伴随有车身振动,握转向盘的手感觉麻木。

(2) 原因

① 传动轴上的平衡块脱落。

② 传动轴弯曲或传动轴管凹陷。

③ 传动轴管与万向节叉焊接不正或传动轴未进行过动平衡试验和校准。

④ 伸缩叉安装错位,造成传动轴两端的万向节叉不在同一平面内,不满足等速传动条件。

(3) 故障诊断与排除方法

① 检查传动轴管是否凹陷,有凹陷,则故障由此引起,无凹陷,则继续检查。

② 检查传动轴管上的平衡片是否脱落,如脱落,则故障由此引起,否则继续检查。

③ 检查伸缩叉安装是否正确,不正确,则故障由此引起,否则继续检查。

④ 拆下传动轴进行动平衡试验,动不平衡,则应校准以消除故障。弯曲应校直。

2. 万向节松旷

(1) 现象　在汽车起步或突然改变车速时,传动轴发出"吭"的响声;在汽车缓行时,发出"咣当、咣当"的响声。

(2) 原因

① 凸缘盘连接螺栓松动。

② 万向节主、从动部分游动角度太大。

③ 万向节十字轴磨损严重。

(3) 故障诊断与排除方法

① 用榔头轻轻敲击各万向节凸缘盘连接处,检查其松紧度。太松旷则故障由连接螺栓松动引起,否则继续检查。

② 用双手分别握住万向节主、从动部分转动,检查游动角度。游动角度太大,则故障由此引起。

3. 中间支承松旷

(1) 现象　汽车运行中出现连续的"呜呜"响声,车速越高响声越大。

(2) 原因

① 滚动轴承缺油烧蚀或磨损严重。

② 中间支承安装方法不当,造成附加载荷而产生异常磨损。

③ 橡胶圆环损坏。
④ 车架变形，造成前后连接部分的轴线在水平面内的投影不同线而产生异常磨损。
（3）故障诊断与排除方法
① 给中间支承轴承加注润滑脂，响声消失，则故障由缺油引起，否则继续检查。
② 松开夹紧橡胶圆环的所有螺钉，待传动轴转动数圈后再拧紧，若响声消失，则故障由中间支承安装方法不当引起。否则故障可能是由橡胶圆环损坏、滚动轴承技术状况不佳、车架变形等引起。

4. 传动轴异响
（1）现象　汽车行驶中传动装置发出周期性的响声，车速越高响声越大，严重时伴随有车身振抖。
（2）原因　主要原因是传动轴动不平衡；由于传动轴变形或平衡块脱落等，其次是中间支承吊架固定螺栓松动或万向节凸缘盘连接螺栓松动，使传动轴偏斜。
（3）故障诊断与排除　除传动轴动不平衡外，再检查中间支承吊架固定螺栓和万向节凸缘盘连接螺栓是否松动，若有松动，则异响由此引起。

【认证链接】
汽车维修工取证，汽车万向传动装置部分技能要求：
1. 应会十字轴式刚性万向节和球笼式等速万向节的拆装、检修。
2. 应会传动轴的检修，特别能够测量传动轴的弯曲度。
3. 应会传动轴中间支承轴承的检查、维修和更换。
4. 应会测量滑动花键的配合间隙，并进行必要的修理或更换。
5. 应会排除具体的万向传动装置的故障，并采取相应的维修措施。

复 习 题

一、选择题
1. 十字轴式万向节的损坏是以（　　）的磨损为标志的。
　　A. 十字轴轴颈；　B. 滚针轴承和十字轴轴颈；C. 油封；　　　　D. 万向节叉
2. 下面万向节中属于等速万向节的是（　　）。
　　A. 球笼式；　　　B. 双联式；　　　　　　C. 十字轴式；　　　D. 三销轴式
3. 为了得到较高传动轴的强度和刚度，在轻、中型货车中传动轴一般都做成（　　）。
　　A. 空心的；　　　B. 实心的；　　　　　　C. 半空、半实的；　D. 无所谓
4. EQ1090E型汽车万向传动装置采用的是（　　）万向节。
　　A. 普通十字轴式；B. 固定型球笼式；　　　C. 伸缩型球笼式；　D. 双联式
5. 学生A说，挠性万向节柔性大，可用于交角大于30°的万向节传动中；学生B说，挠性万向节只能用于两轴交角3°～5°的万向传动中。他们说法正确的是（　　）。
　　A. 只有A正确；　B. 只有B正确；　　　　C. A和B都正确；　D. A和B均不正确

二、填空题
1. 万向传动装置一般由（　　）和（　　）组成，必要时加装（　　）。
2. 万向节按速度特性可分为（　　）、（　　）和（　　）三类，且目前轻、中型货车的传动系中应用最广泛的是（　　）万向节。
3. 双十字轴式万向节实现等速传动的条件：①（　　）；②（　　）。
4. 球笼式万向节按主、从动叉在传动转矩过程中轴向是否产生位移分为（　　）和（　　），且桑塔纳轿车的前转向驱动桥中靠近主减速器处布置（　　）万向节，而在靠近转向轮处布置（　　）万向节。
5. 传动轴在高速旋转时，由于离心力的作用将产生剧烈振动。因此，当传动轴与万向节装配后，必须满足（　　）要求。

6. 前轮驱动的轿车和后轮驱动汽车采用断开式驱动桥的传动轴外端万向节均为（   ）万向节。

三、问答题

1. 说明万向传动装置的组成与功能，并简述万向传动装置在汽车上的应用场合。
2. 按运动特性分万向节的类型有哪些？举例说明。
3. 在前桥为独立悬架的转向驱动桥中，靠近主减速器处不布置 VL 节，而只在靠近转向轮处布置 RF 节，可否？另外，将 RF 节与 VL 节的布置位置对换，可否？为什么？
4. 为什么传动轴采用滑动花键连接？
5. 万向传动装置主要有哪些检修项目？简述如何检测。
6. 万向传动装置常见故障有哪些？
7. 对十字轴式刚性万向节和球笼式等速万向节如何进行拆装、检修？
8. 汽车起步或变速时万向传动装置有撞击声，试分析原因并排除故障。

第六章 驱 动 桥

【学习目标】
1. 掌握驱动桥的功用和组成。
2. 掌握常见主减速器的结构和调整方法。
3. 掌握差速器（包括防滑差速器）的结构和运动情况。
4. 了解半轴的支承形式及桥壳的结构类型。
5. 掌握驱动桥常见的故障现象和诊断方法。

第一节　认识驱动桥

1. 驱动桥的组成

驱动桥由主减速器、差速器、半轴、万向节、驱动桥壳（或变速器壳体）和驱动车轮等零部件组成。

一般汽车的后驱动桥总体构造如图 6-1 和图 6-2 所示。

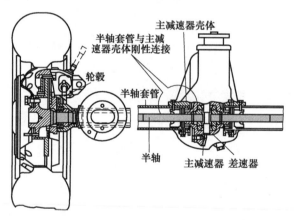

图 6-1　某高级轿车的非断开式后驱动桥

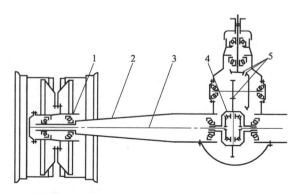

图 6-2　解放 CA1091 型汽车驱动桥示意图
1—轮毂；2—桥壳；3—半轴；4—差速器；5—主减速器

2. 驱动桥的功用

① 通过主减速器齿轮的传动，降低转速，增大转矩。
② 主减速器采用锥齿轮传动，改变转矩的传递方向。
③ 通过差速器可使内外侧车轮以不同转速转动，适应汽车的转向要求。
④ 通过桥壳和车轮，实现承载及传力作用。

3. 驱动桥的结构

根据桥壳与驱动桥的连接关系，驱动桥分为非断开式和断开式驱动桥两种。

(1) 非断开式驱动桥　是指主减速器和半轴装在整体的桥壳内，该形式的车桥和车轮只能整体上下跳动，两侧半轴和驱动轮不可能在横向平面内相对运动，故非断开式驱动桥也称为整体式驱动桥。如图 6-1、图 6-2 所示。非断开式驱动桥多用在货车和部分轿车的后桥上。

(2) 断开式驱动桥　大部分轿车和越野车全部或部分驱动桥采用独立悬架，当驱动轮采用独立悬架时，两侧的驱动轮分别通过弹性悬架与车架相连，两车轮可彼此独立地相对于车

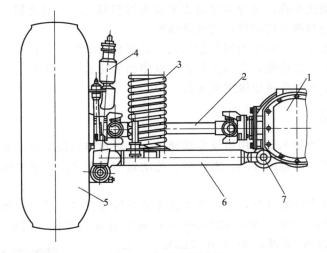

图 6-3　断开式驱动桥
1—主减速器；2—半轴；3—弹性元件；4—减振器；5—车轮；6—摆臂；7—摆臂轴

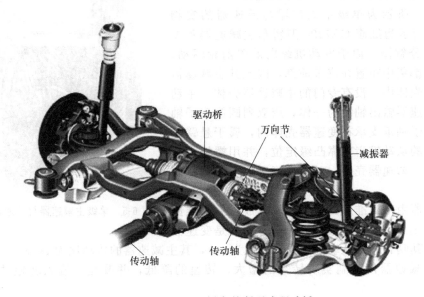

图 6-4　Audi A4 轿车的断开式驱动桥

架上下跳动。与此相对应，主减速器壳固定在车架上，半轴与传动轴通过万向节铰接，传动轴又通过万向节与驱动轮铰接，即驱动桥分段制成，这种驱动桥称为断开式驱动桥。这样车身不会随车轮的跳动而跳动，提高了车辆行驶的平顺性和舒适性。断开式驱动桥的总体结构如图 6-3、图 6-4 所示。

第二节 主减速器

主减速器的功用是将输入的转矩增大并相应降低转速，以及当发动机纵置时还具有改变转矩旋转方向的作用，然后传递给驱动轮，以获得足够的汽车牵引力和适当的车速。

为了满足不同的使用要求，主减速器的结构形式也是不同的。

按参加传动的齿轮副数目，可分为单级主减速器和双级主减速器。有些重型汽车又将双级主减速器的第二级圆柱齿轮传动设置在两侧驱动车轮附近，称为轮边减速器。

按主减速器传动比个数，可分为单速式主减速器和双速式主减速器。单速式的传动比是固定的，而双速式则有两个传动比供驾驶员选择。

按齿轮副结构形式分，可分为圆柱齿轮式（又可分为轴线固定式和轴线旋转式及行星齿轮式）主减速器、螺旋锥齿轮式主减速器和准双曲面齿轮式主减速器。

目前，在轿车中主要应用单级主减速器。

一、单级主减速器

轿车、中型以下的货车均采用单级主减速器，其减速传动机构由一对齿轮组成。单级主减速器具有结构简单、齿轮尺寸小、重量轻、传动效率高等优点，主要用于轿车及中型以下客货车。

对于发动机纵向布置的汽车，由于需要改变动力传递方向，单级主减速器都采用一对圆锥齿轮传动，如桑塔纳 2000、东风 EQ1090 等；对于发动机横向布置的汽车，单级主减速器采用一对圆柱齿轮即可，如夏利 7130、宝来 1.8T 等。

1. 红旗 CA7220 型轿车单级主减速器

如图 6-5 所示为单级主减速器与差速器的实物图，图 6-6 所示为红旗 CA7220 型轿车主减速器和差速器的零件分解图。由于发动机纵向前置前轮驱动，整个传动系都集中布置在汽车前部，因此其主减速器装于变速器壳体内，没有专门的主减速器壳体。主动锥齿轮与变速器输出轴制为一体，用双列圆锥滚子轴承和圆柱滚子轴承支承在变速器壳体内，属于悬臂式支承。环状的从动锥齿轮靠凸缘定位，并用螺栓与差速器壳连接。差速器壳由一对圆锥滚子轴承支承在变速器壳体上。

主减速器由一对准双曲面锥齿轮组成。主动锥齿轮（齿数为 z_1）为主减速器输入轴，它同时是变速器

图 6-5 单级主减速器与差速器实物图

输出轴，与其啮合的为从动锥齿轮（齿数为 z_2），其主减速器的传动比为 z_2/z_1，以 i_0 表示。通过该对主减速器齿轮副实现转矩的增大，转速的降低，并改变了输入转矩的传递旋转方向。

2. 东风 EQ1090 型汽车单级主减速器

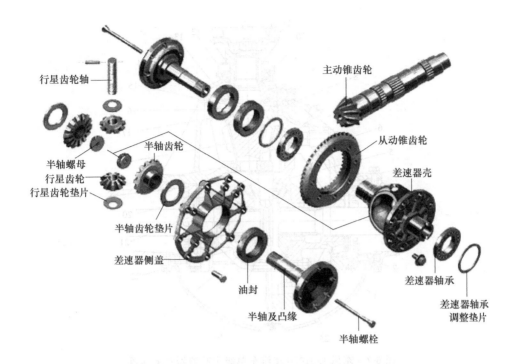

图 6-6　红旗 CA7220 型轿车主减速器与差速器总成分解图

图 6-7 所示为东风 EQ1090 型汽车单级主减速器及差速器。万向传动装置传来的动力由叉形凸缘 11 经花键传给主动锥齿轮 18、从动锥齿轮 7，减速变向后，通过螺栓传给差速器壳 5，由差速器传给两侧半轴，驱动车轮旋转。其减速传动机构由一对准双曲面锥齿轮 18、7 及支承装置组成。主动锥齿轮 18 与输入轴制成一体，通过三个轴承 19、17 和 13 支承在主减速器壳 4 上，构成跨置式支承，保证了主动锥齿轮具有足够的支承刚度。从动锥齿轮 7 通过螺栓固定在差速器壳 5 上，差速器壳两侧通过两个圆锥滚子轴承 3 支承在主减速器壳上。为限制从动锥齿轮过度变形，在从动锥齿轮啮合处的背面装有支承螺柱 6。支承螺柱 6 在小负荷时与齿轮背面留有一定间隙，当负荷超过一定值时，因从动锥齿轮及支承轴承的变形，抵在支承螺柱端面上，既限制了齿轮的变形量，又承受部分负荷，保护差速器侧轴承。轴承 17 紧套在轴上，轴承 13 松套在轴上，两者之间装有隔套和一组厚度不同的调整垫片 14。接触面处装有调整垫片 9。轴承盖上装有油封 12，叉形凸缘上焊有防尘罩 10，两个轴承盖 1 有装配记号，不能互换。轴承 3 外侧装有调整螺母 2。

主减速器采用从动锥齿轮转动时将润滑油甩溅到各齿轮、轴承和轴上的方式进行润滑。为使轴承 13 和 17 得到充分的润滑，壳体 4 侧面铸有进油道 8 和回油道 16。差速器壳转动时，将齿轮油飞溅到过油道中，润滑轴承的油又从轴承 13 的前方经壳体 4 下方的回油道 16 流回主减速器壳底部。在桥壳上方有通气孔，防止温度升高时壳体内的气压过高冲开油封而漏油。

3. 单级主减速器的调整

主减速器主、从动齿轮的调整，对其使用寿命和运转平稳性有着决定性作用。为保证主、从动齿轮啮合区正确并处于最佳工作位置，无噪声运转，在生产中主减速器主、从动齿轮除用专用机床加工，并配对安装外，在驱动桥总成装配时，或在使用维修时，都应进行主减速器的调整。单级主减速器的调整可分为轴承预紧度的调整和齿轮啮合的调整，而齿轮啮合的调整又包括齿轮啮合印迹和啮合间隙的调整。

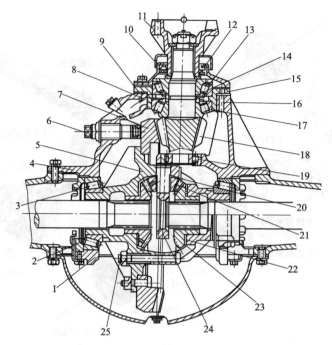

图 6-7　东风 EQ1090 型汽车单级主减速器及差速器

1—差速器轴承盖；2—轴承调整螺母；3,13,17—圆锥滚子轴承；4—主减速器壳；5—差速器壳；
6—支承螺柱；7—从动锥齿轮；8—进油道；9,14—调整垫片；10—防尘罩；11—叉形凸缘；
12—油封；15—轴承座；16—回油道；18—主动锥齿轮；19—锥齿轮轴承；
20—行星齿轮垫片；21—行星齿轮；22—半轴齿轮推力垫片；
23—半轴齿轮；24—行星齿轮轴；25—螺栓

(1) 东风 EQ1090 型汽车单级主减速器的调整

① 轴承预紧度的调整　调整轴承预紧度可以使轴承承受一定的轴向压紧力，提高支承刚度，保证锥齿轮副正常啮合。若预紧度过大，则锥齿轮磨损大，轴承寿命下降；若预紧度过小，会破坏锥齿轮间的啮合，使齿轮寿命下降。

轴承预紧度的检查方法有两种：经验检查和定量检查。经验检查法是用手转动主（从）动锥齿轮，应转动自如，且轴向推动无间隙；定量检查法是将轴承座夹在虎钳上，按规定转矩拧紧凸缘螺母后，在各零件润滑正常的情况下用弹簧秤测凸缘盘拉力或用指针式扭力扳手在锁紧螺母上测主动锥齿轮的转动力矩，其值应符合规定，如图 6-8 所示。

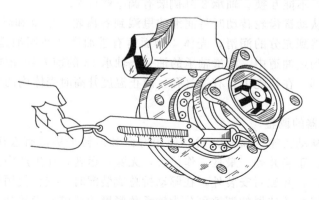

图 6-8　定量检查主减速器轴承预紧度

通过检查，如果轴承预紧度不符合要求，应对其进行调整。通过调整垫片 14 可以实现主动锥齿轮轴承预紧度的调整，减少垫片会增大预紧度，增加垫片会使预紧度减小（见图 6-7）；与此相似，通过调整螺母 2 可以实现从动锥齿轮轴承预紧度的调整，顺时针转动该螺母同样可以增大预紧度，逆时针转动该螺母则会使预紧度减小。

② 齿轮啮合的调整

a. 啮合印迹　正确的啮合印迹如图 6-9 所示，在从动锥齿轮上啮合印迹位于齿高的中间偏小端，并占齿宽 60% 以上。印迹的检查方法是在主动锥齿轮上相隔 140°的三处用红丹油在齿的正反面各涂 2~3 个齿，再用手对从动锥齿轮稍施加阻力并正、反向各转动主动齿轮数圈，观察从动锥齿轮上的啮合印迹，视需要进行调整。增加整垫片 9 的厚度，啮合印痕向从动齿轮轮齿的大端移动；反之，向小端移动（见图 6-7）。

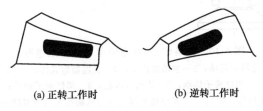

(a) 正转工作时　　　　(b) 逆转工作时

图 6-9　正确的啮合印痕

b. 啮合间隙　主、从动锥齿轮啮合间隙是否合适对主减速器的使用寿命影响很大。检测时，将百分表的量头垂直于从动锥齿轮轮齿大端的凸面，在一个极限位置时使表针对零，并固定主动锥齿轮，然后轻轻往复摆转从动锥齿轮，表上所示值即为啮合间隙值。

主、从动锥齿轮啮合间隙的调整，是利用移动差速器轴承调整螺母 2 实现的（见图 6-7）。因为差速器轴承预紧度已预先调好，所以调整啮合间隙时，应保持两调整螺母的远近距离不变，即根据需要一边进（或退）多少，则另一边退（或进）多少。

有时啮合间隙与啮合印迹可能发生矛盾，此时应以啮合印迹为主，啮合间隙的要求可略微放松。

啮合印迹与啮合间隙调整完毕后，应紧固支承螺柱，并以特制的锁片锁紧调整螺母。

注意，调整前应先将从动锥齿轮的轴承预紧度调整好。

（2）桑塔纳 2000 型轿车单级主减速器调整　图 6-10 所示为桑塔纳 2000 型轿车单级主减速器，主减速器的主动锥齿轮 3 和从动锥齿轮 7 齿轮啮合的调整和轴承预紧度的调整是靠增加或减少装在两对轴承外侧的调整垫片厚度 s_1、s_2 和 s_3 实现的。在进行主减速器的调整时，必须通过精确的测量、计算，选出合适的调整垫片，通过改变垫片的厚度来轴向移动变速器输出轴上的主动锥齿轮，使啮合印痕在最佳位置，通过改变垫片的厚度来轴向移动从动锥齿轮，使啮合间隙在规定的公差范围。

从动锥齿轮和主动锥齿轮总成的调整部位如图 6-10 所示。与理论上的尺寸 R 成比例的偏差 r，在生产过程中已经测量好了，并把它刻在从动锥齿轮的外侧。主动锥齿轮和从动锥齿轮只能一起更换。

二、双级主减速器

有些汽车需要较大的主减速器传动比，单级主减速器已不能满足足够的离地间隙，这就需要采用由两对齿轮降速的双级主减速器。解放 CA1091 型汽车双级主减速器如图 6-11 所示。

1. 构造

该车主减速第一级为螺旋锥齿轮传动；第二级为斜齿轮传动。第一级从动锥齿轮加热后套在中间轴的凸缘上并用铆钉铆紧。第一级主动锥齿轮与轴制成一体，用两个圆锥滚子轴承

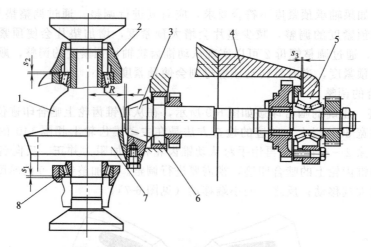

图 6-10 桑塔纳 2000 型轿车单级主减速器

1—差速器;2—变速器前壳体;3—主动锥齿轮;4—变速器后壳体;5—双列圆锥滚子轴承;
6—圆柱滚子轴承;7—从动锥齿轮;8—圆锥滚子轴承;
s_1—调整垫片厚度(从动锥齿轮一侧);s_2—调整垫片厚度(与从动锥齿轮相对的一侧);s_3—调整垫片厚度;
r—与理论上的尺寸 R 成比例的偏差(偏差 r 用 1/100mm 表示,例如 25 表示 $r=0.25$mm);
R—主动锥齿轮理论上的尺寸($R=50.7$mm)

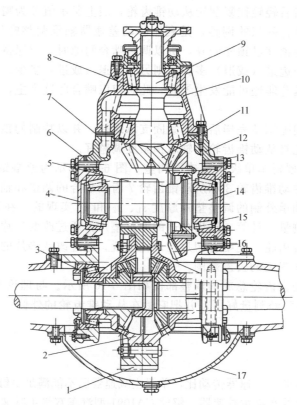

图 6-11 解放 CA1091 型汽车双级主减速器

1—第二级从动齿轮;2—差速器;3—调整螺母;4,15—轴承盖;5—第二级主动齿轮;
6~8,13—调整垫片;9—第一级主动锥齿轮轴;10—轴承座;11—第一级主动锥齿轮;
12—主减速器;14—中间轴;16—第一级从动锥齿轮;17—后盖

(相距较远）支承在轴承座的座孔中，因主动锥齿轮悬伸在两轴承之后，故称为悬臂式支承。第二级主动齿轮与中间轴制成一体，用两个圆锥滚子轴承支承在两端轴承盖的座孔中，轴承盖用螺栓与主减速器壳固定连接。第二级从动齿轮夹在左右两半差速器壳之间，并用螺栓将它们紧固在一起，其支承形式与东风 EQ1090 型汽车主减速器中差速器壳的支承形式相同。

2. 调整

（1）轴承预紧度的调整　主动锥齿轮轴承预紧度，可通过增减调整垫片 8 的厚度来调整。加垫片变松，减垫片变紧。

中间轴轴承的预紧度则是通过改变调整垫片 6 和调整垫片 13 的总厚度来调整。加垫片变松，减垫片变紧。

差速器壳轴承预紧度靠拧动调整螺母 3 来调整。旋入调整螺母变紧，旋出变松。

轴承预紧度的检查方法同前面所讲的东风 EQ1090 型汽车。

（2）锥齿轮啮合的调整　由于采用螺旋锥齿轮，所以锥齿轮啮合的调整方法与采用准双曲面锥齿轮的 EQ1090 型汽车的主减速器不同。

啮合印痕和啮合间隙是同时进行调整的。先检查啮合印痕，方法同前面所讲的东风 EQ1090 型汽车。然后按照下述原则进行调整："大进从、小出从、顶进主、根出主"，如图 6-12 所示。啮合印痕合适后若间隙不符，则通过轴向移动另一锥齿轮进行调整。

当啮合印痕位于从动锥齿轮轮齿大端时，应将从动锥齿轮向主动锥齿轮靠拢，如因此而使啮合间隙变小，可将主动锥齿轮向外移动。

当啮合印痕位于从动锥齿轮轮齿小端时，应将从动锥齿轮移离主动锥齿轮，如因此而使啮合间隙变大，可将主动锥齿轮向内移动。

当啮合印痕位于从动锥齿轮轮齿顶部时，应将主动锥齿轮向从动锥齿轮靠拢，如因此而使啮合间隙变小，可将从动锥齿轮向外移动。

当啮合印痕位于从动锥齿轮轮齿根部时，应将主动锥齿轮移离从动锥齿轮，如因此而使啮合间隙变大，可将从动锥齿轮向内移动。

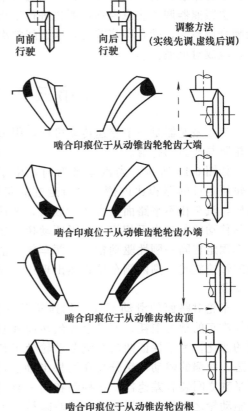

图 6-12　螺旋锥齿轮啮合的调整

注意，若两组垫片和的总厚度的增量和减量不相等，则将破坏已调整好的中间轴轴承的预紧度。

三、主减速器调整总结

主减速器的调整包括圆锥滚子轴承预紧度的调整和锥齿轮啮合的调整，锥齿轮啮合的调整包括啮合印痕和啮合间隙的调整。

轴承预紧度的调整有一定规律所遵循，首先弄清楚圆锥滚子轴承内、外座圈中哪对座圈的位置是固定的，然后调整另一对座圈的相对位置即可，一般是通过调整垫片和调整螺母进行调整。例如，东风 EQ1090 型汽车单级主减速器主动锥齿轮圆锥滚子轴承的外座圈支承在轴承座上，两外座圈的相对位置是不变的，所以只能调整两内座圈的相对位置，使两内座圈的距离减小（减少两内座圈之间调整垫片的厚度）则轴承预紧度增大（变紧），反之则轴承预紧度减小（变松）。对于解放 CA1092 型双级主减速器差速器壳的圆锥滚子轴承来说，两内座圈是支承在差速器壳上，相对位置是不变的，所以可以旋转两外座圈外侧的调整螺母来改变两外座圈的相对位置，从而调整轴承预紧度。

锥齿轮啮合的调整与锥齿轮的类型有关。

对于准双曲面锥齿轮，啮合印痕的调整是通过移动主动锥齿轮，啮合间隙的调整是移动从动锥齿轮。如桑塔纳 2000 型轿车和 EQ1090 型汽车的主减速器。

对于螺旋锥齿轮，啮合印痕的调整是按照"大进从、小出从、顶进主、根出主"方法进行，啮合印痕合适后若间隙不符，则通过轴向移动另一锥齿轮进行调整。

主减速器调整注意事项：要先进行轴承预紧度的调整，再进行锥齿轮啮合的调整；锥齿轮啮合调整时，啮合印痕首要，啮合间隙次要，否则将加剧齿轮磨损，当啮合间隙超过规定时，应成对更换。

第三节 差 速 器

汽车差速器是一个差速传动机构，用来保证各驱动轮在各种运动条件下的动力传递，避免轮胎与地面间打滑。

如图 6-13 所示，当汽车转弯时，由于外侧车轮所走过的路程比内侧车轮所走过的路程长，同样，汽车在不平路面上直线行驶时，两侧车轮实际移动的距离也不相等。如果驱动桥两驱动车轮都固定在同一刚性驱动轴上，两车轮只能以相同的转速旋转，则两侧车轮必然出现边滚动边滑动现象。

车轮对路面的滑动不仅会加速轮胎的磨损，增加汽车的动力消耗，而且会导致转向和制动性能的恶化。为了保证两汽车侧驱动轮处于纯滚动状态，两侧的驱动车轮分装在两根半轴上，并在两半轴之间装有差速器。这种装在同一驱动桥两

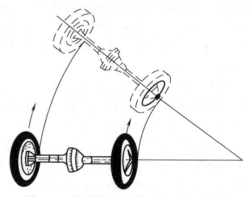

图 6-13 汽车转向时驱动轮运动示意图

侧驱动轮之间的差速器称为轮间差速器。其作用有两方面：一是使左右车轮能以不同的转速进行滚动转向和直线行驶，称为差速特性（即 n 特性）；二是将主减速器传来的转矩平均分给两半轴，尽量使两侧车轮驱动力相等，称为等分特性（即 M 特性）。

在多轴驱动汽车的各驱动桥之间，也存在类似的问题。为了适应各驱动桥所处的不同路面情况，使各驱动桥有可能具有不同的输入转速，可以在各驱动桥之间装设差速器。

差速器按照其工作特性可以分为普通行星齿轮差速器和防滑差速器两大类。

一、普通行星齿轮差速器

普通行星齿轮差速器有锥齿轮式和圆柱齿轮式两种，由于锥齿轮差速器结构简单、紧凑，因此目前应用最为广泛。

1. 差速器的构造

应用最广泛的普通行星齿轮差速器为锥齿轮差速器。图 6-14 所示为桑塔纳 2000 型轿车差速器，由两个圆锥行星齿轮、行星齿轮轴、两个圆锥半轴齿轮、行星齿轮和半轴齿轮止推

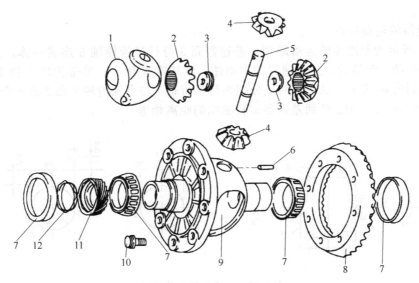

图 6-14 桑塔纳 2000 型轿车差速器
1—复合式推力垫片；2—半轴齿轮；3—螺纹套；4—行星齿轮；5—行星齿轮轴；6—止动销；7—圆锥滚子轴承；8—主减速器从动锥齿轮；9—差速器壳；10—螺栓；11—车速表齿轮；12—车速表齿轮锁紧套筒

垫、差速器壳组成。

载重 2t 和 2t 以上的汽车，差速器为四个行星齿轮，十字形行星齿轮轴，差速器壳是由两部分组合在一起的，如图 6-15 所示。它由行星齿轮 4、十字轴 8、两个半轴齿轮 3、差速器壳 1、5 及半轴齿轮垫片 2 等组成。十字轴的两个轴颈嵌在两个半差速器壳端面半圆槽所形成的孔中，行星齿轮 4 分别松套在十字轴轴颈上，两个半轴齿轮 3 分别与行星齿轮 4 啮合，以其轴颈支承在差速器壳中，并以花键孔与半轴连接。工作时，主减速器的动力传至差速器壳，依次经十字轴 8、行星齿轮 4、半轴齿轮 3 传给半轴，经半轴传给车轮。

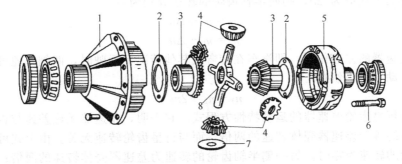

图 6-15 载重 2t 和 2t 以上车的差速器零件图
1,5—差速器壳；2—半轴齿轮垫片；3—半轴齿轮；4—行星齿轮；6—螺栓；
7—行星齿轮垫片；8—行星齿轮轴（十字轴）

行星齿轮背面和差速器壳的内表面均制成球面，以保证行星齿轮的对中性，使其与两个半轴齿轮能够正确啮合。行星齿轮与半轴齿轮的背面与差速器壳间装有垫片，用以减轻摩擦，降低磨损，提高差速器的使用寿命，同时还可以用来调整齿轮的啮合间隙。

差速器壳的十字轴孔是在左、右壳装合后加工而成的，装配时不能轴向错位。

差速器靠主减速器壳内的润滑油来润滑，因此差速器上开有供润滑油进出的孔。为了保证行星齿轮和十字轴轴颈之间的润滑，在十字轴轴颈上铣有平面，并在行星齿轮的齿间钻有油孔与中心孔相通。同样，半轴齿轮上也钻有油孔，与其背面相通，以加强背面与差速器壳之间的润滑。

2. 差速器的运动特性

图 6-16 所示为差速器的运动原理。差速器壳 3 与行星齿轮轴 5 连成一体，并由减速器从动齿轮 6 带动一起转动，是差速器的主动件，设其转速为 n_0。半轴齿轮 1 和 2 为从动件，设其转速分别为 n_1 和 n_2。A、B 两点分别为行星齿轮 4 与半轴齿轮 1 和 2 的啮合点，C 为行星齿轮 4 的中心，A、B、C 到差速器旋转轴线的距离相等。

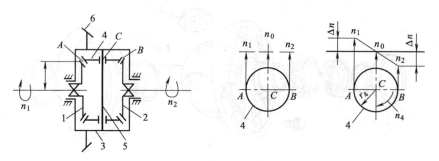

图 6-16 差速器的运动原理
1,2—半轴齿轮；3—差速器壳；4—行星齿轮；5—行星齿轮轴；6—主减速器从动齿轮

差速器行星齿轮有三种运动状态，即公转、自转和既公转又自转。当汽车直线行驶时，两侧车轮相当于一个等臂的杠杆保持平衡，即行星齿轮不自转，只随着行星齿轮轴 5 和差速器壳 3 公转，所以两半轴无转速差，差速器不起差速作用，即

$$n_1 = n_2 = n_0$$

且

$$n_1 + n_2 = 2n_0$$

当汽车转弯行驶时，行星齿轮 4 除了随差速器壳体一起公转外，还绕行星齿轮轴 5 自转，设自转的转速为 n_4，方向如图 6-16 所示，则左半轴齿轮 1 的转速增加，右半轴齿轮 2 的转速减慢。因 $AC = CB$，所以半轴齿轮 1 转速的增加值等于半轴齿轮 2 转速的减小值。设半轴齿轮转速的增加值为 Δn，则两半轴齿轮的转速分别为

$$n_1 = n_0 + \Delta n$$
$$n_2 = n_0 - \Delta n$$

这就是差速器的差速作用，即汽车在转弯或其他情况下行驶时，两侧车轮可以不同的转速在地面上滚动，但仍然有

$$n_1 + n_2 = 2n_0$$

上式即为行星齿轮差速器的运动特性方程式。它表明，差速器无论差速与否，两半轴齿轮转速之和始终等于差速器壳体转速的两倍，而与行星齿轮转速无关。由上式可知：当任何一侧半轴齿轮的转速为零时，另一侧半轴齿轮的转速为差速器壳体转速的两倍；当差速器壳体转速为零时，若一侧半轴齿轮受其他力矩而转动时，另一侧半轴齿轮以相同的速度反转。

3. 差速器的转矩分配特性

差速器起差速作用的同时，还要分配转矩给左右两侧的驱动轮。锥齿轮差速器自身摩擦力矩很小，所以无论何种工况，锥齿轮差速器都具有转矩等量分配的特性。

锥齿轮差速器转矩等量分配的特性对于汽车在良好路面上行驶是有利的，但汽车在不良路面上行驶却会严重影响其通过能力。当汽车的一个驱动轮处于泥泞的路面因附着力小而打滑时，即使另一个车轮处于附着力大的路面上未滑转，此时附着力小的路面只能对驱动轮作用一个很小的反作用力矩。由于差速器等量分配转矩特性，在良好路面上的驱动轮也只能得到滑转驱动轮相同的牵引力，由于该牵引力小于行驶阻力，所以良好路面上的车轮不再旋转，因此汽车便陷入泥泞中不能行驶。

二、防滑差速器

采用锥齿轮差速器，使汽车通过不良路面的行驶能力受到了限制，为了提高汽车在不良路面上的通过能力，一些越野汽车、高速小客车和载重汽车装用了防滑差速器。

汽车上常用的防滑差速器有人工强制锁止式和自锁式两大类。前者通过驾驶员操纵差速锁，人为地将差速器暂时锁住，使差速器不起差速作用。后者是在汽车行驶过程中，根据路面情况自动改变驱动轮间的转矩分配。自锁式差速器又有摩擦片式、滑块凸轮式和托森式等多种类型。

1. 强制锁止式差速器

强制锁止式差速器是在锥齿轮差速器上设计了差速锁。当一侧驱动轮滑转可利用差速锁使差速器不起作用，保证了汽车的正常行驶。

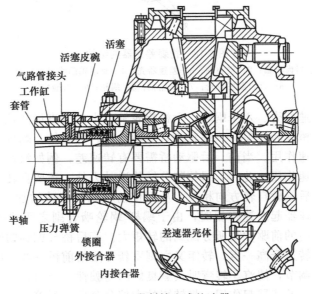

图 6-17 强制锁止式差速器

图 6-17 所示为汽车强制锁止式差速器。它的差速锁由牙嵌式接合器和气压操纵机构两大部分组成。牙嵌式接合器的内接合器用花键与差速器左端连接，并用锁圈轴向定位。外接合器的花键与半轴连接，并可轴向滑动。

当汽车在良好路面上行驶不需要锁止差速器时，牙嵌式接合器的内接合器与外接合器不嵌合，即处于分离状态。

当汽车通过不良路面需要锁止时，通过驾驶员的操纵，压缩空气由空气管接头进入活塞缸左腔，推动活塞右移，从而拨动外接合器右移与内接合器接合，将左半轴与差速器壳连成一个整体，左右两半轴成一体转动，即差速器被锁止，不起差速作用。这样，转矩可以全部被分配给良好路面上的车轮。

当解除差速锁的锁止状态时，操纵放掉气缸内压缩空气，外接合器在压力弹簧作用下左移复位，牙嵌式接合器分离，差速器恢复差速作用。

强制锁止式差速器的特点是结构简单，易于制造，但操纵不便，一般要在停车时进行。

2. 托森差速器

图 6-18 所示为奥迪 A4 全轮驱动轿车前、后驱动桥之间采用的新型托森差速器。"托森"表示"转矩-灵敏"，它是一种轴间自锁差速器，装在变速器后端。转矩由变速器输出轴传给托森差速器，再由差速器直接分配给前驱动桥和后驱动桥。

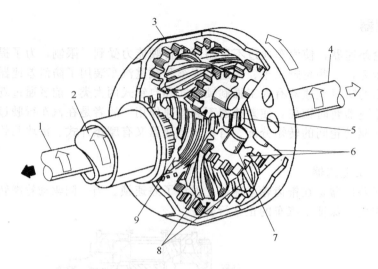

图 6-18 托森差速器的结构
1—差速器齿轮轴；2—空心轴；3—差速器壳；4—驱动轴凸缘盘；5—后轴蜗杆；
6—直齿圆柱齿轮；7—蜗轮轴；8—蜗轮；9—前轴蜗杆

　　托森差速器由差速器壳、六个蜗轮、六根蜗轮轴、十二个直齿圆柱齿轮及前、后轴蜗杆组成。当前、后驱动桥无转速差时，蜗轮绕自身轴自转。各蜗轮、蜗杆与差速器壳一起等速转动，差速器不起差速作用。当前、后驱动桥需要有转速差，例如汽车转弯时，因前轮转弯半径大，差速器起差速作用。此时，蜗轮除公转传递动力外，还要自转。由于直齿圆柱齿轮的相互啮合，使前、后蜗轮自转方向相反，从而使前轴蜗杆转速增加，后轴蜗杆转速减小，实现了差速。托森差速器起差速作用时，由于蜗杆-蜗轮啮合副之间的摩擦作用，转速较低的后驱动桥比转速较高的前驱动桥所分配到的转矩大。若后桥分配到的转矩大到一定程度而出现滑转时，则后桥转速升高一点，转矩又立刻重新分配给前桥一些，所以驱动力的分配可根据转弯的要求自动调节，使汽车转弯时具有良好的驾驶性。当前、后驱动桥中某一桥因附着力小而出现滑转时，差速器起作用，将转矩的大部分分配给附着力大的另一驱动桥（最大可达 3.5 倍），从而提高了汽车通过不良路面的能力。

第四节　半轴和桥壳

一、半轴

　　半轴在差速器与驱动轮之间传递较大的转矩，一般都是实心轴。半轴的内端一般用花键与半轴齿轮连接，外端与轮毂连接。现代汽车常用的半轴支承形式主要有全浮式和半浮式两种。半轴的支承形式决定了半轴的受力情况。

　　1. 全浮式半轴支承

　　图 6-19 所示为全浮式半轴支承示意图。这种支承形式的半轴除受扭矩外，不承受任何弯矩，具有较大的传力能力。全浮式半轴用内端花键与差速器半轴齿轮相连，外端通过螺柱与轮毂 4 固定在一起。轮毂通过两排圆锥轴承 5 支承于桥壳 1 上。路面对驱动车轮的作用力反映到车桥上的情况是：除 F_x 作为该轮的牵引力传到半轴使半轴受扭矩外，F_z、F_y 以及由它们产生的弯矩都经两轴承 5 直接传到桥壳上，由桥壳承受。

　　全浮式支承的半轴易于拆装，只需拧下半轴凸缘上的螺钉，即可抽出半轴，由于全浮式

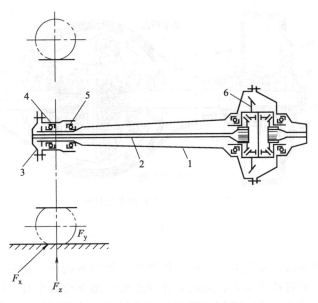

图 6-19 全浮式半轴支承示意图
1—桥壳；2—半轴；3—半轴凸缘；4—轮毂；5—轴承；6—主减速器从动齿轮

支承的半轴传力能力大、拆装方便，载重 2t 和 2t 以上载货汽车全都使用全浮式半轴。

2. 半浮式半轴支承

半浮式半轴内端也是通过外花键和半轴齿轮内花键相连接，外端在出桥壳前，桥壳内有一个轴承支承半轴，没有轮毂，制动器和车轮都直接安装在半轴上，距支承轴承有一悬臂 b。半浮式半轴内端只受扭矩，不承受其他力，外端除受扭矩外，还要受弯矩、反力作用。半浮式半轴及支承如图 6-20、图 6-21 所示。

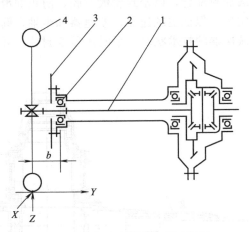

图 6-20 半浮式半轴支承示意图
1—半轴；2—圆锥轴承；3—轴承盖；4—车轮

半浮式支承结构紧凑、重量轻，但半轴受力情况复杂且拆装不方便，载重 2t 以下的汽车全都使用半浮式半轴。拆半浮式半轴需举升汽车，拆轮胎，拆制动鼓，半轴内端有卡簧的，还需拆驱动桥后盖，然后拆半轴卡簧，个别的还需拆制动底板。

全浮式半轴折断后，汽车不能行驶，但不会发生危险。半浮式半轴一旦断裂，该侧驱动轮即会飞出。但折断半轴主要发生在载重 4t 和 4t 以上的汽车上。

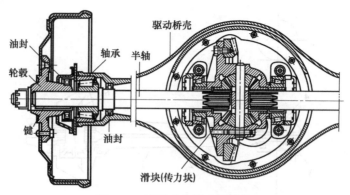

图 6-21 半浮式半轴支承结构

二、桥壳

桥壳是安装主减速器、差速器、半轴、轮毂和悬架的基础件，使左右两侧的车轮位置固定。它承受驱动轮传来的各种反力、力矩，并经悬架传给车架或车身。桥壳应具有足够的刚度，重量轻，便于主减速器的拆装和调整。其结构尽可能地便于制造。驱动桥壳分为整体式和分段式两种。

1. 整体式桥壳

整体式桥壳具有较大的刚度和强度，且便于主减速器的装配、调整和维修。因此普遍用于各类汽车上。

图 6-22 所示为 CA1091 型汽车铸造整体式桥壳。其中部为一环形空心的桥壳 7，用球墨铸铁铸成。两端压入半轴套管 8，并用螺钉 2 止动。半轴套管露出部分安装轮毂轴承，端部制有螺纹，用于安装轮毂轴承调整螺母和锁紧螺母。凸缘盘 1 用来固定制动底板，桥壳 7 的端部加工有油封颈，和轮毂油封配合，以密封轮毂空腔，防止润滑脂外溢。主减速器壳前后端面与中间轴支承孔轴线定位，保证主减速器、差速器和半轴之间的正确位置关系。桥壳后端面的大孔可用来检查主减速器的技术状况，平时用盖 6 封住。盖 6 上有螺塞 5，用以检查油面高度。

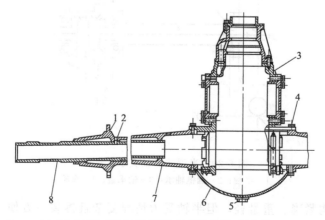

图 6-22 CA1091 型汽车铸造整体式桥壳

1—凸缘盘；2—止动螺钉；3—主减速器壳；4—固定螺钉；5—螺塞；6—后盖；7—桥壳；8—半轴套管

整体式桥壳的优点是强度、刚度较大，且检查、拆装和调整主减速器、差速器方便，适用于各类汽车。

2. 分段式桥壳

分段式桥壳一般由两段组成，各段之间用螺栓连接。图 6-23 所示为一两段桥壳，用螺栓 1 连成一体。它主要由主减速器壳 10、盖 13 和半轴套管 4 组成。

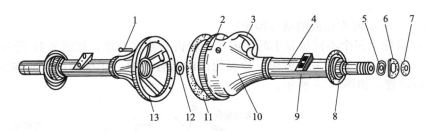

图 6-23 分段式桥壳

1—螺栓；2—注油孔；3—主减速器壳颈部；4—半轴套管；5—调整螺母；6—止动垫片；7—锁紧螺母；8—凸缘盘；9—钢板弹簧座；10—主减速器壳；11—放油孔；12—油封；13—盖

分段式桥壳易于制造，加工简单，但对维修不利。检修主减速器时，必须把驱动桥从车上拆下，目前已很少采用。

桥壳经常承受冲击性载荷，应允许有少量变形，防止断裂，因此铸造式桥壳多用球墨铸铁制造，有的汽车桥壳也采用铝合金制造。

第五节 驱动桥的检测、故障诊断与维修

一、驱动桥的主要零件的检测与调整

1. 主减速器和差速器的检测

① 检查主减速器主动齿轮、从动齿轮、行星齿轮及半轴齿轮的齿面是否有刮伤或严重磨损。齿轮不允许有明显的疲劳剥落，齿面出现黑斑面积不得大于工作面的 30%。主减速器及差速器壳不得有裂纹。否则，应更换总成。

② 检查从动齿轮的偏摆量。如图 6-24 所示，固定百分表座，将百分表针抵在从动齿轮背面最外端，从动齿轮旋转 1 周，记下百分表摆差读数。偏摆量要小于 0.10mm，否则，应予更换。

③ 检查主、从动齿轮的啮合间隙。如图 6-25 所示，固定百分表座，将百分表针抵在从动齿轮任一齿面上，固定主动齿轮，将从动齿轮沿周向来回扳动，记下百分表摆差读数。数值应在 0.13~0.18mm 范围内，否则，应调整侧向轴承。

图 6-24 从动齿轮的检查

图 6-25 主、从动齿轮啮合间隙的检查

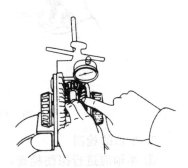

图 6-26 半轴齿轮与行星齿轮啮合间隙的检查

④ 检查半轴齿轮与行星齿轮的啮合间隙。如图 6-26 所示，固定百分表座，将百分表针抵在半轴齿轮任一齿面上，将一个行星齿轮固定，用手拨动半轴齿轮，记下百分表摆差读数。数值应在 0.05～0.20mm 范围内，如间隙不当，可调整行星齿轮和半轴齿轮背面的垫片。

⑤ 检查主、从动齿轮轮齿的啮合印痕。

a. 在从动齿轮上三个不同位置上的 3 或 4 个轮齿上涂红丹油，如图 6-27 所示。

b. 朝两个不同方向转动主动齿轮，检视轮齿的啮合印痕，正确的印痕应在从动齿轮的中间偏齿根的位置，如图 6-28 所示。

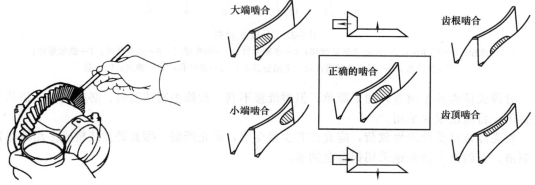

图 6-27　在从动齿轮上涂红丹油　　　　图 6-28　齿轮啮合印痕的检查

2. 半轴齿轮与行星齿轮啮合间隙的调整

① 选择适当的止推垫圈，把止推垫圈和半轴齿轮装入差速器壳内。按前述方法测量半轴齿轮与行星齿轮的啮合间隙，应在 0.05～0.20mm 范围内。如间隙不当，换用不同厚度的止推垫圈。左右两边的止推垫圈厚度应一致。垫圈厚度有 1.60mm、1.70mm、1.80mm 三种。

② 半轴齿轮轮齿大端端面的弧面与行星齿轮的背面弧面应相吻合，并在同一球面上。不合适时，应改变行星齿轮背面球形垫圈的厚度来达到要求。

③ 安装行星齿轮轴上的直销，并把销和差速器壳铆死，如图 6-29 所示。重复检查半轴齿轮的转动是否灵活，半轴齿轮与行星齿轮啮合间隙是否合适。

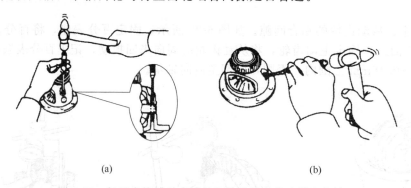

(a)　　　　　　　　(b)

图 6-29　行星齿轮轴上直销的安装及销和差速器壳的铆死

3. 半轴的检测

① 半轴应进行探伤检查，不得有任何形式的裂纹存在，否则应予报废。

② 半轴花键应无明显的扭曲变形，否则应报废。

③ 以半轴轴线为基础，半轴中段未加工圆柱体径向圆跳动误差不得大于 1.3mm ；花键

外圆柱面的径向圆跳动误差不得大于 0.25mm；半轴凸缘内侧端面圆跳动误差不得大于 0.15mm。若径向圆跳动超限，应进行冷压矫正；若端面圆跳动超限，可车削端面进行修正。

④ 半轴花键的侧隙增大量较原设计规定不得大于 0.15mm，否则应报废或堆焊修复。

⑤ 对前轮驱动汽车的半轴总成（带两侧等角速万向节）还应进行以下作业。

a. 外端球笼万向节用手感检查应无径向间隙，否则应予更换。

b. 内侧三叉式万向节可沿轴向滑动，但无明显的径向间隙感，否则换新。

c. 防尘套是否有老化破裂，卡箍是否有效可靠，如果失效，应换新。

4. 轮毂的检测

① 轮毂应无裂纹，否则更换。轮毂各部位螺纹的损伤不得多于 2 牙。

② 轮毂与半轴凸缘及制动鼓的结合端面对轴承孔公共轴线的端面圆跳动公差均为 0.15mm，超限可车削修复。

③ 轮毂轴承孔与轴承的配合应符合原设计规定。轴承孔磨损超限可刷镀或喷镀修理。

5. 主减速器壳的检测

① 壳体应无裂损，各部位螺纹的损伤不得多于 2 牙，否则应换新。

② 差速器左右轴承孔的同轴度误差应小于或等于 0.10mm。

③ 主减速器壳纵轴线对横轴线的垂直度公差为：当纵轴线长度大于 300mm 时，其值为 0.16mm；当纵轴线长度小于或等于 300mm 时，其值为 0.12mm；纵、横轴线应位于同一平面内（双曲线齿轮结构除外），其位置度公差为 0.08mm。

6. 后桥壳和半轴套管的调整

① 桥壳和半轴套管不允许有裂纹存在，半轴套管应进行探伤检验，各部位螺纹损伤不得超过 2 牙。

② 钢板弹簧座定位孔的磨损不得大于 1.5mm，超限时先进行补焊后，再按原位置重新钻孔。

③ 整体式桥壳以半轴套管的两内端轴颈的公共轴线为基准，两外端轴颈的径向圆跳动误差超过 0.30mm 时应进行校正，矫正后的径向圆跳动误差不得大于 0.08mm；分段式桥壳以桥壳的结合圆柱面、结合平面及另一端内锥面为基础，轮毂的内外轴颈的径向圆跳动误差超过 0.25mm 时应进行矫正，矫正后的径向圆跳动误差不得大于 0.08mm。

④ 桥壳轴承孔与半轴套管的配合及伸出长度应符合原设计规定。当半轴套管轴承孔的磨损严重时，可将座孔镗至修理尺寸，更换相应修理尺寸的半轴套管。

⑤ 轴承与桥壳的配合应符合原设计规定，如配合处过于松旷，可刷镀修复轴承孔。

⑥ 桥壳变形时可采用压力矫正或火焰矫正，若用热压矫正时，加热温度应小于或等于 700℃。

二、驱动桥的故障诊断与维修

在汽车行驶中，由于轴承磨损松旷、损伤，齿轮啮合不良，齿面损伤及壳体变形等，会使驱动桥出现过热、漏油和异响等故障。

1. 过热

（1）现象 汽车行驶一段里程后，用手探试驱动桥壳中部或主减速器壳，有无法忍受的烫手感觉。

（2）原因

① 齿轮油变质、油量不足或牌号不符合要求。

② 轴承调整过紧。

③ 齿轮啮合间隙和行星齿轮与半轴齿轮啮合间隙调整太小。
④ 推力垫片与主减速器从动齿轮背隙过小。
⑤ 油封过紧和各运动副、轴承润滑不良而产生干（或半干）摩擦。
(3) 故障诊断与排除方法　检查驱动桥中各部分受热情况。
① 局部过热
　　a. 油封处过热，则故障由油封过紧引起。
　　b. 轴承处过热，则故障由轴承损坏或调整不当引起。
　　c. 油封和轴承处均不过热，则故障由推力垫片与主减速器从动齿轮背隙过小引起。
② 普遍过热
　　a. 检查齿轮油油面高度：油面太低，则故障由齿轮油油量不足引起；否则检查齿轮油规格、黏度或润滑性能。
　　b. 检查结果不符合要求，则故障由齿轮油变质或规格不符引起；否则检查主减速器齿轮啮合间隙的大小。
　　c. 松开驻车制动器，变速器置于空挡，轻轻转动主减速器的凸缘盘，若转动角度太小，则故障由主减速器齿轮啮合间隙太小引起，若转动角度正常，则故障由差速器行星齿轮与半轴齿轮啮合间隙太小引起。

2. 漏油
(1) 现象　从驱动桥加油口、放油口螺塞处或油封、各接合面处可见到明显漏油痕迹。
(2) 原因
① 加油口、放油口螺塞松动或损坏。
② 油封磨损、硬化，油封装反，油封与轴颈不同轴，油封轴颈磨成沟槽。
③ 接合平面变形、加工粗糙，密封衬垫太薄、硬化或损坏，紧固螺钉松动或损坏。
④ 通气孔堵塞。
⑤ 桥壳有铸造缺陷或裂纹。
⑥ 齿轮油加注过多，运转中壳体内压增高，使齿轮油渗出。
(3) 故障诊断与排除方法　根据漏油痕迹部位判断漏油的具体原因。

3. 异响
(1) 现象
① 行驶时驱动桥有异响，脱挡滑行时异响减弱或消失。
② 行驶时驱动桥有异响，脱挡滑行时也有异响。
③ 汽车直线行驶时无异响，当汽车转弯时驱动桥处有异响。
④ 汽车上坡或下坡时后桥有异响，或上、下坡时驱动桥都有异响。
⑤ 车轮有运转噪声或沉重的异响。
(2) 原因
① 圆锥和圆柱主、从动齿轮及行星齿轮、半轴齿轮啮合间隙过大；半轴齿轮花键槽与半轴的配合松旷；主、从动锥齿轮啮合不良；圆锥和圆柱主、从动齿轮啮合间隙不均；齿轮齿面损伤或轮齿折断。
② 主动锥齿轮轴承松旷；主动圆柱齿轮轴承松旷；差速器圆锥滚子轴承松旷；后桥中某个轴承由于预紧力过大，导致间隙过小；主、从动锥齿轮调整不当，间隙过小。
③ 差速器行星齿轮、半轴齿轮不匹配，使其啮合不良；行星齿轮、半轴齿轮磨损或折断；差速器十字轴轴颈磨损；行星齿轮支承垫圈磨薄；行星齿轮与差速器十字轴卡滞或装配不当（如行星齿轮支承垫圈过厚），使行星齿轮转动困难；减速器从动齿轮与差速器壳的紧固铆钉松动。

④ 驱动桥某一部位的齿轮啮合间隙过小，导致汽车上坡时发响；后桥某一部位的齿轮啮合间隙过大，导致汽车下坡时发响；后桥某一部位的齿轮啮合印痕不当或齿轮轴支承轴承松旷，导致汽车上、下坡时都发响。

⑤ 车轮轮毂轴承损坏，轴承外圈松动；制动鼓内有异物；车轮轮辋破碎；车轮轮辋轮胎螺栓孔磨损过大，使轮辋固定不牢。

(3) 故障诊断与排除方法　根据异响部位的不同判断异响的具体原因。

【认证链接】

汽车维修工取证，汽车底盘驱动桥部分技能要求：
1. 应会拆装主减速器和差速器总成。
2. 应会检测调整主减速器轴承的预紧度。
3. 应会检测调整主减速器圆锥齿轮啮合间隙和啮合印痕。
4. 应会检查并清洗差速器壳，添加合适的润滑油。
5. 应会拆装、检查驱动桥半轴。
6. 应会检测桥壳变形是否超过规定值。
7. 应会驱动桥的常见故障诊断与排除。

复 习 题

一、选择题

1. 解放 CA1091 型汽车的双级主减速器从动锥齿轮轴承预紧度的调整是利用（　　）。
   A. 主减速器壳与侧盖下的调整垫片来调整的；　　B. 圆形调整螺母来调整的；
   C. 圆形调整螺母和垫片的加减来调整的
2. 越野汽车的前桥属于（　　）。
   A. 转向桥；　　　　　B. 驱动桥；　　　　　C. 转向驱动桥；　　　　D. 支承桥
3. 当驱动轮采用独立悬架时，需要采用（　　）。
   A. 断开式驱动桥；　　B. 非断开式驱动桥；　　C. 转向驱动桥
4. 全浮式半轴支承中的"浮"是指半轴不能承受（　　）。
   A. 扭矩载荷；　　　　B. 弯矩载荷；　　　　　C. 以上两种
5. 汽车转弯行驶时，差速器中的行星齿轮（　　）。
   A. 只有自转，没有公转；　　B. 只有公转，没有自转；　　C. 既有公转，又有自转

二、填空题

1. 驱动桥分为（　　）式和（　　）式两种。
2. 目前差速器有普通行星锥齿轮差速器、（　　）式差速器和（　　）式差速器。
3. 差速器的主要作用是当汽车转弯或曲线行驶时，两侧驱动轮可以转速不同，以减少车轮的（　　），增加控制的可靠性。
4. 主减速器按照齿轮副的数目可分为（　　）和（　　），按照传动比的挡数可分为（　　）和（　　）。
5. 主减速器在结构上可分为单级主减速器和双级主减速器。通常单级主减速器由一对（　　）组成；双级主减速器由一对（　　）和一对（　　）组成。
6. 半浮式半轴里端只承受扭矩，不承受其他力；外端除承受扭矩外，还要承受（　　）。
7. 主减速器中锥齿轮啮合的调整是指（　　）和（　　）的调整。
8. 主减速器锥齿轮啮合的正确印迹应位于（　　），并占齿面宽度的（　　）以上。
9. 半轴的支承形式有（　　）和（　　）两种。
10. EQ1091 型汽车驱动桥主减速器齿轮的润滑油应选用（　　）油。

三、名词解释题

1. 断开式驱动桥。

2. 准双曲面齿轮式主减速器。
3. 轮间差速器。
4. 轴间差速器。
5. 全浮式半轴。
6. 半浮式半轴。

四、问答题

1. 驱动桥起什么作用？由哪几部分组成？
2. 采用锥齿轮传动的单级主减速器一般需要进行哪些调整？
3. 主减速器的功用是什么？
4. 差速器的作用是什么？
5. 解放 CA1091 型汽车一个驱动轮（4×2）因掉进泥潭以 1200r/min 的速度原地空转，而另一个驱动轮不动，已知主减速器传动比 $i_0=7.63$，差速器壳和传动轴的转速如何？
6. 以 EQ1090E 汽车驱动桥为例，具体指出动力从叉形凸缘输入一直到驱动车轮为止的传动路线（写出动力传递零件名称）。
7. 试用对称式锥齿轮差速器的运动特性方程来分析采用此种差速器的汽车行驶中出现的下列现象：
（1）当用中央制动器制动时，出现的汽车跑偏现象；
（2）一侧驱动轮附着于良好路面上不动，另一侧驱动轮悬空或陷到泥坑而飞速旋转的现象。
8. 试用对称式锥齿轮差速器平均分配转矩特性分析采用此种差速器的汽车当一侧车轮陷到泥坑里或在冰雪路面上时，而出现的车辆无法行驶现象。

第二部分

汽车行驶系

第七章　车架、车桥和车轮

【学习目标】
1. 熟悉车架各部件的名称、作用和结构特点。
2. 熟悉车桥各部件的名称、作用和结构特点。
3. 掌握车轮定位的内容、作用和原理。
4. 掌握转向轮定位的调整方法。
5. 掌握车轮与轮胎的结构特点。
6. 了解车桥与轮胎的维护内容和方法。
7. 了解行使系常见故障及维修方法。

第一节　车　　架

一、车架的功用和要求

汽车车架俗称"大梁",是整个汽车的基体,其上装有发动机、变速器、传动轴、前桥和后桥、车身等总成和部件,并使它们保持正确的相对安装位置。

车架的功用是支承、连接汽车各总成,使各总成保持相对正确的位置,并承受汽车内外的载荷。车架通过悬架装置落在车轮上。由于车架是整个汽车的基础,要承受汽车内外的各种载荷,因此,要求车架必须满足下列要求。

① 要有足够的强度。车架必须保证在各种复杂受力的情况下不致破坏。

② 要有合适的刚度。车架的变形将改变安装于其上的各总成和部件之间的正确相对位置,破坏它们的正常工作,故车架必须具有一定的刚度。但是,为了保证汽车对不平路面的适应性,又要求车架的扭转刚度不宜过高。

③ 结构简单、自身重量轻,对于安装在其上的总成和部件又要便于维修。

④ 车架的形状要尽可能地降低汽车的重心和获得较大的前轮转向角,以保证汽车行驶的稳定性和机动性。

⑤ 要满足汽车总体布置的要求。当汽车在复杂的行驶过程中,固定在车架上的部件、总成及管路、支架等附件相互之间应不发生运动干涉,以保证汽车正常的行驶。

二、车架的类型和构造

现代汽车的车身结构可分为承载式与非承载式两大类,另外还有一种是从性能上区别于上述两类的组合式结构,称为半承载式。非承载式车身有车架,目前汽车上装用的车架按照其结构不同可分为边梁式车架、无梁式车架、中梁式车架和综合式车架,其中以边梁式车架和无梁式车架应用最为广泛。

1. 边梁式车架

边梁式车架是由两根位于两边的纵梁和若干根横梁通过铆接或焊接(少数汽车用螺栓连接)而成的坚固的刚性构架。由于边梁式车架便于安装车身和布置总成,有利于改装变形车和发展多品种车型的需要,所以被广泛用于载重汽车和特种车上,如图 7-1 所示。

纵梁一般用低碳合金钢钢板冲压而成。根据汽车总体结构布置的要求,纵梁的形式繁

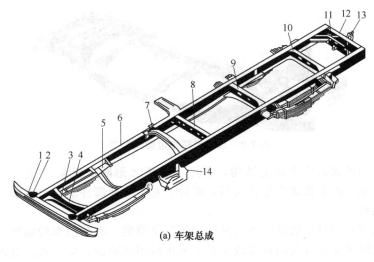

(a) 车架总成

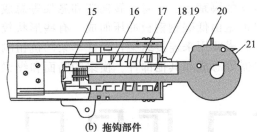

(b) 拖钩部件

图 7-1 东风 EQ1090E 型汽车车架

1—保险杠；2—挂钩；3—前横梁；4—发动机前悬置横梁；5—发动机后悬置右（左）支架和横梁；6—纵梁；7—驾驶室后悬置横梁；8—第四横梁；9—后钢板弹簧前支架横梁；10—后钢板弹簧后支架横梁；11—角撑横梁组件；12—后横梁；13—拖钩部件；14—蓄电池托架；15—螺母；16,19—衬套；17—弹簧；18—拖钩；20—锁块；21—锁扣

多，若从两根边梁的宽度来分有：

① 前窄后宽的结构 前端变窄是为了获得较大的前轮转向角。这种结构在货车上广泛采用。

② 前宽后窄的结构 装载量较大的汽车，由于发动机体积大，轮胎和后钢板弹簧片较宽，故采用前宽后窄的车架。

③ 前后等宽的结构 为了简化制造工艺，避免纵梁宽度转折处应力集中，提高车架的使用寿命，有些车架前后等宽。

从纵梁的平面度来分则有：

① 平行式结构 这种边梁车架的上翼面是平直的，它不仅制造方便，而且车箱底板平整，便于安装和维修。

② 弯曲式结构 边梁上安装前桥或后桥的相应部分做成向上拱曲的，其目的是为了降低车身高度和汽车重心，以提高汽车行驶的稳定性和便于乘客上下车或货物装卸（轻型汽车多用），如图 7-2 所示。

一般纵梁多用槽形断面。因其抗弯强度较高，而且便于安装总成和部件。由于纵梁中部受到的弯矩最大，故中部槽形断面的高度也最大，而向两端其高度逐渐减小，构成等强度梁，同时又减轻了重量。有的纵梁在承受载荷较大的区段内用加强板进行局部加强，以适当减小其断面高度。

一些装载量较大的汽车，装用外形尺寸较大的发动机，后轴上装有双轮胎和较宽的钢板

图 7-2 雪佛兰轿车边梁式车架

弹簧，为了把车架做成前后等宽的结构，采用了等高 Z 形断面纵梁。这种断面的纵梁与横梁连接时需要在纵梁的上翼面增加连接板；此外，对于外伸部件的固定安装（如油箱、蓄电池架等）也较困难。

少数重型和超重型货车的纵梁也有采用"工"字钢的。有些汽车的纵梁，为了提高车架的抗扭刚度，在纵梁受力最大的区段或全长上采用封闭式断面，如箱式、管式等。此外，在纵梁上还钻有很多孔，用以安装脚踏板、车身、转向器和悬架等总成及其他支架。

边梁式车架的横梁一般也是由低碳钢钢板冲压而成。有些形状较为复杂的横梁则采用压延性能比较好的普通碳素钢。横梁用来连接纵梁，保证车架的抗扭刚度和承受纵向载荷。同时还用以安装发动机、散热器等总成和其他部件。横梁的断面和纵梁一样，有图 7-3 所示的几种形状。

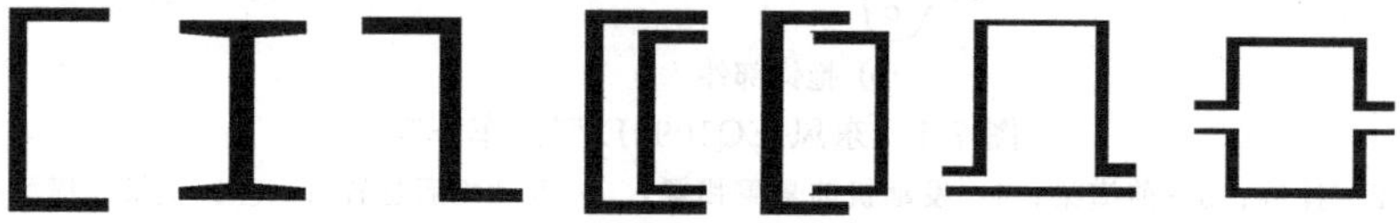

图 7-3 横梁和纵梁断面形状示意图

横梁的数量、结构形式及其在纵梁上的连接位置，则由整车总布置和车架刚度的要求来决定。一般货车采用 5~8 根横梁，分别布置在安装散热器、发动机、驾驶室、传动轴中间轴承、备胎架和钢板弹簧的前后各支点处。

大多数横梁为平行式，少数横梁做成 X 形，如图 7-4 所示，其目的在于提高车架的抗扭刚度。因为当车架受扭时，X 形横梁能将扭矩转化为弯矩，可以提高整个车架的抗扭强度，这对于短而宽的车架效果较好。小轿车多采用这种横梁。

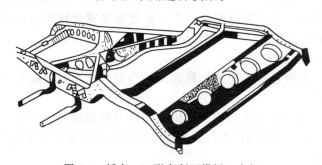

图 7-4 轿车（X 形高断面横梁）车架

货车车架的前端和轿车车架的前后两端装有横梁式的保险杠，如图 7-1 所示，以防汽车突然发生碰撞时散热器和翼子板等机件受到损伤；对轿车来说，保险杠还可以起到美化汽车外形的作用。货车的保险杠上还装有挂钩，供牵引用。有些越野车的保险杠后面还装有铰盘，以便汽车陷入打滑路段时进行自救。

在车架的后端一般装有拖钩。大多数拖钩通过螺旋弹簧与车架横梁弹性连接，并用加强梁和斜撑加固，它可以在车架平面内绕轴销摆动，拖钩上还装有防脱装置，牵引时拖钩具有缓冲、转向和防脱作用。

2. 无梁式车架

无梁式车架是用车身兼作车架，汽车的所有零部件、总成都安装在车身上，车身要承受各种载荷的作用，因而这种车身又称为承载式车身，广泛用于轿车和客车。

如图7-5所示，承载式车身结构由车身前围、车身侧围、车身后围、车门、顶盖、地板、发动机罩及后备箱盖附件组成。车身外覆盖件采用优质低碳合金钢板冲压焊接而成，骨架和部分外覆盖件都参加承载，取代了车架的作用。

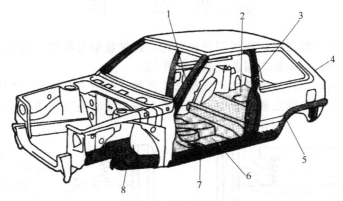

图7-5 无梁式车架

1—A柱；2—行李舱底板；3—B柱；4—后围侧板；5—后纵梁；6—底板；7—车门栏板；8—前纵梁

3. 中梁式车架

中梁式车架（见图7-6）只有一根位于中央而贯穿汽车全长的纵梁，也称脊骨式车架。中梁的断面可做成管形、槽形或箱形。中梁的前端做成伸出支架，用以固定发动机，而主减速器壳通常固定在中梁的尾端，形成断开式后驱动桥。中梁上的悬伸托架用以支承汽车车身和安装其他机件。若中梁是管形的，传动轴可在管内穿过。

中梁式车架有较好的抗扭刚度和较大的前轮转向角，在结构上允许车轮有较大的跳动空间，便于装用独立悬架，从而提高了汽车的越野性。与同吨位的载货汽车相比，其车架轻、整车重量轻，同时重心也低，故行驶稳定性好。车架的强度和刚度较大，脊梁还能起封闭传动轴的防尘罩作用。

中梁式车架的制造工艺复杂，精度要求高，总成安装困难，维护修理也不方便，所以目前应用较少。

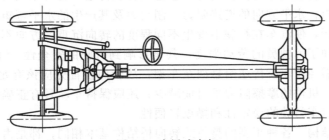

图7-6 中梁式车架

4. 综合式车架

综合式车架的前半部分是边梁式而后半部分是中梁式。其边梁部分用以安装发动机，悬伸出来的支架用以固定车身。这种车架实际上属于中梁式车架的变形，如图 7-7 所示。

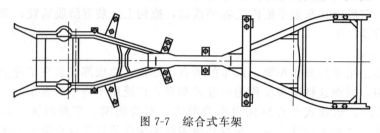

图 7-7　综合式车架

第二节　车　桥

车桥位于悬架与车轮之间，其两端安装车轮，通过悬架与车架（或车身）相连，其功用是传递车架（或车身）与车轮之间各种载荷的作用。

按悬架结构不同，车桥分为整体式和断开式两种，如图 7-8 所示。整体式车桥的中部是刚性实心或空心梁，与非独立悬架配用；断开式车桥为活动关节式结构，与独立悬架配用。

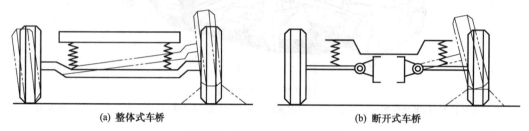

(a) 整体式车桥　　　　　　　　　　(b) 断开式车桥

图 7-8　整体式和断开式车桥

根据车桥上车轮的不同运动方式和作用，车桥又分为转向桥、驱动桥、转向驱动桥和支持桥四种类型。其中转向桥和支持桥都属于从动桥。一般汽车的前桥多为转向桥，后桥或中、后两桥多为驱动桥；越野汽车或某些轿车的前桥既是转向桥也是驱动桥，故称为转向驱动桥；有些单桥驱动的三轴汽车（6×2 汽车）的中桥或后桥是支持桥。挂车上的车桥都是支持桥。本节主要介绍转向桥和转向驱动桥。

一、转向桥

1. 转向桥的作用与结构

（1）转向桥的作用　汽车前桥一般是转向桥，也称驾驶桥。它能使装在前桥两端的车轮偏转一定的角度，以实现汽车转向。同时，它还承受和传递车轮与车架之间的垂直力、垂直反力及其产生的弯矩；水平方向的道路阻力、制动力及其产生的水平弯矩和扭矩。这些都会影响汽车的正常运行，使汽车在行驶中发生不同程度的转向沉重、方向不稳、行驶跑偏、前轮摇摆等故障，增加了驾驶员的劳动强度，甚至影响到行驶的安全性。汽车在行驶过程中，车轮上的各种力均需经过车桥传递给悬架至车架，故转向桥首先应该有足够的强度和刚度；其次，应使转向传动机件的摩擦阻力尽可能减少；还应保持车轮具有正确的定位角和合适的转向角，从而保证汽车行驶的稳定性和操纵轻便性。

（2）转向桥的结构　各种车型的整体式转向桥结构基本相同，都是由前轴、转向节、主销和轮毂四部分组成。前轴是转向桥的主体。如图 7-9 所示。

下面以 EQ1090 型汽车的前桥为例介绍转向桥的结构（见图 7-10）。

2. 转向桥主要零部件

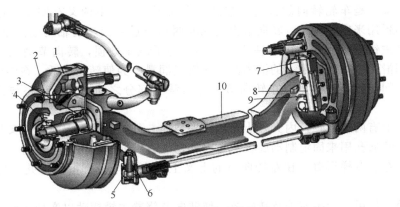

图 7-9 汽车整体式转向桥

1—制动鼓；2—车轮轮毂；3—前轮毂内轴承；4—前轮毂外轴承；5—球头座；
6—球头销；7—衬套；8—主销；9—止推轴承；10—前轴

（1）前轴 是转向桥的主体，以承受垂直弯矩为主，一般用中碳钢经模锻和热处理而制成。为提高抗扭刚度，减轻重量，采用"工"字形断面，在接近两端处各有一个加粗部分成拳形，其中有通孔，主销即插入此孔内。中部向下弯曲成凹形，其目的是使发动机位置得以降低，从而降低汽车重心，扩展驾驶员视野，减小传动轴与变速器输出轴之间的夹角。

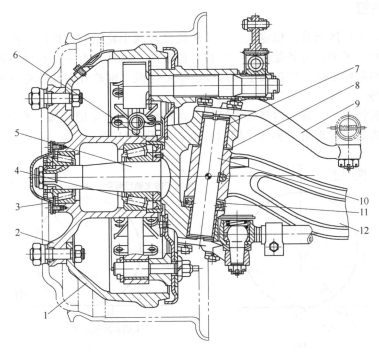

图 7-10 东风 EQ1090 型汽车转向桥（前桥）

1—制动鼓；2—轮毂；3,4—圆锥滚子轴承；5—转向节；6—油封；7—衬套；8—调整垫片；
9—转向节臂；10—主销；11—推力滚子轴承；12—前梁

前轴上平面有两处用以支承钢板弹簧的加宽面，其上钻有安装 U 形螺栓用的 4 个通孔和 1 个位于中心的钢板弹簧定位坑。此外，在前轴两端还制有前轮最大转向角限位块（或限位螺钉）。在主销孔部位有锥形孔，以安装锥形锁销，防止主销转动。

汽车前轴不但容易变形，而且几何形状复杂，一旦变形后将影响汽车的操纵稳定性。

（2）转向节　是车轮转向的铰链，它是一个叉形件，上下两叉有安装主销的两个同轴孔，转向节轴颈用来安装车轮。转向节上销孔的两耳通过主销与前轴两端的拳形部分相连，使前轮可以绕主销偏转一定角度而使汽车转向。为了减小磨损，转向节销孔内压入青铜衬套，衬套的润滑用装在转向节上的油嘴注入润滑脂润滑。为使转向灵活，在转向节下耳与前轴拳形部分之间装有压力轴承。在转向节上耳与拳形部分之间还装有调整垫片，以调整其间隙。

转向节轴上有两道轴颈，内大外小，用来安装内、外轮毂轴承。靠近两叉根部有呈方形的凸缘，其上的通孔用来固定制动底板。一般在左、右转向节的下叉上各有一个带键槽的锥孔，分别安装左、右梯形臂。在左转向节的上叉上也有一个带键槽的锥孔，用以安装转向节臂。

（3）主销　作用是铰接前轴及转向节，使转向节绕着主销摆动以实现车轮的转向。主销的中部切有凹槽，安装时用主销固定螺栓与其上面的凹槽配合，将主销固定在前轴的拳形孔中。主销与转向节上的销孔是动配合，以便实现转向。

（4）轮毂　用于连接制动鼓、轮盘和半轴凸缘，它通过内、外两圆锥滚柱轴承装在转向节轴颈上。轴承的松紧度可通过调整螺母加以调整，调整后用锁紧垫圈锁紧。

在轮毂外端装有端盖，以防止泥水和尘土侵入；内侧装有油封、挡油盘，以防止润滑油进入制动器。

二、转向轮定位

为了保持汽车直线行驶的稳定性、转向轻便性和减小轮胎与机件的磨损，转向车轮、转向节和前轴三者与车架的安装是保持一定相对位置的。这种具有一定相对位置的安装称为转向轮定位，也称前轮定位。它包括主销后倾、主销内倾、前轮外倾及前轮前束四个参数。

1. 主销后倾

主销装在前轴上后，其上端略向后倾斜，这种现象称为主销后倾。在纵向垂直平面内，主销轴线与垂线之间的夹角 γ 称为主销后倾角，如图 7-11 所示。

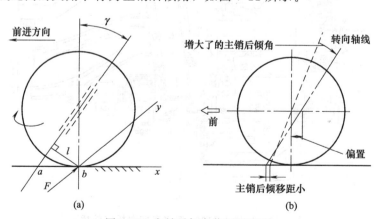

图 7-11　主销后倾角作用示意图

主销后倾后，它的轴线延长线与路面的交点 a 位于轮胎与地面的接触点 b 之前，这样 b 点到主销轴线之间就有一段垂直的距离 l。若汽车转弯时［如图 7-11（a）中所示向右转弯］，则汽车产生的离心力在 b 将引起路面对车轮的侧向反作用力 F，反作用力 F 通过 b 点作用于轮胎上，形成绕主销轴线作用的稳定力矩 $M=Fl$，其方向与车轮偏转方向相反，在此力矩的作用下车轮有恢复到原来中间位置的趋势。此力矩不宜过大，过大会引起转向沉重，力矩的大小取决于力臂 l，力臂 l 的大小又取决于 γ 的大小。

另外，车轮偏转时，内侧转向轮上的 b 点将向后移动，从而使车桥该端提高；而外侧转向轮上的 b 点则向前移动，从而使车桥该端降低。两个车轮偏转的结果使两边悬架产生不等的变形，同时，使车架产生扭曲变形的应力，这种应力也力图使偏转的车轮自动回正。这不仅在汽车转弯时是这样，就在汽车直线行驶偶尔遇到阻力使车轮编转时，也有这种作用。

因此，主销后倾的作用是：保持汽车直线行驶的稳定性，并力图使转弯后的前轮自动回正。

后倾角愈大、车速愈高，前轮的稳定效应也愈强。但后倾角不宜过大，一般 $\gamma=2°\sim3°$。否则在转向时为克服此力矩需要在方向盘上施加较大的力。有些轿车和客车的轮胎气压较低，弹性较大，行驶时由于轮胎与地面的接触面中心向后移动，产生了附加力臂，故后倾角就可以减小到接近于零，甚至减小到负值（即主销前倾）。

主销后倾角的获得一般是前轴、钢板弹簧和车架三者装配在一起时，使前轴向后倾斜而形成的，也可在钢板弹簧底座后部加装楔形垫块而形成。当钢板弹簧因承受载荷不同而挠度发生变化时，主销后倾角也将相应地改变。在使用和维修时，车架变形、钢板弹簧疲劳等都将使主销后倾角发生变化。对于独立悬架系统主销后倾角受悬架支柱和控制臂衬套磨损或松动影响。

设计主销后倾角是为了保证汽车行驶的稳定性，同时两侧车轮的主销后倾角应该相等，如果不相等将会导致汽车向倾角小的一侧跑偏。主销后倾角不能过小，否则会造成高速时转向过于灵敏或汽车行驶方向摇摆。

2. 主销内倾

主销安装到前轴上后，其上端略向内倾斜，这种现象称为主销内倾。在横向垂直平面内，主销轴线与垂线之间的夹角 β 称为主销内倾角，如图 7-12 所示。主销内倾角有如下作用。

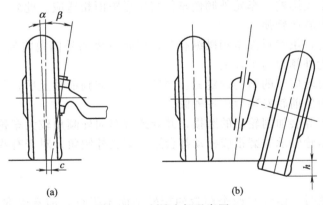

图 7-12　主销内倾示意图

① 使前轮自动回正　直线行驶车辆，在打转向时前轮绕主销旋转。若前轴在空间位置不动，则前轮将由图 7-12（a）所示的位置旋转到图 7-12（b）所示的位置。因为主销是向内倾斜的，故车轮旋转到图（b）所示位置后其最低点将陷入路面以下，但事实上车轮不可能在工作过程中陷入路面以下，而只能是前轴即汽车前部被路面向上抬起相应的高度 h。一旦外力消失，前轮就在汽车前部重力作用下力图恢复到原来的直驶位置，这就是前轮自动回正的原因。内倾角愈大或前轮转角愈大，则汽车前部抬起就愈高，前轮的自动回正作用就愈强，但是转向时转动方向盘费力，使转向沉重，转向轮的轮胎磨损增加。反之，内倾角或前轮转向角愈小时，前轮的自动回正作用也就愈弱。一般采用长短臂悬架的后轮驱动的汽车，内倾角在 $5°\sim8°$ 之间为宜；采用滑柱式的前轮驱动汽车的主销内倾角在 $12°\sim18°$。有助于提

② 使前轮转向轻便　主销内倾后使主销轴线的延长线与路面的交点到车轮与路面的交点之间的距离 c 缩小了，如图 7-12（a）所示，从而使前轮转向时，路面作用在前轮上的阻力矩减小，可以减小转向时驾驶员加在转向盘上的力，使转向轻便；同时还可减小从转向轮传到方向盘上的反冲击力。力臂 c 愈小，转向愈轻便。但是 c 过小后，方向不稳定，前轮易摇摆。一般 c 值在 40~60mm 之间。

如果两侧车轮的主销内倾角不相等，即使静态内倾角在规定范围内也会使转向沉重和出现蛇形现象。在非独立悬架的转向桥上，主销内倾角是不能单独调整的。在使用中如果主销内倾角发生了变化，则主要是由前轴在垂直平面内弯曲变形，或主销与销孔磨损过大等原因造成的。独立悬架则可能是滑柱的上支座发生错位、下控制臂发生弯曲或中间横梁发生移位。

主销后倾和内倾都有使汽车转向自动回正，保持直驶位置的作用。但不同的是：主销后倾的回正作用与车速有关，而主销内倾的回正作用几乎与车速无关。因此，汽车高速行驶时后倾的回正作用大，而低速时则主要靠内倾起回正作用。此外，直行时前轮偶尔遇到冲击而偏转时，也主要依靠主销内倾起回正作用。

3. 前轮外倾

前轮安装在车桥上时，其旋转平面上方略向外倾斜的现象称为前轮外倾。前轮旋转平面与纵向垂直平面之间的夹角 α，称为前轮外倾角，如图 7-13 所示。

车轮外倾的作用是提高前轮工作的安全性和转向操纵轻便性。由于主销与衬套之间，轮毂与轴承等处都存在间隙，若空车时车轮垂直于地面，则满载后，有可能引起车轮上部向内倾斜，出现车轮内倾。车轮内倾后，地面垂直反力便产生一沿转向节轴向外的分力。此力使外轴承及其锁紧螺母等件的载荷增大，寿命缩短，严重时使车轮脱出。当车轮预留外倾角时，就能防止上述不良影响。车轮外倾使车轮与拱形路面相适应。此外，车轮外倾与主销内倾相配合还能使汽车转向轻便。

前轮外倾角大时，虽然对安全和操纵有利，但是过大的外倾角将使轮胎横向偏磨增加、油耗增多。一般车轮外倾角为 1°左右。

前轮外倾角是由转向节的结构确定的。当转向节安装到前轴上后，其转向节轴相对于水平面向下倾斜，从而使前轮安装后出现外倾。

前轮外倾角不相等会加剧轮胎的磨损，并导致汽车向外倾角较大车轮所在一侧跑偏。球节、控制臂衬套和车轮轴承的磨损或松动都会影响车轮外倾角。对于有些车辆的车轮外倾角是可调的。

4. 前轮前束

在安装汽车车轮时，使汽车两个前轮的旋转平面不平行，前端略向内束，称为前轮前束。左右两轮间后方距离 A 与前方距离 B 之差（$A-B$）称为前束值。各种车型对前束值规定的测量部位不同：有的规定在轮胎内侧突出部位测量，图 7-14 所示的即为前束值；有的规定在轮胎圆周面上测量；还有的规定在轮辋外缘上测量。

前轮前束的作用是减小或消除汽车前进中，因前轮外倾和纵向阻力致使前轮前端向外滚开所造成的不良后果。前轮有了外倾后，当它向前滚动时就类似滚锥绕着锥尖滚动，其轨迹不再是直线向前，而是逐渐向外偏斜，但受车桥和转向横拉杆的约束，又不能任意向外偏斜，而只能是边向外滚边向内滑动，其结果是轮胎横向偏磨增加，轮毂轴承载荷增大。有了前束，车轮向前滚动的轨迹要向内偏斜。因此，只要前束和外倾配合适当，轮胎滚动的偏斜方向就会互相抵消，轮胎内外偏磨的现象也就会减小。

前轮前束可通过改变转向横拉杆长度来调整，一般汽车的前束值为 0~12mm。有些车

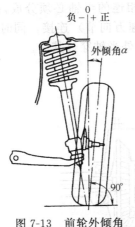
图 7-13 前轮外倾角

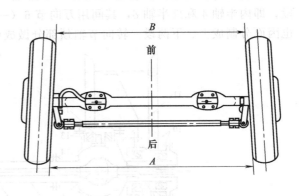
图 7-14 前轮前束

取负前束。检查调整时可根据规定的测量位置和测量方法使两轮的前后距离之差符合要求。汽车两侧车轮的前束必须相等,如果两侧车轮的前束不相等,就会拉动转向盘偏离中间位置。前束过大过小都会增加轮胎的磨损。前束过大会使轮胎外缘发生磨损;过小会使轮胎内缘发生磨损。

5. 后轮的外倾角和前束

车轮定位通常都指汽车的前转向轮而言。现代汽车不仅前转向轮有外倾角和前束,有些汽车的后轮也有外倾角和前束。如桑塔纳2000GSi型轿车,后轮设置有前束角 $25'\pm15'$ 和外倾角 $-1°40'\pm20'$。汽车的驱动力通过纵臂作用于后轴上,如图7-15所示。如果车轮没有前束角,当汽车行驶时,在驱动力 F 作用下,后轴将产生一定弯曲,使车轮出现前张现象,预先设置的前束角就是用来抵消这种前张的。

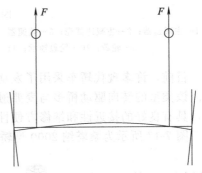
图 7-15 驱动力作用在后轴上的示意图

后轮外倾角的作用:由于外倾角是负值,可增加车轮接地点的跨度,增加汽车的横向稳定性;负外倾角是用来抵消当汽车高速行驶且驱动力 F 较大时,车轮出现的负前束(前张),以减少轮胎的磨损。该前束角和外倾角均不可调整。

几种国产汽车的转向轮定位值见表7-1。

表 7-1 几种国产汽车的转向轮定位值

汽车型号	主销后倾角	主销内倾角	转向轮外倾角	转向轮前束/mm
东风 EQ1092	2°30′	6°	1°	1～5
解放 CA1092	1°30′	8°	1°	2～6
上海桑塔纳	30′		−30′±20′	−1～3
桑塔纳 2000GSi	1°30′±30′		−15′±15′	0～1.6(空载)
富康	1°30′±30′	10°45′±40′	30′±30′(RG、AG 车型) 或 9′±30′(AL 车型)	0～−2(空载) −1～−3(满载)

三、转向驱动桥

在前轮驱动的轿车和全轮驱动的越野汽车上,前桥除作为转向桥外,还兼起驱动桥的作用,故称为转向驱动桥。如图7-16所示,它同一般驱动桥一样,有主减速器1和差速器3。

但由于转向时转向轮需要绕主销偏转一个角度，故与转向轮相连的半轴必须分成内、外两段，即内半轴4和外半轴8，其间用万向节6（一般多用等角速万向节）连接，同时主销12也因而分制成上、下两段。转向节轴颈部分做成中空的，以便外半轴穿过其中。

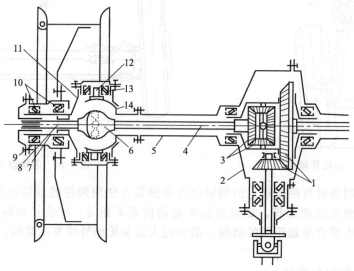

图 7-16　转向驱动桥示意图

1—主减速器；2—主减速器壳；3—差速器；4—内半轴；5—半轴套管；6—万向节；7—转向节轴颈；8—外半轴；
9—轮毂；10—轮毂轴承；11—转向节壳体；12—主销；13—主销轴承；14—球形支座

目前，许多现代轿车采用了发动机前置前驱动的布置形式，其前桥既是转向桥又是驱动桥。该类型的转向驱动桥多与麦弗逊式独立悬架配合使用，因其前轮内侧空间较大，便于布置，具有良好的接近性和维修方便性。

图 7-17 所示为桑塔纳 2000 型轿车的前转向驱动桥。主减速器和差速器在图中未画出。

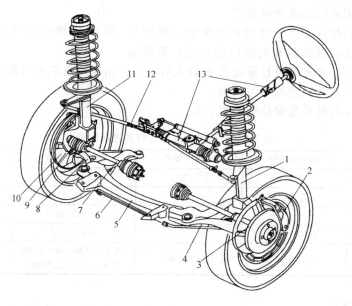

图 7-17　桑塔纳 2000 型轿车的前转向驱动桥（主减速器和差速器未画出）

1,11—悬架；2—前轮制动器总成；3—制动盘；4,8—下摆臂；5—副车架；6—横向稳定器；
7—传动半轴总成；9—球形接头；10—车轮轴承壳；12—转向横拉杆；13—转向装置总成

其动力经主减速器和差速器传至左、右内半轴和左、右内等角速万向节及左、右外半轴（传动轴），并经球笼式左、右外等角速万向节及左、右外半轴凸缘传到左、右两轮毂，使驱动轮旋转。当转动转向盘时，通过齿轮齿条式转向器和横拉杆使前轮偏转，以实现转向。

第三节 车 轮

汽车车轮总成如图 7-18 所示，由车轮和轮胎两大部分组成，是汽车行驶系的重要部件。其功用是：支承整车；缓和由路面传来的冲击力；通过轮胎同路面间存在的附着作用来产生驱动力和制动力；汽车转弯行驶时产生平衡离心力的侧抗力，在保证汽车正常转向行驶的同时，通过车轮产生的自动回正力矩，使汽车保持直线行驶方向；承担越障功能和起到提高通过性的作用等。

此外，车轮和轮胎（特别是轿车轮胎）还是汽车重要的安全件。几乎所有的汽车行驶性能都与轮胎有关。

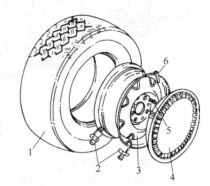

图 7-18 车轮总成
1—轮胎；2—平衡块；3—车轮；4—装饰罩；
5—螺栓；6—气门嘴

一、轮辋的构造、性能和规格标记

车轮是介于轮胎和车轴之间承受负荷的旋转组件，通常由两个主要部件轮辋和轮辐组成。轮辋是在车轮上安装和支承轮胎的部件，轮辐是在车轮上介于车轴和轮辋间的支承部件。轮辋和轮辐可以是整体式的、永久连接式的或可拆卸式的。

1. 轮辐

按轮辐的构造，车轮可分为两种主要形式：辐板式和辐条式。

（1）辐板式车轮 这种车轮如图 7-19 所示，由挡圈 1、辐板 2、轮辋 3 等组成，用以连接轮辋和轮毂的圆盘称为辐板。辐板大多是冲压制成的，也有铸造的，后者主要用于重型汽车。

货车后桥负荷比前桥大得多，为使后轮轮胎不致过载，后桥一般装用双式车轮，在同一轮毂上安装了两套辐板和轮辋，如图 7-20 所示。为了防止汽车在行驶中固定辐板的螺母自行松脱，汽车两侧车轮上的辐板固定螺栓一般采用旋向不同的螺纹，左侧用左旋螺纹，右侧用右旋螺纹。目前在一些载货汽车上（如黄河 JN1150D 型汽车），采用了球面弹簧垫圈，可以防止螺母的自行松脱，故汽车左、右车轮上固定辐板的螺栓均可用右旋螺纹，从而减少了零件。

轿车的车轮辐板所用钢板较薄，常冲压成起伏多变的形状，以提高刚度。目前广泛采用的轿车车轮为铝合金车轮，如图 7-21 所示，且多为整体式的，即轮辋和轮辐铸成一体。其重量轻，尺寸精度高，生产工艺好，美观大方，可以明显改善车轮的空气动力学特性，降低汽车油耗。为了保证高速行驶的平衡性能，还加有平衡块。

（2）辐条式车轮 车轮的轮辐是钢丝辐条（主要用于赛车和某些高级轿车上）或者是与轮毂铸成一体的铸造辐条（用于装载重量较大的重型汽车上）。

2. 轮辋

（1）轮辋的类型 轮辋的常见形式主要有两种，即深槽轮辋和平底轮辋，如图 7-22 所示，还有对开式轮辋、半深槽轮辋、深槽宽轮辋、平底宽轮辋以及全斜底轮辋等。

① 深槽轮辋 如图 7-22（a）所示，这种轮辋是整体的，其断面中部为一深凹槽，主要用于轿车及轻型越野汽车。它有用于安放外胎胎圈的带肩凸缘，其肩部通常略向中间倾斜。断

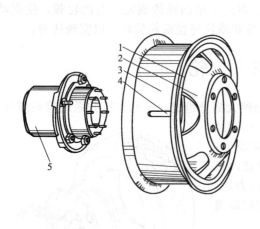

图 7-19 货车辐板式车轮
1—挡圈；2—辐板；3—轮辋；4—气门嘴孔；5—轮毂

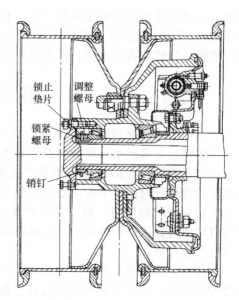

图 7-20 货车双式车轮

图 7-21 轿车铝合金车轮

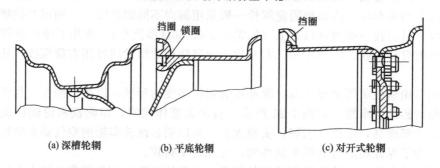

(a) 深槽轮辋　　(b) 平底轮辋　　(c) 对开式轮辋

图 7-22 轮辋断面

面的中部制成深凹槽，以便于外胎的拆装。深槽轮辋的结构简单、刚度大、重量较轻，对于小尺寸弹性较大的轮胎最适宜。但是尺寸较大又较硬的轮胎，则很难装进这样的整体轮辋内。

② 平底轮辋　这种轮辋的结构形式很多，图 7-22（b）所示是我国货车常用的一种形式。挡圈是整体的，而用一个开口弹性锁圈来防止挡圈脱出。在安装轮胎时，先将轮胎套在轮辋上，然后套上挡圈，并将它向内推，直至越过轮辋上的环形槽，再将开口的弹性锁圈嵌

入环形槽中。

③ 对开式轮辋 这种轮辋由内外两部分组成，如图 7-22（c）所示，其内、外轮辋的宽度可以相等，也可以不等，两者用螺栓连成一体。拆装轮胎时，拆卸螺母即可。

由于轮辋是轮胎的装配和固定基础，当轮胎装入不同轮辋时，其变形位置与大小也发生变化。因此，每一种规格的轮胎，最好配用规定的标准轮辋，必要时也可配用规格与标准轮胎相近的轮辋。如果轮辋选用不当，会造成轮胎早期损坏。

近几年来，为了适应提高轮胎负荷能力的需要，国内外均朝宽轮辋的方向发展，如美国的货车已全部采用宽轮辋，欧洲各国也在积极普及宽轮辋，我国也在进行由窄轮辋向宽轮辋的过渡。试验表明，采用宽轮辋可以提高轮胎的使用寿命，并可改善汽车的通过性和行驶稳定性。

(2) 轮辋的规格标记

① 国产轮辋轮廓类型及其代号 用几个字母表示，每个代号所表示的轮辋轮廓类型如图 7-23 所示。

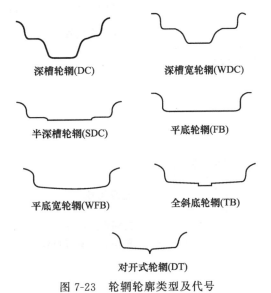

图 7-23 轮辋轮廓类型及代号

② 国产轮辋的规格代号 轮辋规格用轮辋名义宽度代号、轮缘高度代号、轮辋结构形式代号、轮辋名义直径代号和轮辋轮廓类型代号来共同表示。轮辋名义宽度和名义直径代号的数值以 in（英寸）表示（新设计轮胎以 mm 表示直径时，轮辋直径用 mm 表示）。直径数字前面的符号表示轮辋结构形式代号，符号"×"表示该轮辋为一件式轮辋，符号"-"表示该轮辋为两件或两件以上的多件式轮辋。在轮辋名义宽度代号之后的拉丁字母表示轮缘的轮廓（E、F、J、JJ、KB、L、V 等）。有些类型的轮辋（如平底宽轮辋），其名义宽度代号也代表了轮缘轮廓，不再用字母表示。最后面的代号表示轮辋轮廓类型代号。

现有轮辋规格代号见 GB/T 2933—2009，以下列方式表示：

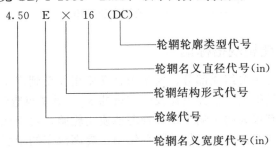

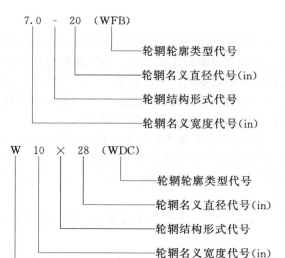

新设计的轮辋以下列方式表示：
轿车
10×3.50C
15×6JJ
轻型载货车

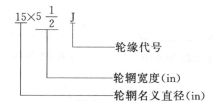

中、重型载货车
20-75
22-8.00V
22.5×8.25

③ 国际标准的轮辋尺寸表示方法　ISO标准为国际标准化机构规定的标准。按ISO标准轮辋尺寸标记为：

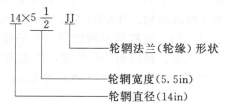

二、轮胎的构造、性能和规格标记

轮胎是汽车行驶系的主要组成部分，轮胎的合理使用关系到汽车安全行驶和汽车运输成本的高低。轮胎的消耗量很大，世界上橡胶生产量的80%用来制造轮胎。

轮胎对汽车的性能有很大的影响。正确合理地使用轮胎，对于保证汽车良好的乘坐舒适性和行驶平顺性；保证与路面具有良好的附着作用，提高汽车的牵引性、操纵性和通过性有着十分重要的意义。

1. 轮胎的分类

(1) 按用途分 可分为轿车轮胎、公路用货车和大客车轮胎（包括无轨电车轮胎和挂车轮胎）和越野汽车轮胎。

(2) 按轮胎内空气压力的大小分 可分为高压胎（0.5～0.7MPa）、低压胎（0.2～0.5MPa）和超低压胎（0.2MPa以下）三种。低压胎弹性好，减振性能强，壁薄散热性好，与地面接触面积大附着性好，因而广泛用于轿车。超低压胎在松软路面上具有良好的通过能力，多用于越野汽车及部分高级轿车。

(3) 按轮胎有无内胎分 可分为有内胎轮胎和无内胎轮胎两种。目前轿车上普遍采用无内胎轮胎。

① 有内胎轮胎 由外胎、内胎和垫带等组成，使用时安装在汽车车轮的轮辋上，如图7-24所示。

内胎是一个环形的橡胶管，上面装有气门嘴，以便充入或排出空气，为使内胎在充气状态下不产生褶皱，其尺寸应稍小于外胎的内壁尺寸。

垫带是一个环形的橡胶带，它垫在内胎与轮辋之间，以保护内胎不被轮辋和胎圈磨伤。

② 无内胎轮胎 俗称真空胎，在外观上与普通轮胎相似，但是没有内胎及垫带。它的气门嘴用橡胶垫圈和螺母直接固定在轮辋上，空气直接充入外胎中，其密封性由外胎和轮辋来保证，如图7-25所示。

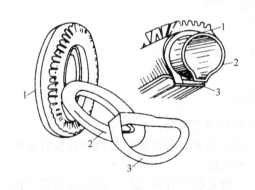

图7-24 有内胎轮胎
1—外胎；2—内胎；3—垫带

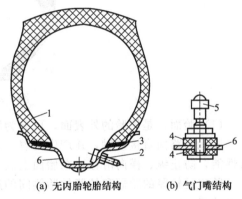

(a) 无内胎轮胎结构　(b) 气门嘴结构

图7-25 无内胎轮胎
1—橡胶密封层；2—气门嘴；3—胎圈橡胶密封层；
4—橡胶垫圈；5—气门螺母；6—轮辋

无内胎轮胎的内壁有一层橡胶密封层，有的在该层下面还有一层自粘层，能自行将刺穿的孔粘合。在胎圈外侧也有一层橡胶密封层，用以加强胎圈与轮辋之间的气密性。无内胎轮胎一旦被刺破，穿孔不会扩大，故漏气缓慢，胎压不会急剧下降，仍能继续行驶一定距离，可消除爆胎的危险。因无内胎，摩擦生热少、散热快，适用于高速行驶；此外，结构简单，重量较轻，维修也方便。但密封层和自粘层易漏气，途中修理也较困难。无内胎轮胎必须配用深槽轮辋，故目前在轿车上应用较多。

(4) 按胎面花纹分 主要有普通花纹、横向花纹、组合花纹、越野花纹等：如图7-26 (a) 所示，普通花纹中的纵向折线花纹最适合于在较好的硬路面上高速行驶，广泛用于轿车、客车及货车等各种车辆；如图7-26 (b) 所示，横向花纹仅用于货车；如图7-26 (c) 所示，组合花纹由纵向折线花纹和横向花纹组合而成，在良好路面和不良路面上都可提供稳定的驾驶性能，广泛用于客车和货车；如图7-26 (d) 所示，越野花纹的凹部深而粗，在软路面上与地面附着性好，越野能力强，适用于矿山、建筑工地及其他一些在松软路面上使用的越野汽车轮胎。

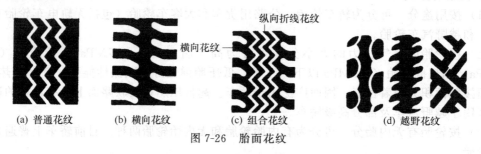

图 7-26 胎面花纹

（5）按胎体帘布层结构的不同分　可分为斜交轮胎和子午线轮胎。

目前轿车上应用的轮胎主要是低压（超低压）无内胎的子午线轮胎。

2. 外胎的结构

外胎由胎面、帘布层、缓冲层和胎圈组成，如图 7-27 所示。

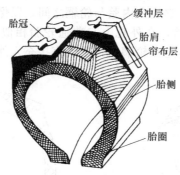

图 7-27 外胎的结构

（1）胎面　是轮胎的外表面，可分为胎冠、胎肩和胎侧三部分。

胎冠与路面直接接触，并产生附着力，使车辆行驶和制动。为使轮胎与地面有良好的附着性能，防止纵、横向滑移，在胎面上制有各种形状的花纹。

胎肩是较厚的胎冠和较薄的胎侧间的过渡部分，一般也制有各种花纹，以提高该部位的散热性能。

胎侧又称胎壁，它由数层橡胶构成，覆盖轮胎两侧，保护内胎免受外部损坏。胎侧在行驶过程中，不断地在载荷作用下挠曲变形。胎侧上标有厂家名称、轮胎尺寸及其他资料。

（2）帘布层　是外胎的骨架，主要用于承受载荷，保持外胎的形状和尺寸，并使其具有足够的强度。帘布层通常由成双数的多层帘布用橡胶贴合而成，相邻层的帘线交叉排列。帘布层数越多，轮胎的强度越大，但弹性下降。帘线可以是棉线、人造丝、尼龙和钢丝。

按照帘布层帘线排列方式的不同，外胎可分为斜交轮胎和子午线轮胎，如图 7-28 所示。

斜交轮胎帘布层的帘线按一定角度交叉排列，帘线与轮胎横断面的交角通常为 50°。子午线轮胎帘布层帘线排列的方向与轮胎横断面一致，即垂直于轮胎胎面中心线，类似于地球仪上的子午线。子午线轮胎胎侧比斜交轮胎软，在径向上容易变形，可以增加轮胎的接地面积，即使在充足气后，两侧壁上也有一个特殊的凸起部位。斜交轮胎与子午线轮胎胎侧比较如图 7-29 所示。

子午线轮胎与斜交轮胎相比具有行驶里程长、滚动阻力小、节约燃料、承载能力大、减振性能好、附着性能好、不易爆胎等优势，目前在汽车上应用广泛。

（3）缓冲层　夹在胎面和帘布层之间，由两层或数层较稀疏的帘布和橡胶制成，弹性较

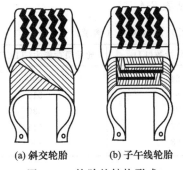

图 7-28 轮胎的结构形式
(a) 斜交轮胎　(b) 子午线轮胎

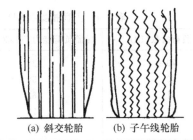

图 7-29 斜交轮胎与子午线轮胎胎侧比较
(a) 斜交轮胎　(b) 子午线轮胎

大。其作用是加强胎面与帘布层之间的结合,防止汽车紧急制动时胎面与帘布层脱离,并缓和汽车行驶时所受到的路面冲击。

（4）胎圈　由钢丝圈、帘布层包边和胎圈包布组成,有很大的刚度和强度,可以使外胎牢固地安装在轮辋上。

3. 汽车轮胎的性能参数

（1）轮胎的高宽比和轮胎系列　轮胎的高宽比是指轮胎断面高度与轮胎断面宽度的百分比,表示为 H/B（%）。轮胎系列是用轮胎高宽比的名义值大小（不带%）表示的,如"80"系列、"75"系列分别指的是轮胎的高宽比为 80% 和 75%。

（2）轮胎的层级　是表示轮胎承载能力的相对指数,主要用于区别尺寸相同但结构和承载能力不同的轮胎。轮胎的层级数与轮胎帘布层的实际层数没有直接关系,就是说轮胎的层级不代表轮胎帘布层的实际层数。轮胎层级常用 PR 表示。

（3）轮胎最高速度和速度级别符号　轮胎最高速度是指在规定条件下（路面级别、轮辋名义直径）,在规定的持续行驶时间（持续行驶最长时间为 1h）内,允许使用的最高速度。

将轮胎最高速度（km/h）分为若干级,用字母表示,称为速度级别符号,目前采用的轮胎速度级别有 25 个,表 7-2 仅摘录了一部分。另外,轿车轮胎的最高速度还与轮辋直径的大小有一定的关系,见表 7-3。

表 7-2　轮胎速度级别符号与最高行驶速度

速度级别符号	最高速度/(km/h)	速度级别符号	最高速度/(km/h)
K	110	R	170
L	120	S	180
M	130	T	190
N	140	U	200
P	150	H	210
Q	160	V	240

表 7-3　不同轮辋直径轮胎的最高行驶速度

速度级别符号	不同轮辋直径轮胎的最高行驶速度/(km/h)		
	轮辋名义直径 10(in)	轮辋名义直径 12(in)	轮辋名义直径 13(in)
P	120	135	150
Q	135	145	160
S	150	165	180
T	165	175	190

（4）轮胎负荷能力和轮胎负荷指数　轮胎负荷能力是指在一定行驶速度和相应充气压力时的最大载重量。轮胎负荷指数是指在规定条件下轮胎负荷能力的数字符号。轮胎负荷指数

用 LI 表示，轮胎负荷能力用 TLCC 表示。两者的关系见表 7-4。

表 7-4 负荷指数（LI）与负荷能力（TLCC）对应关系（摘录）

轮胎负荷指数(LI)	轮胎负荷能力(TLCC)/kgf	轮胎负荷指数(LI)	轮胎负荷能力(TLCC)/kgf
79	437	84	500
80	450	85	515
81	462	86	530
82	475	87	545
83	487	88	560

注：1kgf=9.80665N。

4. 汽车轮胎的尺寸与规格表示方法

（1）轮胎的主要尺寸 包括轮胎断面宽度（B）、轮辋名义直径（d）、轮胎断面高度（H）、轮胎外直径（D）、负荷下静半径和滚动半径等，如图 7-30 所示。

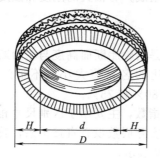
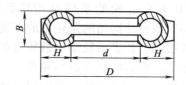

图 7-30 轮胎的主要尺寸

① 轮胎断面宽度 B 指轮胎按规定气压充气后，轮胎两外侧面间的距离。

② 轮辋名义直径 d 指轮辋规格中直径大小的代号，与轮胎规格中相对应的直径一致。

③ 轮胎断面高度 H 指轮胎按规定气压充气后，轮胎外直径与轮辋名义直径之差的一半。

④ 轮胎外直径 D 指轮胎按规定气压充气后，在无负荷状态下胎面最外表的直径。

（2）轮胎的规格表示方法

① 轿车轮胎规格代号 GB/T 2978—2008《轿车轮胎系列》规定的轿车轮胎规格代号表示方法如下：

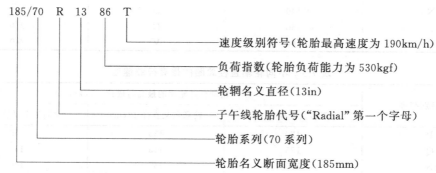

② 载货汽车轮胎规格代号 GB/T 2977—2008《载重汽车轮胎系列》规定的载货汽车轮胎规格代号表示方法如下：

a. 微型载货汽车普通断面斜交轮胎

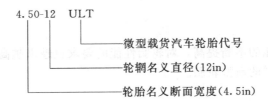

b. 轻型载货汽车普通断面斜交轮胎

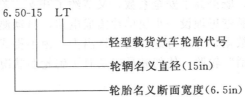

c. 轻型载货汽车普通断面子午线轮胎

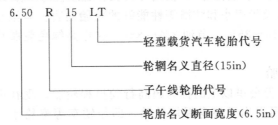

d. 轻型载货汽车斜交公制系列轮胎

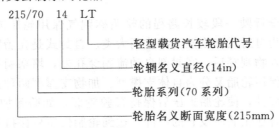

e. 中型、重型载货汽车普通断面斜交轮胎

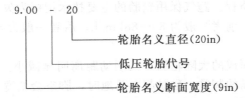

f. 中型、重型载货汽车普通断面子午线轮胎

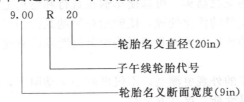

另外，在轮胎规格前加"P"表示轿车轮胎，在胎侧标有"REINFORCED"表示经强化处理，"RADIAL"表示子午线胎，"TUBELESS"（或 TL）表示无内胎（真空胎），"M+S"（Mud and Snow）表示适于泥地和雪地，"→"表示轮胎旋向，不可装反。

三、新型汽车轮胎

随着汽车技术和性能的不断提高,对轮胎性能的要求也越来越高。近年来,世界上主要轮胎公司推出了各式各样的新型轮胎。

1. 智能轮胎

内装有计算机芯片,能够自动监测轮胎行驶温度与气压,并及时予以调整,从而使轮胎始终保持良好的使用性能,既提高了安全系数,又节约了开支。美国固特异公司推出"会说话"载重轮胎。它在轮胎胎壁里埋设一小块单片集成电路,自动测量轮胎的温度、气压、转速、行驶里程和其他一些数据,并用特定代码发送出去,由手提式解码器译成数字显示在液晶显示屏上。这种"会说话"轮胎,使驾驶员能及时了解轮胎状况,做好维护保养,延长了轮胎的使用寿命。

2. 绿色轮胎

一般是指滚动阻力低(节油性好)、使用寿命长、翻新性好(减少废胎生成量)、重量轻(降低石油资源消耗)以及噪声小和防滑等性能好的轮胎而言。就滚动阻力来说,绿色轮胎与普通轮胎相比降低22%～35%,节油3%～8%,这也是绿色轮胎很快得到广泛推广的重要原因。

3. 超高行驶里程轮胎

保证行驶里程在13万公里以上的称为超高行驶里程轮胎。现在世界上一些著名的轮胎制造公司,如米其林公司提出了终身保用轮胎,即与轿车等寿轮胎。这种轮胎的寿命可达10年,相当于行驶16万公里。

4. 跑气保用轮胎

漏气后仍能继续安全行驶一段较长路程的轮胎称跑气保用轮胎或零压轮胎。从结构上分,跑气保用轮胎可分为自封式和刚性支撑式两大类。自封式是在胎腔或密封层内预先充入足量密封剂。当轮胎遭外物刺穿后,密封剂自动流到穿孔处,堵塞洞孔,从而维护正常行驶状态。刚性支撑式跑气保用轮胎又分为自体支撑型、加物支撑型两种:自体支撑型是在普通轮胎上增加原有的某个部件,使轮胎失压后保持行驶轮廓,如胎侧加强型、三角断面型等;加物支撑型是通过增加普通轮胎所没有的部件,达到轮胎失压后保持行驶轮廓的目的,如内支撑物型、多腔型等。虽然各厂家研究开发的这种轮胎不尽相同,但一般都保证在漏气后仍可继续安全行驶一段较长路程。跑气保用轮胎的主要技术指标为失压后的行驶速度和行驶距离,就目前技术水平而言,前者一般为80～88km/h,后者一般为80km,最高达到320km。

5. 仿生轮胎

采用仿生学原理研制而成的大陆轮胎,其制动距离明显减小。该轮胎适用于高档车型。大陆仿生轮胎模仿对象是猫的脚掌,猫跳起再落地时,脚掌会变宽,车轮跃起时再落地,制动距离会减小。在制动时利用后桥载荷向前桥的转移,将轮胎与地面的接触面积扩大了10%,再加上轮胎不对称的花纹结构,可以使车辆在直行和弯道上的制动性能大大改善。另外,通过对生产中的橡胶模具的优化处理,使轮胎在制动载荷很大的情况下与地面之间的压力尽量均匀。其结果是这种轮胎在干燥和潮湿路面上的制动距离比传统轮胎要减少1/10。

6. 低断面轮胎

低断面轮胎能够使汽车的外观更漂亮,不仅可减小滚动阻力,降低燃油消耗,而且还可提高行驶舒适性,改善操纵性能,提高安全性。

7. 防滑轮胎

近年来,为了提高轮胎在湿滑路面上的行驶安全性,许多轮胎公司先后研究开发出防滑轮胎。美国固特异轮胎橡胶公司的轮胎最大特点是:胎面中心有一条V形宽而深的纵向花纹沟，在主花纹沟两侧各有两条纵向窄花纹沟，看上去很像是并装双胎。这种构造有利于将主花纹沟积蓄的雨水排出去，从而改善轮胎湿地操纵性，延长胎面寿命。此外，它的胎面花纹为有向花纹，胎侧防滑线为一圈黑色或灰白色的齿形环。固特异第三代产品轮胎的湿地牵引力可增大18%，干地牵引力可增大6%，制动距离缩短8%，湿地操纵性提高5%，保证里程为13万公里。

第四节　车架与车桥的检测、故障诊断与维修

一、车架的检修

1. 车架的失效形式

车架在使用过程中往往会出现变形（包括弯曲变形、扭转变形）、裂纹、锈蚀、螺栓和铆钉松动等失效形式。

由于车架是汽车的装配基体，并承受各种载荷的作用，在某些情况下有可能出现车架的弯曲和扭转变形。车架的变形会导致汽车各总成之间的装配、连接位置发生变化，使各系统出现故障。

为了汽车整体布局、安装的需要，车架常要制成各种形状，在形状急剧变化的地方往往会由于应力集中而导致裂纹、断裂，所以早期发现车架的裂纹对于汽车的安全非常重要。

恶劣的工作环境往往会使汽车车架锈蚀，路面不平产生的冲击振动会使螺栓、铆钉等连接松动。

2. 车架的检修

（1）外观检查　从外观上检查车架是否有严重的变形、裂纹、锈蚀、螺栓或铆钉松动等现象。

（2）车架变形的检修　车架弯曲可以通过拉线、直尺等来测量、检查。一般要检查车架上平面和侧平面的直线度误差。车架纵梁直线度允许误差为1000mm长度上不大于3mm。

车架扭转通常采用对角线法进行测量。如图7-31所示，分段测量车架各段对角线1-1、2-2、3-3、4-4长度差，不应超过5mm。如果车架的各项形位误差超过标准值，则应进行校正。

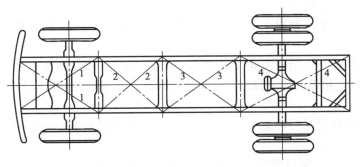

图7-31　车架扭转的检查

（3）裂纹的检修　车架出现裂纹，应根据裂纹的长短及所在部位的不同，采取不同的修复方法。微小的裂纹可以采用焊修的方法。裂纹较长但未扩展至整个断面，且受力不大的部位，应先进行焊修，再用三角形腹板进行加强，如图7-32所示。

如果裂纹已扩展到整个断面，或虽未扩展到整个断面但在受力较大的部位时，应先对裂纹进行焊修，然后用角形或槽形腹板进行加强，如图7-33所示。加强腹板在车架上的固定

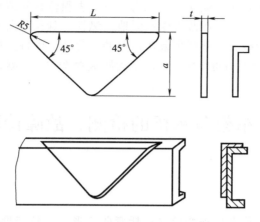

图 7-32 用三角形腹板加强

可采用铆接、焊接或铆焊结合的方法。采用铆接方法时，铆钉孔应上下交错排列。采用铆焊结合的方法时，应先铆后焊，以免降低铆接质量。采用焊接方法时，应尽量减少焊接部位的应力集中。

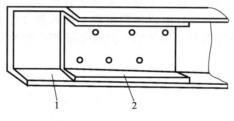

图 7-33 用槽形腹板加强
1—纵梁；2—槽形腹板

二、车桥的检测与维修

1. 前轴的检修

（1）前轴的一般检测

① 当钢板弹簧座平面磨损大于 2mm，定位孔磨损大于 1mm，应堆焊后加工修复或更换新件。

② 轿车的主销孔与主销的配合间隙应不大于 0.10mm，载货汽车应不大于 0.20mm。当其磨损超限后，可采用镶套法或修理尺寸法进行修复。主销孔端面的磨损可采用堆焊加工修理或更换新件。

③ 当怀疑前轴有裂纹时，应先将前轴清洗干净，用磁力探伤法或浸油敲击法进行检测，测出裂纹时，应更换前轴。

④ 如图 7-34 所示，钢板弹簧座平面度可用直尺和塞尺进行检测。钢板弹簧座平面度误差应不大于 0.4mm，否则应用修磨或刨削、铣削等方法进行加工，但钢板弹簧座的厚度减少量应不大于 2mm，否则应进行堆焊修复或换用新件。

图 7-34 钢板弹簧座平面度的检测

(2) 前轴变形的检测与校正

① 两钢板弹簧座之间变形的检测　如图 7-35 和图 7-36 所示。两钢板弹簧座应在同一平面内，其平面度误差应不大于 0.80mm。将前轴固定于台钳或专用支架上，利用水平仪将一侧的钢板弹簧座调整成水平，然后再把水平仪放于另一弹簧座上进行检测。若水珠不在水平仪中间位置，表明两弹簧座之间存在垂直方向弯曲或扭曲变形。

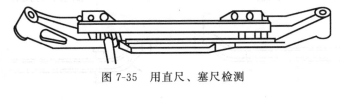

图 7-35　用直尺、塞尺检测

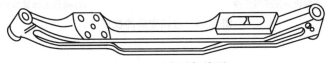

图 7-36　用水平仪检测

② 钢板弹簧座与主销孔之间变形的检测　如图 7-37 和图 7-38 所示。按与被测车型（如桑塔纳轿车）主销内倾角相同的角度放好试棒及角尺，如果试棒与角尺之间存在间隙，表明前轴存在垂直方向的弯曲变形。在前轴主销孔上端中间拉一细线，然后用直尺测量两钢板弹簧座平面与拉线之间的距离，测得值不符合原厂设计值时，表明前轴存在垂直方向的弯曲变形。若拉线偏离钢板弹簧座中心（偏离程度应不大于 4mm），表明前轴两端存在水平方向的弯曲或扭曲变形。

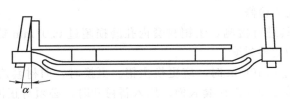

图 7-37　用试棒、角尺检测

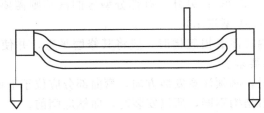

图 7-38　拉线检测

③ 前轴变形的校正　前轴弯曲、扭曲变形的校正一般在专用液压校正器上进行，对前轴的相应部位施加压力或扭力进行校正，使其符合标准要求，如图 7-39 所示。

④ 前轴主销孔的检修　用游标卡尺测量主销孔与主销的配合间隙是否符合原设计规定，如果不符，可按修理尺寸法进行修理。前轴主销孔按修理尺寸加大后，要换用相应尺寸的主销与之配合，以恢复配合间隙，并按同级修理尺寸选配推力轴承和加工转向节主销衬套孔。前轴主销孔磨损到达最后一级修理尺寸时，可镶套修复或更换前轴。为保证主销内倾角符合标准，镗削前轴主销孔时，应以两钢板弹簧座为基准。

2. 转向节的检修

(1) 转向节裂纹的检修　用磁力探伤法或浸油敲击法进行检查，发现有裂纹即需更换

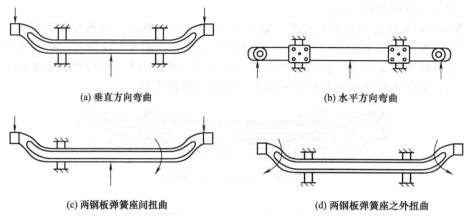

图 7-39 前轴变形的校正

新件。

(2) 转向节轴磨损的检修

① 用内径量表及外径千分尺进行测量，轮毂外轴承与轴颈的配合间隙应不大于 0.04mm，否则应换用新件。

② 内轴承与轴颈的配合间隙应不大于 0.055mm，否则应换用新件。

③ 轴颈磨损过大时，可进行电镀修复或换用新件。

(3) 转向节轴端螺纹的检修　当螺纹损伤不超过 2 牙时，锁止螺母只能用扳手拧入；若能用手拧入，则说明螺纹中径已磨损松旷，此时应更换转向节。

(4) 转向节主销孔的检修

① 用内、外径量具进行检测，主销衬套内孔磨损超过 0.07mm 或衬套与主销的配合间隙超过 0.20mm 时，应更换衬套。

② 销直径磨损超过 0.10mm 时，应更换主销。更换时，旧衬套应用冲子冲出或用专用工具压出，严禁用手锤直接敲击衬套表面。压入新衬套时，必须对正油孔。

③ 新套压入后，部分型号的汽车只要在衬套内涂抹润滑脂后，即可装配使用，不必进行加工（如东风 EQ1092 型汽车）；另外，有部分型号的汽车则需要镗削或铰削衬套后，方可装配使用（如解放 CA1091 型汽车）。

④ 转向节主销孔两内端面磨损起槽时，应将其修磨平整，并使其主销孔公共轴线的端面全跳动误差符合原设计要求。

⑤ 安装横向稳定杆时，必须注意安装方向，弯曲部分应位于下面。

⑥ 由于球形接头左右结构不同，所以安装时，曲柄应朝前。

3. 前轮轮毂轴承的调整、维护与轮毂的检修

(1) 轮毂轴承的调整

① 车轮应能灵活地在轮毂轴承上旋转而无卡滞，轴向松动量不能过大或过小。轴向松动量过大，是由于车轮轮毂轴承间隙过大或转向节衬套磨损产生的；轴向松动量过小，会使车轮旋转卡滞发热。

② 调整车轮轮毂轴承间隙时应用千斤顶将车轮顶起，拆去前轮毂盖，扳开锁片，拧下锁止螺母，取下锁片与锁止垫圈，同时向前、后两个方向转动车轮，使轴承的圆锥形滚柱正确地落在轴承圈的锥面上。

③ 拧紧后，反方向旋松调整螺母约 1~2 个锁紧垫片的孔位，使调整螺母上的止动销与销环上的邻近孔相重合，再装上锁紧垫圈与锁紧螺母。

轮毂轴承孔与轴承的配合过盈不得小于 0.009mm，否则应换用新件。

(2) 轮毂轴承的维护　轮毂轴承是汽车重要的行走机件。轮毂轴承担负着降低底盘运转时的摩擦阻力，维持汽车正常行驶的重任。如果轮毂轴承出了故障，可能会引起噪声、轴承发热等的现象，特别是前轮更为明显，容易导致方向失控等危险情况发生。因此，轮毂轴承必须按期进行维护。

① 轮毂轴承的检查　检查轮毂轴承紧度时，首先将汽车受检轮毂一端车轮的车桥架起，用支车凳、掩车木等用具把车安全地架好。用手转动受检的车轮数圈，看看转动是否平稳，是否有不正常的噪声。如果转动不平稳并有摩擦声，说明制动部分不正常；如果没有噪声，转动不平稳并且时紧时松，说明轴承部分不正常。出现上述不正常现象时应拆检该轮毂。

对于小型汽车，检查轮毂轴承时，用双手握住轮胎的上下侧，双手来回扳动轮胎，重复多次。如果正常，应没有松旷和阻滞的感觉；如果摇摆有明显松旷的感觉，应拆检轮毂。

通常在检查轮毂轴承时，应附带检查车轮制动装置，如果轮胎内侧有油迹，很可能是制动分泵或制动油管漏油引起的，应及时查明原因，予以排除。

② 轮毂轴承的保养　在拆卸轮毂前，应做好轮毂保养的准备工作，将车停稳并架起车桥，以确保维护作业的安全。

a. 拆下轮毂轴头的装饰盖、防尘罩。

b. 拆下轮胎螺母和轮胎，注意不要碰伤轮胎螺栓的螺纹。如果是盘式制动器，应拆下制动器，再拆下锁圈或锁销。

c. 用专用工具拆下轮毂。

d. 刮去轴承、轴颈及轮毂腔内的旧润滑脂，用清洗剂清洗轮毂轴承和轴颈并用布擦干，最后用布擦净轮毂内腔。

e. 检查轮毂轴承与轴承座圈，发现有裂纹、疲劳剥落和轴承滚子松散等现象，应更换轴承。如果发现轴承座圈上有麻点，也应更换轴承。

f. 检查轴承内径与轴颈的配合情况，配合间隙应不大于 0.10mm。测量轴颈时，应在垂直于地面的上下两个部位（该处为最大的磨损部位）测量。如果配合间隙超过规定的使用限度，应更换轴承，使之恢复正常的配合间隙。不允许在轴颈上打毛刺、麻点来缩小间隙。

g. 待所有零件都符合要求后，将内轴承涂抹润滑脂后放入轮毂中。

h. 对轴承内腔涂抹润滑脂时应注意，将润滑脂挤进轴承内直至润滑脂从轴承的另一侧冒出来为止。在轮毂腔内和轴头盖内涂抹薄薄一层润滑脂，使之起到防锈的作用。注意轮毂腔内的润滑脂不要涂抹得太多，否则会影响散热和制动。

i. 将轮毂及外轴承装回到轴颈上，用手将轴头调整螺母拧上，然后用轴头扳手按规定扭力拧紧调整螺母。拧紧螺母后，应左右转动轮毂几圈，检查轴承安装情况。同时，通过转动使轴承与座圈正确配合。此时轴承紧度适当，车轮自由转动而感觉不出轴向间隙。

j. 最后依次安装锁片、固定螺母、轮胎、防尘罩和装饰盖等零件。

k. 轮毂轴承调整好后，行驶一段里程（10km 左右），停车检查，用手拭摸轮毂的温度，如果发热，为轴承调整过紧所致，应重新调整，适当放松轴承紧度。

(3) 轮毂变形的检修　轮毂变形会引起车轮的不平衡，影响汽车的行驶稳定性和制动效能。轮毂变形可通过测量凸缘的圆跳动来进行检查，圆跳动公差为 0.15mm，不符合此标准时应换用新件。

4. 前轮最大转向角的检查和调整

将前轮转向角调到最大的目的是为了获得最小转弯半径，以保证汽车的通过性。

(1) 检查　转向角最简易的检查方法是将方向盘向左或向右打到底，前轮胎不与翼子板、钢板、直拉杆等机件碰擦，并有 8~10mm 的距离为合适。各种车辆有不同的转向角，就是为了既能保证转向的灵活性，又能保证轮胎不与其他机件碰擦。如图 7-40 所示，将前轮放在转角测量仪上，并在后轮下放一块木板，使车身保持水平状况，让方向盘向内或向外转到极限位置，即可从转角测量仪读出转角的最大值。

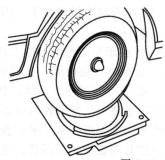

图 7-40 最大转向角的测量

（2）调整 旋出或旋入转向节上的转向角限位螺栓，或转动转向节壳上的一个调整螺栓进行调整，调整完毕后必须旋紧锁紧螺母。

5. 转向轮定位的检查和调整

下面以桑塔纳 2000 型轿车为例介绍其前轮定位的检查和调整。

车轮定位不仅影响车轮的磨损程度，同时还对操纵稳定性和行车安全产生进一步的影响。因此，除了平时经常检查车轮定位外，在车桥拆装后和轮胎发生异常磨损、车辆的操纵稳定性变坏时，必须检查和调整车轮定位。

（1）检查准备

桑塔纳 2000 型轿车只有前轮定位可以调整，因此检查前轮定位前，车辆应先满足以下条件，否则检查结果无效。

① 汽车停放在水平场地或专用检测台上，车轮在直线行驶位置且无负载。
② 轮胎气压符合规定。
③ 车轮平衡，悬架活动自如。
④ 转向系调整正确。
⑤ 前悬架弹簧无过大的间隙和损坏。

桑塔纳 2000 型轿车前轮定位最好使用光学测量仪检查。如果没有光学测量仪，检查前轮外倾角可用 3021 量角器，检查前束可用机械轮距测试器。检查和调整应在车辆行走 1000～2000km 后，螺旋弹簧的长度基本定型的情况下进行最为适宜。

（2）前轮定位的调整 由于主销后倾和前轮外倾角的改变会引起前束的改变，而前束的变化不会影响主销后倾角和前轮外倾角，所以前轮定位的检查和调整顺序是：首先检查和调整主销后倾角和左、右轮的差值，然后检查和调整前轮外倾角和左、右轮的差值，最后检查和调整前束。

① 前轮外倾角 当前轮外倾角不正确时，轮胎会出现单边磨损（吃胎）。另外，外倾角过大，高速时车身晃动加剧，转向发"飘"，不易掌握；外倾角过小，转向太沉，回位不良；左、右轮外倾角差值过大，会使汽车侧滑跑偏，轮胎磨损不匀。

检查前轮外倾角可采用水准仪进行动态测量。水准仪如图 7-41 所示。

将车轮对准正前方，如图 7-42 所示，利用装在轮辋或轮盘上的固定支架，将水准仪安装在与车轮平面垂直的平面内，如图 7-43 所示。此时水准仪的倾角读数即为车轮外倾角。当测量值与标准值不符时，应予以调整。

调整前轮外倾角时车轮应着地，通过球头销在下摇臂长孔中的位移来调整。其步骤如下。

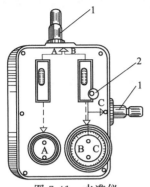 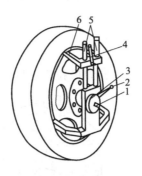 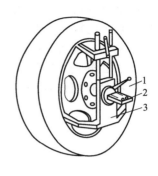

图 7-41　水准仪
1—插销；2—调整螺钉；
A—外倾角刻度表及相应插销；
B—后倾角刻度表及相应插销；
C—内倾角刻度表及相应插销

图 7-42　车轮定位仪器固定支架
1—支承轴；2—固定手柄；
3—调节手轮；4—高度调整手柄；5—立柱；
6—偏心夹

图 7-43　测量车轮外倾角
1—被测车轮；2—水准仪；
3—固定支架

a. 松开下摇臂球头销的固定螺母。

b. 把外倾调整杆插入图 7-44 中箭头所示的孔中。调整左侧时，从后面插入调整杆；调整右侧时，应从前面插入调整杆。

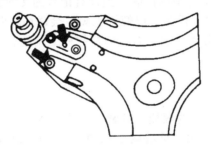

图 7-44　插入外倾调整杆

c. 横向移动球头销，直至达到所需外倾角值。
d. 紧固螺母并再次检查外倾角值，需要时重新进行调整。
e. 必要时调整前束。

② 前束　如前束不当，会出现高速摆振和明显的单侧磨损。

检查前束，需将车轮停放在水平的硬实地面上，顶起前轮，使车轮能平稳回转，在轮胎周向花纹对称中心划线，然后拆下千斤顶，使车轮恢复稳定状态，并使车轮处于直行位置。

使用前束尺测量时，前束尺的指针高度与轮胎中心高度相同，如图 7-45 所示。在车轮的前侧，使前束尺的左右指针与轮胎中心的划线对准，测出宽度。然后将前束尺移到车轮后侧，以同样方法测出宽度。两次测量结果之差，即为车轮前束。

图 7-45　检查前束

调整前束除使用光学测量仪外，还需要专用工具。调整前束是通过改变两侧转向横拉杆的长度来实现的。其步骤如下。

a. 将转向器置于中间位置。

b. 拧出转向中间轴盖上的螺栓。

c. 将带有挂钩的专用工具安置在左转向横拉杆的紧固螺母上，如图7-46所示。

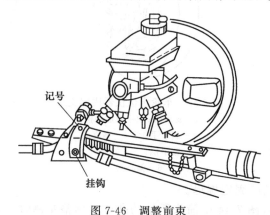

图7-46 调整前束

d. 用提供的螺钉将作衬垫的间隔件固定到标有记号的转向器孔中。

注意，不得使用一般螺钉，因为一般螺钉太短，会碰坏转向盘的螺纹。

e. 总前束值分为两半，分别在左、右转向横拉杆上调整。

f. 固定转向横拉杆。

g. 必要时调整转向盘。

h. 拆下专用工具。

i. 重新拧紧转向中间轴盖上的螺栓，拧紧力矩为20N·m。

③ 主销后倾角和主销内倾角　桑塔纳2000型轿车的主销后倾角是不能调整的。桑塔纳2000型轿车的主销内倾角也不可调整，它是靠前轮外倾角的正确性来保证的。桑塔纳2000GSi型轿车前、后轮定位参数见表7-5。

表7-5　桑塔纳2000GSi型轿车前、后轮定位参数

前轮	参数	后轮	参数
总前束（空载）	$8'\pm8'$（0~1.6mm）	外倾 左、右最大允差	$-1°40'\pm20'$ $30'$
外倾（轮胎正前方） 左、右最大允差	$-15'\pm15'$ $10'$	总前束（在规定的倾角里） 定位最大允差	$25'\pm15'$ $25'$
主销后倾（不可调整）	$1°30'\pm30'$		

6. 车轮和轮胎的检查与维修保养方法

(1) 车轮与轮胎的日常维护

车轮与轮胎的日常维护是指驾驶员在出车前、行车中和收车后对轮胎所做的相应检视工作。日常维护的主要作业内容如下。

① 出车前检视

a. 用气压表检查各轮胎气压是否符合规定，气门嘴是否正常。

b. 检查轮胎螺母是否紧固，翼子板、挡泥板、货厢等有无碰擦现象。

c. 检查随车工具，如撬胎棒、千斤顶、车轮螺母、套筒扳手、气压表、手锤、挖石子钩等是否齐全可用。

② 行驶途中检视

a. 检查轮胎的气压、胎温是否正常。如果轮胎的胎温过高，应选择阴凉处停车休息，让其温度自然下降，切不可采用泼水降温的方法，以免轮胎温度骤然下降加剧轮胎橡胶老化。

b. 检查轮胎胎面、胎侧是否有异常磨损或损坏，轮辋有无损伤。

c. 检查轮胎螺母有无松动，翼子板、挡泥板、货厢等与轮胎是否有碰擦现象。

d. 清洁轮胎花纹、双胎间及其他处的石子和夹杂物。

③ 收车后检视

a. 汽车停放场地应干燥、无油污及杂物。严冬雨雪天气，应清除停车场地上的冰雪，防止轮胎与地面冻结。

b. 检查轮胎气压是否正常，检查轮胎螺母是否松动，备胎及备胎架是否完好。

c. 清除轮胎花纹中的石子和夹杂物。

d. 检查轮胎是否有异常损坏，是否需要更换轮胎。

（2）车轮与轮胎的一级维护

① 检查轮胎螺母是否齐全完好，气门嘴、气门帽是否完好。如有损坏、丢失，应及时补齐装好或修好。

② 检查轮胎磨损情况，如发现有偏磨、起鼓变形或其他异常磨损时，应查找原因并予以排除。

③ 检查并校正轮胎气压，使之符合有关规定。

④ 检查轮胎搭配是否得当，轮辋、挡圈、锁圈等是否正常。

⑤ 检查轮胎有无机械损坏，必要时，可拆卸检查。如有损坏，应予以修理。

⑥ 填写维护记录。

（3）车轮与轮胎的二级维护

轮胎的二级维护除执行一级维护作业内容外，还应进行下列作业项目。

① 检查轮胎外观情况：轮胎胎冠、胎肩、胎侧、花纹等不得有明显的损坏、偏磨、割裂、变形现象。

② 检查轮胎的花纹深度（见图 7-47）：GB 7258—2012《机动车运行安全技术条件》规定，轿车轮胎胎冠上花纹磨损至花纹深度小于 1.6mm（磨损标志），载货汽车转向轮胎冠上的花纹深度小于 3.2mm，其余轮胎胎冠花纹深度小于 1.6mm 时，应停止使用。

轮胎花纹深度可用深度尺进行测量。

胎面磨损标志位于胎面花纹沟底部，当胎面磨损到此处时，花纹沟断开，表明轮胎必须停止使用并送去翻新。为便于用户找到磨损标志所在的位置，通常在磨损标志对应的胎肩处标出"TWI"或"△"等符号。这种磨损标志按国家标准 GB 1191、GB 9743 和 GB 516 的规定，每条轮胎应沿周向等距离地设置不少于 4 个。

③ 视情况进行轮胎解体检查。

a. 测量胎面花纹和外直径，作为轮胎更换、换位、修补、翻新、报废和搭配使用的依据。

b. 检查胎冠、胎肩、胎侧及胎内有无内伤、夹空、碾线、折断、起瘤和变形等现象。

c. 检查内胎、垫带有无咬伤、褶皱现象，气门嘴、气门芯是否完好。

d. 检查轮辋、挡圈、锁圈有无变形、锈蚀、裂纹。

e. 检查轮辋螺栓、承孔有无过度磨损和裂损现象。

图 7-47 花纹深度

④ 高速行驶的车辆应进行轮胎的动平衡试验。
⑤ 在排除解体检查所发现的故障后，进行轮胎的装合和充气。

（4）轮胎的换位

① 按时换位可使轮胎磨损均匀，约可延长20%的使用寿命，应结合车辆二级维护定期换位。在路面拱度较大的地区或夏季，轮胎磨损差别较大，可适当增加换位次数。厂家一般推荐8000～10000km应将轮胎换位一次。

② 轮胎换位方法常用的有交叉换位法、循环换位法和单边换位法，如图7-48和图7-49所示。

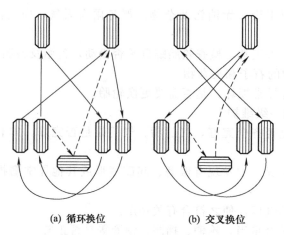

图7-48　六轮轮胎换位

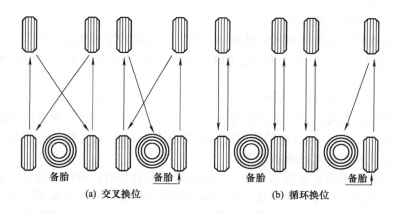

图7-49　四轮轮胎换位

装用普通斜交轮胎的六轮二桥汽车，常用图7-48中的交叉换位法，具体做法是：左右两交叉，主胎（后内）换前胎，前胎换帮胎（后外）、帮胎换主胎。这样，通过三次换位每只轮胎就可轮到一次担负内挡（主力）胎。

四轮二桥汽车，斜交轮胎也可采用交叉换位法，如图7-49（a）所示。子午线轮胎宜采用单边换位法，如图7-49（b）所示。

子午线轮胎的旋转方向应始终不变。若反向旋转，会因钢丝帘线反向变形产生振动，汽车平顺性变差。所以一些轿车使用手册推荐单边换位法。

③ 轮胎换位后，应按所换的胎位要求，重新调整气压。
④ 轮胎换位后需做好记录，下次换位仍要按上次选定的换位方法换位。

【认证链接】

汽车维修工取证，汽车底盘车架、车桥和车轮部分技能要求：
1. 应会车架的检修方法。
2. 应会拆卸、检查和安装转向节总成。
3. 应会检查、调整转向轮定位。
4. 应会正确拆装车轮并检查、调整轮毂轴承预紧度。
5. 应会正确选用、拆装和检查轮胎。
6. 应会轮胎的换位。
7. 应会对车桥进行常规检查与维护。
8. 应会对车桥的常见故障进行诊断与排除。

复 习 题

一、名词解释题

1. 转向轮的自动回正作用。
2. 主销后倾角。
3. 主销内倾角。
4. 车轮外倾角。
5. 转向驱动桥。
6. 子午线轮胎。

二、选择题

1. 国产轮辋的规格代号中，直径数字前面的符号表示轮辋结构形式代号，符号"×"表示该轮辋为（　　）。
   A. 一件式轮辋；　　　B. 两件式轮辋；　　　C. 两件或两件以上式轮辋
2. 轮胎的最高速度是指在规定条件下，在规定的持续最长行驶时间内，允许使用的（　　）。
   A. 最高速度；　　　B. 最低速度；　　　C. 平均速度
3. 轮胎断面宽度是指轮胎按规定气压充气后，（　　）。
   A. 轮胎两内侧面的距离；　B. 轮胎两外侧面的距离；　C. 接地距离
4. 当车轮受到外力作用而使汽车偏离行驶方向时，使车轮能够自动回正的前轮定位角是（　　）。
   A. 车轮外倾角；　　　B. 主销后倾角；　　　C. 主销内倾角
5. 国产轮辋轮廓类型有7种，其中代号 WDC 表示（　　）。
   A. 平底轮辋；　　　B. 深槽轮辋；　　　C. 深槽宽轮辋
6. 7.50-18 轮胎的名义宽度为（　　），轮胎的名义直径为（　　）。
   A. 7.50mm；　　B. 7.50in；　　C. 18mm；　　D. 18in
7. 车轮前束是为了调整（　　）所带来的不良后果而设置的。
   A. 主销后倾角；　B. 主销内倾角；　C. 车轮外倾角；　D. 车轮内倾角
8. 6.5-20（WFB）型轮辋属于（　　）轮辋。
   A. 一件式；　　B. 多件式；　　C. A、B 均有可能；　　D. 无法确定
9. 7.0-20（WFB）型轮辋的名义直径是（　　）。
   A. 7.0mm；　　B. 20mm；　　C. 7.0in；　　D. 20in

三、填空题

1. 车架的结构形式主要有（　　）、（　　）、（　　）、（　　）。
2. 根据车桥上车轮的不同运动方式和作用，车桥又分为（　　）、（　　）、（　　）和支持桥四种类型。
3. 前轮定位是指（　　）、（　　）和前轴三者与车架的安装保持一定相对位置关系，它包括（　　）、（　　）、（　　）及前轮前束四个参数。
4. 常见轮辋的形式主要有两种：（　　）和（　　）。

5. 按胎面花纹不同可分为（　　）花纹轮胎、（　　）花纹轮胎和（　　）花纹轮胎；按胎体帘布层的结构不同，又可分为（　　）轮胎和（　　）轮胎。

6. 按轮胎内空气压力的大小分为（　　）、（　　）和（　　）三种。目前轿车、货车几乎全部采用（　　）。

7. 4.50E×16（DC）型轮辋，表明该轮辋的名义直径为（　　），名义宽度为（　　），轮辋轮廓代号为（　　）的（　　）件式（　　）轮辋。

四、问答题

1. 对车架的要求是什么？
2. 四轮定位参数有哪些？各自的作用是什么？
3. 车轮的功用是什么？
4. 无内胎轮胎有什么优点？
5. 汽车轮胎代号 185/70 R 13 86 T 的含义是什么？
6. 如何检查和调整前轮最大转向角？
7. 如何检查调整前轮前束？
8. 轮胎的日常维护内容有哪些？
9. 说明轮胎常见的换位方法。
10. 说明桑塔纳 2000 型轿车前轮定位的检查和调整方法。

第八章 悬架

> 【学习目标】
> 1. 熟悉悬架的作用、组成与类型。
> 2. 掌握各种弹性元件的结构和性能特点。
> 3. 掌握双向作用筒式减振器的结构与工作原理。
> 4. 掌握各种常见悬架系统的基本结构和工作原理。
> 5. 掌握悬架系统的拆装、检修程序。
> 6. 了解电控悬架系统的组成与工作原理。
> 7. 了解车身高度自动控制系统及空气弹簧悬架的功用与工作原理。
> 8. 掌握悬架系统常见故障的现象和原因。

第一节 认识悬架

一、悬架的功用和组成

1. 悬架的功用

悬架系统是车架（或承载式车身）和车桥（或车轮）之间的传力连接装置的总称，连接车身和车轮。悬架系统的主要功能如下。

① 与轮胎一起，吸收和减缓汽车行驶中由于路面不平所造成的各种颤动、摇摆和振动，保证乘客和货物的安全，并提高驾驶稳定性。

② 将路面与车轮之间摩擦所产生的驱动力和制动力传递到底盘和车身。

③ 支承车身，并使车身与车轮之间保持适当的几何关系。

2. 悬架的组成

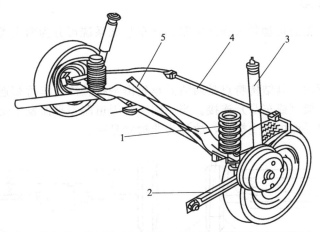

图 8-1 汽车的悬架组成示意图
1—弹性元件；2—纵向推力杆；3—减振器；4—横向稳定器；5—横向推力杆

现代汽车的悬架尽管有各种不同的结构形式，但是一般都由弹性元件 1、减振器 3 和导向机构（纵、横向推力杆 2、5）三部分组成，如图 8-1 所示。此外，还辅设缓冲块和横向稳定器。它们不但分别起着缓冲、减振和导向的作用,还共同起着传递力的作用。

(1) 弹性元件 起缓冲作用,用于抵消不平路面传来的振动。由于汽车行驶的路面不可能绝对平坦,路面作用于车轮上的垂直反力往往是冲击性的,特别是在不良路面上高速行驶时,这种冲击很大。当这种冲击力传递到车架和车身上时,不但会加剧汽车部件的损坏,还会使乘客感到不舒服或使汽车上的货物受到损伤。所以,为了缓解冲击,除了采用有弹性的充气轮胎外,悬架系统还装有弹性元件,使车架与车桥或车身与车轮之间形成弹性连接。

(2) 减振器 起减振作用。由于弹性元件在受到冲击后会产生振动,而持续的振动将使乘客感到不舒服和疲劳,所以悬架系统中设有减振器,用于限制弹簧的自由振荡,使振动迅速衰减,以提高乘坐舒适性。

(3) 导向机构 起导向作用。车轮相对于车架和车身跳动时,车轮(特别是转向轮)的运动轨迹应符合一定的要求,否则将影响到汽车的驾驶性能(特别是操纵的稳定性)。悬架系统中的导向机构不但要传递力矩,还要保证车轮按照一定轨迹相对于车架和车身跳动。导向机构控制车轮的横向和纵向运动。

(4) 横向稳定器 在大多数轿车和客车的悬架系统中还设有横向稳定器,其作用是防止车身在转向等情况下车身发生过大的横向倾斜。

为限制弹簧的最大变形并防止弹簧直接撞击车架,在货车上设有缓冲块。在一些轿车上也设有缓冲块,以限制悬架的最大变形。

悬架系统只要具备上述功能,在结构上并非一定要设置上述这些单独的部件。例如,在装有钢板弹簧的汽车上,由于钢板弹簧不但起到缓冲作用,当它在汽车上纵向安置,并且一端与车架作固定铰接时,还可起到传递力矩和决定车轮运动轨迹的作用,所以就不必再设置导向机构。此外,钢板弹簧本身就有一定的减振能力,所以在对减振要求不高时,可以不装减振器。

由此可见,上述这三个组成部分分别起缓冲、减振和导向的作用,然而三者共同的任务则是传力。

二、汽车悬架的类型

根据汽车两侧车轮的运动是否相互关联,汽车悬架系统可分为两大类:非独立悬架和独立悬架。

1. 非独立悬架

如图 8-2 (a) 所示,其结构特点是两侧的车轮由一根整体式车桥相连,车轮连同车桥一起通过弹性悬架与车架(或车身)连接。当一侧车轮因道路不平而发生跳动时,必然引起另一侧车轮在汽车横向平面内发生摆动,故称为非独立悬架。

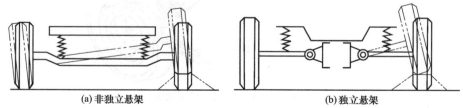

(a) 非独立悬架　　　　　　　　　　　(b) 独立悬架

图 8-2 非独立悬架与独立悬架示意图

2. 独立悬架

如图 8-2 (b) 所示,其结构特点是车桥做成断开的形式,每一侧的车轮可以单独地通过弹性悬架与车架（或车身）连接，当一侧车轮跳动时，对另一侧车轮不产生影响，故称为独立悬架。

第二节 弹性元件

一、弹性元件的特性

如果在一个用橡胶之类的材料制成的物体上施加作用力，该力就会使物体产生变形，但当作用力消失后，物体就会恢复原状，物体的这种特性称为弹性，汽车弹簧正是利用弹性原理来缓冲路面对车身和乘客所造成的振动的。当被压缩时，弹簧将施加的力所产生的能量暂时储存起来，钢板弹簧靠弯曲，螺旋弹簧和扭杆弹簧靠扭曲来储存这种能量，当弹簧恢复正常状态时，能量就会被释放出来。

弹簧的变形程度与对它所施加的力成正比，作用力和变形量的比值是一个常数，这个常数就称为弹性系数。

不同的弹簧，其弹性系数也不同。如果对两个弹簧施加相同的载荷，则弹性系数小的弹簧的收缩量要大于弹性系数大的弹簧的收缩量。弹性系数小的弹簧称为"软"弹簧；弹性系数大的弹簧则称为"硬"弹簧。

二、弹性元件的类型

汽车悬架系统所用的弹簧主要有钢板弹簧、螺旋弹簧、扭杆弹簧、气体弹簧等。其应用一般为：载货汽车的非独立悬架广泛采用钢板弹簧；重载汽车广泛采用气体弹簧；轿车的独立悬架大多采用螺旋弹簧和扭杆弹簧。

1. 钢板弹簧

钢板弹簧由单片或若干片长度不同、宽度相等、厚度可以相等也可以不等的弹簧钢板组成。根据组成片的数量，钢板弹簧可以分为以下三种：多片钢板弹簧；单片钢板弹簧；少片钢板弹簧。

（1）多片钢板弹簧 如图 8-3 所示，钢板弹簧中最长的一片称为主片，其两端弯成卷耳，卷耳内装衬套，用弹簧销与固定在车架上的支架或吊耳铰链连接。弹簧中部通过 U 形螺栓（也称骑马螺栓）装在车桥上。由于主片卷耳受力较大，是薄弱处，所以为了增加主片的卷耳强度，常将第二片弹簧板的末端也变成卷耳，包在主片卷耳的外面成为包耳。为了使各个弹簧板变形时能够相对滑动，在主片卷耳和第二片卷耳之间留有较大的间隙。

多片钢板弹簧靠中部的小孔和中心螺栓穿在一起。装配时要保证各板的相对位置。中心螺栓离两端卷耳中心的距离可以相等，也可以不等，相等的称为对称式钢板弹簧，如图 8-3（a）所示；不相等的称为非对称式钢板弹簧，如图 8-3（b）所示。此外，为了防止钢板滑出原位，还用若干个钢板夹将其固定，这样固定可以避免当钢板弹簧反向变形（即车架远离车桥）时，由于各钢板分开而使主片单独承载。

一般来说，钢板弹簧越长就越软。钢板弹簧中的弹簧钢板越多，其承载能力就越强，但这样弹簧会变硬而影响乘坐舒适性。

每片钢板弹簧的弯曲度称为咬入度，如图 8-4 所示。钢板弹簧的整体弯曲度称为拱度，如图 8-5 所示。钢板越短，其咬入度就越高，所以在整个钢板弹簧中，每片钢板的弯曲度都大于其上面一片钢板的弯曲度。

当弹簧弯曲时，弹簧的各片钢板相互摩擦，这种摩擦称为板片间摩擦，它所产生的摩擦力能够迅速减缓弹簧的振荡。但这种摩擦也会使弹簧的弯曲变得困难，从而降低了乘坐舒适

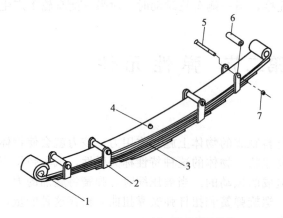

(a) 对称式钢板弹簧

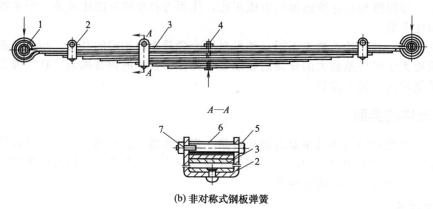

(b) 非对称式钢板弹簧

图 8-3 钢板弹簧

1—卷耳；2—弹簧夹；3—钢板弹簧；4—中心螺栓；5—螺栓；6—套管；7—螺母

图 8-4 钢板弹簧的咬入度

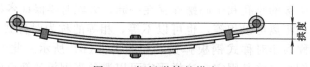

图 8-5 钢板弹簧的拱度

性，所以钢板弹簧主要用于载货或载客汽车。此外，在弹簧回弹时，咬入能够防止每片钢板间产生间隙，从而防止了泥沙等异物进入钢板之间，造成磨损。

在装配钢板弹簧时，各钢板之间需涂上较稠的石墨基润滑脂，并应定期维护。

若钢板弹簧在汽车行驶中折断，尤其是第一片折断，会因弹力不足等原因，使车身倾斜。前钢板弹簧第一片折断时，车身会在横向平面内倾斜；后钢板弹簧第一片折断时，车身在纵向平面内倾斜。此外，当某一侧的钢板弹簧由于疲劳导致弹力下降，或者更换的钢板弹簧与原钢板弹簧的刚度不一致时，也会使车身倾斜。

固定钢板弹簧的钢板弹簧销、衬套或吊耳等部件如果磨损过甚，或是 U 形螺栓松动或者折断时，除了会引起车身倾斜外，还会造成行驶跑偏、行驶不稳、底盘异响等故障。因此，在维护和修理过程中，如果发现钢板销与衬套配合间隙过大，应成对更换。

（2）单片钢板弹簧　只有一块钢板，钢板中间厚，两端逐渐变薄，如图 8-6 所示。

图 8-6　单片钢板弹簧

这种弹簧有非线性特性，能够保证行驶平顺性和恰当的承载能力。此外，当弹簧压缩时，不存在摩擦和噪声问题。

单片弹簧可以纵向安装，也可以横向安装，汽车前悬架和后悬架都可采用。

（3）少片钢板弹簧　由 2~3 片变截面的弹簧钢板构成，如图 8-7 所示。钢板宽度保持不变，但它的横截面尺寸沿长度方向是变化的。这种弹簧克服了多片钢板弹簧重量大、性能差的缺点。据统计，在多片钢板弹簧和少片钢板弹簧寿命相等的情况下，少片钢板弹簧的重量可减轻 40%~50%，因此少片钢板弹簧对减轻汽车重量、节约能源和原料都有利，所以这种弹簧的应用日益广泛。目前，我国第二汽车制造厂生产的 EQ1141G 型 8t 货车的前弹簧和后副弹簧，以及第一汽车制造厂生产的 2t 轻型货车的后、前钢板弹簧，都采用这种少片变截面钢板弹簧。

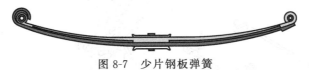

图 8-7　少片钢板弹簧

2. 螺旋弹簧

螺旋弹簧是前、后悬架中最常用的弹簧，它由特殊的弹簧钢杆卷制而成，如图 8-8 所示，可以做成圆柱形或圆锥形，也可以做成等螺距或变螺距。其中等螺距螺旋弹簧的刚度不能改变，而圆锥形或变螺距螺旋弹簧的刚度可以改变。在螺旋弹簧上施加载荷时，随着弹簧的收缩，便储存了外力的能量，缓冲了振动；当撤销外加载荷时，螺旋弹簧伸开，恢复原状。螺旋弹簧作为弹性元件，广泛地应用在汽车前独立悬架中和有些轿车的后非独立悬架中。

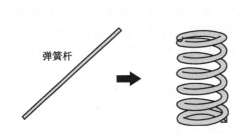

图 8-8　螺旋弹簧

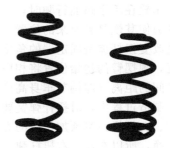

(a) 线性的(普通的)　(b) 非线性的

图 8-9　线性螺旋弹簧和非线性螺旋弹簧

螺旋弹簧可以分为两类（见图 8-9）：线性螺旋弹簧和非线性螺旋弹簧。线性螺旋弹簧的螺距相等，簧圈的形状一样，直径相同，有恒定的弹性系数。非线性螺旋弹簧簧圈的粗细和形状不同，最常用的非线性螺旋弹簧簧圈的直径相同但螺距不等。非线性螺旋弹簧没有一定的弹性系数,而只有由预定弹簧变形载荷决定的平均的弹性系数。线性螺旋弹簧用于普通承载弹簧和运动车悬架,而非线性弹簧一般用于载荷增加时可自动调节高度的汽车上。

螺旋弹簧与钢板弹簧相比,其单位质量的能量吸收率高、重量轻。此外,螺旋弹簧不需要润滑,也不忌泥污。但是由于螺旋弹簧只能承受垂直载荷,所以在螺旋弹簧悬架系统中必须安装导向机构,用于承受并传递除垂直载荷以外的各种力和力矩。此外,由于螺旋弹簧变形时没有钢板弹簧那样的片间摩擦,所以螺旋弹簧本身不能衰减振荡,在悬架系统中必须与减振器一起使用。

当需要更换螺旋弹簧时,要选择合适的弹簧。螺旋弹簧的零件号通常写在绕在弹簧上的标签上。替换弹簧的零件号必须与原车弹簧的零件号相同,而且建议同时更换前面或后面的两根弹簧,以保证相同的缓冲和抗振功能。

3. 扭杆弹簧

扭杆弹簧通常简称为扭杆,它是用其自身的扭转弹性来抵抗扭曲力的弹簧钢杆。扭杆弹簧的断面一般为圆形,也有少数为矩形或管形。此外还有的扭杆弹簧是由一些矩形断面的薄扭片组合而成,这种扭杆弹簧更为柔软。扭杆弹簧的两端可以做成花键、方形、六角形或带平面的圆柱形等,其中一端固定在车架或车身其他构件上,而另一端连接在下摆臂上。扭杆弹簧一般都是纵向安装的,如图 8-10(a)所示,但也有一些是横向安装,如图 8-10(b)所示。

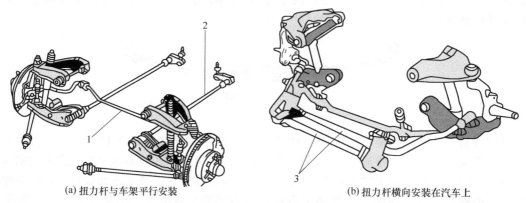

(a) 扭力杆与车架平行安装　　(b) 扭力杆横向安装在汽车上

图 8-10　扭杆弹簧的连接

1—稳定杆;2,3—扭力杆

当车轮在不平路面行驶时,下摆臂上下运动,使扭杆弹簧发生扭转,扭杆弹簧本身抵抗扭转的力使其恢复到原来的位置,从而减弱汽车的振动。扭杆弹簧本身的扭转刚度是常数,但通过改变扭杆弹簧固定端的角度,可以改变悬架系统的刚度。若将扭杆弹簧固定端转过一个角度,则摆臂的初始位置将相应地改变,这样不但可以改变悬架的刚度,还可以调节车架与车轮间的距离(即调节车身高度)。

在制造过程中,对扭杆弹簧要施加预应力以保证其疲劳强度,所以扭杆弹簧是有方向性的。左、右扭杆弹簧预加扭转的方向与扭杆弹簧安装在车上后承受载荷时扭转的方向相同,不能互换,所以在左、右扭杆弹簧上刻有不同的标识,以示区别。

扭杆弹簧比螺旋弹簧和钢板弹簧能储存更多的能量,而且短而粗的扭杆比细而长的扭杆的承载能力强。此外,它还具有重量轻、无需润滑以及安装所占空间小等特点。

4. 气体弹簧

气体弹簧是在一个密封的容器中充入压缩气体(气压为 0.5～1MPa),利用气体的可压缩性实现弹簧的作用。这种弹簧的刚度是可变的,因为作用在弹簧上的载荷增加时,容器内的定量气体受压缩,气压升高,则弹簧的刚度增大;反之,当载荷减小时,弹簧内的气压下降,刚度减小,故它具有比较理想的变刚度特性。

气体弹簧有空气弹簧和油气弹簧两种。空气弹簧又有囊式[见图 8-11 (a)]和膜式[见图 8-11 (b)]之分。

(1) 空气弹簧

① 囊式空气弹簧 由夹有帘线的橡胶气囊和密闭在其中的压缩空气所组成。

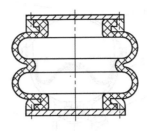 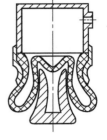

(a) 囊式空气弹簧　　(b) 膜式空气弹簧

图 8-11　空气弹簧

气囊的内层用气密性的橡胶制成,而外层则用耐油橡胶制成。气囊一般做成如图 8-11 (a) 所示的两节,但也有单节或三节或四节的。节数越多,弹性越好。节与节之间围有钢质的腰环,使中间部分不致有径向扩张,并可防止两节之间相互摩擦。气囊的上、下盖板将气囊密闭。

② 膜式空气弹簧 密闭气囊由橡胶膜片和金属压制件组成。与囊式空气弹簧相比,其弹性特性曲线比较理想,因其刚度较囊式小,车身自然振动频率较低,且尺寸较小,在车上便于布置,故多用在轿车上,但制造较困难,寿命也较短。

空气弹簧近年来在大客车上,特别是在高档豪华大客车上已得到广泛应用。

(2) 油气弹簧 是空气弹簧的一种特例,它以氮气作为弹性介质,而在气体弹簧与活塞之间引入油液作为传力介质。它一般由气体弹簧和相当于液力减振器的液压缸所组成。其结构类型主要有单气室、双气室以及两级压力式等。

① 单气室油气弹簧 又分为油气分隔式[见图 8-12 (a)]和油气不分隔式[见图 8-12 (b)]两种。前者可防止油液乳化,且便于充气。

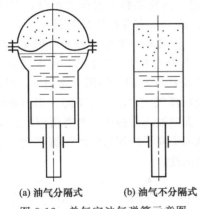

(a) 油气分隔式　　(b) 油气不分隔式

图 8-12　单气室油气弹簧示意图

图 8-13 所示为一种单气室油气分隔式油气弹簧。上、下半球室构成的球形气室固装在工作缸 10 上,球形气室的内腔用橡胶隔膜 5 隔开,上半球室充入高压氮气,下半球室通过减振器阻尼阀 9 与工作缸的内腔相通,并充满了减振器油。工作缸固定在车身(车架)上,其活塞 3 与导向缸 12 连接成一体,悬架活塞杆 1 的下端与悬架的摆臂(或车桥)相连接。当悬架摆臂(或车桥)与车身(或车架)相对运动时,活塞和活塞导向缸便在工作缸内上、下滑动,而工作油液通过减振器阻尼阀 9 来回运动,起到减振器的作用。

当载荷增加、悬架摆臂(车桥)与车身(车架)之间的距离缩短时,活塞及导向缸上移,活塞 3 上腔容积减小,使工作油液经压缩阀 18 进入球形气室,推动橡胶隔膜 5 向上移动,使气体容积减小,氮气压力升高。当活塞向上的推力与氮气向下的反作用力相等时,活塞便停止移动。车身(车架)与悬架摆臂(车桥)间的相对位置不再变化。当载荷减小,即推动活塞上移的作用力减小时,橡胶隔膜在高压氮气作用下向下移动,迫使工作油液经伸张阀 14 流回活塞 3 上腔,推动活塞向下移动,车身(车架)与悬架摆臂(车桥)之间的距离变长,直到氮气室内的压力和作用在活塞上的力与外界减小的载荷相等时,活塞才停止移动。

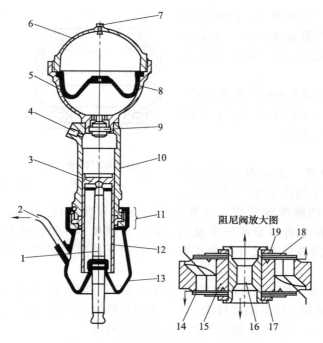

图 8-13 单气室油气分隔式油气弹簧
1—悬架活塞杆；2—油溢流口；3—活塞；4—加油口；5—橡胶隔膜；6—上半球室；
7—充气螺塞；8—下半球室；9—减振器阻尼阀；10—工作缸；11—密封装置；
12—活塞导向缸；13—防护罩；14—伸张阀；15—阀体；16—油液节流孔；
17—伸张阀限位挡片；18—压缩阀；19—压缩阀限位挡片

汽车在行驶过程中，油气弹簧所受的载荷是变化的，因此活塞便相应地在工作缸中处于不同的位置。由于氮气充满在密闭的球形气室内，作用在橡胶隔膜上的载荷小时，气体弹簧的刚度较小，随着载荷的增加，气体弹簧的刚度变大，故它具有变刚度的特性。

② 双气室油气弹簧　如图 8-14 所示，它比单气室油气弹簧多一个作用力方向相反的反压气室 B 和一个浮动活塞 3。当弹簧处于压缩行程时，主气室 A 中的主活塞 1 上移，使主气室内的气压升高，弹簧的刚度增大。此时，浮动活塞下面的油液在反压气室的气体压力作用下，经通道 2 流入主气室的活塞下面，补充活塞上移后空出的容积，而反压气室内的压力下降。当弹簧处于伸张行程时，主活塞下移，主气室内的气压降低，主活塞下面的油压受挤压，经通道流回浮动活塞的下面，推动活塞上移，而使反压气室内的气压增高，从而提高了拉伸行程的弹簧刚度。这种油气弹簧消除了在伸张行程中活塞与缸体底部发生撞击的可能性。

由上述可知，空气弹簧和油气弹簧都同螺旋弹簧一样，只能承受轴向载荷，故气体弹簧悬架中必须设置纵向和横向推力杆等导向机构。空气弹簧悬架中还必须装有减振器。

气体弹簧可以借专门的控制阀（高度阀）自动调节气囊或气室的原始充气压力，以使车身离地高度保持一定。空气弹簧的重量比任何弹簧的都小，且寿命也较长，但高度尺寸较大，在布置上有一定困难。此外，其密封环节多，容易漏气。油气弹簧应用于重型汽车上时，其体积和重量都较钢板弹簧小（重量可减小 50% 以上）。但油气弹

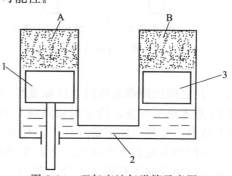

图 8-14 双气室油气弹簧示意图
1—主活塞；2—通道；3—浮动活塞；
A—主气室；B—反压气室

簧对气体和油液的密封要求很高，因而对加工和装配的精度要求及对相对滑动的工作表面的表面粗糙度和耐磨性要求都很高。此外，油气弹簧的维护也较麻烦。

第三节 减振器

一、减振器的功能及要求

减振器和弹性元件是并联安装的，如图 8-15 所示，其作用是吸收弹性元件起落时车辆的振动，使其迅速恢复平稳的状态，以改善汽车行驶的平稳性。

减振器的作用实质上是减弱弹簧的运动。若没有减振器，则在一次冲击后，弹簧会不停地伸张和收缩，直至全部能量被消耗为止。所以在连续地冲击后，不但会导致汽车行驶的不平稳和不稳定，还会造成悬架系统和转向系统的严重磨损。而在装有减振器的汽车中，减振器会减弱弹簧的运动，从而大大减少了冲击后弹簧伸张和收缩的时间，防止了汽车的不平稳和严重的磨损。

目前，汽车悬架系统广泛采用液力减振器，其基本原理如图 8-16 所示，当车架与车桥作往复相对运动时，减振器中的油液反复经过活塞上的阀孔，由于阀孔的节流作用及油液分子间的内摩擦力便形成了衰减振动的阻尼力，使振动的能量转变为热能，并由油液和减振器壳体吸收，然后散到大气中。

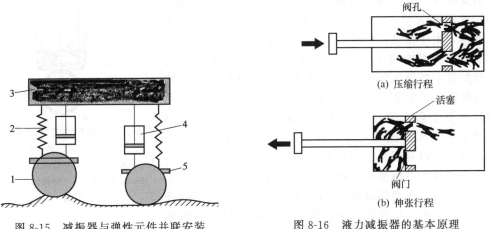

图 8-15　减振器与弹性元件并联安装
1—车轮；2—弹簧；3—车身；4—减振器；
5—悬架联动装置和车桥

图 8-16　液力减振器的基本原理

阀门越大，阻尼力越小，反之亦然。相对运动速度越大，阻尼力越大，反之亦然。

阻尼力越大，振动的衰减越快，但悬架弹性元件的缓冲效果不能发挥，乘坐也不舒适，因此弹性元件的刚度与减振器的阻尼力要合理搭配，才能保证乘坐舒适性和操纵稳定性的要求。为了保证减振器与弹性元件能够协调工作，对减振器提出如下要求。

① 在悬架压缩（车架与车桥相互靠近）的行程中，减振器阻尼力应较小，以便充分利用弹性元件的弹性来缓和冲击，这时起主要缓冲作用的是弹性元件。

② 在悬架伸张（车架与车桥相互远离）的行程中，减振器阻尼力应较大（阻尼力约为压缩行程的 2~5 倍），以便使振动能够迅速衰减，这时减振器起主要作用。

③ 当车架与车桥之间的相对运动速度过大时，减振器能自动加大油液通孔的截面积，使阻尼力保持在一定的限度之内，以避免承受过大的冲击载荷。

二、双向作用式减振器

现在汽车上使用的大多数是双向作用式减振器,双向作用式减振器是在伸张和压缩行程都能起到减振作用的减振器。双向作用筒式减振器一般都具有四个阀,如图8-17所示,即压缩阀、伸张阀、流通阀和补偿阀。流通阀和补偿阀是一般的单向阀,其弹簧很软。当阀上的油压作用力与弹簧力同向时,阀处于关闭状态,完全不通液流;而当油压作用力与弹簧力反向时,只要有很小的油压,阀便能开启;压缩阀和伸张阀是卸载阀,其弹簧较硬,只有当油压升高到一定程度时,阀才能开启,而当油压降低到一定程度时,阀即自行关闭。

双向作用筒式减振器的工作原理可按图8-17,分为压缩和伸张两个行程加以说明。

1. 压缩行程

当汽车车轮滚上凸起和滚出凹坑时,车轮移近车架(车身),减振器受压缩,减振器活塞下移。活塞的下腔容积减小,油压升高,油液经流通阀流到活塞上腔。由于上腔被活塞杆占去一部分空间,上腔内增加的容积小于下腔减小的容积,故还有一部分油液推开压缩阀,流回储油缸筒。这些阀对油液的节流便形成对悬架压缩运动的阻尼力。

2. 伸张行程

当车轮滚进凹坑或滚离凸起时,车轮相对车身移开,减振器受拉伸。此时减振器活塞向上移动。活塞上腔油压升高,流通阀关闭。上腔内的油液便推开伸张阀流入下腔。同样,由于活塞杆的存在,自上腔流来的油液还不足以充满下腔所增加的容积,下腔内产生一定的真空度,这时储油缸筒中的油液便推开补偿阀流入下腔进行补充。此时,这些阀的节流作用即形成对悬架伸张运动的阻尼力。压缩阀的节流阻力应设计成随活塞运动速度而变化。例如,当车架或车身振动缓慢,即活塞向下的运动速度低时,油压不足以克服压缩阀弹簧的预紧力而推开阀门。此时,多余部分的油液便经一些常通孔隙(图上未画出)流回储油缸筒。当车身振动剧烈,即活塞向下运动的速度高时,则活塞下腔油压骤增,达到能克服压缩阀弹簧的预紧

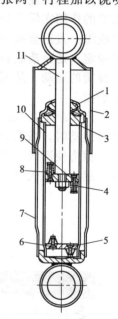

图8-17 双向作用筒式减振器示意图
1—油封;2—防尘罩;3—导向座;
4—流通阀;5—补偿阀;6—压缩阀;
7—储油缸筒;8—伸张阀;9—活塞;
10—工作缸筒;11—活塞杆

力时,便推开压缩阀,使油液在很短的时间内通过较大的通道流回储油缸筒。这样,油压和阻尼力都不致超过一定限度,以保证压缩行程中弹性元件的缓冲作用得到充分发挥。

同样,伸张行程中减振器的阻尼力也应设计成随活塞运动速度而变化。当车轮向下运动速度不大,即活塞向上的运动速度不大时,油液经伸张阀的常通孔隙(图上未画出)流入下腔,由于通道截面积很小,便产生较大的阻尼力,从而消耗了振动能量,使振动迅速衰减。当车身振动剧烈时,活塞上移速度增大到使油压足以克服伸张阀弹簧的预紧力时,伸张阀开启,通道截面积增大,使油压和阻尼力保持在一定限度以内。这样,可使减振器及悬架系统的某些零件不会因超载而损坏。

由于伸张阀弹簧的刚度和预紧力比压缩阀的大,在同样的油压力作用下,伸张阀及相应的常通孔隙的通道截面积总和小于压缩阀及相应的常通孔隙的通道截面积总和,这就保证了减振器在伸张行程内产生的阻尼力比压缩行程内产生的阻尼力大得多。根据上述工作原理所设计的各种双向作用筒式减振器,其构造均大同小异。

图8-18所示为解放CA1091型汽车的双向作用筒式减振器,包括防尘罩、储油缸筒和

工作缸筒三个同心钢筒。其中外面的钢筒是防尘罩，它上面有一个吊环，用以与车架（或车身）相连。中间是工作缸筒，它的内部装满油。工作缸筒外面是储油缸筒，其内部装有一定量的油液（不装满）。储油缸筒的下面也有一个吊环，用以与车桥相连。减振器工作时，储油缸筒与工作缸筒作为一个整体随车桥运动。在工作缸筒内，有一个活塞固定在活塞杆上，而活塞杆又与防尘罩和上端吊环制成一体。在活塞上装有伸张阀和流通阀，在工作缸筒下端的支座上装有压缩阀和补偿阀。

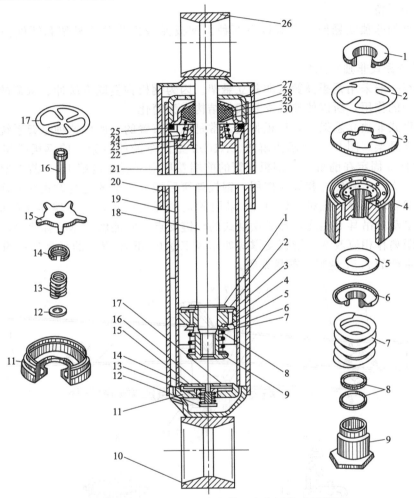

图 8-18 解放 CA1091 型汽车的双向作用筒式减振器

1—流通阀限位座；2—流通阀簧片；3—流通阀；4—活塞；5—伸张阀；6,11—支承座圈；7—伸张阀弹簧；8—调整垫片；9—压紧螺母；10—下吊环；12—压缩阀弹簧座；13—压缩阀弹簧；14—压缩阀；15—补偿阀；16—压缩阀杆；17—补偿阀簧片；18—活塞杆；19—工作缸筒；20—储油缸筒；21—防尘罩；22—导向座；23—衬套；24—油封弹簧；25—密封圈；26—上吊环；27—储油缸筒螺母；28—油封；29—油封盖；30—油封垫圈

第四节　典型悬架系统

一、典型非独立悬架的结构和特点

非独立悬架的特点如下。

① 组成悬架的构件少，结构简单，易于生产和维修。
② 车轮定位几乎不因车轮上、下运动而改变，所以轮胎磨损较少。
③ 转弯时车身倾斜度较小。
④ 乘坐舒适性不太好。
⑤ 由于左、右车轮的运动相互影响，所以很容易产生颤动和摇摆现象。

由于非独立悬架的上述特点，使它广泛地应用于货车的前、后悬架，但在轿车上，非独立悬架仅用于后桥。

现在常见的非独立悬架主要有以下两种：钢板弹簧式非独立悬架和螺旋弹簧式非独立悬架。

1. 钢板弹簧式非独立悬架

载货汽车一般采用钢板弹簧式非独立悬架。因为钢板弹簧既有缓冲、减振的功能，又起到传力和导向的作用，所以使非独立悬架的结构大为简化。

钢板弹簧式非独立悬架中，钢板弹簧通常是纵向布置的，所以这种悬架系统也称为纵置板簧式非独立悬架。图8-19所示为解放CA1092型汽车的前悬架。前钢板弹簧2的中部用两个U形螺栓3固定在前桥上。钢板弹簧的前端卷耳用钢板弹簧销15与前支架1相连，形成固定式铰链支点，起传力和导向作用。钢板弹簧后端与车架的连接方式有吊耳支架式、滑板支撑式和橡胶块支撑式三种。CA1092采用的是吊耳支架式，其后端卷耳用吊耳销14与可在车架上摆动的吊耳9相连，形成摆动式的铰链支点，它能够使钢板弹簧变形时两端卷耳中心线间的距离作相应改变。滑板支撑式如东风EQ1090E型汽车的后悬架；橡胶块支撑式如一汽早期生产的2.5t越野车前悬架等。

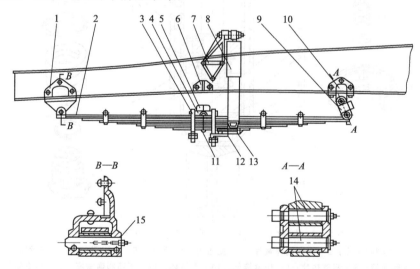

图 8-19 解放CA1092型汽车的前悬架
1—钢板弹簧前支架；2—前钢板弹簧；3—U形螺栓；4—盖板；5—缓冲块；6—限位块；7—减振器上支架；8—减振器；9—吊耳；10—吊耳支架；11—中心螺栓；12—减振器下支架；13—减振器连接销；14—吊耳销；15—钢板弹簧销

为了延长弹簧的使用寿命，在钢板弹簧两端卷耳内压入衬套（橡胶弹簧），使其与钢板弹簧销滑动配合，销上钻有径向油道和轴向油道，通过油嘴可将润滑脂注入衬套处进行润滑。

减振器8的上、下两个吊环通过橡胶衬套（橡胶弹簧）和连接销13分别与车架上的上支架7和车桥上的下支架12相连接。在盖板4上装有橡胶缓冲块5，以限制弹簧的最大变形量并防止弹簧直接碰撞车架。

图 8-20 所示为某中型货车后悬架,由主、副钢板弹簧叠合而成,其刚度是可变的,以适应载重量的不同。

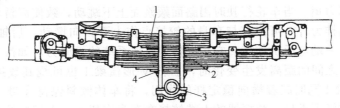

图 8-20 变刚度钢板弹簧悬架
1—副钢板弹簧;2—主钢板弹簧;3—车桥;4—U 形螺栓

当汽车空载或实际载重量不大时,副钢板弹簧不承受载荷而由主钢板弹簧单独工作。在重载或满载情况下,车架相对车桥下移,使车架上副簧滑板式支座与副簧接触,主、副簧共同参加工作,一起承受载荷而使悬架刚度增大,以保证车身振动频率不致因载荷增大而变化过大。

南京依维柯轻型货车的后悬架采用渐变刚度的钢板弹簧,如图 8-21 所示。主簧由五片较薄钢板弹簧片组成,副簧由五片较厚的弹簧片组成,它们用中心螺栓固定在一起,主簧在上,副簧在下。

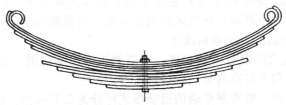

图 8-21 渐变刚度钢板弹簧悬架

在小载荷时,仅主簧起作用,而当载荷增加到一定值时,副簧开始与主簧接触,悬架刚度随之相应提高,弹簧特性变为非线性。当副簧全部接触后,弹簧特性又变为线性的。这种渐变刚度钢板弹簧的特点是副簧逐渐地起作用,因此悬架刚度的变化比较平稳,从而改善了汽车行驶的平顺性。

2. 螺旋弹簧式非独立悬架

图 8-22 所示为典型的螺旋弹簧式非独立悬架,这种非独立悬架一般只用作轿车的后悬架。

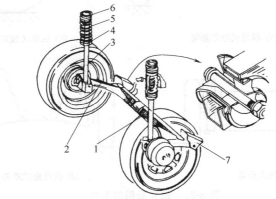

图 8-22 螺旋弹簧式非独立悬架
1—后轴 V 形横梁;2—纵向推力杆;3—减振器;4—弹簧下座;
5—螺旋弹簧;6—弹簧上座;7—支承座

螺旋弹簧上端装在车身上的支座中，下端装在纵向下推力杆上。由于螺旋弹簧只能承受垂直载荷，所以必须设置导向装置，纵向推力杆 2、后轴 V 形横梁 1 来承受并传递纵向力和横向力。纵向推力杆 2 的一端与车身铰接，另一端则与后桥铰接，其作用是传递驱动力、制动力等纵向力及其力矩。当车轮行驶时因路面颠簸而上下跳动，致使后桥与车身之间的距离发生变化时，纵向推力杆 2 可绕其与车身的铰接点作上下纵向摆动。后轴 V 形横梁 1 的一端与车身铰接，另一端与后桥连接。它用以传递悬架系统的横向力，如汽车转向时的离心力等。当后桥与车身之间的距离发生变化时，后轴 V 形横梁 1 也可绕其铰接点作上下横向摆动。后轴 V 形横梁 1 同时起着横向稳定杆的作用，将车体倾斜保持在最低程度。同时省去了横向稳定杆，减轻了重量。减振器的上端铰接在车身支架上，下端铰接在车桥支架上，起减振作用，以提高汽车的乘坐舒适性。

二、典型独立悬架的结构和特点

与非独立悬架不同，独立悬架很少采用钢板弹簧作为弹性元件，而大多采用螺旋弹簧或扭杆弹簧作为弹性元件，因此一般都设有导向机构。独立悬架的特点如下。

① 在悬架弹性元件一定的变形范围内，两侧车轮可以单独运动，互不影响，不但减小了行驶时车架和车身的振动，而且可以防止转向轮的偏摆。

② 独立悬架系统一般都配备稳定杆，可减少转弯时的左右摇晃，改进稳定性。

③ 采用独立悬架时，非悬架重量只包括车轮重量和悬架系统中部分零件的重量，比非独立悬架的非悬架重量要小得多，所以采用独立悬架，可提高汽车的平顺性和乘坐舒适性。

④ 前轮定位随车轮的上下运动而改变。

⑤ 由于左、右车轮之间没有车轴相连，所以地板和发动机的安装位置可以降低，这样可降低车辆的重心，有利于提高汽车行驶的稳定性。

独立悬架的结构类型一般按照车辆的运动形式可分为以下四类：横臂式独立悬架，车轮在汽车横向平面内摆动的独立悬架［见图 8-23（a）］；纵臂式独立悬架，车轮在汽车纵向平面内摆动的独立悬架［见图 8-23（b）］；车轮沿主销轴线移动的悬架，包括烛式悬架［见图 8-23（c）］和麦弗逊式悬架［见图 8-23（d）］。

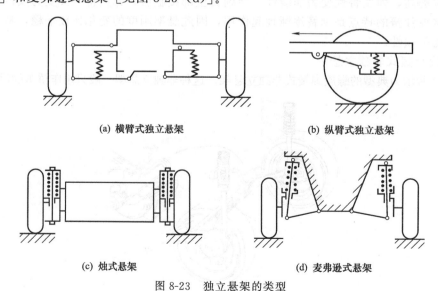

图 8-23　独立悬架的类型

1. 横臂式独立悬架

横臂式独立悬架有两种形式：单横臂式独立悬架和双横臂式独立悬架。

(1) 单横臂式独立悬架　如图 8-24 所示，横摆臂的内端与车身铰接，外端与车轮相接，弹性元件装在摆臂与车身之间。当弹性元件变形时，摆臂以铰接点为中心带动车轮在汽车横向平面内摆动。

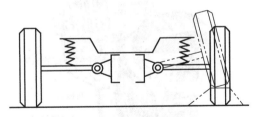

图 8-24　单横臂式独立悬架

这种悬架系统的特点是当弹性元件变形、车轮横向摆动时，车轮平面将产生倾斜而改变两侧车轮与路面接触点之间的距离——轮距，从而使轮胎相对于路面滑移，破坏了轮胎与地面间的附着力，增加了轮胎磨损。此外，如果这种悬架系统用于转向轮，则车轮横向摆动时还会引起主销内倾角和车轮外倾角的变化，从而影响汽车的操纵稳定性，所以这种悬架系统现在应用越来越少。

(2) 双横臂式独立悬架　结构如图 8-25 所示，悬架两个横臂（控制臂）的长度可以相等，也可以不等。横臂长度相等的双横臂式独立悬架在车轮由于颠簸而跳动时，虽然车轮平面不发生倾斜，但会使轮距发生较大的变化，如图 8-25（a）所示，这将使车轮产生横向滑移，加剧轮胎的磨损；对于横臂长度不相等的双横臂式独立悬架，如果两横臂的长度选择适当，可以使车轮和主销的角度以及轮距的变化都不会过大，如图 8-25（b）所示，而不大的轮距变化在轮胎较软时可由轮胎的变形来补偿。由此可见，双横臂式独立悬架既改善了汽车的乘坐舒适性和行驶平顺性，又保证了轮胎的寿命，所以在轿车前轮上的应用广泛，如图 8-26 所示。

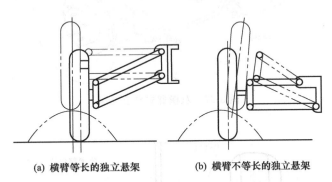

(a) 横臂等长的独立悬架　　　　(b) 横臂不等长的独立悬架

图 8-25　双横臂式独立悬架工作示意图

图 8-27 所示为凌志 LS430 型轿车的前悬架，其车轮外倾角和主销后倾角是可以调整的。如图 8-28 所示，上摆臂内端通过上摆臂轴用螺栓与车架相连，上摆臂轴与车架之间夹有前、后调整垫片。同时增加或减少调整垫片的厚度可以调整车轮外倾角；前、后垫片厚度一处增加、另一处减少，可以调整主销后倾角。

2. 纵臂式独立悬架

纵臂式独立悬架分为单纵臂式独立悬架和双纵臂式独立悬架两种形式。

(1) 单纵臂式独立悬架　图 8-29 所示为雷诺 5 型轿车后轮所用的单纵臂式扭杆弹簧独立悬架。这种悬架系统若用于转向轮，则在车轮上下跳动时，前轮外倾角和轮距不变，但主销后倾角将会有很大的变化，如图 8-30 所示，所以单纵臂式独立悬架一般不用于转向轮。

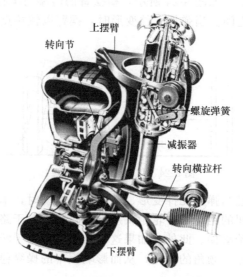

图 8-26 双横臂式独立悬架实物图

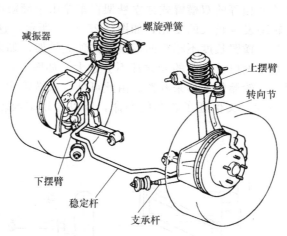

图 8-27 双横臂式独立悬架

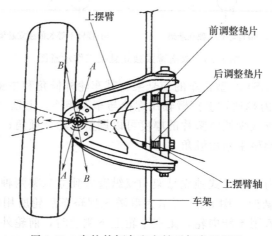

图 8-28 车轮外倾角和主销后倾角的调整

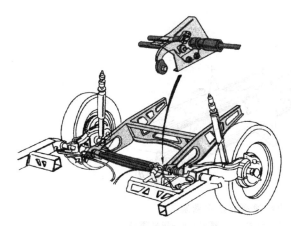 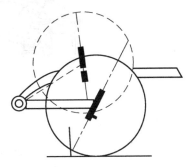

图 8-29　单纵臂式独立悬架　　　　　图 8-30　单纵臂式独立悬架用于转
　　　　　　　　　　　　　　　　　　　　　　　向轮对主销后倾角的影响

如图 8-29 所示，在单纵臂式独立悬架中，悬架的纵臂是一个箱形结构，其一端用花键与车轮的心轴相连，另一端带有套筒，套筒通过花键与扭杆弹簧的外端相连。扭杆弹簧装在橡胶衬套中，其一端与套筒连接，另一端与车架另一侧的纵臂连接。套筒的两端用橡胶衬套支承在车架的套筒中，并以此为活动铰链。当汽车行驶在颠簸路面导致车轮跳动时，纵臂绕套筒和扭杆弹簧的中心线纵向摆动，使扭杆弹簧产生扭转变形以减缓冲击。

富康-雪铁龙 ZX 型轿车的后悬架也采用单纵臂式扭杆弹簧独立悬架，如图 8-31 所示。

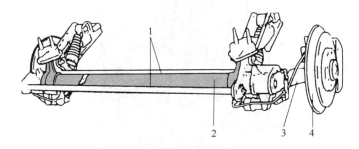

图 8-31　富康-雪铁龙 ZX 型轿车的后悬架
1—扭杆弹簧；2—管状横梁；3—纵摆臂；4—车轮

(2) 双纵臂式独立悬架　图 8-32 所示为双纵臂式独立悬架，它的两个纵臂的长度一般是相等的。当车轮上下跳动时，其主销后倾角不变，所以这种悬架系统适用于转向轮。双纵臂式独立悬架的两根纵臂的后端与转向节铰接，前端则与摆臂轴刚性连接。摆臂轴支承在车架横梁内部的衬套中。扭杆弹簧由若干片矩形断面的薄弹簧钢片叠成，它的外端插入摆臂轴的矩形孔内，中部用螺钉与管状横梁固定。这种悬架两侧车轮共用两根扭杆弹簧。

3. 车轮沿主销轴线移动的独立悬架

(1) 烛式独立悬架　车轮沿固定不动的主销轴线移动，如图 8-33 所示。主销刚性地固定在车架上，转向轮、转向节装在套筒上，烛式独立悬架的主销定位角不会随着车轮的跳动而变化，所以汽车转向操纵性和行驶稳定性较好。但由于这种悬架的侧向力全部由套筒和主销承受，所以套筒和主销之间的摩擦阻力大，磨损严重。

(2) 麦弗逊式独立悬架　车轮沿摆动的主销轴线移动，如图 8-34 和图 8-35 所示。横摆臂以球铰与转向节相连。减振器的上端通过螺栓和橡胶垫圈与车身连接，下端固定在轮毂轴承壳上，外面套有螺旋弹簧。主销的轴线为两个铰接点的连线。当车轮上下跳动时，因为减

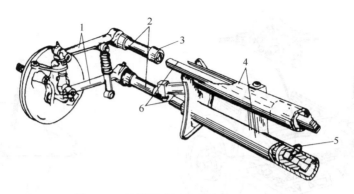

图 8-32 双纵臂式扭杆弹簧前独立悬架
1—纵臂；2—纵臂轴；3—衬套；4—横梁；5—螺钉；6—扭杆弹簧

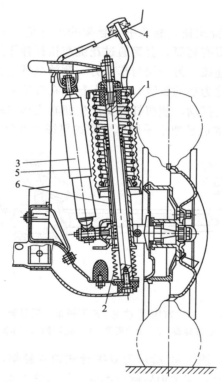

图 8-33 烛式独立悬架
1—主销；2,5—防尘罩；3—减振器；4—通气管口；6—套筒

振器的下支点随着横摆臂而摆动，所以主销轴线的角度是变化的。车轮沿着摆动的主销轴线运动。所以，麦弗逊式独立悬架变形时，主销的定位角和轮距都会发生变化，但如果调整杆系的位置合理，可使车轮的这些定位参数变化极小。

麦弗逊式独立悬架的优点主要有：构件少、重量轻，所以可以减轻非悬架重量；由于悬架所占的空间小，所以可增大发动机室的可用空间；由于悬架支承点之间的距离大，所以即使有安装错位或零件制造误差，前轮定位也不会受到太大的影响。所以，前轮定位各参数的变化较小，除前束可调整外，其他参数有的车型规定不可调整，有的车型则规定可以调整。常见的调整部位及调整方法如下。

① 改变转向节与横摆臂外端的位置。如图 8-36（a）所示，松开转向节球头销与横摆臂

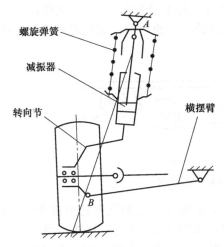
图 8-34　麦弗逊式独立悬架的结构示意图

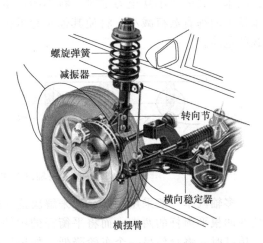
图 8-35　麦弗逊式独立悬架实物图

的连接螺栓，左右横向移动球头销及转向节，可以改变车轮外倾角。上海桑塔纳轿车即采用这种结构形式。

② 改变弹性支柱上支座的位置。如图 8-36（a）所示，悬架的弹性支柱上支座用螺栓固定在车身上，松开螺栓，左右横向移动上支座，可以调整车轮外倾角。一汽奥迪 100 型轿车即采用这种结构形式。

③ 改变转向节上端的位置。如图 8-36（b）所示，由减振器和螺旋弹簧组成的弹性支柱下端通过上、下两个螺栓与转向节上端固定，其中上螺栓经偏心凸轮将两者连接在一起。转动上螺栓可使偏心凸轮转动，从而带动转向节上端左右横向（A 向）移动，进而改变车轮外倾角。丰田花冠轿车即采用这种结构形式。

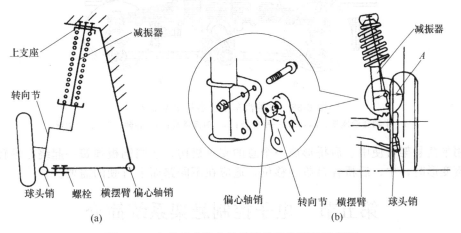

图 8-36　麦弗逊式独立悬架前轮定位调整示意图

三、多轴汽车的平衡悬架

对于多轴汽车，如果它的车轮都单独刚性地固定在车架上，则在不平的道路上行驶时，可能会造成部分车轮悬空，如图 8-37（a）所示。而车轮弹性固定在悬架上，在不平道路上行驶时，虽然不一定会出现车轮悬空现象，但各个车轮所分配到的垂直载荷将会有很大的差别。如果是转向轮，则当分配到的垂直载荷较小甚至为零时，将使车轮对地面的附着力变小甚至为零，这会大大降低汽车的操纵稳定性（甚至失去操纵性）。如果是驱动轮，则当分配到的垂直载荷较小甚至为零时，将不能产生足够的驱动力（甚至没有驱动力）。此外，一个车轮上的垂直载荷减小，将使其他车轮承担更多的垂直载荷，严重时可能会造成其他车轮超载的危险。

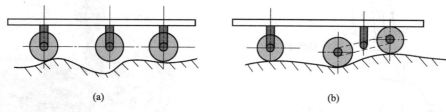

图 8-37　三轴汽车在不平路面上行驶的示意图

多轴汽车一般采用平衡悬架来解决这一问题。将两个车桥（如三轴汽车的中桥和后桥）装在两根平衡杆的两端，而将平衡杆的中部与车架铰接［见图 8-37（b）］。这样，当一个车轮抬高时，将会使另一个车轮降低。如果平衡杆的长度相同，则两个车轮上的垂直载荷将始终保持一致，这样就不会发生车轮悬空和分配到的垂直载荷减小的情况。这种能保证中、后桥车轮垂直载荷相等的悬架，称为平衡悬架。

钢板弹簧平衡悬架在三轴和四轴越野车中的应用非常普遍。图 8-38 所示为三轴汽车的中、后桥平衡悬架。车架与心轴刚性连接，心轴的两端用圆锥滚子轴承装在可动的心轴轴承毂上。钢板弹簧纵向布置，装在心轴轴承毂的上方，钢板弹簧的两端抵在半轴套管座架上，半轴套管座架通过两根反作用杆，借助球销连同橡胶衬套与车架连接。

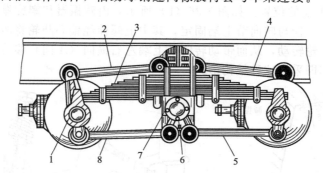

图 8-38　三轴汽车中、后桥平衡悬架
1—半轴套管座架；2,4,5,8—平衡杆；3—钢板弹簧；6—心轴；7—心轴轴承

采用平衡悬架可使中、后桥形成一个总的支承机构，连同钢板弹簧一起绕心轴转动。当钢板弹簧变形时，中、后桥各自单独移位，适应在不同路面上行驶的需要。

第五节　电子控制悬架系统简介

电子控制悬架系统，是相对于前面讲过的传统悬架系统而言的。它是以电子控制模块为控制核心，对汽车悬架参数，如弹簧刚度、减振器阻尼系数、倾斜刚度和车身高度等进行实时控制，从而提高汽车的乘坐舒适性和操纵稳定性的悬架系统。

一、概述

1. 汽车传统悬架的缺点

传统的悬架系统主要由弹簧、减振器和导向机构组成。传统的悬架系统的刚度和阻尼参数，是按经验设计或优化设计方法选择的，一经选定后，在汽车行驶过程中就无法进行调节,使传统的悬架只能保证汽车在一种特定的道路和速度条件下达到性能最优的匹配,并且只能被动地承受地面对车身的作用力,而不能根据道路、车速的不同而改变悬架参数,更不能主动地控制地面对车身的作用力。特别是现在,随着高速公路的发展,汽车速度有了很大的提高,对汽车的性能也提出了更高的要求。传统的悬架显然无法满足这些要求。这就促使人们开始考虑对传统的悬架进行变革,电子控制悬架就是在这一基础上应运而生的。

2. 电子控制悬架的功能

电子控制悬架通过各种传感器不断监测车辆的运行状况,并通过调整机构及时改变悬架的各种参数,使车辆的操控性和舒适性达到一种最佳的平衡状态。其具体功能如下。

(1) 降低因路面不平引起的加速度和车身急剧跳动对乘员的影响 由于路面的输入是随机的,一般无专用设备的汽车无法探测路面的平整度,但可以通过加速度传感器在汽车行驶过程中所产生的电压信号波动大小来判断路面的好坏。如加速度幅值较小,则在同一速度下路面质量就好,此时电子控制单元 ECU 就可以通过调节机构来使悬架阻尼变小;反之,控制悬架阻尼使之变大,使振动迅速衰减,以达到降低车身振动,提高乘坐舒适性的目的。

(2) 减少汽车行驶时的车身姿态变化 车身的姿态控制应包括三种控制功能,即转向时的车身侧倾控制、制动时的车身点头控制、起步时的车身俯仰控制。在急速转向的情况下,应加大悬架阻尼值,以减少车身侧倾。当驾驶员猛打方向盘时,安装在转向器上的转向传感器把方向盘的转角及变化速度传给微机,由它对悬架发出指令,使之处于合适状态。抑制制动时车身点头和突然起步时车身俯仰,则应增加悬架阻尼值。通过以上途径使车身的姿态控制在最优的范围之内。

(3) 保证在弯曲路段和高速行驶时的操纵稳定性 汽车在弯曲路面或者高速行驶时,可根据路面状况适时地调节减振器的阻尼,以达到增加轮胎接地性的目的,从而提高汽车的操纵稳定性。

3. 电子控制悬架的分类

(1) 按有、无动力源分 可分为半主动悬架和主动悬架两大类。

① 半主动悬架 通常是由可变特性的弹簧和减振器组成的悬架系统,它不能随外界的输入进行最优控制和调节,但可以根据路面的激励和车身的响应按存储在电脑内的各种条件下弹簧和减振器的优化参数对弹簧刚度和悬架的阻尼进行自动调整,使车身的振动控制在某个范围之内。半主动悬架是无源控制,即它没有一个动力源为悬架提供连续的能量输入。因此,汽车在转向、启动、制动等工况时不能对悬架刚度和阻尼力进行有效控制。

图 8-39 所示为半主动悬架系统结构示意图。

② 主动悬架 需要一个动力源(液压泵或空气压缩机等)为悬架系统提供连续的动力输入,是一种有源控制。主动悬架可以根据汽车行驶条件的变化,主动改变悬架的刚度和阻尼系数,在汽车行驶速度变化时以及在汽车启动、制动、转向等工况时,主动悬架都可以进行有效的控制。此外,它还可以根据需要自动调整车身高度。

(2) 按悬架介质的不同分 可分为两种类型,一种是控制液压来调节悬架的阻尼力及弹簧刚度和车高,另外一种是控制气压来调节车高和弹簧刚度。这些控制形式根据厂家的设计需要,既可以独立使用,也可以综合使用。

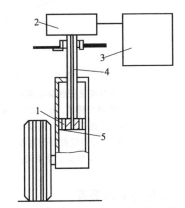

图 8-39 半主动悬架系统结构示意图
1—节流孔;2—步进电动机;3—电子控制单元;4—阀杆;5—阀门

① 液压式电子控制主动悬架 液压式主动悬架以油

为介质压缩气室中的氮气,实现刚度调节,以管路中的小孔节流形成阻尼特性,调节悬架的阻尼力。

② 空气式电子控制主动悬架　空气式主动悬架采用空气弹簧,通过改变空气弹簧中主、副空气室的通气孔截面积来改变气室压力,以实现悬架刚度控制,并通过对气室充气或排气实现汽车高度控制。

二、电子控制空气悬架的结构及工作原理

1. 电子控制空气悬架的组成

任何电子控制空气悬架系统都由传感器、电子控制单元(ECU)和执行器三部分组成,丰田凌志 LS400 型轿车的电控悬架系统也是这样,具体来说,传感器包括车身高度传感器、转向传感器、车速传感器、节气门位置传感器等,执行器包括高度控制阀、排气阀、悬架控制执行器等。丰田凌志 LS400 型轿车的电控悬架系统元件在车上的位置如图 8-40 所示。其组成如图 8-41 所示。

电控空气悬架中储有起弹簧作用的压缩空气,减振器减振力、弹簧刚度和汽车高度控制可根据驾驶条件自动控制和人为开关控制。ECU 根据高度位置传感器,检测车身高度,通过控制空气压缩机和高度控制电磁阀的工作状况来完成对空气弹簧的充放气以调节车身的高度。根据加速度传感器、制动灯开关、转向传感器等检测车辆的运行情况,通过控制执行器的工作状态来调节空气弹簧的刚度和减振器的减振力(阻尼力)。

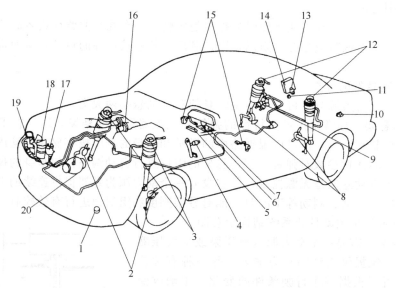

图 8-40　LS400 型轿车的电控悬架系统元件在车上的位置

1—1 号高度控制继电器;2—前车身高度传感器;3—前悬架控制执行器;4—制动灯开关;
5—转向传感器;6—高度控制开关;7—LRC 开关;8—后车身高度传感器;9—2 号高度控制阀和溢流阀;10—高度控制 ON/OFF 开关;11—高度控制连接器;12—后悬架控制执行器;
13—2 号高度控制继电器;14—悬架 ECU;15—门灯开关;16—主节气门位置传感器;
17—1 号高度控制阀;18—高度控制压缩机;19—干燥器和排气阀;20—IC 调节器

2. 信号输入装置

信号输入装置由车身高度传感器、转向盘转角传感器、车速传感器、节气门位置传感器、悬架控制开关、制动灯开关等组成。

(1) 车身高度传感器　安装在车身与车桥之间,用来把车身与车桥之间的相对高度变化

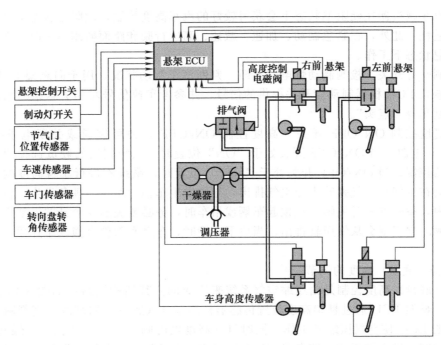

图 8-41 电控空气悬架系统的组成

（悬架变形量的变化）转换为电信号，并输给电子控制单元。电子控制单元根据传感器输入的 ON、OFF 信号得到车身位移信息。根据车身高度变化的幅度和频率，可以判断车身的振动情况；根据一段时间（一般为 10ms）车身高度在某一区间的百分比频度来判断车身高度。

（2）车速传感器　安装在车轮上，输出与车轮转速成正比的脉冲信号，电子控制单元利用该信号与转向盘转角信号计算出车身的侧倾程度。

（3）转向盘转角传感器　安装在转向轴上，用于检测转向盘的中间位置、转动方向、转动角度和转动速度信号，传给电子控制单元。在电子控制悬架中，电子控制单元根据车速传感器和转向盘转角传感器信号，判断汽车转向时的侧倾力大小和方向，以调节汽车悬架系统的侧倾刚度。

转向盘转角传感器既适用于主动悬架系统，又适用于半主动悬架系统。主要有光电式和磁感应式两种。

（4）节气门位置传感器（与发动机共用）　安装在节气门体上，把节气门开度信号传给电子控制单元，测得汽车加速信号。

（5）模式选择开关　如图 8-42 所示，电控空气悬架系统中，在汽车的仪表板上或变速杆旁装有电子控制悬架系统的模式选择开关。悬架系统的刚度和阻尼有"NORM"（软）和"SPORT"（硬）两种模式，每种模式下按照刚度与阻尼的大小依次又有低、中、高三种状态。"NORM"（软）和"SPORT"（硬）模式驾驶员可以通过手动开关选择，也有的悬架系统由控制模块通过计算后决定。一旦模式选定后，就由悬架 ECU 根据各种传感器的输入信号在低、中、高三种状态间自动调节刚度和阻尼系数。

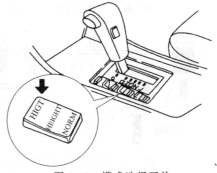

图 8-42 模式选择开关

一般汽车减振器在硬阻尼状态下会获得较好的汽车高度控制，软阻尼状态下会获得更好的乘坐舒适性。此外，在紧急制动、加速、减速、高速行驶和路面崎岖不平时，需要使减振器在硬阻尼状态下工作。

（6）制动灯开关　检测制动灯电路通断，判断汽车制动状况，用于向悬架 ECU 提供制动信息，悬架 ECU 根据制动灯开关提供的信号，并参考车速信号对相关悬架的刚度进行调整，以抑制车身"点头"。

（7）高度控制 ON/OFF 开关　高度控制 ON/OFF 开关可接通或关断电子控制单元 ECU 的 12V 电源。当 ON/OFF 开关处于"ON"位置时，系统则按驾驶员选择的方式进行车身高度的控制。当 ON/OFF 开关处于"OFF"位置时，系统不进行车身高度的调节，这可防止车辆在维修时空气弹簧中的空气排出，导致发生车辆"趴下"现象发生。位置：安装在行李箱内，举升汽车时关闭，在顶起车辆或吊车时，务必要关断这个开关，如果没有关掉而顶起车辆，空气就会从气压缸排出，当放下车辆时，车身底部就会撞到千斤顶，汽车不能行驶。

3. 车身（底盘）高度的调节

车身（底盘）高度控制是由压缩空气系统来完成的。其结构及组成如图 8-43 所示。车辆使用中，悬架 ECU 通过悬架高度位置传感器检测车身（底盘）的高度，当判断"车身低了"时，则 ECU 使空气压缩机工作，同时打开高度电磁阀，压缩空气经过干燥器干燥后，经高度电磁阀，进入气压缸，使车身（底盘）升高。如检测"车身高了"时，则打开高度电磁阀和排气阀，在车身重力的作用下，使气体排出气压缸，从而降低车身（底盘）高度。其中，压缩机只在升高的过程中工作，其余时间均不工作。

4. 悬架减振力（阻尼力）、弹簧刚度工作原理

空气弹簧悬架的结构如图 8-44 所示。

（1）空气弹簧的变刚度工作原理　当空气阀转到如图 8-45 所示的位置时，主、副气室的气体通道被打开，主气室的气体经空气阀的中间孔与副气室的气体相通，相当于空气弹簧的工作容积增大，空气弹簧的刚度为"软"。

当空气阀转到如图 8-46 所示的位置时，主、副气室的气体通道被关闭，主、副气室之间的气体不能相互流动，此时的空气弹簧只有主气室的气体参加工作，空气弹簧的刚度为"硬"。

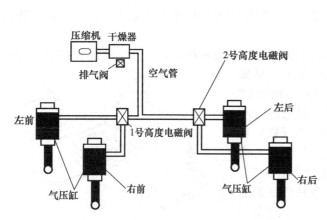

图 8-43　压缩空气系统结构示意图

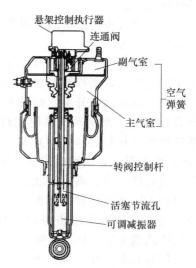

图 8-44　空气弹簧悬架结构

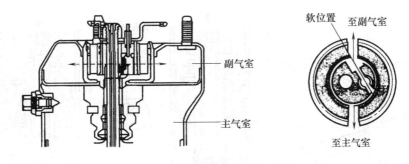

图 8-45 空气弹簧的刚度为"软"

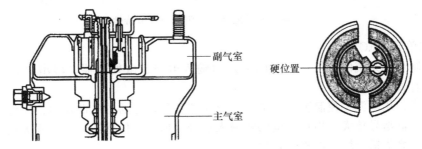

图 8-46 空气弹簧的刚度为"硬"

(2) 变阻尼力工作原理　变阻尼减振器安装于空气弹簧的下端,与空气弹簧一起构成悬挂支柱,上端与车架相连,下端安装在悬挂摆臂上。

一般变阻尼减振器的结构是:外壳为一个长圆柱缸筒,带有活塞的活塞杆插入缸筒内,缸筒内充满液压油,活塞上有节流孔,如图 8-47 所示。

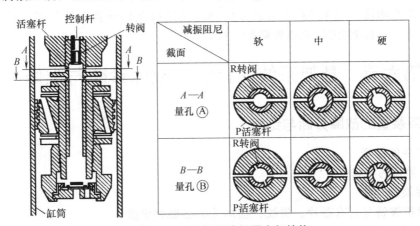

图 8-47 变阻尼减振器内部结构

图 8-48 所示为变阻尼减振器的工作原理。减振器的阻尼力根据减振器内活塞杆量孔液压油的数量改变而变化。活塞杆上下伸缩运动时,具有黏性的液压油通过活塞孔产生阻力,当活塞上下运动较慢时,阻尼力小,当快速运动时,就会产生很大的阻尼力。从机械原理上讲,节流孔越大,阻尼力越小;油的黏度越大,阻尼力越大。活塞杆内有一个旋转阀,由减振器悬挂执行器通过控制杆来驱动,旋转阀上有两对通孔,活塞杆上也有两对通孔。旋转阀旋转可打开或关闭其相对于活塞杆上的通孔。两孔重合时,开启通孔,增加了液压油的流通面积,从而调节了减振器内液压油流过活塞节流孔的流量,起到了控制减振器阻尼力的作用。

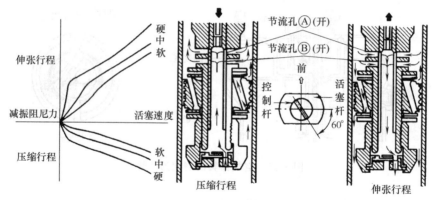

图 8-48 变阻尼减振器阻尼力调节特性

5. 电控单元（ECU）

电子控制悬架系统的电控单元（ECU）由输入电路、微处理器、输出电路和电源电路等组成。具有如下功能。

（1）提供稳压电源　控制装置内部所用电源和各种传感器的电源均由稳压电源提供。

（2）传感器信号放大　用接口电路将输入信号（如各种传感器信号、开关信号、电压信号）放大，变换为适合输入控制装置的信号。

（3）输入信号的计算　电子控制单元根据预先写入只读存储器 ROM 中的程序对各种输入信号进行计算，并将结果与内存的数据进行比较，然后向执行机构（电动机、电磁阀、继电器等）发出控制信号。

（4）驱动执行机构　悬架 ECU 将输出驱动信号放大，然后输送到各执行机构，如电动机、电磁阀和继电器等，以实现对汽车悬架的控制。

（5）故障检测功能　悬架 ECU 用故障检测电路来检测传感器、执行器、线路等的故障，当发生故障时，悬架 ECU 点亮故障指示灯。

第六节　悬架系统的检测、故障诊断与维修

一、汽车悬架装置的故障诊断与维修

1. 悬架部件的检修

（1）钢板弹簧的检修

① 钢板弹簧的检查

a. 检查钢板弹簧是否有断片、裂纹、损坏等，必要时更换。

b. 检查吊耳、吊耳连接销和弹簧连接销，若发现磨损过度、损坏或螺纹损伤等，则应更换。

c. 检查钢板弹簧衬套和吊耳支架衬套，若磨损过度、损坏或已经变形，则应更换。

d. 检查 U 形螺栓是否弯曲、变形、破损或断裂，螺纹是否脱扣、乱扣等，若有问题，则应更换。

e. 检查钢板弹簧片回跳夹是否断裂、脱铆等，有问题则更换。

f. 检查回跳夹螺栓、中心螺栓是否断裂、脱扣等，有问题则更换。

② 钢板弹簧常见的故障

a. 钢板弹簧折断　如果钢板弹簧折断，尤其是主片折断，就会因为弹力不足而使车身

倾斜。前钢板弹簧一侧第一片折断时,车身将在横向平面内倾斜;后钢板弹簧一侧的第一片折断时,车身将在纵向平面内倾斜。

b. 钢板弹簧弹力过小或刚度不一致　当某一侧的钢板弹簧因为疲劳导致弹力下降,或者新更换的钢板弹簧与原钢板弹簧刚度不一致时,也会使车身倾斜。

c. 钢板弹簧销、衬套和吊耳磨损过量　如果钢板弹簧销、衬套和吊耳磨损过量,则可能会出现的故障:车身倾斜;行驶跑偏;汽车行驶摆振;汽车行驶时底盘异响。

d. U形螺栓松动或折断　如果U形螺栓松动,可能会由于车辆移位倾斜,导致汽车行驶跑偏。

(2) 螺旋弹簧的检修

① 检查螺旋弹簧有没有损伤或裂纹,如有问题则更换。

② 检查螺旋弹簧与减振器的装配是否正确,如有问题则进行相应的修理。

(3) 扭杆弹簧的检修

① 检查扭杆弹簧的扭杆是否弯曲、扭曲或损伤,如有问题则更换。

② 检查扭杆弹簧花键部分有没有扭曲、裂纹或损伤,如有问题则更换。

(4) 减振器的检修

若汽车在颠簸的路况下行驶时,驾驶员感到振动加剧,而在停车后用手触摸减振器时,减振器外表温度较低,没有发热的感觉,则有可能是减振器功能失效。此时可以通过以下方法检查。

① 检查减振器是否漏油,若漏油,则说明减振器已经损坏。

② 用手压住车身,然后迅速放手,车身上下跳动次数越多,则说明减振器的性能越差。

③ 拆卸减振器,用手上下推拉减振器时,应有较沉重的阻力,而且拉伸的阻力比推压的阻力稍大。若阻力非常轻微或几乎没有,则说明减振器已经失效;若根本拉不动或推不动,则说明减振器内部卡滞,应分解维修或更换。

2. 常见故障的分析

(1) 行驶异响

① 故障现象　汽车正常行驶中,前、后悬架发出异常噪声。

② 故障原因

a. 减振器损坏。

b. 横向稳定杆或减振器固定不良。

c. 车轮轮毂轴承松动。

d. 减振弹簧断裂。

e. 球头磨损或固定不良。

(2) 减振性能下降

① 故障现象　汽车行驶中,颠簸严重,尤其在不良路面时更为明显。

② 故障原因

a. 减振器失效。

b. 减振弹簧老化或断裂。

二、桑塔纳轿车悬架装置的检测

桑塔纳2000GSi型轿车前悬架采用前轮驱动、独立悬架的结构形式。前悬架总成上端通过减振器支柱座与车身连接,下端通过左、右下摇臂与固定在车身上的副车架连接,从而达到固定前轮的作用。车轮轴承壳(转向节)通过球头销连接下摇臂,通过下摇臂安装球头销的长孔来调整车轮外倾角。为减小转弯时车辆的倾斜度,在副车架与下摇臂之间装有一根横向稳定杆。

前悬架为滑柱连杆式（麦弗逊式），前悬架总成由双向筒式减振器、螺旋弹簧、悬架柱焊接件、缓冲垫、橡胶防尘罩等组成。其特点是筒式减振器作为悬架杆系的一部分兼起主销作用，滑柱在作为主销的圆筒内上下移动，减振器支柱座与车身连接取消了摇臂。这种悬架结构简单、布置紧凑、操纵稳定性好。

后桥为非独立悬挂的整体摆动桥。它由两侧悬架、带纵向布置的后悬架臂与V形截面钢质梁组成。钢板梁由一根6mm厚、1135mm长的V形横梁，两根加工成扁截面悬挂管臂及加强筋、支承板、橡胶金属支承套、后轮支承短轴等组成。两悬架臂焊接在V形梁左、右两侧，并用三角加强筋加固，前端通过橡胶金属支承套与车身作铰链连接，后端与轮毂、减振器连接，整个后桥体连同车轮可以相对于车身上下摆动，而减振器及螺旋弹簧起消振和缓冲作用。

1. 前悬架的检修

（1）前减振器阻尼器的检查

① 检查时应固定住前减振器阻尼器，如图8-49所示。在上下运动活塞杆时应有一定阻力，而且向上阻力比向下阻力要大一些。

② 若阻力过大，应检查活塞杆是否弯曲；若无阻力，则表示前减振器阻尼器油已漏光或失效，必须更换。

③ 车辆行驶时，有缺陷的减振器会发出冲击噪声，此时应更换减振器。

④ 减振器为免保养机构，减振器外面有轻微的油迹，不必更换减振器。如有大量漏油现象，减振器在压缩到底或拉开时，会产生跳动现象，因为减振器不能加油，这时只能整体更换前减振器阻尼器。

（2）前减振器悬架轴承和橡胶挡块的检查

① 先检查前减振器悬架轴承的磨损与损坏情况，如图8-50所示，它应该能灵活转动，若发现磨损与损坏应进行更换，且更换时只能整体更换。

② 检查橡胶挡块的损坏与老化情况，不符合要求的应及时更换。

（3）前减振器螺旋弹簧的检查

① 应检查前减振器螺旋弹簧有无损坏与变形，如图8-51所示，并测量螺旋弹簧的自由长度A，若比标准弹簧长度减少5%，即表示螺旋弹簧已产生永久变形，必须更换。

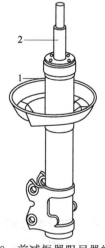

图8-49 前减振器阻尼器的检查
1—前减振器阻尼器；2—活塞杆

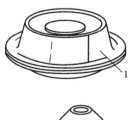

图8-50 前减振器悬架轴承和橡胶挡块
1—悬架轴承；2—橡胶挡块

图8-51 前减振器螺旋弹簧的检查

② 及时更换左右两侧的两个弹簧，以保持车辆两侧的高度相同。若发现螺旋弹簧上有裂纹也要进行更换。

(4) 副车架（前托架）、横向稳定杆和梯形臂（下摆臂）的检修　副车架、下摆臂和稳定杆拆卸下来后如图 8-52 所示，需检查副车架（前托架）、横向稳定杆和梯形臂（下摆臂）有无变形或裂纹。若存在变形或裂纹，不允许在前悬架支承装置和导向装置部件上进行焊接和矫直，只能更换。还应检查横向稳定杆的橡胶支座和橡胶衬套、梯形臂（下摆臂）的前衬套和后衬套的损坏和老化情况，不符合标准的应及时进行更换。

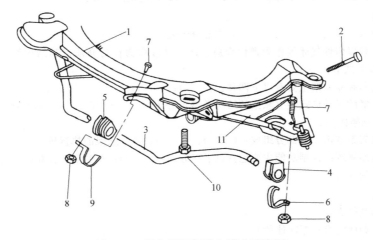

图 8-52　副车架下摆臂与横向稳定杆
1—副车架；2,7,10—螺栓；3—横向稳定杆；4,5—缓冲橡胶套；
6,9—固定夹箍；8—螺母；11—下摆臂

2. 后悬架的检修

① 如果后减振器在支承处有裂纹，筒体外漏油严重，或用专门仪器检验达不到要求，应整体更换。

② 弹簧如果有损伤、裂纹或弹力下降，均需要更换新件。

③ 如果橡胶件或缓冲块有损伤、龟裂、老化等现象，也要更换新件。

【认证链接】

汽车维修工取证，汽车悬架部分技能要求：
1. 应会拆卸、检查和安装螺旋弹簧和弹簧隔垫。
2. 应会拆卸、检查和安装钢板弹簧、钢板弹簧销衬套。
3. 应会拆卸、检查和更换减振器。
4. 应会拆装、检查和维护悬架系统。
5. 应会分析悬架系统常见故障现象和原因。

复 习 题

一、名词解释题

1. 横向稳定杆。
2. 双摆臂式悬架。
3. 麦弗逊式悬架。
4. 烛式悬架。
5. 导向装置。
6. 电控悬架。

二、选择题

1. 悬架系统中起缓冲作用,用于抵消不平路面传来的振动的元件是( )。
   A. 减振器;   B. 导向装置;   C. 弹性元件;
2. 当一侧车轮因道路不平而发生跳动时,必然引起另一侧车轮在汽车横向平面内发生摆动,故称( )。
   A. 独立悬架;   B. 非独立悬架;   C. 整体式悬架;
3. 双手用力向下按保险杠,释放后回弹超过 1 次,说明( )。
   A. 减振器失效;   B. 导向装置失效;   C. 弹性元件失效;

三、填空题

1. 悬架主要由( )、( )、( )三部分组成。
2. 油气弹簧一般以惰性气体氮作为弹性介质,而用油液作为传力介质。其结构类型主要有( )、( )以及两级压力式等。
3. 现在常见的非独立悬架主要有以下两种:( );( )。
4. 一般按照车辆的运动形式独立悬架的结构类型可分为( )、( )、单斜臂式独立悬架、车轮沿主销轴线移动的悬架四类。
5. 电子控制悬架系统由以下部分组成:( )、( )、调节悬架的执行机构。
6. 电控空气悬架系统的控制功能主要包括以下三方面:( );车身姿态控制;车身高度控制。
7. 横向稳定器的作用是( )。

四、问答题

1. 悬架的功用是什么?
2. 钢板弹簧是如何完成减振功能的?
3. 减振器的作用是什么?
4. 画简图区分独立悬架和非独立悬架、烛式悬架和麦弗逊式悬架。
5. 简述双向减振器的工作原理。
6. 麦弗逊式独立悬架的优点主要有哪些?
7. 什么是主动悬架?什么是半主动悬架?
8. 电控悬架主要的传感器和执行器有哪些?
9. 扭杆弹簧有何优缺点?使用过程中应注意什么?

第三部分

汽车转向系与制动系

第九章　汽车转向系

> 【学习目标】
> 1. 了解转向系的功用、基本组成和工作原理。
> 2. 熟悉机械转向器的功用、构造和工作原理。
> 3. 掌握转向器的拆装、检修和调整方法。
> 4. 掌握转向传动机构的功用、基本组成和工作原理。
> 5. 掌握机械式转向系常见故障的诊断与排除方法。
> 6. 熟悉液压式动力转向系的功用、组成、结构、工作原理。
> 7. 掌握动力转向系中动力转向器、转向油泵的基本结构、功用和检修方法。
> 8. 掌握动力转向系常见故障的诊断与排除。
> 9. 了解电动式动力转向系的组成、基本结构和工作原理。

第一节　认识转向系

当汽车需要改变行驶方向时，必须使转向轮绕主销轴线偏转一定角度，直到新的行驶方向符合驾驶员的要求时，再将转向轮恢复到直线行驶的位置。在汽车直线行驶时，往往转向轮也会受到路面侧向干扰力的作用，自动偏转而改变行驶方向。此时，驾驶员也可以利用这套机构使转向轮向相反的方向偏转，从而使汽车恢复原来的行驶方向。这种由驾驶员操纵，转向轮偏转和回位的一整套用来改变汽车行驶方向的专设机构，称为汽车的转向系。汽车转向系的功用是保证汽车按驾驶员的意愿进行直线或转向行驶。

一、转向系的类型与组成

1. 转向系的类型

汽车转向系按转向动力源的不同分为机械转向系和动力转向系两大类。机械转向系以驾驶员的体力作转向动力源。动力转向系除了驾驶员的体力外，还以发动机（或电机）的动力作为转向能源，分为液压式、气压式和电动式的动力转向系。

2. 转向系的基本组成

（1）机械转向系　主要由转向操纵机构、机械转向器和转向传动机构三大部分组成。

图 9-1 所示为一种整体式车桥采用的机械转向系组成与布置示意图。当汽车转弯时，驾驶员给转向盘 1 施加一个转向力矩。该力矩通过转向轴 2、转向万向节 3 和转向传动轴 4 输入转向器 5。经转向器放大后的力矩和减速后的运动传到转向摇臂 6，再经过转向直拉杆 7 传给固定于左转向节 9 上的转向节臂 8，使左转向节和它所支承的左转向轮偏转。为使右转向节 13 及其支承的右转向轮随之偏转相应角度，还设置了转向梯形机构。转向梯形机构由固定在左、右转向节上梯形臂 10、12 和两端与梯形臂作球铰链连接的转向横拉杆 11 组成。

从转向盘到转向传动轴这一系列零部件，均属于转向操纵机构。由转向摇臂至转向梯形机构这一系列零部件（不含转向节），均属于转向传动机构。目前，国内外生产的许多新车型在转向操纵机构中采用了万向传动装置（转向万向节和传动轴），以补偿由于部件在车上的安装误差和安装基体（驾驶室、车架）的变形所造成的两者轴线实际上的不重合。

转向盘在驾驶室内安放的位置与各国交通法规有关。包括我国在内的大多数国家规定车

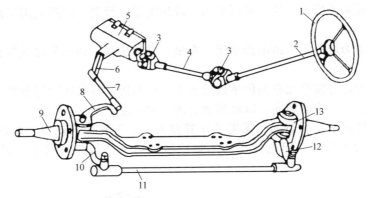

图 9-1 机械转向系组成与布置示意图

1—转向盘；2—转向轴；3—转向万向节；4—转向传动轴；5—转向器；6—转向摇臂；
7—转向直拉杆；8—转向节臂；9—左转向节；10—左转向梯形臂；
11—转向横拉杆；12—右转向梯形臂；13—右转向节

辆右侧通行，相应地应将转向盘安置在驾驶室左侧。这样，驾驶员的左方视野较广阔，有利车安全交会。相反，在一些规定车辆左侧通行的国家使用的汽车上，转向盘则应安置在驾驶室右侧。

当汽车转向时，机械转向系完全由驾驶员所付出的操纵力来实现的，操纵较费力，劳动强度较大，但其具有结构简单、工作可靠、路感性好、维护方便等优点，多应用于中小型货车或轿车上。

(2) 动力转向系　是在机械转向系的基础上加设一套转向助力装置而形成的。在正常情况下，汽车转向所需能量，只有小部分由驾驶员提供，而大部分是由发动机（或电机）通过转向加力装置提供的。但在转向助力装置失效时，还应当能由驾驶员独立承担汽车转向任务。

图 9-2 所示为液压式动力转向系，是在机械式转向系的基础上，增加了转向控制阀、转向油泵、转向动力缸等一套液压助力装置。

当汽车转向时，由发动机驱动的油泵产生高压油，高压油在控制阀的作用下，进入动力缸推动转向轮偏转，这时作用在转向盘的作用力就很小，从而减轻了驾驶员的劳动强度。

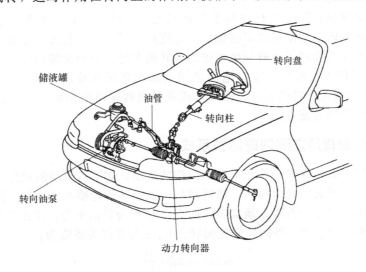

图 9-2　液压式动力转向系

液压式动力转向系操纵轻便，灵活省力，维护简单。目前，广泛应用于高速轿车和重型货车上。

（3）电动式动力转向系　由电控单元、电机、减速机构、转向齿轮机构和转矩传感器等组成，如图9-3所示。

当汽车转向时，电控单元根据传感器检测的转向力矩及转向速度等参数，计算出最佳作用力后，使电机工作，推动转向，减轻驾驶员的劳动强度。

电动式动力转向系具有节能、无需油压管路系统、不直接消耗发动机功率、环保优势强、安装自由度大等优点，但电能动力不如液压动力大，目前只用于前轴负荷较小的轿车上。

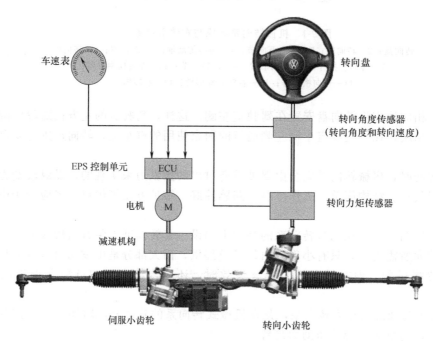

图9-3　电动式动力转向系组成示意图

3. 对转向系的要求

汽车转向系是保证汽车安全行驶的重要装置之一，因此要求它工作可靠，操纵轻便灵活，保证转向车轮的转向运动规律正确稳定，无摆振、抖动，并且要使车轮在转向时只滚动不滑动。转向机构还应能减弱或避免地面施加在转向车轮上的冲击传到转向盘上，同时使驾驶员通过转向盘对转向过程中车轮与地面之间的运动情况保持适当的"路感"，又不"打手"。当汽车发生碰撞时，转向装置应能减轻或避免对驾驶员的伤害。另外，汽车转向系拆装、调整、维修应简单方便等。

二、两侧转向轮偏转角之间的理想关系式

汽车在转向行驶时，要求车轮相对于地面作纯滚动，如果有滑动的成分，车轮边滚边滑会导致转向行驶阻力增大，动力损耗，油耗增加，也会导致轮胎磨损增加。显然，这只有在所有车轮的轴线都相交于一点时方能实现，此交点O称为转向中心，由图9-4可见，汽车转向时内侧转向轮偏转角β大于外侧转向轮偏转角α。α与β的关系应为：

$$\cot\alpha = \cot\beta + \frac{B}{L}$$

式中　　B——两侧主销中心距（可近似认为是转向轮轮距）；
　　　　L——汽车轴距。

这一关系是由转向梯形保证的。所有汽车转向梯形的设计实际上都只能保证在一定的车轮偏转角范围内，使两侧车轮偏转角大体上接近以上关系式。

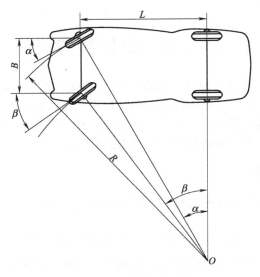

图 9-4　汽车转向示意图

由转向中心 O 到外侧转向轮与地面接触点的距离 R 称为汽车转弯半径。转弯半径 R 愈小，则汽车转向所需要场地就愈小，汽车的机动性也愈好。当外侧转向轮偏转角达到最大值 $\alpha_{\max}$ 时，转弯半径 R 最小。

转向轮内轮的最大偏转角在 $34°\sim42°$ 之间，最小转弯半径一般为 $5\sim12m$。

三、转向系的参数

1. 转向系角传动比

转向系角传动比是指转向盘的转角与转向盘同侧的转向轮偏转角的比值，一般用 i_w 表示。转向系角传动比是转向器角传动比 i_1 和转向传动机构角传动比 i_2 的乘积。转向器角传动比是转向盘转角和转向摇臂摆角之比。转向传动机构角传动比是转向摇臂摆角与同侧转向轮偏转角之比。

转向系角传动比越大，增矩作用越大，转向操纵越轻便，但由于转向盘转的圈数过多，导致操纵灵敏性变差，所以转向系角传动比不能过大。而转向系角传动比太小又会导致转向沉重，所以转向系角传动比既要保证转向轻便，又要保证转向灵敏。但机械转向系很难做到这点，所以越来越多的车辆采用动力转向系。转向传动机构角传动比一般为 1 左右。转向器角传动比货车为 $16\sim32$，轿车为 $12\sim22$。

2. 转向盘的自由行程

由于转向系各传动件之间都存在着装配间隙，而且这些间隙将随零件的磨损而增大，因此在一定的范围内转动转向盘时，转向节并不随即同步转动，而是在消除这些间隙并克服机件的弹性形变后，才作相应的转动，即转向盘有一空转过程。转向盘在转向阶段的空转角行程称为转向盘的自由行程。

转向盘自由行程有利于缓和、吸收路面冲击引起转向盘的摆振、抖动和避免驾驶员的误操作，但过大的自由行程会影响转向灵敏性。所以汽车维护中应定期检查转向盘自由行程。

一般汽车转向盘的自由行程应不超过10°～15°，否则应进行调整。标准值为：(GB 7258—2012) 机动车转向盘的最大自由转动量从中间位置向左或向右均应≤10°（最大设计车速≥100km/h 的机动车）或≤15°（最大设计时速＜100km/h 的机动车）。若超过此规定值，则必须进行调整。通常是通过调整转向器传动副的啮合间隙和转向梯形机构连接件的球头销间隙来调整转向盘自由行程。

第二节 机械转向器

转向器的功能是将转向盘的转动变为转向摇臂的摆动或齿条轴的移动，以降低传动速度，增大转向力矩并改变转向力矩的传动方向。现代汽车无论是手动转向还是动力转向，基本上都是使用循环球式转向器和齿轮齿条式转向器。其中后轮驱动的汽车以使用循环球式转向器为主，前轮驱动的汽车使用的都是齿轮齿条式转向器。

一、转向器的传动效率

转向器的输出功率与输入功率之比称为转向器的传动效率。

1. 正效率

功率由转向轴输入，由转向传动机构（如转向横拉杆或摇臂）输出的情况下求得的传动效率称为正效率，显然，正效率越高越好。正效率高可保证汽车转向轻便灵活。

2. 逆效率

功率由转向传动机构输入，由转向轴输出的情况下求得的传动效率称为逆效率。

正传动效率和逆传动效率都很高的转向器称为可逆式转向器，其特点是路面传到转向传动机构的反力很容易传到转向轴和转向盘上，这有利于汽车转向后转向轮的自动回正，驾驶员转向的"路感"很强，也容易在不良路面行驶时出现"打手"，所以主要应用于经常在良好路面行驶的车辆。

逆效率很低的转向器称为不可逆式转向器。不平路面对转向轮的冲击载荷不会通过转向器传到转向盘上。路面作用于转向轮上的回正力矩同样也不能传递到转向盘，不可逆式转向器不能使转向轮自动回正，驾驶员不能得到路面反馈信息，丧失"路感"。由于上述特性，在汽车上很少采用。

正传动效率远大于逆传动效率的转向器称为极限可逆式转向器，其反向传力性能介于可逆式和不可逆式之间。采用这种转向器时，能实现汽车转向后转向轮的自动回正，路面冲击力只有很大时，方能部分地传到转向盘，"路感"较差，主要应用于中型以上的越野汽车、工矿用自卸汽车等。

二、转向器及其调整

1. 循环球式转向器

(1) 循环球式转向器的构造和原理　图9-5所示为解放CA1092型汽车所采用的循环球式转向器。该转向器采用二级减速（转向器中唯一使用二级减速器），第一级为螺杆、螺母和循环球，第二级为齿条齿扇。转向螺杆12支承在两个推力球轴承10上，轴承的预紧度可用调整垫片14调整。在转向螺杆12上松套着转向螺母3。为了减少它们之间的摩擦，两者的螺纹并不直接接触，其间装有许多钢球13，以实现滚动摩擦。转向螺母上装有两个滚珠导管，每个滚珠导管的两端分别插入转向螺母侧面的孔中。滚珠导管也装满了滚珠，形成两个各自独立的封闭通道。

转向螺母3下平面上加工出的齿条是倾斜的，与之相啮合的是变齿厚齿扇。只要使齿扇轴 21 相对于齿条作轴向移动，便可调整两者的啮合间隙。调整螺钉 18 旋装在侧盖 17 上。齿扇轴 21 靠近齿扇的端部切有 T 形槽，调整螺钉 18 的圆柱形端头嵌入此切槽中，端头与 T 形槽的间隙用调整垫圈 16 来调整。旋入调整螺钉 18，则齿条与齿扇的啮合间隙减小；旋出调整螺钉则啮合间隙增大。调整好后用锁紧螺母 19 锁紧。

循环球式转向器通常齿条都是 4 个齿，齿扇都是 5 个齿，所以第二级减速并不改变传动比。循环球转向器的传动比实际上是由螺杆螺距决定的。以我国的转向器为例，螺杆螺距为 11mm，角传动比为 18.56；螺杆螺距为 10mm，角传动比为 20.42。

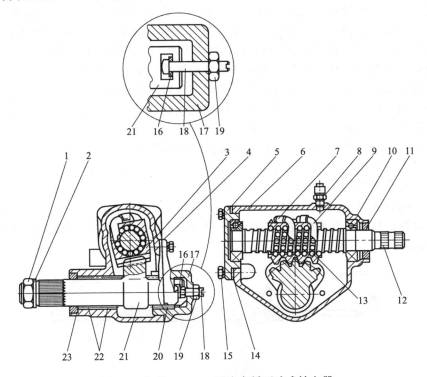

图 9-5　解放 CA1092 型汽车循环球式转向器
1—螺母；2—弹簧垫圈；3—转向螺母；4—转向器壳体密封垫圈；5—转向器壳体底盖；
6—转向器壳体；7—导管夹；8—（通气）螺塞；9—钢球导管；10—推力球轴承；
11,23—油封；12—转向螺杆；13—钢球；14—调整垫片；15—螺栓；16—调整垫圈；
17—侧盖；18—调整螺钉；19—锁紧螺母；20,22—滚针轴承；21—齿扇轴（摇臂轴）

循环球式转向器另一独特之处是它变滑动摩擦为滚动摩擦，在转向器中唯一采用滚动摩擦方式，具有路感强和转向轻便的特点，但滚道的加工精度要求很高。

当转动转向盘时，转向螺杆也随之转动，通过钢球将作用力传给螺母，螺母即产生轴向移动，同时，由于摩擦力的作用，所有钢球在螺杆与螺母之间滚动，形成"球流"。钢球在螺母内绕行两周后，流出螺母进入导管，再由导管流回螺母，随着螺母沿螺杆作轴向移动，其齿条带动齿扇运动，齿扇带动摇臂轴转动，从而使转向摇臂摆动，通过转向传动机构使转向轮偏转完成汽车转向。

(2) 循环球式转向器啮合间隙的检查与调整　循环球式转向器的调整主要是转向器啮合间隙的检查与调整，方法如下。

① 使转向器的传动副处于中间位置（直行位置）。
② 通过调整螺钉，调整转向器传动副的啮合间隙，在直线位置上应呈无间隙啮合。
③ 中间位置上，转向器转动力矩应为 1.5～2.0N·m。转向器转动力矩调整合格后，

按规定力矩锁紧调整螺钉。

④ 转向摇臂轴齿扇与转向螺母齿条的啮合间隙检查：拧紧锁紧螺母将调整螺栓锁住，然后用百分表针抵在转向臂上，在表针不动的情况下蜗杆轴在空挡左右两侧都不应有超过 5°的间隙。否则重新用调整螺栓调整扇齿与齿条的啮合间隙。

2. 齿轮齿条式转向器构造和原理

齿轮齿条式转向器的传动方式是齿轮齿条直接啮合，结构简单，轻巧，传力杆件少，维修方便，滑动和转动阻力小，转矩传递性能较好，转向力非常轻，操纵灵敏度非常高，并可安装转向助力机构。齿轮齿条式转向器的正效率与逆效率都很高，属于可逆式转向器，自动回正能力强，目前广泛使用于采用前轮独立悬架的轿车和微型、轻型客、货汽车上。

齿轮齿条式转向器和循环球式转向器有许多不同，如它采用无间隙啮合，用润滑脂润滑，没有转向摇臂和直拉杆，许多齿轮齿条式转向器中还装有减振器。齿条在金属壳体内来回滑动，转向器壳体安装在前横梁或前围板的固定位置。齿条除啮合传动外，还起到循环球式转向器中转向摇臂及直拉杆的作用，齿条的横向运动拉动转向横拉杆，使前轮转向。分为两端输出式和中间（或单端）输出式两种。

如图 9-6 所示捷达轿车的齿轮齿条式转向器为两端输出的齿轮齿条式转向器，作为传动副主动件的转向齿轮轴通过轴承安装在转向器壳体中。与转向齿轮啮合的转向齿条水平布置，两端通过球头座与转向横拉杆 4 相连。利用弹簧和压块将齿条压靠在齿轮上，保证无间隙啮合。弹簧的预紧力可用调节螺栓 10 调整。当转动转向盘时，转向器齿轮转动，使与之啮合的齿条沿轴向移动，从而使左、右横拉杆带动转向节左右转动，使转向车轮偏转，从而实现汽车转向。

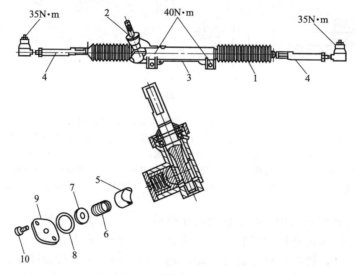

图 9-6　捷达轿车的齿轮齿条式转向器

1—转向齿条；2—转向齿轮；3—转向器壳体；4—转向横拉杆；5—齿条导向座；
6—弹簧；7—调节螺塞；8—密封圈；9—顶块盖板；10—调节螺栓

如图 9-7 所示的红旗 CA 7220 型轿车齿轮齿条式转向器的结构及工作原理与上述基本相同，但它的动力输出是在转向器的中部，是一种中间输出式齿轮齿条转向器。在转向齿条的中部用螺栓与转向横拉杆的托架连接，齿条移动带动左、右横拉杆移动，从而实现转向。为了避免转向轮的摆振，在该结构中装有转向减振器。上海桑塔纳、一汽奥迪和天津 TJ7100 型等轿车采用单端输出的齿轮齿条式转向器，齿条的一端通过托架与转向横拉杆相连。

第九章 汽车转向系

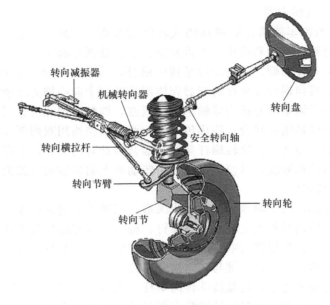

图 9-7 红旗 CA7220 型轿车齿轮齿条式转向器

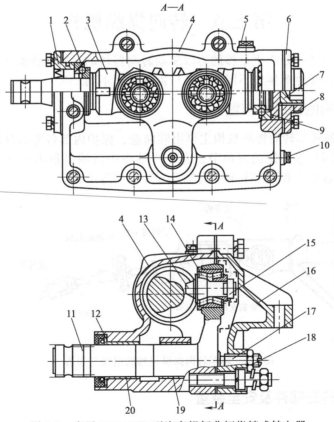

图 9-8 东风 EQ1090E 型汽车蜗杆曲柄指销式转向器
1—上盖；2,9—角接触球轴承；3—转向蜗杆；4—转向器壳体；
5—加油螺塞；6—下盖；7—调整螺塞；8,15,18—螺母；
10—放油螺塞；11—摇臂轴；12—油封；13—指销；14—双列圆锥滚子轴承；
16—侧盖；17—调整螺钉；19,20—衬套

3. 蜗杆曲柄指销式转向器

东风 EQ1090E 型汽车的蜗杆曲柄指销式转向器如图 9-8 所示，它主要由转向器壳体、转向蜗杆、转向摇臂轴、曲柄和指销、上盖和下盖、调整螺塞和螺钉、侧盖等组成。

转向器壳体内装有传动副，其主动件是转向蜗杆，从动件是装在摇臂曲柄端部的指销。具有梯形截面螺纹的转向蜗杆支承在转向器壳体两端的两个向心推力球轴承上。转向器下盖上装有调整螺塞，用以调整向心推力球轴承的预紧度，调整后用螺母紧固。

蜗杆与两个锥形的指销相啮合，构成传动副。两个指销均用双列圆锥滚子轴承支承在曲柄上，并可绕自身轴线转动，以减轻蜗杆与指销啮合传动时的磨损，提高传动效率。销颈上的螺母用来调整轴承的预紧度，以使指销能自由转动而无明显轴向间隙为宜，调整后用锁片（图中未示出）将螺母锁住。

安装指销和双排圆锥滚子轴承的曲柄制成叉形，与摇臂轴制成一体。摇臂轴用粉末冶金衬套支承在壳体中。转向器侧盖上装有调整螺钉，旋入（或旋出）调整螺钉可以改变摇臂轴的轴向位置，以调整指销与蜗杆的啮合间隙，从而调整了转向盘自由行程，调整后用螺母锁紧。摇臂轴伸出壳体的一端通过花键与转向摇臂连接。

汽车转向时，驾驶员通过转向盘转动转向蜗杆（主动件），与其相啮合的指销（从动件）一边自转，一边以曲柄为半径绕摇臂轴轴线在蜗杆的螺纹槽内作圆弧运动，从而带动曲柄、转向摇臂摆动，实现汽车转向。

第三节　转向操纵机构

转向操纵机构的功用是产生足够的力以驱动转向器转动。转向操纵机构由多个零部件组成，具体结构根据汽车生产年代不同和生产厂家不同而不同。

一、转向操纵机构的组成和布置

图 9-9 中所示的轿车转向操纵机构主要由转向盘、保护内部各零部件的上罩和下罩、可在有一定夹角的轴间传递转矩的万向节、允许主轴和中间轴以很小的夹角传动的柔性联轴器、用以连接柔性联轴器和万向节的中间轴及安装支架等组成。

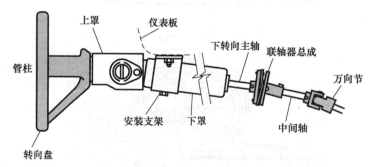

图 9-9　轿车转向操纵机构的组成与布置

二、转向操纵机构的部件及安全装置

1. 转向盘

如图 9-10 所示，转向盘由轮缘 1、轮辐 2 和轮毂 3 组成。轮辐一般为三根辐条［见图 9-10（a）］或四根辐条［见图 9-10（b）］，也有用两根辐条的。转向盘轮毂孔具有细牙内花键，借此与转向轴连接。转向盘内部由成形的金属骨架构成。骨架外面一般包有柔软的合成

橡胶或树脂，也有包皮革的［见图9-10（c）］，这样有良好的手感，而且还可防止手心出汗时握转向盘打滑。

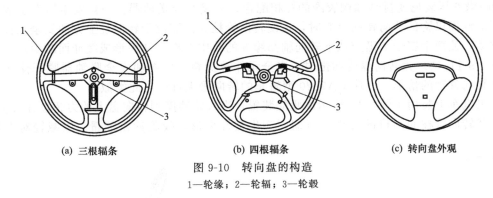

(a) 三根辐条　　　　(b) 四根辐条　　　　(c) 转向盘外观

图 9-10　转向盘的构造
1—轮缘；2—轮辐；3—轮毂

当汽车发生碰撞时，从安全性考虑，不仅要求转向盘应具有柔软的外表皮，起到缓冲作用，而且还要求转向盘在撞车时，其骨架能产生一定变形，以吸收冲击能量，减轻驾驶员受伤的程度。转向盘上都装有喇叭按钮，有些轿车的转向盘上还装有车速控制开关和撞车时保护驾驶员的安全气囊装置。

2. 转向轴和转向管柱的吸能装置

转向轴是连接转向盘和转向器的传动件，并传递它们之间的转矩。转向管柱安装在车身上，支承着转向盘。转向轴从转向管柱中穿过，支承在管柱内的轴承和衬套上。

近年来，由于公路的改善和汽车车速的提高，许多国家都制定了严格的安全法规。对于轿车，除要求装有吸能式转向盘外，还要求转向管柱也必须具有缓冲冲击的吸能装置。转向轴和转向管柱的吸能装置有多种形式，如可分离式安全转向操纵机构和缓冲吸能式转向操纵机构等。其基本结构原理是，当受到巨大冲击时，转向轴产生轴向位移，使支架或某些支承件产生塑性变形，从而吸收冲击能量。

图 9-11 所示为上海桑塔纳轿车可分离式安全转向操纵机构。图 9-11（a）所示为转向操

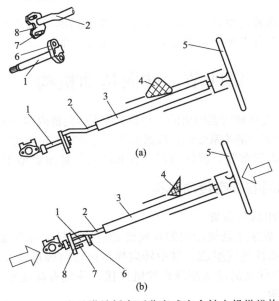

图 9-11　上海桑塔纳轿车可分离式安全转向操纵机构
1—下转向轴；2—上转向轴；3—转向管柱；4—可折叠安全元件；
5—转向盘；6—凸缘；7—驱动销；8—半月形凸缘盘

纵机构的正常工作位置。此类转向操纵机构的转向轴分为上下两段,用安全联轴器连接,上转向轴 2 下部弯曲并在端面上焊接有半月形凸缘盘 8,盘上装有两个驱动销 7,与下转向轴 1 上端凸缘 6 压装尼龙衬套和橡胶圈的孔相配合,形成安全联轴器。一旦发生撞车事故,驾驶员因惯性而以胸部扑向转向盘 5 时,迫使转向管柱 3 压缩位于转向柱上方的安全元件 4 而向下移动,使两个销子 7 迅速从下转向轴凸缘 6 的孔中退出,从而形成缓冲而减少对驾驶员的伤害。9-11(b)为转向盘受撞击时,安全元件被折叠、压缩和安全联轴器脱开使转向管柱产生轴向移动的情形。红旗 CA7220 型轿车的转向操纵机构与此类似。

如果汽车上装用了图 9-12 所示的吸能装置,当人体冲撞到转向盘上的力超过允许值时,则网格状转向管柱的网格部分将被压缩而产生塑性变形,吸收冲击能量,以减轻对人体的伤害。

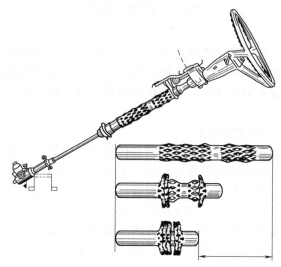

图 9-12　网格状转向管柱吸能装置

3. 转向锁止机构

转向锁止机构用于驾驶员离开汽车,拔出点火开关钥匙,锁止转向轴,使其不能转动。即使汽车被偷盗,只要没有点火开关钥匙,汽车也无法驾驶。

第四节　转向传动机构

转向传动机构的功用是将转向器输出的力和运动传到转向桥两侧的转向节,使两侧转向轮偏转,并使两转向轮偏转角按一定关系变化,以保证汽车转向时车轮与地面的相对滑动尽可能小。

转向传动机构的组成和布置,因转向器位置和转向轮悬架类型不同而异。

一、与非独立悬架配用的转向传动机构

1. 转向传动机构的组成与布置

如图 9-13 所示,与非独立悬架配用的转向传动机构由转向摇臂 2、转向直拉杆 3、转向节臂 4 和转向梯形等零部件共同组成,其中转向梯形由转向梯形臂 5、球头销、转向横拉杆 6 和前梁共同构成。各杆件之间都采用球形铰链连接,并设有防止松动、缓冲吸振、自动消除磨损后的间隙等的结构。

2. 转向摇臂

如图 9-14 所示,转向摇臂大端用锥形三角形花键与转向器摇臂轴的外端连接,并用螺母固

定,其小端用锥形孔与球头销柄部连接。转向摇臂安装时,为了保证转向器摇臂轴在中间位置时,从转向摇臂起始的全套转向传动机构也处于中间位置,在摇臂轴的外端面和转向摇臂上孔外端面上,各刻印有短线作为装配标记。装配时,应将两个零件上的标记短线对齐。

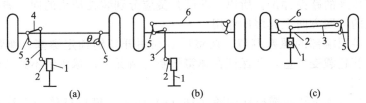

图9-13 与非独立悬架配用的转向传动机构示意图
1—转向器;2—转向摇臂;3—转向直拉杆;4—转向节臂;
5—转向梯形臂;6—转向横拉杆

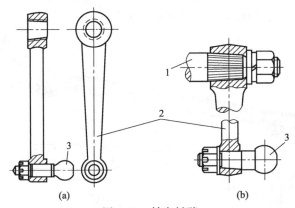

图9-14 转向摇臂
1—转向摇臂轴;2—转向摇臂;3—球头销

3. 转向直拉杆

转向直拉杆是转向摇臂与转向节臂之间的传动杆件。图9-15所示为解放CA1092型汽车的转向直拉杆。在转向轮偏转且悬架弹簧变形而相对车架跳动时,转向直拉杆、转向摇臂、转向节臂的相对运动都是空间运动。所以为了防止运动的相互干涉,直拉杆两端均采用球头销连接。直拉杆由两端扩大的钢管制成,在扩大的端部内装有球头销、球头座、弹簧座、压缩弹簧和螺塞等,构成球铰链。球头销的锥形部分与转向摇臂连接,并用螺母固定;其球头部分的两侧与两个球头座配合,前球头座靠在端部螺塞上,后球头座在弹簧的作用下压靠在球头上,这样,两个球头座就将球头紧紧夹持住。为保证球头与座的润滑,可从油嘴

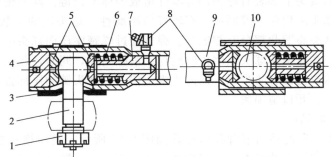

图9-15 解放CA1092型汽车转向直拉杆
1—螺母;2—球头销;3—橡胶防尘垫;4—端部螺塞;5—球头座;6—压缩弹簧;
7—弹簧座;8—油嘴;9—直拉杆体;10—转向摇臂球头销

注入润滑脂。拆装时供球头出入的直拉杆体上的孔口用油封垫的护套盖住,以防止润滑脂流出和污物侵入。

压紧弹簧可随时补偿球头与球碗的磨损产生的间隙,保证两者达到无间隙配合,并缓和经车轮和转向节传来的路面冲击。所以,两端弹簧应分别装在球头的同一侧,两个压缩弹簧可分别在沿轴线的不同方向上起缓冲作用。

弹簧预紧力可用端部的螺塞调节,调整后必须用开口销锁定螺塞。弹簧座用以支承弹簧,同时限制弹簧超载变形量,并保证在弹簧折断的情况下,球头销不致从管孔中脱落。

4. 转向横拉杆

解放 CA1092 型汽车转向横拉杆如图 9-16 (a) 所示,横拉杆体用钢管制成,其两端切有螺纹,一端为右旋,一端为左旋,与横拉杆接头旋装连接。两端接头结构相同,如图 9-16 (b)所示。因此,旋松夹紧螺栓后,转动横拉杆体,可使横拉杆体相对两端接头同时向里或向外移动,改变横拉杆的工作长度,从而调整转向轮前束值。接头的螺纹孔壁上开有轴向切口,故具有弹性,旋装到杆体上后可用螺栓夹紧。

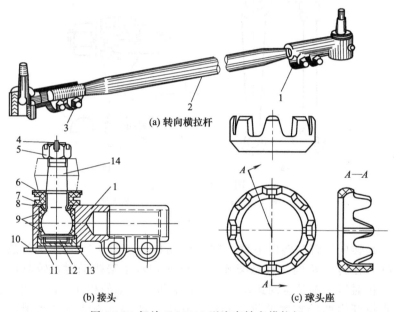

图 9-16 解放 CA1092 型汽车转向横拉杆
1—横拉杆接头;2—横拉杆体;3—夹紧螺栓;4—开口销;5—槽形螺母;6—防尘垫座;7—防尘垫;
8—防尘罩;9—球头座;10—限位销;11—螺塞;12—弹簧;13—弹簧座;14—球头销

在横拉杆两端的接头上都装有球头销等零件组成的球形铰链。球头销的球头部分被夹在上、下球头座内,球头座用聚甲醛制成,有较好的耐磨性。球头座的形状如图 9-16 (c) 所示。装配时上、下球头座凹凸部分互相嵌合。弹簧通过弹簧座压向球头座,以保证两球头座与球头的紧密接触,在球头和球头座磨损时能自动消除间隙,同时还起缓冲作用。弹簧的预紧力由螺塞调整。球铰上部有防尘罩,以防止尘土侵入。球头销的尾部锥形柱与转向梯形臂连接,并用螺母固定、开口销锁紧。

5. 转向节臂和梯形臂

解放 CA1092 型汽车的转向节臂和梯形臂如图 9-17 所示,转向横拉杆通过转向节臂与转向节相连。转向横拉杆两端经左、右梯形臂与转向节相连。转向节臂和梯形臂带锥形柱的一端与转向节锥形孔相配合,用键防止螺母松动。臂的另一端带有锥形孔,与相应的拉杆球头销锥形柱相配合,同样用螺母紧固后插入开口销锁住。

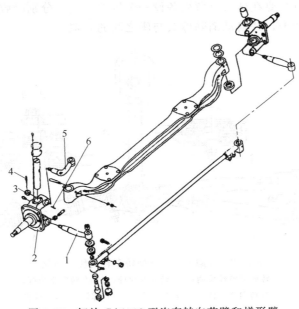

图 9-17　解放 CA1092 型汽车转向节臂和梯形臂

1—左转向梯形臂；2—转向节；3—锁紧螺母；4—开口销；5—转向节臂；6—键

二、与独立悬架配用的转向传动机构

当转向轮采用独立悬挂时，每个转向轮都需要相对于车架作独立运动，因而转向桥必须是断开式的。与此相应，转向传动机构中的转向梯形也必须是断开式的。图 9-18 所示为几种与独立悬架配用的转向传动机构示意图。其中图 9-18（a）、（b）所示机构与循环球式转向器配用，图 9-18（c）、（d）所示机构与齿轮齿条式转向器配用。

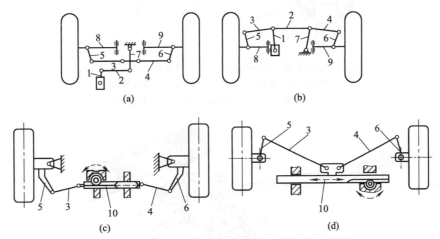

图 9-18　与独立悬架配用的转向传动机构示意图

1—转向摇臂；2—转向直拉杆；3—左转向横拉杆；4—右转向横拉杆；5—左梯形臂；
6—右梯形臂；7—摇杆；8—悬架左摆臂；9—悬架右摆臂；10—齿轮齿条式转向器

图 9-19 所示的红旗 CA7560 型轿车转向传动机构即采用了图 9-18（a）所示的结构方案。摇杆 7 前端固定于车架横梁中部，后端借球头销与转向直拉杆 2 和左、右横拉杆 3、4 连接。转向直拉杆外端与转向摇臂 1 球头销相连。左、右横拉杆外端也用球头销分别与梯形臂 5、6 铰接，故能随同侧车轮相对于车架和摇杆在横向平面内上下摆动。转向直拉杆 2 仅

在外端有球头座,故有必要在球头座背面各设一个压缩弹簧,分别吸收由横拉杆 3 和 4 传来的两个方向上的路面冲击,并自动消除球头与座之间的间隙。

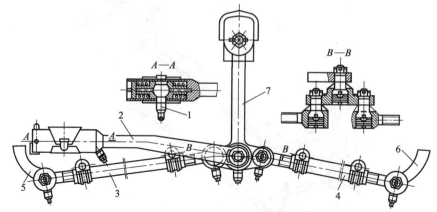

图 9-19　红旗 CA7560 型轿车转向传动机构
1—转向摇臂球头销；2—转向直拉杆；3—左转向横拉杆；
4—右转向横拉杆；5—左梯形臂；6—右梯形臂；7—摇杆

采用齿轮齿条式转向器时,相应的转向传动机构如图 9-18（c）、(d) 所示。若齿轮齿条式转向器为两端输出式,转向器齿条本身就是转向传动机构的一部分,转向横拉杆的内端通过球头销与齿条铰接,外端通过螺纹与连接转向节的球头销总成相连。图 9-20 所示为与两

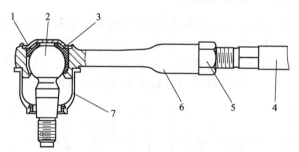

图 9-20　与两端输出的齿轮齿条式转向器配用的转向横拉杆
1—堵盖；2—球头销；3—球头销座；4—横拉杆体；
5—锁紧螺母；6—横拉杆接头总成；7—防尘套

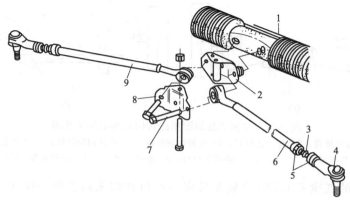

图 9-21　与中间输出的齿轮齿条式转向器配用的转向传动机构
1—转向器壳体；2—内托架；3—调节螺栓；4—球头销总成；5—锁紧螺母；
6—横拉杆体；7—螺栓；8—外托架；9—横拉杆总成

端输出的齿轮齿条式转向器齿条配用的转向横拉杆。当需要调前束时，松开锁紧螺母5，转动横拉杆体4，达到合理的前束值时，再将锁紧螺母锁死。

图9-21所示为与中间输出的齿轮齿条式转向器配用的转向传动机构。横拉杆的内端通过托架2、8和螺栓7与转向器齿条的一端相连，外端通过球头销与转向节铰接。由于横拉杆体6不能绕自身轴线转动，为调整前束，在横拉杆体与球头销之间装有调节螺栓3，螺栓两端的螺纹旋向相反，并各旋装一个锁紧螺母5。当需要调前束时，先拧松两端的锁紧螺母，然后转动调节螺栓，达到合理的前束值时，再将锁紧螺母锁死。

第五节　机械转向系的检测、故障诊断与维修

一、转向器的检测与维修

1. 循环球式转向器的检修

① 检查蜗杆和循环球螺母。

a. 将蜗杆保持不动，且使钢球螺母不转动，轴向推拉螺母，用百分表检查其轴向间隙，螺杆、螺母、循环球的综合间隙必须不大于0.08mm。符合要求说明滚道的加工精度和循环球的装配没有问题，否则为不合格。

b. 检查螺母是否靠其自身重量沿轴平稳转下，如图9-22所示。在干净、干燥、不加润滑油及不依靠外力的前提下，转向螺母应能仅靠自身重量从转向螺杆的一个止端滑到另一个止端，掉转转向器后又能顺利地滑到原止点；在旋转过程中应越转越快。如有问题，应更换转向器总成。注意，不要让循环球螺母碰撞蜗杆轴的端部。

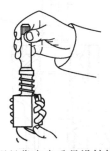

图9-22　螺母靠自身重量沿轴转下的检验

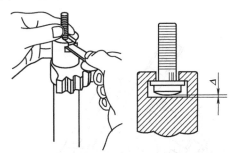

图9-23　扇形齿轮轴轴向间隙的测量

② 检查扇形齿轮轴、推力垫圈和调整螺钉是否有磨损。如图9-23所示，测量扇形齿轮轴的轴向间隙，最大间隙应小于0.05mm。否则，应更换新的推力垫圈。

③ 检查轴承磨损情况及是否有发蓝等损伤，如有，应更换。装配时，油封应更换。

④ 调整轴承预紧力。转向螺杆的支承轴承有球轴承和锥形轴承两种，球轴承滚动阻力小，转向较轻，但要求上下轴承盖的同轴度误差必须小于0.10mm，否则容易造成上盖裂损而失去转向能力。支承轴承的调整垫必须使用钢片，这是为保证在使用过程中工作间隙保持不变，支承轴承预紧力调整到轻松不旷，即旋转轻松，沿轴向用力推拉转向轴感觉不到间隙为合适。

⑤ 检查转向摇臂轴齿扇与转向螺母齿条的啮合间隙。拧紧锁紧螺母将调整螺栓锁住。然后，用百分表针抵在转向臂上，在表针不动的情况下摇臂轴在空挡左右两侧都不应有超过5°的间隙。否则用调整螺栓调整齿扇与齿条的啮合间隙。

⑥ 检查转向摇臂轴转角。转向器组装完后，调完自由行程，旋转转向摇臂轴，转角应不小于88°，否则说明齿条和齿扇齿没有对好，齿条4个齿应在齿扇5个齿之间。用弹簧秤

拉摇臂在全行程应用力均匀，如转向螺杆支承轴承预紧力过小，应适当减少调整垫片。

2. 齿轮齿条式转向器的检修与调整

（1）检修

① 零件出现裂纹应更换，转向横拉杆、转向齿条在总成修理时应进行隐伤检验。

② 转向齿条的弯曲超过 0.30mm，还会造成转向回正困难和转向重，必须更换。

③ 齿面上应无疲劳剥蚀及严重磨损，若出现左右大转角时转向沉重，且又无法调整时应更换。

④ 齿轮和齿条用 2 号通用锂基润滑脂润滑，转向器外露部位润滑点用钙基润滑脂润滑。齿条防尘套若老化破损及补偿机构弹簧等失效，一律换用新件，自锁螺栓、螺母一经拆卸，必须换用新件。横拉杆上球接头是最容易发生磨损的，一旦发生松旷，预紧力不足，必须更换。为确保转向装置安全可靠，转向器各零部件不允许进行修焊或整形。

⑤ 转向减振器的检修。用检视法检查转向减振器应无漏油现象。对其性能进行检查时，应符合技术标准。上海桑塔纳 LX 型减振器，最大行程为 556mm，最小行程为 344.5mm，最大阻尼载荷为 560N，最小阻尼载荷为 180N，否则换用新减振器总成。检查减振器两端衬套是否老化、破裂、损伤，若损坏应及时换用新件。

（2）转向齿条与转向齿轮之间的啮合间隙调整　也称为转向齿条的预紧力调整。因结构的差异，调整方法有所不同。常见的有两类：一类是改变转向齿条导块与盖之间的垫片厚度来调整转向齿条与转向齿轮轮齿的啮合间隙，完成预紧力的调整，如图 9-24 所示；另一类是用盖上的调整螺塞改变转向齿条导块与弹簧座之间的间隙值，完成预紧力的调整，如图 9-25 所示。

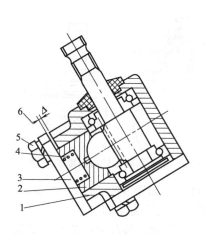

图 9-24　预紧力调整机构（一）
1—转向器壳体；2—导块；3—盖；
4—导块压紧弹簧；5—固定螺母；
6—盖与壳体的间隙

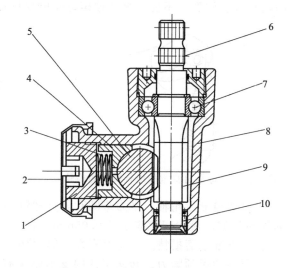

图 9-25　预紧力调整机构（二）
1—调整螺塞；2—罩盖；3—压簧；4—压簧垫块；
5—转向齿条；6—齿轮轴；7—球轴承；
8—转向器壳体；9—转向齿轮；10—滚柱轴承

对于第一种结构形式，其预紧力的调整步骤是：先不装弹簧以及盖之间的垫片，进行 Δ 值的调整，使转向齿轮轴上的转动力矩为 1～2N·m；然后用塞尺测量 Δ 值；在 Δ 值上加 0.05～0.13mm，此值就是应加垫片的厚度，也就是转向齿条和转向齿轮合格的啮合间隙所要求的垫片厚度。

对于第二种结构形式，其预紧力的调整步骤是：先旋转盖上的调整螺塞，使弹簧座与导块接触，再将调整螺塞旋出 30°～60°之后，检查转向齿轮的转动力矩，如此重复操作，直至转向齿轮的转动力矩符合原厂规定，最后紧固锁紧螺母。

(3) 手动转向器沉重故障查找方法

① 先检查轮胎气压和转向系所有活动关节的润滑状况。

② 支起转向轮，用双手摆转车轮，如感觉重故障在转向系，否则故障在前轮定位。

③ 梯形结构转向器断开直拉杆与转向摇臂的连接点，再次摆转转向轮，如变轻故障在转向器。如依然重，断开一端横拉杆接头，分别摆转两侧车轮，哪侧重就说明哪侧的转向节主销卡滞，更换后故障即可排除。

3. 蜗杆曲柄指销式转向器的检修与调整

(1) 转向蜗杆轴承预紧度检查、调整　蜗杆轴承预紧度的检查和调整，应在摇臂轴未装入壳体之前进行。

① 用内六角扳手把调整螺塞拧到底，再退回 1/8～1/4 圈，使蜗杆轴在输入端具有 1.0～1.7N·m 的预紧力矩，如图 9-26 所示。

② 用扳手将锁紧螺母拧紧，紧固调整螺塞，拧紧力矩为 49N·m，如图 9-27 所示，锁紧调整螺塞时，要保证调整螺塞位置不变。锁紧后应复查输入端转矩是否符合要求，否则应重新调整。

(2) 指销与蜗杆啮合间隙的调整

① 先松开摇臂轴调整螺钉的锁紧螺母。

② 将蜗杆轴转到转不动位置后，再退回 3 圈左右，使指销处于蜗杆的中间位置，如图 9-28 所示。

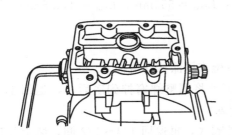

图 9-26　蜗杆轴承预紧度的调整（一）

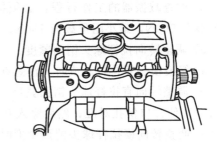

图 9-27　蜗杆轴承预紧度的调整（二）

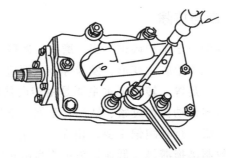

图 9-28　指销与蜗杆啮合间隙的调整

③ 顺时针旋转调整螺钉，同时来回转动蜗杆，直到感觉有阻力为止。

④ 在蜗杆的输入端检查转动力矩，应不大于 2.7N·m。

⑤ 在调整螺钉的周围涂上密封胶，然后拧紧锁紧螺母，拧紧力矩不小于 49N·m。

⑥ 复查蜗杆输入端的转动力矩，如有变化应重新调整，直到符合要求为止。

经验方法：指销处于蜗杆的中间位置，将调整螺钉拧到底，再退回1/8圈；轴向推、拉摇臂轴，无明显间隙感觉；转动摇臂时，灵活自如、无卡滞现象为合适。

二、转向传动机构的检修

① 检查横拉杆、直拉杆、球头销、转向节臂及转向摇臂是否有裂纹，若发现有裂纹，一律换用新件。所有自锁螺母一经拆卸一律换用新件。

② 用百分表检测横拉杆的直线度误差应符合技术标准。若大于2mm，应进行冷压校正。

③ 转向拉杆两端的球头销、球座体及钢碗无裂纹、不起槽；球头销颈部磨损不超过1mm，球面磨损失圆不大于0.50mm，螺纹完好；弹簧不应有弹力减弱或折断。

④ 球头销装入转向节臂及转向摇臂的锥孔中时，其轴颈小端应低于锥孔上端面1～2mm，否则换用新件。

⑤ 检查转向摇臂的花键应无明显扭曲或金属剥落，螺纹损伤2牙以下。

⑥ 检查转向臂及横拉杆

a. 检查槽形螺母是否松脱，如松脱应拧紧，同时也应检查开口销、盖等的装配情况。

b. 使转向盘从直行状况向左、右方向反复转过60°左右，此时检查横拉杆、转向臂等是否松脱、松旷。

⑦ 检查转向减振器（桑塔纳轿车）。

a. 检查是否漏油，若渗漏严重，应更换或分解修理，更换密封圈等零件。

b. 检查减振器的工作行程，必须拆下来检验：$L_{max}=556$mm，$L_{min}=344.5$mm，最大阻尼载荷560N，最小阻尼载荷180N。

⑧ 调整转向拉杆球头销预紧度。

a. 组装横、直拉杆总成时，注意在球头销、球碗表面涂抹润滑油。

b. 调整转向直拉杆球头销预紧度时，用弯头扳手将调整螺塞拧到底后，再退回1/4圈左右，并使开口销孔对准，然后穿入开口销锁止螺塞。

c. 调整转向横拉杆球头销预紧度时，将螺塞拧到底，再退回1/4～1/2圈，装上开口销锁止螺塞。

三、机械式转向系故障诊断与排除

机械式转向系在使用过程中由于维护调整不当、磨损、碰撞变形等原因，会使转向器过紧、转向传动机构和转向操纵机构松旷、变形、发卡等，从而造成转向沉重、行驶跑偏、低速摆头、高速摆头、单边转向不足等。转向沉重主要是由转向器轴承过紧、啮合间隙过小、缺油；转向操纵机构发卡；转向传动机构过紧、缺油；车架、车桥、悬架变形造成前轮定位失准；轮胎气压过低等原因造成。行驶跑偏主要是由左、右前轮参数不相等造成，如气压、直径、前轮定位角及一边车轮制动拖滞等。低速摆头主要是由转向器和转向传动机构、转向操纵机构松旷，传动间隙过大所造成。高速摆头主要是由轮胎不平衡及车架、悬架变形造成前轮定位角改变，悬架系统损坏，车轮偏摆量过大所造成。单边转向不足的原因主要有安装调整不当使左、右转向角不等；前钢板弹簧骑马螺栓松动或中心螺栓松动，直拉杆弯曲变形。转向系常见故障与排除方法见表9-1。

表 9-1　转向系常见故障与排除方法

故障现象	故障原因	故障排除方法
转向沉重	1. 转向器故障 齿轮轴上无单列向心轴承或滚针轴承调整、安装过紧或已损坏 补偿弹簧力过大，或齿条变形量过大 转向器啮合间隙调整过小 转向器润滑不良 转向轴弯曲或转向管柱凹陷	检查调整或更换 调整或更换 调整 添加润滑油 校正或更换
	2. 转向传动机构故障 转向传动横拉杆球铰配合过紧，润滑不良 横拉杆弯曲 悬架支柱变形过大或转向臂变形过大	调整，加注润滑油 校正或更换 更换
	3. 其他原因 前轮定位失准 轮胎气压偏低 前轮轴承过紧	检查调整前轮定位 充足气压 检查调整润滑
转向盘自由行程过大	转向器齿轮啮合间隙过大 球铰磨损严重配合松旷 横拉杆与支架配合松旷	检查调整 检查调整 检查调整
转向不灵敏、操纵不稳定	转向器松动 转向器齿轮啮合间隙变大 球铰磨损松旷 轮毂轴承松旷 悬架系统变形或松旷 前轮定位失准	检查紧固 检查调整 检查调整 检查调整 检查调整 检查调整
高速摆振（转向盘抖动）	前轮不平衡 前轮轮辋发生拱曲变形 传动机构松旷 减振器损坏 悬架弹簧弹性不足或断裂 前轮定位失准 传动轴弯曲动不平衡过大 转向器松动	平衡前轮 更换轮辋 检查调整 更换减振器 更换弹簧 检查调整 更换 检查紧固
行驶跑偏	左、右轮胎气压不相等 左、右轮胎直径不等 左、右轮胎花纹不一致 两前轮的定位角不等 两前轮轮毂轴承的预紧度不等 前束过大或过小 左、右轮距相差太大 一边车轮制动拖滞 转向轴两侧悬架弹簧弹力不等	按规定充气 更换磨损严重的轮胎更换轮胎 检查调整 调整轴承预紧度 检查调整 测量前后桥左右两端中心的距离，检查维修 检查调整两侧车轮制动间隙 检查更换

第六节　动力转向系

用于将发动机（或电机）输出的部分机械能转化为压力能，并在驾驶员控制下，对转向传动装置或转向器中某一传动件施加不同方向的液压或气压作用力,以帮助驾驶员进行转向的一系列零部件,总称为动力转向系。在许多汽车上,尤其是重型汽车上,采用动力转向系来降低驾驶员的劳动强度,提高汽车行驶过程中的安全性。动力转向系还可减少转向盘转动的总圈数,提高了转向灵敏度。在原地转向时能提供必要的助力。动力转向系由机械转向器、转向动力缸和转向控制阀三大部分组成。

一、动力转向系的类型

动力转向系按传能介质的不同分为气压式、液压式两种。

气压式动力转向系主要应用于一部分前轴最大载重量3~7t并采用气压制动系统的货车和客车。对于载重量特大的货车不宜采用气压式动力转向系,因其气压制动系统的工作压力较低(<0.7MPa),使部件尺寸过于庞大,且易产生泄漏。

液压式动力转向系工作压力高达10MPa以上,工作灵敏度高,结构紧凑,外廓尺寸较小。液压系统工作时无噪声,工作滞后时间短,而且能吸收来自不平路面的冲击。因此,液压动力转向装置在各级各类汽车上得到了广泛的应用。液压式动力转向系按液流形式可分为常流式和常压式,轻型汽车使用的是常流式动力转向系。按转向控制阀的运动方式又可分为滑阀式和转阀式。

本书仅介绍液压式动力转向系统。

二、液压动力转向装置的组成与原理

1. 液压常流滑阀式动力转向装置

图9-29所示为液压常流滑阀式动力转向装置的工作原理。该装置主要包括转向储油罐、转向油泵、转向控制阀、转向动力缸等。

汽车直线行驶时,如图9-29(a)所示,滑阀靠阀体中的定位弹簧和反作用柱塞保持在中央位置,两边各有1mm的工作行程,所有的油路都保持畅通,油泵负荷很小,只需克服管路阻力,油压处于低压状态。在动力缸左右腔都充满油后,油就不再流向动力缸。转向油泵输出来的油液从转向控制阀直接流回储液罐。油泵实际处于空转状态。

转向时,转向器、转向传动机构和车轮相连,转向阻力很大,所以转向器啮合副刚开始工作时,因转向器传出的力低于轮胎与地面的摩擦阻力,转向器并未实际工作。以循环球转向器为例,此时螺杆开始旋转,但转向螺母保持不动,转向轮尚未开始转向。路面转向阻力矩反馈到控制阀,便克服了定位弹簧的预紧力和反作用柱塞的油压作用力,将反作用柱塞压入孔中。向右转向时螺杆顺时针转动〔见图9-29(b)〕,螺杆和滑阀开始向右移动,滑阀移到最右端后,动力缸左腔与控制阀进油道相通,而右腔则与储液罐的回油道相通,左腔为高压油,右腔为低压油,动力缸活塞向右移动,转向摇臂便以壳体作支点,作逆时针运动,同时转向螺母也随着反扣的螺杆旋转而向左移动。这样转向器和转向动力缸通过转向传动机构带动转向轮向右偏转。

如果转向时油液总是按上面的方向流动,转向轮一直偏转,将会出现转向过度。所以助力作用必须是随转向盘的转动而进行,随转向盘的停转而减小(维持),若继续转动,则继续助力,这就是"随动"作用(转向轮的偏转角随转向盘转角变化而变化)。下面分析随动作用的实现过程。

只要转向盘和转向螺杆11继续转动,助力作用就一直存在。当转向盘转过一定角度保持不动时,转向螺杆11作用于转向螺母12的力消失,但动力缸活塞仍继续右移,转向摇臂14继续逆时针方向转动,其上端拨动转向螺母12,带动转向螺杆11及滑阀7一起向左移动,直到滑阀7恢复到中间稍偏右的位置。此时L腔的油压仍高于R腔的油压,此压力差

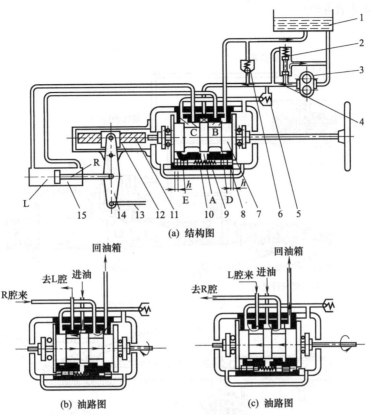

图 9-29 液压常流滑阀式动力转向装置的工作原理
1—储油罐；2—溢流阀；3—齿轮液压泵；4—量孔；5—单向阀；6—安全阀；
7—滑阀；8—反作用柱塞；9—阀体；10—定位弹簧；11—转向螺杆；
12—转向螺母；13—直拉杆；14—转向摇臂；15—动力缸

在动力缸活塞上的作用力用来克服转向轮的回正力矩，使转向轮的偏转角维持不动，这就是转向的维持过程。如转向轮进一步偏转，则需继续转动转向盘，重复上述全部过程。

松开转向盘，滑阀在定位弹簧 10 和反作用柱塞 8 上的油压的作用下回到中间位置，动力缸停止工作。转向轮在前轮定位产生的回正力矩的作用下自动回正，通过转向螺母 12 带动转向螺杆 11 反向转动，使转向盘回到直线行驶位置。如果滑阀不能回到中间位置，汽车将在行驶中跑偏。

在对装的反作用柱塞 8 的内端，定位弹簧 10 所在的空间，转向过程中总是与动力缸高压油腔相通。此油压与转向阻力成正比，作用在柱塞 8 的内端。转向时，要使滑阀移动，驾驶员作用在转向盘上的力，不仅要克服转向器内的摩擦阻力和复位弹簧的张力，还要克服作用在柱塞 8 上的油液压力。转向阻力增大，油液压力也增大，驾驶员作用于转向盘上的力也必须增大，使驾驶员感觉到转向阻力的变化情况。这种作用就是"路感"。

2. 液压常流转阀式动力转向装置

图 9-30 所示为桑塔纳 2000 型轿车上采用的带整体式动力转向器的动力转向系统。齿轮齿条机械转向器、转向动力缸和控制阀设计成一体，组成整体式动力转向器。其控制阀为转阀。转向动力缸活塞 4 与转向齿条制成一体。活塞 4 将转向动力缸分成左右两腔。转阀的整体结构如图 9-31 所示。扭杆 6 的前端用销 2 与转向齿轮 1 连接，后端与阀芯 5 连接，而阀芯 5 又与转向轴的末端固定在一起，因而转向轴可通过扭杆带动转向齿轮转动。目前，国产轿车上几乎毫无例外地采用了转阀式的整体式动力转向装置。例如，一汽大众生产的奥迪、

捷达以及上海桑塔纳等轿车。

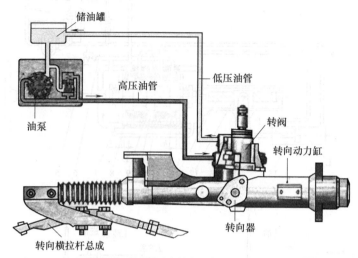

(a) 整体式动力转向系布置结构

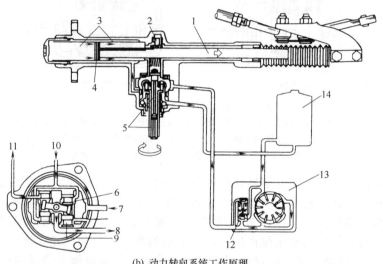

(b) 动力转向系统工作原理

图 9-30　桑塔纳 2000 型轿车动力转向系统

1—齿条；2—齿轮；3—工作主缸；4—活塞；5—扭杆；6—控制阀；7—进油口；
8—出油口；9—柱塞阀芯；10—通向工作缸右边；11—通向工作缸左边；
12—限压阀；13—液压泵；14—储液罐

转阀式转向控制阀的结构与工作原理如图 9-32 所示，阀芯绕其轴线转动来控制油液流量的转向控制阀，称为转阀式转向控制阀。该转阀具有三个互相连通的进油道 A，通道 B、C 分别与动力缸的左、右腔连通，中空的阀芯 2 与储油罐相连。当阀芯 2 顺时针转过一个很小的角度时，从转向油泵来的压力油经通道 A 流入三个通道 C，继而进入动力缸的一个腔内。另外三个通道 B 的进油被隔断，压力油不能进入，因而动力缸另一腔的低压油在活塞的推动下经回油道流回储油罐。

如图 9-31、图 9-32 所示，当汽车直线行驶时，转向盘处于中间位置，转向控制阀（转阀）处于中间位置，由转向油泵等供能装置输出的油液流入控制阀腔。借助壳体油道流到动力缸的左转向动力腔和右转向动力腔。由于转阀处于中间位置，所有的控制口接通，使动力缸两腔相通，则油液从回油口经回油管流回储液罐，形成常流式油液循环。液压油流经控制阀的阻力很小，液压泵处于空转状态，转向动力缸完全不起作用。

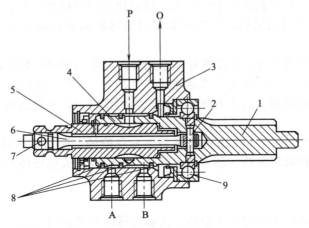

图 9-31 转阀的构造

1—转向齿轮；2,7—销；3—阀体；4—阀套；5—阀芯；6—扭杆；
8—密封圈；9—轴承；P—转阀进油口；O—转阀出油口；
A—通向动力缸左腔；B—通向动力缸右腔

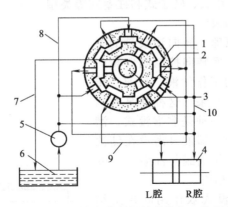

图 9-32 转阀式转向控制阀的结构与工作原理

1—阀体；2—阀芯；3—扭杆；4—动力缸；5—转向油泵；6—储油罐；
7—回油管；8—进油通道A；9—通道B；10—通道C

当刚一开始转动转向盘、转向轴连同阀芯被顺时针转动时（见图9-31、图9-32），因为受到转向节臂传来的路面转向阻力，动力缸活塞和转向齿条暂时都不能运动，所以转向齿轮暂时也不能随转向轴转动。这样，由转向轴传到转向齿轮的转矩只能使扭杆产生少许扭转变形，使转向轴（即阀芯）得以相对转向齿轮（即阀体）转过不大的角度，从而转阀使动力缸左腔成为高压的进油腔，右腔则成为低压的回油腔。作用在动力缸活塞上向右的液压作用力，帮助转向齿轮迫使转向齿条开始右移，转向轮开始向右偏移。同时，转向齿轮本身也开始与转向轴同向转动。只要转向盘继续转动，扭杆6的扭转变形便一直存在，转向控制阀所处的右转转向位置也不变。一旦转向盘停止转动，动力缸暂时还继续工作，导致转向齿轮继续转动，使扭杆变形减小，直到扭杆恢复自由状态，控制阀（转阀）回到中心位置，动力缸停止工作为止。此时，转向盘即停住在某一位置上不动，则车轮转角也就保持一定。这种转向动力缸随转向盘的转动而工作，又随转向盘的停止转动而停止助力的作用，称为转向动力装置的随动作用。

对于上述动力转向装置，若转向盘逆时针方向转动时，扭杆、转阀阀芯的转动方向以及动力缸活塞的移动方向均与前述相反，则转向轮向左偏转。

转向后需回正时，若驾驶员放松转向盘，阀芯回到中间位置，失去了助力作用，此时车轮在回正力矩的作用下自动回位；若驾驶员同时回转转向盘，转向助力器助力，帮助车轮回正。

当汽车直线行驶偶遇外界阻力使车轮发生偏转时，阻力矩通过转向传动机构、转向器齿条传递到转向齿轮和阀体上，使之与阀芯之间产生相对角位移，这样使动力缸上、下腔油压不等，产生了与车轮转向相反的助力作用。在此力的作用下，车轮迅速回正，保证了汽车直线行驶的稳定性。

当液压助力装置失效后，失去方向控制是非常危险的，所以，一旦液压助力装置失效，该助力转向器将变成机械转向器。动力传递路线与齿轮齿条式机械转向系完全一致。

三、转向油泵

转向油泵是由发动机曲轴皮带驱动的，是动力转向装置的动力源。

1. 转向油泵的作用与类型

将发动机的机械能变为驱动转向动力缸工作的液压能，再由转向动力缸输出受控制的转向力，驱动转向车轮转向。一旦发动机停止工作，液压泵就无驱动动力而停止供油。

转向油泵有齿轮式、叶片式、转子式和柱塞式等类型。

2. 双作用叶片式转向油泵

（1）基本结构及工作原理　转向油泵是动力转向系的动力源。转向油泵经转向控制阀向转向动力缸提供一定压力流量的工作油液。目前，转向油泵大多采用双作用式叶片泵，这种油泵有两种结构：一种是潜没式；另一种是非潜没式。潜没式油泵与储油罐是一体的，即油泵潜没在储油罐的油中。非潜没式油泵的储油罐与油泵分开安装，用转向油管与转向油泵相连。

图9-33所示为一种潜没式双作用叶片泵结构，转子14通过花键安装在油泵驱动轴1上，驱动轴的外端装有带轮，由发动机通过皮带驱动油泵工作。转子14上均匀地开有十个径向叶片槽，矩形叶片4能在槽内径向滑动。当转子高速旋转时，由于离心力的作用，叶片的顶端会紧贴在定子6。转子叶片槽内端设有台肩，使叶片位于槽内时，其根部始终留有一小油腔，配油盘朝向转子侧面上的腰形通孔和腰形槽与各个小油腔相通，从而使压油腔内的高压油经上述孔和槽始终充满叶片槽的底部。

在转子和定子的两个侧面各有一配油盘3和7，转子的宽度稍小于定子的宽度，以免转子卡死。两个配油盘和定子一起装在壳体内，不能相对移动或转动。配油盘与转子相对的端面上各开有对称布置的腰形槽，与进油口相连的两腰

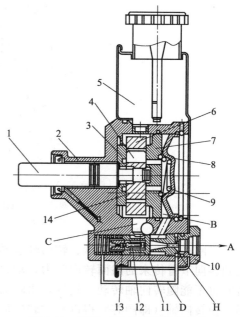

图9-33　潜没式双作用叶片泵结构

1—驱动轴；2—壳体；3—前配油盘；4—叶片；
5—储油罐；6—定子；7—后配油盘；8—后盖；
9—弹簧；10—管接头；11—柱塞；12—阀杆；
13—钢球；14—转子
A—出油口；B—出油腔；C—进油腔；
D—油道；H—主量孔

形槽为吸油口，与出油口相连的两腰形槽为压油口。定子的内侧断面轮廓近似于椭圆形，由两个不等半径的圆弧和过渡曲线组成，这样使转子、定子、叶片和配油盘之间形成若干个封闭的工作腔（见图9-34）。其容积随转子旋转由小变大，由大变小，如此反复变化。

叶片泵的工作原理如图9-34所示。当转子顺时针方向旋转时，叶片在离心力及高压油的作用下紧贴在定子的内表面上，其工作容积开始由小变大，从吸油口吸进油液；然后工作容积由大变小，压缩油液，经压油口向外供油。由于转子每旋转一周，每个工作腔都各自吸、压油两次，故将这种形式的叶片泵称为双作用叶片泵。双作用叶片泵有两个吸油区和两个排油区，并且各自的中心角是对称的，所以作用在转子上的油压作用力互相平衡。因此，这种油泵也称为卸荷式叶片泵。

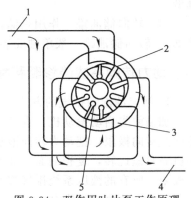

图9-34　双作用叶片泵工作原理
1—进油口；2—叶片；3—定子；
4—出油口；5—转子

（2）浮动式配油盘　转子、叶片、驱动轴以及前、后配油盘之间的相对滑动表面，主要靠配合间隙泄漏的油液进行润滑，但如果泄漏量过多会使油泵容积效率降低。为了控制配油盘轴向间隙油液的泄漏量，提高容积效率，油泵采用了浮动式配油盘结构，如图9-33所示。在壳体后盖8与后配油盘7之间的压油腔内装有一压紧弹簧9。在油泵空载时，两配油盘仅靠压紧弹簧的张力被压紧在定子及转子的端面上。当油泵有负荷时，它们之间的压紧力除靠压紧弹簧的作用外，还有后配油盘后面压油腔压力油的作用。此时压紧力的大小主要取决于油泵的负荷，即油泵负荷越大，油压越高，配油盘的压紧力就越大，油液的泄漏就越少，提高了油泵的容积效率。反之，油泵负荷减小，油压降低，压紧力减小，转子端面与配油盘之间的磨损也会随之减小，从而提高了油泵的使用寿命。

（3）流量-安全组合阀　双作用叶片泵是一种容积式油泵，其输出油压取决于助力转向系的负荷，输出油量取决于转子的转速（即发动机的转速）。

当汽车原地转向或低速行驶时，发动机急速运转，油泵的转速也较低，而此时转向阻力较大，要求转向油泵能供给助力转向系足够流量的油液。当车速增加时，转向阻力变小，如果没有流量控制阀，则转向油泵的供油量将大大超过助力转向系转向的需要，过量的循环油液将使转向过分灵敏，使转向操纵性变坏，同时油泵所消耗的功率也会增大。为此，必须设置流量控制阀以限制油泵输出，保证助力转向系能正常工作。转向油泵工作时，其输出油压的大小取决于助力转向系的负荷（即动力缸活塞所受的运动阻力）。而油泵能达到的最大压力由油泵的密封性能和有关机件的强度而定。若转向阻力过大或操作不当，助力转向系内的油液压力将会过高，有可能使系统因过载而损坏。因此，系统中还必须装设限制系统最高压力的安全阀。为了限制助力转向系内的最高工作油压以及输出油量，在油泵内装有流量-安全组合阀，它集流量控制阀和压力调节阀于一体，如图9-33所示。差压式的流量控制阀装在油泵进油腔和出油腔之间，安全阀则位于流量控制阀内。油泵出油腔B的前方通过油泵壳体上的油道与油泵出油口A相通，在油泵出油腔与出油口之间有一量孔H。当油液自出油腔以一定速度流过量孔时，由于量孔的节流作用，量孔外侧的出油口压力低于量孔内侧出油腔的压力。油泵流量越大（即通过量孔的流速越高），则量孔内外侧压力差也越大。当油泵流量增大到规定值，柱塞11两端压力差足以克服控制阀弹簧的预紧力时，则压缩弹簧，并将柱塞向左推动。当柱塞向左移动到露出进油腔C时，油泵出油腔即与进油腔连通。于是出油腔中的一部分油液流到进油腔，因而经量孔输出的流量便减少。当流量减小到一定值，量孔内外两侧的压力差不足以克服弹簧张力时，柱塞便被弹簧向右推动，切断进、出油腔的通路。这样转向油泵的流量便被限制在一定范围之内。安全阀体固定在流量控制阀柱塞前端，出油口通过油道 D 与组合阀左腔相通。当出油口压力升高到规定值时，组合阀左腔的油压使球阀克服安全阀弹簧的张力向右移动，从而使出油口与进油腔连通，出油口压力降低。

（4）转向储油罐　作用是储存、滤清并冷却动力转向系的工作油液（一般是锭子油或透平油）。转向储油罐一般单独安装，但也有直接安装在转向油泵上的。

四、动力转向系故障诊断和检修

1. 补充油液和排气的方法

加油前先启动发动机，直到动力转向液油温到 77~80℃ 时，熄火，支起前桥，将转向器向左转向极限，把动力转向液加到 COLD（冷态高度）标记位置，将转向器回正，启动发动机高怠速运转，复查油面，如液面降低，复加到 COLD。来回转向，从一个极限打到另一个极限。所有的液压系统排气都使用压力排气，转向器打到极限油液压力会直线上升，打到极限后不能停留，否则会憋灭发动机。放完气后，转向器回正，将油液补加到 HOT（热态高度）标记位置，运转 2~3min 后，就可以路试了。

2. 怠速时原地转向转向盘抖动或停车的瞬间转向盘抖动

这些都是工作油压过低的表现，其可能的原因如下。

① 油液液面过低。

② 油液内存空气。储液罐内有气泡。

③ 油泵皮带过松或沾有油液（快速转向时有较大的皮带尖叫声，转向盘阻力陡增）。

④ 流量控制阀被卡滞，流量控制阀应在泵体内滑动自如，如阀卡滞，应用 12♯ 金相砂纸沿圆周方向打磨。还要注意流量控制阀端部的防松螺栓是否松动，弹簧是否过软。

⑤ 安全阀失效（弹簧坏或阀球被粘在开放状态）。

⑥ 泵压不足，或转向机构存在外部泄漏。

检查动力转向外部泄漏点时，擦净动力转向系外部的油迹，检查并拧紧所有软管的接头，启动发动机，高怠速运转，支起前桥将转向盘从一个极限打到另一个极限，打到极限时停留时间不要超过 5s。随着油压的升高就能较快地查到漏油部位。

3. 转向盘自由行程过大

① 液压系统中有空气（油液中有乳化气泡）。

② 动力转向系内部泄漏，流量控制阀或安全阀失效。

出现此类故障，汽车无论是低速行驶，还是中高速行驶，工作油压都不足，使转向沉重。

4. 左右转向轻重不同

① 滑阀偏离中间位置，滑阀两端预留缝隙不等（应各预留 1mm）或滑阀台肩不等。

② 助力缸活塞一侧有空气。

③ 滑阀通往助力缸侧的油管堵塞或高压油管接头有漏损。

5. 行驶中动力转向泵内有异响

① 液压泵内有空气或形成真空。如油液液面过低，油中有气泡，都会造成泵内有空气。过滤器堵塞，中高速时供油不足，在泵内会形成真空。

② 皮带打滑，过松或沾有油污，快速转向时会发出尖叫声。

6. 转向盘回位差

液压控制阀调整不当，油液严重氧化，滑阀被粘住或发生卡滞，定位弹簧过软或损坏等都会引起转向盘回位差。

7. 动力转向系的检查

(1) 检查系统密封性　转向系密封性的检查，应在热车时进行。

将转向盘快速朝左、右两侧转至极限位置，并保持不动，此时可产生最佳管内压力。目测检查转向控制阀、齿条密封（松开波纹管软管夹箍，再将波纹管推至一旁）、叶片泵、油管接头是否有漏油现象，如有渗漏应更换密封件。

如果发现储油罐中缺少ATF油时，应检查转向系统的密封性是否完好。

当转向器主动齿轮不密封时，必须更换阀体中的密封环和中间盖板上的圆形绳环。

如果转向器罩壳中的齿轮齿条密封件不密封，ATF油可能流入波纹管套里，此时，应拆开转向机构，更换所有密封环。

如油管接头漏油，应查找原因并重新接好。

(2) 检查转向油泵压力

① 将压力表装到连接管阀体和弹性软管之间的压力管中。

② 启动发动机，如果需要，向储油罐补充ATF油。

③ 快速关闭截止阀（关闭时间不超过5min），并读出压力值，表压额定值为6.8～8.2MPa。

如果没有达到额定值，就应检查压力和流量限制阀是否完好。如不正常应更换压力和流量限制阀，或更换叶片泵。

(3) 检查系统压力　当发动机怠速工作时，打开压力表节流阀，使转向盘向左或右旋转到极限位置，同时读出压力表上的压力。额定值表压为6.8～8.2MPa。

如果向左或向右的额定值达不到要求，就要修理转向器或更换总成。

(4) 转向盘转矩的检查　前提条件：储液罐的液面高度正常，无气泡，转向油泵皮带的张力正常，汽车停在平坦干燥的路面上。怠速运转，向左、右极限打几次方向，然后回到直线行驶的位置，用弹簧沿切线方向拉动转向盘，转向轮刚开始转动时转矩应不大于30N。否则应检查转向系统是否存有记忆转向，转向油泵的压力是否正常。

第七节　电动式动力转向系

普通动力转向系的助力特性是不变的，且与车速无关，这会导致停车及低速时，转向盘操纵沉重，中速时较轻快，当车速增高时更加轻快。如果考虑停车及低速时的轻便性，则使高速时操纵力过小，路感下降，易出现转向过度。反之会使停车及低速时操纵力过大，转向沉重，效率下降。为了实现在各种行驶条件下转向盘上所需要的力都是最佳值，满足人们对驾驶轻便性的要求，必须采用更先进的电子控制动力转向系统，这也符合当前电控技术与汽车技术相结合的趋势。

电子控制动力转向系可分为电动式动力转向系、电控液力式动力转向系、电动液力式动力转向系。本节仅介绍电动式动力转向系。

一、电动式动力转向系的组成、原理与特点

如图9-35所示，电动式动力转向系主要包括机械式转向器、转矩传感器、减速机构、电磁离合器、电动机、电子控制单元（ECU）和车速传感器等。转矩传感器1通过扭杆连接在转向轴2中间。

电动式动力转向系（简称EPS）是一种直接依靠电动机提供辅助转矩的动力转向系，它可以根据不同的使用工况通过电子控制单元控制电动机提供不同的辅助动力，其原理概括如下。

当转向轴转动时，转矩传感器开始工作，把两段转向轴扭杆作用下产生的相对转角转变成电信号传给电子控制单元（ECU），ECU 根据车速传感器和转矩传感器的信号决定电动机 6 的旋转方向和助力电流的大小，并将指令传递给电动机，通过电磁离合器 5 和减速机构 3 将辅助动力施加到转向系（转向轴）中，从而完成实时控制的助力转向。它可以方便地实现在不同车速下提供不同的助力效果，保证汽车在低速行驶时转向轻便灵活，高速行驶时转向稳定可靠。电动式动力转向系助力特性的设置具有较高自由度。

电动式动力转向系与传统的液压式动力转向系相比，具有以下优点。

① 节省空间。因为电动机和减速机构集成在转向管柱或转向器壳体中，此外也省略了液压泵和辅助管路。

② 重量轻。因为仅仅是在机械式转向系的基础上增加了一套电动机和减速机构。一般电动式动力转向系的重量比电控液力式动力转向系重量轻 25%。

③ 节省动力。因为设计的控制电路使电动机只在需要时才工作，而省去了不断工作的液压泵。

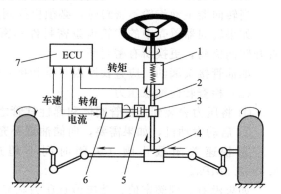

图 9-35　电动式动力转向系的示意图
1—转矩传感器；2—转向轴；3—减速机构；
4—齿轮齿条式转向器；5—电磁离合器；
6—电动机；7—电子控制单元（ECU）

④ 省去了油压系统。因此，不需要给转向油泵补充油液，也不必担心漏油。

但是，由于使用了电动机和减速机构，增加了系统的成本；另外，减速机构、电动机等部件产生的摩擦力和惯性力可能会影响转向特性，或者改变了转向盘的自动回正作用及其阻尼特性等。

由此可见，电动式动力转向系尤其适合使用在对空间、重量要求更高的小排量发动机的微型车上。自从 1988 年 2 月，日本铃木公司的 Cervo 轿车装备了 EPS 系统之后，其他一些微型汽车（如大发公司 Mira 汽车，铃木公司的 Alto 汽车和三菱公司的 Minica 汽车）也开始装备电动式动力转向系。

二、电动式动力转向系的类型

根据电动机布置位置的不同，电动式动力转向系可分为以下三种类型：转向轴助力式、齿轮助力式和齿条助力式，如图 9-36 所示。

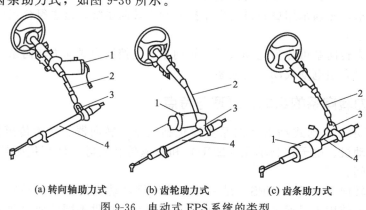

(a) 转向轴助力式　　(b) 齿轮助力式　　(c) 齿条助力式

图 9-36　电动式 EPS 系统的类型
1—电动机；2—转向轴；3—转向齿轮；4—转向齿条

转向轴助力式电动式动力转向系的电动机固定在转向轴一侧,并装有一个电磁离合器,通过减速机构与转向轴相连,直接驱动转向轴助力转向。例如,Alto 轿车就采用了这种结构,其控制单元安装在驾驶员座椅下。

齿轮助力式电动式动力转向系的电动机和减速机构与小齿轮相连,直接驱动齿轮助力转向。如在 Minica 微型汽车上,转速传感器、电动机和减速机构以及离合器集成在一起,电动机直接通过减速机构驱动齿轮轴进行助力。它的控制单元安装在前排乘客一侧。

齿条助力式电动式动力转向系的电动机和减速机构则直接驱动齿条提供助力。

电动式动力转向系是根据车速进行控制的,随着车速的提高所提供的辅助转向力逐渐减小。根据提供辅助转向力的车速范围不同,电动式动力转向系可分为全速助力型和低速助力型。Mira 汽车在所有的车速范围内都提供转向助力,而 Alto 和 Minica 汽车则只在低速范围内提供助力。Alto 和 Minica 汽车的助力车速上限分别是 45km/h 和 30km/h。

低速助力型系统的成本较低,但在不同车速下,即有助力和没有助力的情况下转向路感会有所不同。尤其是处于辅助动力系统开始起作用的车速附近时,对转向手感会有显著地影响。

三、电动式动力转向系的关键部件

1. 转矩传感器

转矩传感器是测量驾驶员作用在转向盘上力矩的大小与方向的,有的转矩传感器还能够测量转向盘转角的大小和方向。转矩测量系统比较复杂且成本较高,所以精确、可靠、低成本的转矩传感器是决定电动式动力转向系能否占领市场的关键因素之一。

转矩传感器有接触式与非接触式两种。图 9-37 所示为一种接触式转矩传感器,它在转向轴 1 与转向小齿轮 5 之间安装了一个扭杆 2。当转向系统工作时,利用滑环 6 和电位计 4 测量扭杆的变形量并转换为电压信号,通过信号输出端 3 将信号输出并转换得到所产生的转矩。

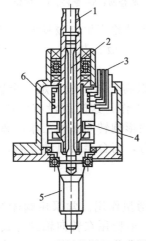

图 9-37 接触式转矩传感器
1—转向轴;2—扭杆;3—信号输出端;
4—电位计;5—转向小齿轮;6—滑环

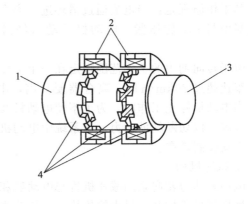

图 9-38 非接触式转矩传感器
1—输入轴;2—线圈;3—输出轴;4—磁极环

图 9-38 所示为非接触式转矩传感器,有两对磁极环 4,当输入轴 1 与输出轴 3 之间发生转动时,磁极环之间的空气间隙发生变化,从而引起电磁感应系数的变化,在线圈 2 中感应出电压,并将电压信号转换为转矩信号。非接触式转矩传感器的优点是体积小、精度高,缺点是成本较高。

2. 电动机

电动机是电动式动力转向系的动力源,其功能是根据电子控制单元的指令输出适当的辅助转矩。目前一般采用永磁式直流电动机,它分为有刷式和无刷式两种。其最大电流一般为30A左右,电压DC12V,额定转矩为10N·m左右。电动机的输出转矩控制是通过控制其输入电流来实现的,而电动机的正转和反转则是由电子控制单元输出的正、反转触发脉冲控制。

电动机对电动式动力转向系的性能有很大影响,所以电动式动力转向系对电动机有很高的要求,不仅要求转矩大、转矩波动小、转动惯量小、尺寸小、重量轻,而且要求可靠性高、易控制。

3. 电磁离合器

一般使用干式单片电磁离合器,如图9-39所示。工作电压为12V,额定转速时传递的转矩为15N·m,线圈电阻(20℃时)为19.5Ω。

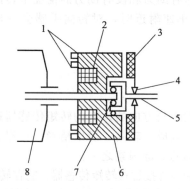
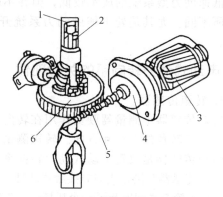

图9-39 电磁离合器的结构
1—滑环;2—线圈;3—压板;4—花键;5—从动轴;
6—主动轮;7—滚珠轴承;8—电动机

图9-40 蜗轮蜗杆减速机构
1—转向轴;2—扭杆;3—电动机;
4—离合器;5—蜗杆;6—蜗轮

其工作原理是:当电流通过滑环进入离合器线圈时,主动轮产生电磁吸力,带花键的压板被吸引与主动轮压紧,电动机的动力经过轴、主动轮、压板、花键、从动轴传给执行机构。

由于转向助力的工作范围限定在一个速度区域内,所以离合器一般设定一个速度范围,如当车速超过30km/h时,离合器便分离,电动机也停止工作,这时就没有转向助力的作用。当电动机停止工作时,为了不使电动机及离合器的惯性影响转向系的工作,离合器也应及时分离,以切断辅助动力。当系统中电动机等发生故障时,离合器会自动分离,这是仍可恢复手动控制转向。

4. 减速机构

电动式动力转向系的减速机构与电动机相连,起降速增扭作用。常采用蜗轮蜗杆机构、滚珠螺杆螺母机构和行星齿轮机构等。蜗轮蜗杆减速系统一般应用在转向轴助力式的电动式动力转向系上,而行星齿轮机构则被应用在齿条助力式的电动式动力转向系和齿轮助力式的电动式动力转向系上。

图9-40所示的蜗轮蜗杆减速机构中,蜗杆5与电动机3的输出轴相连,通过蜗轮6和蜗杆的啮合传动将电动机的转矩作用到转向轴1上,以实现转向助力。

5. 电子控制单元(ECU)

电子控制单元(ECU)的功能是根据转矩传感器和车速传感器传来的信号,进行逻辑分析与计算后发出指令,控制电动机和离合器的动作。电动式动力转向系控制原理如图9-41

所示。

此外,ECU 有安全保护和自我诊断功能。通过采集电动机的电流、发电机电压、发动机工况等信号,判断其系统工作状况是否正常。一旦系统工作异常,将自动取消助力作用,同时还将进行故障诊断分析。ECU 通常是以一个数字信号处理器(Digital Signal Processing,简称 DSP)作为控制单元的。

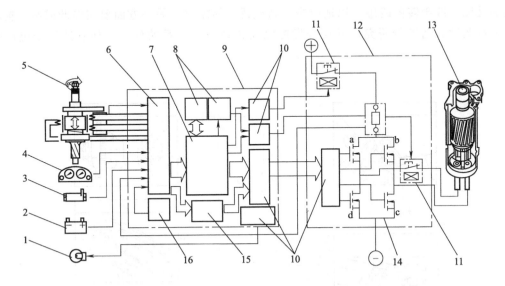

图 9-41 电动式动力转向系控制原理

1—警示灯;2—蓄电池;3—车速传感器;4—转矩传感器;5—转速传感器;6—接口电路;7—微处理器;8—监测电路;9—电控单元;10—驱动电路;11—继电器;12—功率放大器;13—电动机;14—场效应管桥式电路;15—转矩校验电路;16—稳压电路

四、电动式动力转向系实例

图 9-42 所示为三菱 Minica 汽车的电动式动力转向系的组成,控制系统简图如图 9-43 所示。

由图 9-42 和图 9-43 可知:交流发电机的 L 端子可视为向电子控制单元输入信号的一个传感器,利用交流发电机的 L 端子电压可以判断发动机是否转动。当发动机还未发动时,该系统不能工作。

电动机和离合器接受电子控制单元输出的控制电流,产生助力转矩,经传动齿轮减速后,再经过小齿轮实现动力转向,电动机的动力是通过行星齿轮机构传递的。离合器是由电磁铁和弹簧等组成的电磁离合器。

当点火开关接通时,电源加于电子控制单元上,电动式动力转向系才能进行工作。在发动机已启动时,交流发电机的 L 端子的电压加到电子控制单元上。当检测到发动机处于启动状态时,动力转向系转为工作状态。

行车时,电子控制单元按不同车速下的转向盘转矩,控制电动机的电流,并完成电子控制转向和普通转向控制之间的转换。当车速高于 30km/h 时,则转换成普通的转向控制,电子控制单元没有离合器信号和电动机电流输出,离合器处于分离状态。当车速低于 27km/h 时,电子控制单元输出离合器信号和电动机电流,普通转向控制转换为动力转向的工作方式。

电子控制单元还具有自我修正的控制功能。当电动式动力转向系出现故障时,可自动断开电动机的输出电流,恢复到通常的转向功能;同时速度表内的电动动力转向报警灯点亮,以通知驾驶员,动力转向系发生故障。

目前电动式动力转向系主要应用在微型车上,其低速转向操纵力在泊车过程中被显著地降低,这一优点已经得到用户的广泛认可。在电动式动力转向系未来的发展中,一方面要提高控制性能,改善转向路感,以适应中、高级轿车的需求;另一方面要在降低成本、提高可靠性和耐久性方面进行研究,并充分发挥电动式动力转向系的优点,使它适用于更广泛的车型。

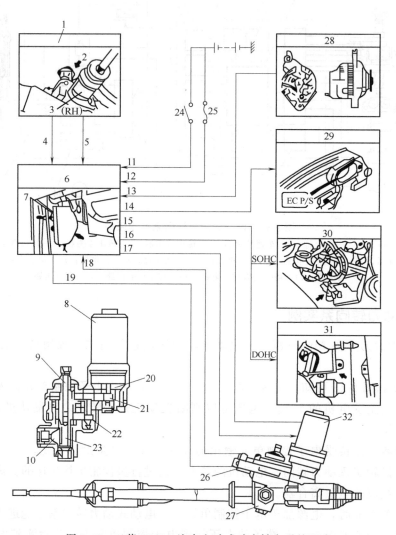

图 9-42　三菱 Minica 汽车电动式动力转向系的组成

1—车速传感器;2—速度表引出电缆的部位;3—传动轴;4—车速信号(主);5—车速信号(副);
6—电子控制单元;7—副驾驶员脚下部位;8—电动机;9—扭杆;10—齿条;11—点火电源信号;
12—蓄电池信号;13—发电机信号;14—指示灯电流;15—高怠速电流;16—电动机电流;
17—离合器电流;18—转矩信号(主);19—转矩信号(副);20—离合器;21—电动机齿轮;
22—传动齿轮;23—小齿轮;24—点火开关;25—熔断丝;26—转矩传感器;27—转向器齿轮总成;
28—交流发电机(L端子);29—指示灯;30—怠速提高电磁阀;
31—发动机电子控制单元;32—电动机与离合器

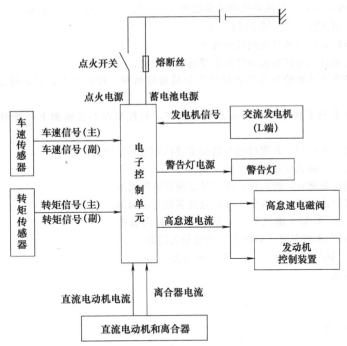

图 9-43 三菱 Minica 汽车电动式动力转向系的电子控制系统

【认证链接】

汽车维修工取证，汽车转向系部分技能要求：
1. 应会典型转向器的拆装、检修和调整。
2. 应会转向传动机构的拆装及检修。
3. 应会机械式转向系常见故障的诊断与排除。
4. 应会机械式转向系维护。
5. 应会检查、清洗、填充和排出动力转向工作液。
6. 应会拆装、检查和调整动力转向系油泵及其皮带。
7. 应会动力转向系常见故障的诊断与排除。

复 习 题

一、填空题

1. 我国的交通规则规定，右侧通行，故转向盘都安置在驾驶室的（　　）。
2. 转向系由（　　）、（　　）和（　　）三大部分构成。
3. 要满足汽车在转向时，两侧车轮不发生滑动，各个车轮的轴线在转向时应（　　）。
4. 从瞬时转向中心 O 点到转向外轮中心面的距离 R，称为汽车的（　　）。
5. 转向轮偏转角度的大小，可通过（　　）或（　　）转向节凸缘盘上的止动螺钉调整。
6. 转向器润滑油要具备低温流动性好、附着力好的优点，油液液面高度应在（　　）。
7. 转向器通常按其传动副形式和作用力的传递情况来分类，可分为（　　）、（　　）和蜗杆曲柄指销式几种。
8. 动力转向转到止端后停留不能超过 5s 的原因是（　　）。
9. 转向盘自由行程是指（　　）未发生偏转而转向盘所转过的角度。
10. 齿轮齿条式转向器中齿条弯曲度超过 0.30mm，不仅会造成转向沉重，而且会造成（　　）。
11. 为了保证汽车转向操纵轻便和灵敏，目前最有效的办法就是在汽车转向系统中加装（　　）。
12. 动力缸、控制阀和转向器合为一体的称为（　　）动力转向系。

13. 与非独立悬架配用的转向传动机构主要包括（　　）、（　　）、（　　）和（　　）。

二、判断题（正确打√、错误打×）

1. 两转向轮偏转时，外轮转角比内轮转角大。（　）
2. 转向器的角传动比就是转向盘和转向摇臂的转角之比。（　）
3. 齿轮齿条式转向器的齿轮和齿条有直齿轮和斜齿轮两种，相比之下，斜齿运动平稳，能传递更大的力。（　）
4. 可逆式转向器有利于转向轮和转向盘自动回正，但汽车在不良路面上行驶时易发生转向盘打手现象。（　）
5. 摇臂轴的端部刻有标记，装配时应与转向垂臂的刻度标记对正。（　）
6. 转向直拉杆两端的弹簧在球头销的同一侧。（　）
7. 当转向轮为独立悬架时，转向桥、横拉杆必须是整体式的。（　）
8. 适当的转向盘自由行程，对避免驾驶员过度紧张是有利的。（　）
9. 转向桥负荷在3~4t以上的汽车，大多加装转向助力装置。（　）
10. 常流式是指汽车不转向时，转向控制阀总是关闭的。（　）
11. 东风EQ1091型汽车左轮向左和右轮向右均为37°30′。（　）

三、名词解释题

1. 转向半径。
2. 路感。
3. 电动式动力转向系。
4. 可逆式转向器。
5. 转向盘自由行程。
6. 常流式液压动力转向系。

四、选择题

1. 解放CA1092型汽车左轮向左和右轮向右均为（　　）。
   A. 38°；　　　　B. 37°30′；　　　　C. 34°
2. 齿轮齿条式转向系不装（　　）。
   A. 横拉杆；　　B. 直拉杆；　　　　C. 减振器
3. 循环球式转向系不装（　　）。
   A. 横拉杆；　　B. 直拉杆；　　　　C. 减振器
4. 为了适应总布置的要求，有些汽车在转向盘和转向器之间由（　　）连接。
   A. 轴；　　　　B. 万向传动装置；　　C. 转向管柱
5. 转向盘自由行程一般不超过（　　）。
   A. 10°~15°；　 B. 15°~20°；　　　　C. 25°~30°
6. 转向盘自由行程过大的原因是（　　）。
   A. 转向器传动副的啮合间隙过大；　　B. 转向传动机构各连接处松旷；
   C. 转向节主销与衬套的配合间隙过大
7. 转向助力装置的安全阀（　　）。
   A. 限制转向油泵的最大工作压力；　　B. 保护油泵及装置中其他机构不致过载而损坏；　　C. A和B

五、问答题

1. 什么是转向盘的自由行程？它的一般范围有多大？如何调整？
2. 为什么微型及轻型货车和轿车上广泛采用齿轮齿条式转向器？
3. 汽车转向器常用的有哪几种？各有什么调整内容与调整装置？
4. 转向摇臂与摇臂轴之间用花键连接时它们之间的相对位置为什么要有定位要求？
5. 液压式转向助力装置的工作特点是什么？
6. 什么是常流式动力转向系？上海桑塔纳轿车的动力转向系是什么类型？
7. 行驶跑偏的故障原因主要有哪些？
8. 说明如何检查转向油泵的压力。

第十章　汽车制动系

【学习目标】
1. 了解制动系的功用、组成、分类和基本工作原理。
2. 掌握各种制动器的结构、工作特性以及检测、调整方法。
3. 掌握制动传动装置的组成、工作原理、检测与维护方法。
4. 正确诊断制动系的常见故障，并了解一般的检测维修程序。

第一节　认识制动系

驾驶员能根据道路和交通情况，利用装在汽车上的一系列专门装置，迫使路面在汽车车轮上施加一定的与汽车行驶方向相反的外力，对汽车进行一定程度的强制制动。这种可控制的对汽车进行制动的外力称为制动力，用于产生制动力的一系列专门装置称为制动系。

一、制动系的功用

汽车制动系的功用是按照需要使汽车减速或在最短距离内停车、下坡行驶时保持车速稳定、使停驶的汽车可靠驻停。

汽车行驶过程中会遇到复杂多变的行驶状况，如进入弯道、行经不平道路、两车交会、突遇障碍物等，为了保证行驶安全，就要求汽车在尽可能短的距离内将车速降低，甚至停车。当汽车下长坡时，在重力产生的下滑力作用下，汽车有不断加速到危险程度的趋势，此时应将车速限定在安全范围内，并保持相对稳定；对停驶的车辆，特别是在坡道上停驶的汽车应使之可靠地驻留原地不动。

二、制动系的类型

1. 按制动系的功用分类

① 行车制动系　使行驶中的汽车降低速度甚至停车的一套专门装置，通常由驾驶员用脚操纵。

② 驻车制动系　使已停驶的汽车驻留原地不动的一套装置，通常由驾驶员用手操纵。

③ 应急制动、安全制动和辅助制动系　应急制动装置是用独立的管路控制车轮的制动器作为备用系统，其作用是当行车制动装置失效的情况下保证汽车仍能实现减速或停车。安全制动装置是当制动气压不足时起制动作用，使车辆无法行驶。辅助制动装置是为了下长坡时减轻行车制动器的磨损而设，其中利用发动机排气制动应用最广。

2. 按制动系的制动能源分类

① 人力制动系　以驾驶员的肌体作为唯一制动能源的制动系。

② 动力制动系　完全依靠发动机动力转化成的气压或液压进行制动的制动系。

③ 伺服制动系　兼用人力和发动机动力进行制动的制动系。

目前所有汽车都采用双回路制动系，如轿车的左前轮和右后轮共用一条制动回路，右前轮和左后轮共用另一条制动回路，当一个回路失效时，另一个回路仍能工作，这样有效提高了汽车的行车安全性。

三、制动系的组成

汽车上设置彼此独立的制动系,它们起作用的时刻不同,但它们的组成却是相似的。它们一般有以下四个组成部分。

① 供能装置——包括供给、调节制动所需能量以及改善传能介质状态的各种部件。其中产生制动能量的部分称为制动能源,如气压制动系中的空气压缩机。

② 控制装置——包括产生制动动作和控制制动效果的各种部件,如制动踏板、制动阀等。

③ 传动装置——包括将制动能量传输到制动器的各个部件,如制动主缸和制动轮缸等。

④ 制动器——产生制动摩擦力矩的部件。

较完善的制动系还具有制动力调节装置、报警装置、压力保护装置等附加装置。图10-1所示为红旗CA7220型轿车制动系布置图。

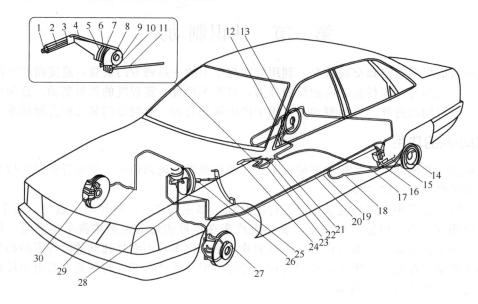

图 10-1 红旗 CA7220 型轿车制动系布置图

1—驻车制动压杆按钮;2—弹簧;3—限位块;4—棘爪压杆;5—O形圈;6—棘爪;7—棘爪销;8—棘爪齿板;9—驻车制动操纵杆;10—滚轮;11—调整拉杆;12—调节阀接右后制动器油管;13—右后制动器;14—左后制动器;15—感载弹簧;16—制动压力调节阀;17—驻车制动操纵缆绳;18—调节阀接左后制动器油管;19—主缸主动腔经调节阀接左后制动器油管;20—主缸从动腔经调节阀接右后制动器油管;21—平衡杠杆;22—防尘套;23—支架;24—驻车制动操纵杆手柄;25—制动踏板;26—真空助力器;27—左前盘式制动器;28—主缸从动腔接左前盘式制动器油管;29—主缸主动腔接右前盘式制动器油管;30—右前盘式制动器

四、制动系的工作原理

一般制动系的工作原理可用图 10-2 所示的简单的液压行车制动系示意图来说明制动力是如何形成的。行车制动系由车轮制动器和液压传动机构两部分组成。车轮制动器的旋转部分是制动鼓 8,它固定于轮毂上,与车轮一起旋转。固定部分是制动蹄 10 和制动底板 11 等。制动蹄上铆有摩擦片,其下端套在支承销上,上端用复位弹簧拉紧压靠在制动轮缸 6 内的活塞上。支承销和轮缸都固定在制动底板上,制动底板用螺钉与转向节凸缘(前桥)或桥壳凸缘(后桥)固定在一起。制动轮缸 6 用油管 5 与装在车架上的制动主缸 4 相连通。主缸中的活塞 3 可由驾驶员通过制动踏板 1 来操纵。制动蹄靠液压轮缸使其张开。

不制动时，制动鼓的内圆柱面与摩擦片之间保留一定间隙，制动鼓可以随车轮一起旋转。

制动时，驾驶员踩下制动踏板，主缸推杆便推动制动主缸内的活塞前移，迫使制动液经管路进入轮缸，推动轮缸的活塞向外移动，使制动蹄克服复位弹簧的拉力绕支承销转动而张开，消除制动蹄与制动鼓之间的间隙后压紧在制动鼓上。此时，不旋转的制动蹄摩擦片与旋转的制动鼓的内表面发生摩擦，从而产生摩擦力矩 M_μ，即制动器制动力矩，其方向与车轮的旋转方向相反。在 M_μ 的作用下，车轮将对地面作用一个向前的力 F_μ，地面对车轮作用一个向后的反作用力 F_B，F_B 即为地面对车轮的制动力。制动力 F_B 迫使整辆汽车产生一定的减速度。制动力 F_B 越大，则汽车减速度也越大。当放松制动踏板时，在复位弹簧的作用下，制动蹄与制动鼓的间隙又得以恢复，制动力矩 M_μ 和制动力 F_B 消失，从而解除制动。

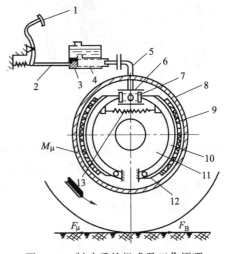

图 10-2　制动系的组成及工作原理
1—制动踏板；2—主缸推杆；3—主缸活塞；
4—制动主缸；5—油管；6—制动轮缸；
7—轮缸活塞；8—制动鼓；9—摩擦片；
10—制动蹄；11—制动底板；12—支
承销；13—制动蹄复位弹簧

五、对制动系的要求

为保证汽车能在安全的条件下发挥出高速行驶的能力，制动系必须满足下列要求。

① 具有良好的制动效能。亦即迅速减速直至停车的能力。

② 操纵轻便。操纵制动系所需的力不应过大。

③ 制动稳定性好。制动时，前、后车轮制动力分配合理，左、右车轮上的制动力矩基本相等，使汽车制动过程中不跑偏、不甩尾。

④ 制动平顺性好。制动力矩能迅速而平稳地增加，也能迅速而彻底地解除。

⑤ 散热性好；连续制动时，制动鼓和制动蹄上的摩擦片因高温引起的摩擦因数下降要小；水湿后恢复要快。

⑥ 对挂车的制动系，还要求挂车的制动作用略早于主车；挂车自行脱挂时能自动进行应急制动。

第二节　车轮制动器

制动器是制动系中用以产生制动力矩的部件。

目前各类汽车所用的摩擦制动器可分为盘式制动器和鼓式制动器两大类，如图 10-3 所示。盘式制动器中的旋转元件为圆盘状的制动盘，其工作表面为端面；鼓式制动器中的旋转元件则为制动鼓，以圆柱面为工作面。

旋转元件固定在车轮或半轴上的制动器称为车轮制动器。旋转元件固定在传动系的传动轴上的制动器称为中央制动器。车轮制动器可用于行车制动和驻车制动，中央制动器只用于驻车制动和缓速制动。

一、鼓式制动器

一般鼓式制动器由旋转部分、固定部分、促动部分和定位调整装置组成（见图 10-2）。

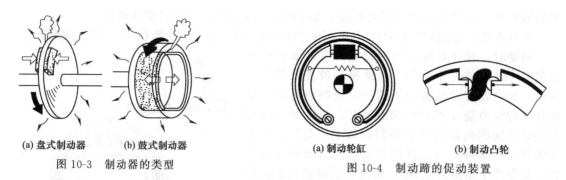

图 10-3 制动器的类型　　　　图 10-4 制动蹄的促动装置

凡对制动蹄端加力使蹄转动的装置统称为制动蹄促动装置，制动蹄促动装置有制动轮缸和制动凸轮（见图 10-4）。以液压制动轮缸作为制动蹄促动装置的制动器称为轮缸式制动器；以凸轮作为促动装置的制动器称为凸轮式制动器。

1. 轮缸式制动器

（1）领从蹄式制动器

① 构造　如图 10-5 和图 10-6 所示。旋转部分的制动鼓多用灰铸铁制成，用螺栓固装在轮毂的凸缘上，并用鼓盘中部的止口和断面定位，随同车轮旋转。制动鼓的边缘有一个用于蹄鼓检查间隙的检查孔。固定部分是制动底板和制动蹄。冲压的制动底板固装在车桥的凸缘盘上，通过其上的支承销与制动蹄相连。制动蹄采用 T 形截面，蹄的下端孔与支承销的偏心轴颈作动配合，上端顶靠在轮缸的活塞顶块上。摩擦片多用塑料石棉压制，用粘接或埋头铆钉铆接在制动蹄上，以增大蹄鼓之间的摩擦因数。促动部分是轮缸，用螺钉与制动底板固接，顶块压入活塞的外端，制动蹄嵌入顶块的切槽中。制动蹄利用活塞的位移来促动（见图 10-5）。定位调整装置的作用是保持和调整制动蹄和制动鼓间正确的相对位置（见图 10-5）。

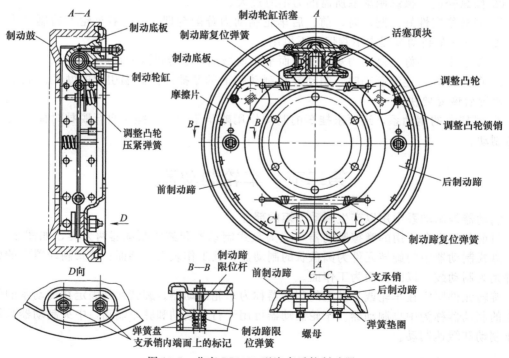

图 10-5　北京 BJ2023 型汽车后轮制动器

② 制动蹄的增势和减势　如图 10-7 所示，汽车前进时制动鼓的旋转方向如箭头所示。

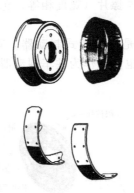

图 10-6 制动鼓和制动蹄

在制动过程中，两制动蹄在相等的促动力 F_s 作用下，分别绕各自的支承点向外偏转压紧在制动鼓上。同时旋转的制动鼓对两蹄分别作用着法向反力 N_1 和 N_2，以及相应的切向反力，即摩擦力 T_1 和 T_2。摩擦力 T_1 产生的绕支承销 3 的力矩与制动蹄 1 张开力 F_s 产生的绕支承销 3 的力矩方向相同，使制动蹄 1 在制动鼓上压得更紧，则 N_1 变得更大，从而使该蹄所产生的制动力矩自动增大，这种情况称为"增势"作用，相应的制动蹄 1 被称为领蹄或增势蹄。与此相反，T_2 作用的结果则使制动蹄 2 有放松制动鼓的趋势，即 N_2 和 T_2 有减小的趋势，从而使该蹄所产生的制动力矩自动减少，这种情况称为"减势"作用，相应的制动蹄 2 被称为从蹄或减势蹄。

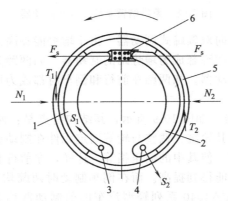

图 10-7 领从蹄式制动器示意图
1—领蹄；2—从蹄；3,4—支承销；
5—制动鼓；6—制动轮缸

由以上分析可知，领蹄在摩擦力的作用下，蹄和鼓之间的正压力较大，制动作用较强。从蹄在摩擦力的作用下，蹄和鼓之间的正压力较小，制动作用较弱。

汽车倒车制动时，由于制动鼓旋转方向（即摩擦力的方向）的改变，原为增势蹄变为减势蹄，原为减势蹄变为增势蹄，但制动效能仍与汽车前行时相同。

无论汽车前行制动还是倒车制动，只要制动蹄在轮缸促动力作用下张开时的旋转方向与制动鼓的旋转方向一致，为领蹄，而制动蹄张开时的旋转方向与制动鼓的旋转方向相反，则为从蹄，故这种制动器称为领从蹄式制动器。

该制动器机构简单，多用于轻型汽车的后轮制动。虽然制动蹄 1、2 所受的促动力相等，但领蹄与从蹄分别作用在制动鼓上的法向反力 N_1 和 N_2 大小不等，不能平衡，力差使车轮的轮毂轴承承受附加载荷，故称为简单非平衡式制动器。为了使前后蹄摩擦片所受的单位面积压力一致，前蹄摩擦片长于后蹄摩擦片（宽度相等、包角大），使两蹄片的寿命尽量接近，便于维修。

上海桑塔纳轿车后轮制动器也是领从蹄式制动器。其制动蹄下端的支承方式为浮式支承，具有间隙自调机构，该制动器也同时作为驻车制动器，所以还带有一套驻车制动的操纵机构，如图 10-8 所示。

图 10-8　桑塔纳轿车后轮鼓式制动器

（2）单向双领蹄式和双向双领蹄式制动器　由于增势能提高制动效能，利用这种原理将减势蹄颠倒安装，就出现了两蹄都成为增势蹄的制动器。如两蹄只在汽车前行制动时成为增势蹄，称为单向双领蹄式制动器。如两蹄在前行和倒车时都成为增势蹄，称为双向双领蹄式制动器。

① 单向双领蹄式制动器　如图 10-9 所示，其结构特点是：两制动蹄各用一个单向活塞制动轮缸，且前后制动蹄与其轮缸、调整凸轮等固定元件在制动底板上的结构布置是中心对称式的。两轮缸用油管连接，使其中的油压相等。这样，在前行制动时两蹄均为领蹄，两蹄均有增力效果，制动器的效能得到提高。而在倒车制动时两蹄均变成从蹄，制动效能较低。我国生产的北京 BJ2023 和 CA1040 系列轻型汽车的前制动器均为此种单向双领蹄式结构，如图 10-10 所示。

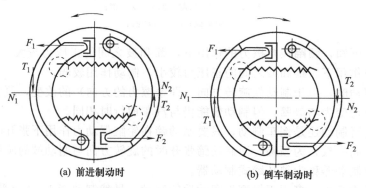

图 10-9　单向双领蹄式制动器的结构

② 双向双领蹄式制动器　图 10-11 所示为一种双向双领蹄式制动器的结构。制动蹄、

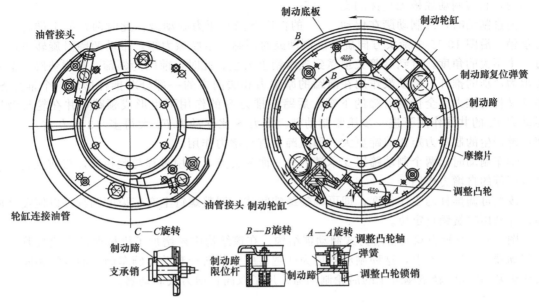

图 10-10 单向双领蹄式制动器

制动轮缸、复位弹簧均成对地对称布置，而且既按轴对称，又按中心对称布置。两制动蹄的两端采用浮式支承，且支点在周向位置也是浮动的，用复位弹簧拉紧。这样，制动器的两端既是支承点，也是促动力的作用点。支点、力点随制动鼓旋转方向的不同能相互转换，可使汽车前进或倒车均可得到相同且较高的制动效能。其性能特点是：使用了两个双活塞轮缸，无论汽车前进还是倒车，都是双领蹄式制动器，故称双向双领蹄式制动器。这种制动器制动效果好，蹄片磨损均匀。

单向双领蹄、双向双领蹄制动器固定元件的布置都是中心对称，两制动蹄作用在制动鼓上的法向反力大小相等、方向相反、相互平衡，这种形式的制动器为平衡式制动器。

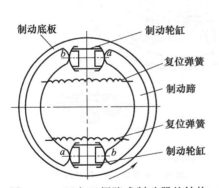

图 10-11 双向双领蹄式制动器的结构

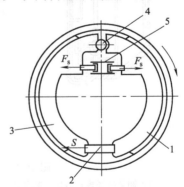

图 10-12 双向自增力式制动器的示意图
1—前制动蹄；2—顶杆；3—后制动蹄；
4—支承销；5—制动轮缸

（3）双向自增力式制动器　自动增力式制动器分为单向式（单活塞）和双向式（双活塞）两种，现仅介绍双向自增力式制动器的结构与工作原理。

双向自增力式制动器的示意图如图 10-12 所示。制动蹄 1 和制动蹄 3 的下端分别浮支在浮动的顶杆两端。制动器只在上方有一个支承销 4。不制动时，两蹄上端均靠各自的复位弹簧拉靠在支承销上。两蹄下端由拉紧弹簧拉靠在可调推杆两端直槽的底平面上。可调推杆是浮动的,它与制动底板无直接的支承关系。

前进制动时,两制动蹄在促动力F_s的作用下张开压力制动鼓,此时两蹄的上端均离开支承销,沿图10-12中箭头方向旋转的制动鼓对两蹄产生摩擦力矩,带动两蹄沿旋转方向转过一个不大的角度,直到后蹄又顶靠到支承销上为止。此时,前蹄为领蹄,是增势蹄,但其支承为浮动的推杆。制动鼓作用在前蹄的摩擦力和法向力的一部分对推杆形成一个推力S,推杆又将此推力完全传到后蹄的下端。后蹄在推力S的作用下也形成领蹄,并在轮缸液压促动力F_s的共同作用下进一步压紧制动鼓。推力S比促动力F_s大得多(3倍左右),从而使后蹄产生的制动力矩比前蹄更大,即从蹄具有自增力作用。

倒车制动时,两个制动蹄以支承销的另一面为支点,作用过程与此相反,与前进制动时具有同等的自增力作用。

改变可调推杆的工作长度,即可调整蹄鼓间隙,调整螺钉上有带齿的圆盘,以便拨动调整,并利用拉簧锁止定位。

图10-13所示为双向自增力式制动器结构。在该结构中还增加了机械促动装置且兼作驻车制动器。在这一点上,这种制动器更为优越,应为其前行制动和倒车制动的效能相同。北京切诺基BJ2021轻型越野车的后轮制动器采用了双向自增力式制动器。

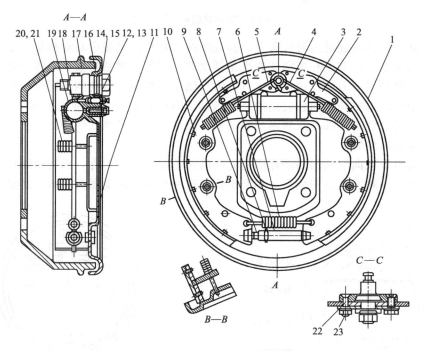

图 10-13 双向自增力式制动器结构

1—制动器底板;2,10—制动蹄;3—制动轮缸;4,5—制动蹄复位弹簧;6—制动蹄调整弹簧;7—制动蹄调整套;8,16—调整螺母;9—调整螺栓;11—橡胶塞;12,13—螺栓;14,15—支承销紧固螺栓;17—制动鼓;18—支承销;19—压簧拉杆;20,21—压簧及压簧座;22—沉头螺钉;23—螺母

以上介绍的各类型制动器各有利弊。就制动效能而言,在基本结构参数和轮缸工作压力相同的条件下,自增力式制动器居榜首,以下依次为双向双领蹄式、单向双领蹄式、领从蹄式;但就制动效能的稳定性而言,自增力式车轮制动器对摩擦因数的依赖性最大,因而其制动效能的稳定性最差;领从蹄式车轮制动器制动效能的稳定性居中;平衡式车轮制动器的制动效能稳定性最好。

（4）制动间隙的调整　制动间隙是指在不制动时，制动鼓和制动蹄摩擦片之间的间隙。摩擦片与制动鼓之间应有合适的间隙，此间隙一般在 0.25～0.5mm 之间。制动器间隙过小，不能保证完全解除制动，此间隙过大，制动器反应时间过长，直接威胁到行车安全。制动器在使用过程中，随着摩擦片的磨损，制动器间隙会变大，因此，各种形式的制动器均设有检查、调整制动间隙的装置。制动间隙的调整有手动调整和自动调整两种方法。

① 手动调整装置　一般在制动鼓腹板外开有检查孔，以便使用塞尺检查摩擦片与制动鼓之间的制动间隙是否符合规定值，否则要对其进行调整。

a. 转动调整凸轮和带偏心轴颈的支承销调整制动间隙　如图 10-5 所示，领从蹄式制动器的制动蹄相对制动鼓的位置通常有两处调整部位：转动调整凸轮可使制动蹄摆动，蹄鼓间隙按上大下小的规律变化，可使制动间隙合理恢复；转动偏心的支承销，可使蹄上下、左右运动，这不仅改变了蹄鼓间隙，而且还使摩擦副的实际工作区域发生变化，有利于蹄鼓间的全面贴合。

北京 BJ2023 型汽车制动器的调整分为局部调整和全面调整。若发现制动器间隙已增大到使制动效能明显降低时，可按图 10-14 中箭头所示方向转动调整凸轮，进行局部调整。局部调整的方法是：架起车桥，使制动鼓能自由转动，用规定厚度的塞尺通过制动鼓上的检查孔，在蹄片上、下端检查间隙；转动上端的调整凸轮，使制动鼓与制动蹄的间隙增大或减小，调整时用规定厚度的塞尺反复测量，当拉动时感到稍有阻力，即为合适。间隙调好后，有轻微摩擦声时，允许将间隙稍许放大一些。在进行修理作业后重新装配制动器时，为保证蹄鼓的正确接触状态和间隙值，应当全面调整制动间隙。全面调整的方法是：架起车桥，使制动鼓能自由转动，从图 10-5 C—C 剖面可以看出，其制动蹄支承销的轴颈是偏心的，松开蹄片的偏心支承销轴锁紧螺母，转动蹄片的偏

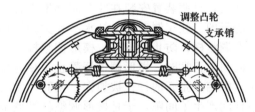

图 10-14　凸轮调整制动间隙

心支承销，使其轴端偏心标记相互靠近；转动上端调整凸轮，使蹄片压向制动鼓，在制动鼓的检查孔处，用塞尺检查每个蹄片两端与制动鼓是否贴紧，如果蹄片轴端发现间隙，则用转动蹄片支承销的方法消除；反向转动调整凸轮，使蹄片上端与鼓脱离接触，产生合适的间隙为止。

注意，局部调整时，不要拧动蹄片支承销轴，一旦蹄片支承销轴的安装位置改变，就必须进行全面调整。

b. 用调整螺母调整制动间隙　有些制动器轮缸两端的端盖制成调整螺母，用一字旋具拨动调整螺母的齿槽，使螺母转动，带螺杆的可调支座便向内或向外作轴向移动，使制动蹄上端靠近或远离制动鼓，制动间隙减小或增大。间隙调整好后，用锁片插入调整螺母的齿槽中，固定螺母位置。如图 10-15 所示。

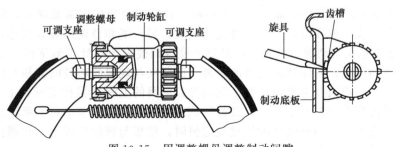

图 10-15　用调整螺母调整制动间隙

c. 调整可调顶杆长度　可调顶杆由顶杆体、调整螺钉和顶杆套组成。顶杆套一端具有带齿的凸缘，套内制有螺纹，调整螺钉借螺纹旋入顶杆套内。拨动顶杆套带齿的凸缘，可使调整螺钉沿轴向移动，从而改变了可调顶杆的总长度，调整了制动器间隙。此调整方式仅适用于自增力式制动器。如图10-16所示。

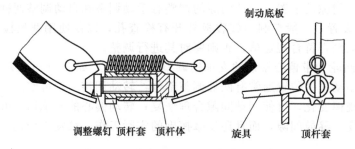

图10-16　改变顶杆长度调整制动间隙

② 自动调整装置　这是汽车维护和修理作业中必不可少的重要作业项目，为了减少保修工作量，制动间隙的自动调整装置（以下简称自调装置）在现代汽车上得到广泛的应用。下面主要介绍安装在两制动蹄之间的自调装置。

a. 楔杆式间隙自调装置　如图10-17所示，桑塔纳轿车的后轮制动器间隙自调装置采用楔杆式，自调装置安装在驻车制动推力杆上，利用楔杆改变驻车制动推力杆的长度，达到自调的目的。驻车制动推力杆水平弹簧为楔形调整杆的定位簧，它使驻车制动推力杆紧紧压住楔形调整杆，防止其下移。楔形调整杆的垂直拉簧为自调弹簧，随时力图拉动楔杆下移。当蹄鼓间隙正常时，楔形调整杆静止于相应位置，不起调节作用。当蹄鼓之间间隙大于规定值时，因蹄片张开的行程被加大，使驻车制动推力杆与前制动蹄斜支承间形成的切槽与楔形调整杆间产生了间隙，于是楔形调整杆被调节弹簧往下拉，直到调节杆与切槽两侧面重新接触为止，从而补偿了制动器过量间隙。解除制动后，两制动蹄在复位弹簧的作用下回位，但不可能恢复到制动前的位置。因为驻车制动推力杆已"变长"，只能被顶靠在新的位置，制动间隙恢复到设定值。

这种自调装置在汽车前行制动和倒车制动时都能自调，属于一次性调准的结构。由于制动器的过量间隙并不完全是由于摩擦副磨损所致，还有一部分是由于制动鼓热膨胀使直径增大和蹄鼓弹性变形所致，因此当出现过大的上述各项变形时，一次调准式自调装置将不加区别地一律随时加以补偿，造成"调整过头"。这样当制动器恢复到冷态时，即使完全放松制动踏板，制动器也不会彻底放松，而发生"拖磨"甚至"抱死"，因为自调装置只能将间隙调小而不能调大。如调整过头，可利用拨孔向上拨动楔形调整块，即可解除"拖磨"现象。在制动时，正常间隙即恢复。拨孔的位置有的在制动底板对应位置。

b. 倒车制动的自调装置　在自增力式制动器中，全部采用倒车制动的自调装置。在倒车制动时制动鼓处于常温状态，不会发生自调过度现象。

如图10-18所示，左侧是前蹄，右侧为后蹄。自调装置装在后制动蹄上，拉索3的中部绕过可摆动的导向板2的弧面，一端挂在支承销上，另一端和自调拨板5相连，其间有一拉簧9。自调拨板支承在制动蹄的销钉上，拉簧9使自调拨板始终处于最下面的位置，其左端与棘轮的切线方向靠拢，并保持其规定的距离，此距离与规定的蹄鼓间隙相对应。

倒车制动时，后蹄离开支承销，整个制动蹄以前蹄的上端顶靠在支承销上，自调拉绳4就拉动自调拨板的自由端向上摆动。当蹄鼓间隙正常时，拨板的摆动量不足以拨触棘轮，因而保持规定的间隙不变。当蹄鼓间隙超过规定值时，拨板与棘轮爪接触，自调拉绳中的拉簧也被拉伸，为自调做好准备。

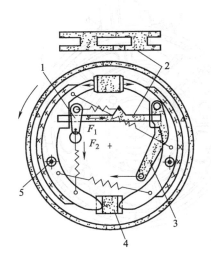
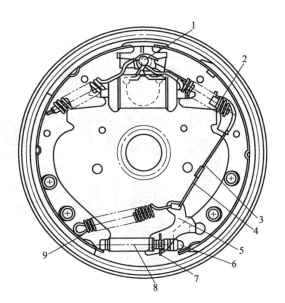

图 10-17 楔杆式间隙自调装置
1—楔杆；2—推力杆；3—驻车制动杠杆；4—浮式支承座；5—定位件；F_1—水平拉簧的摩擦力；F_2—楔形杆的垂直拉簧力

图 10-18 双向自增力式制动器
1—支承销；2—拉索导向板；3—拉绳；4—自调拉绳；5—自调拨板；6—调整螺杆；7—棘轮；8—推杆体；9—拉簧

放松制动时，后蹄在回位弹簧的作用下逆时针回位，拨板即将棘轮拨动一个齿距，推杆被加长，随即自调拉绳放松，拨板又回到初始位置，正常间隙在新的推杆长度下恢复。

此类结构是多次性调准的方式，装配时蹄鼓间隙应略大于规定值（0.3～0.4mm），以便经几次倒车制动，恢复到正常间隙。另外，在所有新装的自动增力式制动器第一次使用前必须先手工调整。因为制动时后蹄必须随制动鼓旋转一定角度后，才能进行蹄鼓间隙调节。新装的制动鼓间隙过大，制动时蹄鼓接触不实，后蹄根本不会旋转，也就无法调节了。

应该说明，维护作业中应注意该车的制动器属于何种自调方式，以便采用正确的手段来恢复正常间隙。

2. 凸轮式制动器

气压传动的制动系，多采用凸轮取代制动轮缸对两制动蹄起促动作用。

如图 10-19 所示，该制动器除用促动凸轮作为张开制动蹄装置以外，其余结构与轮缸式领从蹄式制动器相同。制动底板固定在转向节凸缘（前轮）或后桥壳凸缘上（后轮），在制动底板的下端有制动蹄支承销座孔，两制动蹄下端用两个偏心的支承销支承，上端用复位弹簧拉紧并压在制动凸轮上，制动凸轮与制动凸轮轴制成一体。制动凸轮轴由制动底板里侧穿出，装在制动底板上端的凸轮轴支承座孔中，凸轮轴外端制有花键，凸轮轴通过花键与制动调整臂内的蜗轮相连。为防止凸轮轴的轴向窜动，在支承垫片与调整臂之间装有调整垫片，可调整凸轮轴的轴向间隙。

制动鼓与轮毂总成通过一对圆锥滚子轴承支承在转向节轴颈（前轮）或后桥半轴套管轴颈（后轮）上，并可由调整螺母调整轴承预紧度。

调整臂内为蜗轮蜗杆传动，正常制动时，制动调整臂体带动蜗杆绕蜗轮轴线转动，蜗杆又带动蜗轮转动，从而使凸轮旋转，张开制动蹄起制动作用。

一般中型货车的凸轮式车轮制动器的间隙也可以根据需要进行局部或全面调整。局部调整只是利用制动调整臂来改变制动凸轮轴的原始角位置。制动调整臂的结构如图 10-20 所示。制动调整臂内有一对蜗杆蜗轮调整机构，当需要调整制动器间隙时，制动调整臂体（也

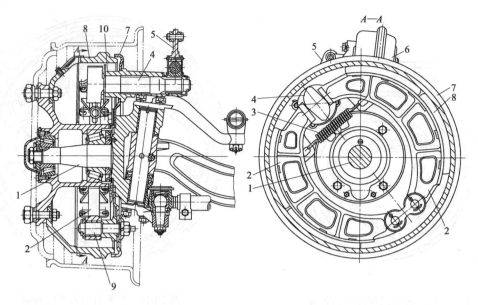

图10-19 东风 EQ1090E 型汽车前轮制动器

1—转向节轴颈；2—制动蹄；3—复位弹簧；4—制动凸轮轴；5—制动调整臂；
6—制动气室；7—制动底板；8—制动鼓；9—支承销；10—制动凸轮轴支坐

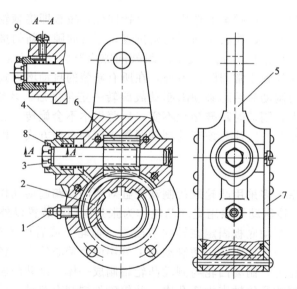

图10-20 凸轮促动式制动器的制动调整臂

1—油嘴；2—凸轮；3—蜗杆轴；4—弹簧；5—调整臂体；
6—蜗杆；7—盖；8—锁止套；9—锁紧螺钉

是蜗轮蜗杆传动的壳体）固定不动，转动蜗杆，蜗杆带动蜗轮旋转，从而改变了凸轮的原始角位置，达到了调整目的。为了使蜗杆轴可靠定位，采用了锁止套8和锁紧螺钉9来定位。转动蜗杆轴时，需要将螺钉9松开，将具有六角孔的锁止套8和弹簧4压进一定行程，调好后再锁紧蜗杆轴。进行全面调整时，还应同时转动带偏心轴颈的支承销。合适的蹄鼓间隙是：靠近支承销一端的间隙较靠近凸轮一端的间隙小，如 EQ1092 型汽车支承端为 0.25～0.40mm，凸轮端为 0.40～0.55mm。

应该说明，该类制动器由于用一个凸轮同时调整两个制动蹄的间隙，很难达到均匀一致。故凸轮轴支座和制动底板的相对位置也有必要微量调整。多使凸轮轴支座和底板的固定孔径都稍大于固定螺栓的直径，松开固定螺栓可使支座和凸轮轴线对制动底板作任一方向的移动。这样，可使制动凸轮、蹄、鼓间正确位置的选定和两蹄间隙取得一致。

3. 鼓式制动器的维修

以桑塔纳轿车的后轮制动器为例，介绍轿车中常见的轮缸式车轮制动器的拆装与检测。后轮制动器的分解图如图 10-21 所示。

(1) 制动鼓和制动蹄的拆装与检查

① 制动鼓和制动蹄的拆卸

a. 拧松车轮螺栓螺母（拧紧力矩 110N·m），取下车轮。

b. 用专用工具卸下轮毂盖，如图 10-21 所示。

c. 取下开口销，旋下后车轮轴承上的六角螺母，取出止推垫圈。

d. 用旋具通过制动鼓螺孔向上拨动楔形块（见图 10-22），使制动蹄与制动鼓放松。

e. 用鲤鱼钳拆下压簧座圈。用手从下面的支架上提起制动蹄，取出下回位弹簧。

f. 取下制动杆上的驻车制动拉索。用鲤鱼钳取下楔形调整杆的复位弹簧和上复位弹簧，卸下制动蹄。

g. 把带推力杆的制动蹄卡紧在台虎钳上，拆下定位弹簧，取下制动蹄。

② 制动鼓和制动蹄的安装

a. 装上复位弹簧，将制动蹄装在推力杆上。

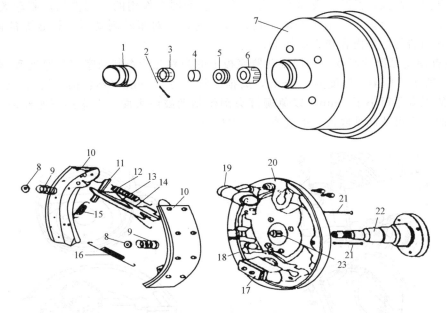

图 10-21 后轮制动器分解图

1—轮毂盖；2—开口销；3—开槽垫圈；4—调整螺母；5—止推垫圈；6—轴承；7—制动鼓；8—弹簧座；9—弹簧；10—制动蹄；11—楔形调整杆；12—复位弹簧；13—上复位弹簧；14—推力杆；15—用于楔形调整杆复位弹簧；16—下复位弹簧；17—固定板；18—螺栓（拧紧力矩 60N·m）；19—后制动轮缸；20—制动底板；21—定位销；22—后桥车轮支承短轴；23—观察孔橡胶塞

b. 装上楔形调整杆，凸块朝制动器底板。

c. 将带有传动臂的制动蹄装在推力杆上，如图 10-23 所示。

d. 装入上复位弹簧；在传动臂上套上驻车制动拉索。

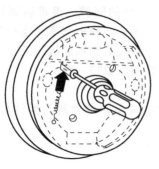

图 10-22 拨动楔形块

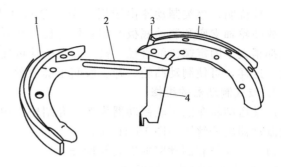

图 10-23 将制动蹄装在推力杆上
1—制动蹄；2—推力杆；3—销轴；4—制动杆

e. 把制动蹄装在车轮制动轮缸的活塞外槽上。

f. 装入下复位弹簧，并把制动蹄提起，装到下面的支座上。

g. 装楔形调整杆的复位弹簧。装压簧和弹簧座圈。

h. 装上制动鼓及后轮轴承，然后调整轮毂轴承的间隙。

i. 用力踩一下脚制动器，使后车轮制动蹄片正确就位，摩擦片与制动毂的间隙得到自动调整。

（2）制动器的检修

使用车轮制动器时，制动蹄与制动鼓间不断地相互磨损，引起制动蹄上摩擦片厚度减小，制动鼓内径增大，使蹄、鼓间的间隙增大，制动器起作用的时刻推迟，制动效能下降。因此，汽车行驶一定里程或出现制动不良的故障时，应对车轮制动器进行必要的调整和检修。车轮制动器的检修内容和方法如下。

① 检查制动摩擦片厚度 利用制动器底板上的观察孔检查制动摩擦片厚度和拖滞情况，如图 10-24 所示。摩擦片厚度为 5.0mm，磨损极限值为 2.5mm（不包括底板）。其铆钉距摩擦片表面的深度不得小于 1mm，以免铆钉头刮伤制动鼓内表面。在未拆下车轮时，后制动蹄摩擦片的厚度可从制动底板 6 的观察孔 4 中检查。

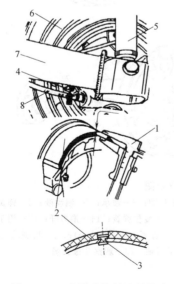

图 10-24 后制动蹄衬片的检查
1—卡尺；2—摩擦片；3—铆钉；4—观察孔；5—后减振器；6—制动底板；7—后桥体；8—驻车制动器

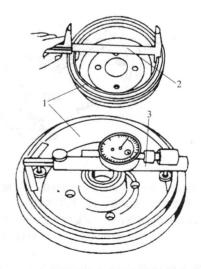

图 10-25 后制动鼓内孔磨损及尺寸的检查
1—后制动鼓；2—游标卡尺；3—测量圆度工具

制动蹄摩擦片使用15000km后，出现损坏或磨损到极限时，应及时更换。可连同制动蹄一起更换。

如果仅更换制动蹄摩擦片，应先去掉制动摩擦片上的旧铆钉及孔中的毛刺。铆接新摩擦片时，应从中间向两端铆接。更换新制动摩擦片时，应使用相同质量的摩擦片。

② 检查制动鼓　后制动鼓内孔磨损及尺寸的检查如图10-25所示，首先检查后制动鼓1内孔有无烧损、刮痕和凹陷，若不能修磨应更换新件；检查制动鼓内孔尺寸及圆度误差时，用游标卡尺2检查内孔尺寸，标准值为ϕ200mm，使用极限为ϕ201mm，用工具3测量制动鼓内孔的圆度误差，使用极限为0.03mm，如果超过规定值时，应更换新件。

后制动蹄衬片与后制动鼓接触面积的检查如图10-26所示，将后制动蹄衬片1表面打磨干净后，靠在后制动鼓2上，检查两者的接触面积，应不小于60%，否则应继续打磨衬片1的表面。

后制动器定位弹簧及复位弹簧的检查如图10-27所示，若后制动器定位弹簧、上复位弹簧、下复位弹簧和楔形调整板拉簧的自由长度增长率达5%，则应更换新弹簧。

图10-26　后制动蹄衬片与后制动鼓接触面积的检查
1—后制动蹄衬片；2—后制动鼓

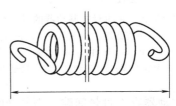
图10-27　后制动器弹簧的检查

二、盘式制动器

盘式制动器和鼓式制动器相比有许多优点：散热性好，制动器的热稳定性好，制动力增长平顺，过水稳定性好，制动的稳定性好（不易产生制动跑偏），结构简单，重量轻，便于维修，并且全部采用制动间隙自动调整。因此，在现代轿车中盘式制动器的应用很广泛，尤其是在汽车前轮上。

盘式制动器有蹄盘式、全盘式和钳盘式。其中钳盘式是现代汽车中最常用的，钳盘式又分定钳盘式和浮钳盘式两种。浮钳盘式构造简单、成本低，工作温度也明显低于定钳盘式，所以在现代汽车中应用最为广泛。

1. 定钳盘式制动器

定钳盘式制动器的基本结构如图10-28所示，其旋转元件是制动盘，它和车轮固装在一起旋转，以其端面为摩擦工作表面。其固定元件是制动块4、导向销5和轮缸活塞3，它们均被安装在跨于制动盘两侧的钳体上，总称为制动钳。制动钳用螺栓与转向节或桥壳上的凸缘固联，并用调整垫片2来调整钳与盘之间的相对位置。

汽车制动时，轮缸活塞在液压的作用下推动制动块压靠在制动盘上，产生摩擦力矩而制动。

定钳盘式制动器的优点：在制动的稳定性方面明显优于浮钳盘式。缺点：制动钳的横向尺寸较大，轮缸多，外侧轮缸散热差，工作温度高于浮钳盘式，需要更好的抗热型制动液。

定钳盘式制动器多见于后轮驱动的传统型汽车，通常前轮每个制动器内有4个轮缸，后轮每个制动器内有2个轮缸。丰田皇冠轿车前轮即采用这种制动器。

在制动时，矩形密封圈3嵌在制动轮缸的矩形槽内［见图10-29（a）］，密封圈内圆与活塞外圆配合较紧，制动时活塞1被压向制动盘，橡胶密封圈的刃边在摩擦力作用下随活塞移动,密封圈发生了弹性变形。密封圈的极限变形量 δ,等于制动器间隙为设定值时的完全制动所需活塞行程。放松制动时,液压系统压力消除,密封圈要恢复原状,于是将活塞拉回原位,如图 10-29 (b) 所示。由于矩形密封圈刃边的变形量很微小,在不制动时,摩擦片与盘之间的间隙每边只有 0.1mm 左右,它足以保证制动的解除。

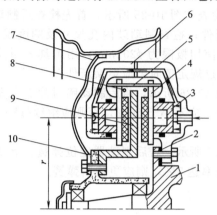

图 10-28 定钳盘式制动器的基本结构
1—转向节或桥壳凸缘;2—调整垫片;3—轮缸活塞;
4—制动块;5—导向销;6—钳体;7—轮辐;
8—复位弹簧;9—制动盘;10—轮毂凸缘

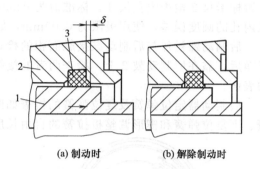

图 10-29 活塞密封圈的工作情况
1—活塞;2—轮缸;3—矩形橡胶密封圈

若制动器存在过量间隙,则制动时活塞密封圈变形量达到极限值 δ 后,活塞仍可在液压作用下,克服密封圈的摩擦力而继续移动,直到完全制动为止。解除制动后,制动器间隙即恢复到设定值,因活塞密封圈将活塞拉回的距离仍然等于 δ。由此可见,活塞密封圈能起到间隙自调装置的作用。

由以上分析可知,活塞橡胶密封圈除了起到密封作用以外,还起到复位弹簧和制动间隙自调装置的作用。

2. 浮钳盘式制动器

图 10-30 所示为北京切诺基汽车的前轮浮钳盘式制动器。它由制动盘、内制动块和外制动块、制动钳壳体、制动钳支架、制动轮缸等组成。制动盘固定在轮毂上,夹在内、外制动块中间,与前轮一起转动。制动钳通过螺栓(兼作导向销)与制动钳支架相连(支架固定于转向节凸缘上),钳体可沿螺栓相对于制动盘作轴向移动。轮缸布置在制动钳的内侧。固定支架上有导轨,通过两根特制弹簧安装内、外制动块,内、外制动块可沿导轨作轴向移动。浮钳盘式制动器的特点是:制动钳可以相对制动盘作轴向滑动;只在制动盘的内侧设置油缸,而外侧的制动块则附装在钳体上。

制动器的工作情况如图 10-31 所示。制动时,来自制动主缸的制动液通过油道进入制动轮缸,推动活塞及其制动块向左移动,并压到制动盘上,于是制动盘给活塞一个向右的反作用力 P_2,使活塞连同制动钳体沿导向销向右移动,直到制动盘左侧的制动块也压到制动盘上。此时,两侧的制动块都压在制动盘上,夹住制动盘使其制动。放松制动时,依靠密封圈的弹力,将活塞拉回原位。

3. 盘式制动器的优缺点

(1) 盘式制动器的优点

① 盘式制动器无摩擦助势作用,制动力矩受摩擦因数的影响较小,即热稳定性好。

② 浸水后效能降低较少,受水浸后,在离心力作用下被很快甩干,而且只需经一两次制动即可恢复正常,即基本不存在水衰退问题。

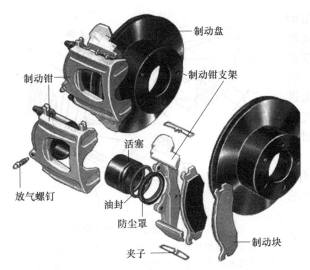

图 10-30 北京切诺基汽车前轮浮钳盘式制动器

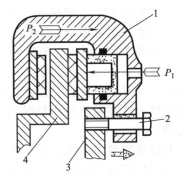

图 10-31 浮钳盘式制动器工作原理
1—制动钳体；2—导向销；
3—制动钳支架；4—制动盘

③ 在输出相同制动力矩的情况下，盘式制动器尺寸和重量一般较小。

④ 制动盘沿厚度方向的热膨胀量极小，不会像制动鼓的热膨胀那样使制动器间隙明显增加而导致制动踏板行程过大。

⑤ 较容易实现间隙自动调整，其他维修作业也较简便。

（2）盘式制动器的缺点

① 效能较低，所需制动促动管路压力较高，一般要用伺服装置。

② 防污性差，制动衬片磨损较快。

4．盘式制动器的检修

以桑塔纳轿车前轮制动器为例进行介绍。

（1）制动盘端面圆跳动的检查　制动盘端面圆跳动过大会使制动踏板抖动或使制动衬片磨损不均匀。检查制动盘端面圆跳动可用百分表进行，如图 10-32 所示。将磁力表座吸附在车架上，用百分表抵压在距制动盘外缘 10mm 处，制动盘转动 1 周以上，读取百分表指针摆动的数值，制动盘摩擦片表面上的端面跳动量应不大于 0.06mm。如果检查结果不符合规定，可进行机械加工修复（加工后的厚度不得小于标准厚度 2.00mm）或更换。注意，测量前一定先将前轮轴承间隙调整好。

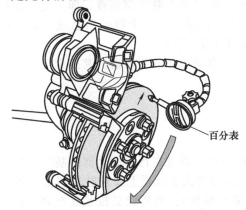

图 10-32 制动盘端面圆跳动的检查

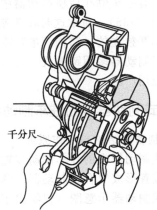

图 10-33 制动盘厚度的检查

(2) 制动盘厚度的检查 制动盘使用磨损会使其厚度减小，厚度过小会引起制动踏板振动、制动噪声及颤动。检查制动盘厚度时，前制动器外侧摩擦片，可通过轮盘上的检视孔目测检查。内摩擦片，利用反光镜进行目测检查。也可用游标卡尺或千分尺直接测量，如图10-33所示。桑塔纳轿车前制动盘标准厚度为10mm，使用极限为8mm，超过极限尺寸时应予更换。注意，制动盘厚度的测量位置应在制动衬片与制动盘接触面的中心部位。

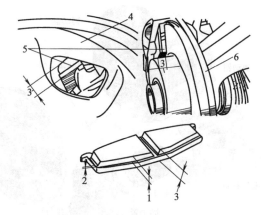

图 10-34 制动块厚度的检查
1—制动块摩擦片厚度；2—制动块摩擦片磨损极限厚度；3—制动块的总厚度；4—轮辐；5—外制动块；6—制动盘

制动盘如磨损起槽，应卸下在光磨机上光磨或经车床车削，一次光磨深度为0.50mm，光磨后制动盘的厚度不能小于标准厚度2.00 mm。注意，要左、右车轮同时光磨。有些制动盘标有MIN，表示允许磨损的最小厚度。

(3) 制动块厚度的检查 如图10-34所示。若制动块已拆下，可直接用游标卡尺测量。制动块摩擦片的厚度为14mm（不包括底板），使用极限为7mm。若车轮未拆下，对外侧的摩擦片，可通过轮辐上的检视孔，用手电筒目测检查。内侧摩擦片，利用反光镜进行目测。另外，如有严重的不均匀磨损，也应更换。

第三节 驻车制动器

驻车制动器的功用是：车辆停驶后，防止车辆滑溜，保证可靠驻停；在坡道上顺利起步，防止车辆向下滑蹿；行车制动失效后临时使用或配合行车制动器进行紧急制动。

简单的驻车制动操纵系统如图10-1所示。此系统通过操纵缆绳来实现手制动。当驻车制动操纵杆拉出到制动位置后，驻车制动操纵缆绳和平衡杠杆将给后轮的制动杠杆施加一个作用力，使后轮制动器处在制动状态，实施驻车制动。与此同时，制动操纵杆下端设置有棘轮机构锁止装置，使操纵杆固定在制动位置。因而，除非解除驻车制动，驻车制动系统始终保持在驻车制动状态。

多数客货车的驻车制动器安装在变速器或分动器后面的传动轴上，这类制动器称为中央制动器。有些车辆在后桥制动器中安装必要的装置，使之兼作驻车制动器，即为复合式制动器（见图10-35），通常这时驻车制动装置与行车制动装置共用一个制动器总成，只是传动机构是相互独立的，结构简单紧凑，已在轿车上得到普遍应用。

驻车制动器多用蹄鼓式。它可采用高制动效能的自动增力式制动器。其外廓尺寸小，易调整，应用广泛。

一、鼓式制动器中的驻车制动装置

1. 制动器结构与工作原理

鼓式制动器中的驻车制动装置的结构形式大同小异，都是在行车制动器的基础上加装驻车制动装置形成复合式制动器。图10-35所示为在自增力式制动器上加装驻车制动装置的后轮复合式制动器示意图（仅绘出了有关驻车制动部分结构）。当驾驶员拉紧驻车制动拉索1时，驻车制动杠杆2绕支承销3旋转，驱动驻车制动推杆4向左移动，使左、右制动蹄张开，产生制动作用。

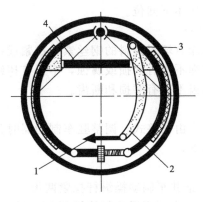

图 10-35　自增力式驻车制动器示意图
1—驻车制动拉索；2—驻车制动杠杆；3—支承销；4—驻车制动推杆

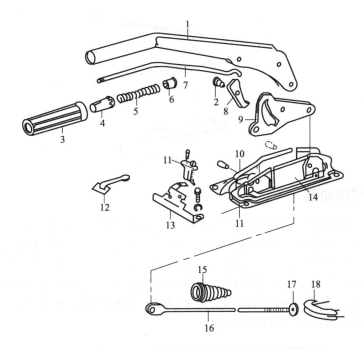

图 10-36　驻车制动操纵装置分解图
1—驻车制动杆；2—螺栓；3—制动手柄套；4—按钮；5—弹簧；6—弹簧套筒；7—棘爪压杆；
8—棘轮棘爪；9—棘爪齿板；10—右轴承支架；11—驻车灯开关；12—凸轮；13—支架；
14—左轴承支架；15—橡胶防尘罩；16—操纵拉杆；17—限位块；18—拉绳调整杠杆

图 10-8 所示为桑塔纳轿车带驻车制动装置的后轮复合式制动器。该制动装置由驻车制动器和操纵机构组成。驻车制动杠杆上端通过平头销与后制动蹄相连，中上部卡入驻车制动推杆右端的切槽中作为支点，下端与拉绳相连。前、后制动蹄的腹板卡在驻车制动推杆两端的切槽中，并分别用一根复位弹簧与推杆相连。如图 10-36 所示，操纵机构包括传动机构和锁止机构，传动机构由驻车制动杆 1、操纵拉杆 16 及制动拉绳等组成。锁止机构由按钮 4、弹簧 5 及限位块 17、棘爪压杆 7、棘爪 8 和棘爪齿板 9 等组成。其驻车制动原理与上述自增力式驻车制动器完全相同，不再赘述。

解除制动时，将驻车制动操纵杆向后扳动少许，再压下驻车制动操纵杆端头的按钮 4，通过棘爪压杆 7 使棘爪 8 与齿板 9 脱开，然后将驻车制动操纵杆推到释放位置后松开按钮。与此同时，制动蹄在复位弹簧作用下回位。

2. 驻车制动操纵装置的检修

传动机构中的拉绳通常是涂有塑料材料的钢丝索。拉紧或松开驻车制动时，拉绳既不能松弛也不能受阻滞。因此，拉绳不得有磨损或腐蚀，不得有扭结或卡住现象。

锁止机构中的棘爪和扇形齿不得有磨损和断齿。

3. 驻车制动器的调整

后轮制动器的蹄鼓间隙为自由调整式，调整驻车制动器时只需调整拉绳的长度即可。驻车制动器的调整方法和步骤如下。

① 松开驻车制动操纵杆。
② 用力踩一下制动踏板。把驻车制动操纵杆拉紧两齿。
③ 旋紧拉杆上的调整螺母，直到用手不能旋转两个被制动的后车轮为止（见图 10-37）。
④ 松开驻车制动操纵杆，两后车轮能旋转自如即为调整合适。

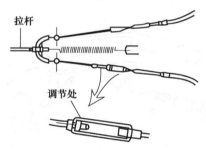

图 10-37　调整锁紧螺母

二、盘鼓组合式制动器

图 10-38 (a) 所示为一盘鼓组合式制动器。这种制动器将一个作行车制动器的盘式制动器和一个作驻车制动器的鼓式制动器组合在一起。双作用制动盘 2 的外缘盘作盘式制动器的制动盘，中间鼓作鼓式制动器的制动鼓。制动鼓内的驻车制动装置是一个自动增力式制动器，如图 10-38 (b) 所示，其工作原理与上述鼓式制动器中的驻车制动装置相同，制动间隙的调整方法与自动增力式鼓式制动器也完全相同，不再赘述。丰田凌志 LS430 型轿车的后轮制动器即采用这种盘鼓组合式制动器。

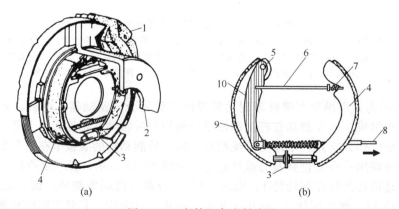

图 10-38　盘鼓组合式制动器

1—制动钳；2—双作用制动盘；3—顶杆组件；4—制动蹄；5—销轴；6—驻车制动推杆；
7—推杆弹簧；8—拉绳及弹簧；9—制动蹄片；10—驻车制动杠杆

三、凸轮促动蹄鼓式中央制动器

凸轮促动蹄鼓式中央制动器的结构与前述凸轮促动的车轮制动器相同，多用于中型货车。图 10-39 所示为东风 EQ1090E 型汽车的中央制动器。其驻车制动杆上连有棘爪，驻车制动器工作时，棘爪嵌入齿扇上的棘齿内，起锁止作用。解除制动时，需按下驻车制动杆上的按钮使棘爪脱离棘齿才能扳动驻车制动杆。制动器的构造与工作情况不再赘述，制动器的调整项目与方法如下。

1. 蹄鼓间隙的调整

如图 10-39 所示，当驻车制动器蹄鼓间隙过大时，可将拉杆上的锁紧螺母松开，将制动操纵杆放松到最前端，然后拧动拉杆上的调整螺母，即可实现制动间隙调整。将调整螺母拧紧，蹄鼓间隙减小；反之，则蹄鼓间隙增大。调整完毕后，将锁紧螺母锁紧。

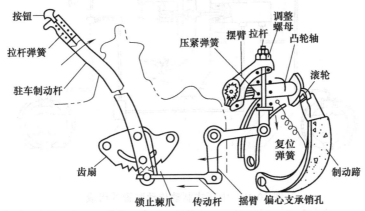

图 10-39　东风 EQ1090E 型汽车的中央制动器

2. 摇臂与凸轮相互位置的调整

拉杆长度调整后，若操纵杆自由行程仍然偏大，则应调整摇臂与凸轮的相互位置。将驻车制动杆向前放松至极限位置；将摇臂从凸轮轴上取下，逆时针方向错开一个或数个齿后，再将摇臂装于凸轮轴上，并将夹紧螺栓紧固，重新调整拉杆上的调整螺母，直到有合适的驻车制动拉杆行程为止。调好后，制动间隙应为 0.2~0.4mm。驻车制动器调好后，完全放松驻车制动杆时，制动器蹄鼓间隙为 0.2~0.4mm。向后拉驻车制动杆时，应有两"响"的自由行程，从第三"响"时应开始产生制动，第五"响"时汽车应能在规定的坡道上停住。

汽车每行驶 12000km 左右时，应对驻车制动器的性能进行检查。驻车制动器应满足以下性能：在空载状态下，驻车制动装置应能保证车辆在坡度为 20%（总重量为整备重量的 1.2 倍以下的车辆为 15%）、轮胎与路面间的附着系数≥0.7 的坡道上正、反两个方向保持固定不动的时间≥5min；拉紧驻车制动器，空车平地用二挡应不能起步；驻车制动器操纵杆的工作行程不能超过全行程的 3/4；放松驻车制动操纵杆，变速器处于空挡，支起一支驱动轮，制动鼓应能用手转动且无摩擦声。

第四节　液压式制动传动装置

液压式制动传动装置与离合器液压操纵装置相同，利用特制油液作为传力介质，将驾驶员施于踏板上的力传至制动器，产生制动作用。其结构简单，制动滞后时间短（仅 0.2s），没有摩擦的影响，制动稳定性好，能适应多种制动器，目前，轿车的行车制动系都采用了液压传动装置。

一、液压式制动传动装置的组成

1. 组成

如图 10-40 所示,液压式制动传动装置由制动踏板、主缸推杆、制动主缸、储液罐、制动轮缸、油管、制动灯开关、指示灯、比例阀等组成。制动主缸和轮缸的相对位置经常变化,故连接油管除用钢管外,部分有相对运动的区段,还用橡胶软管连接。

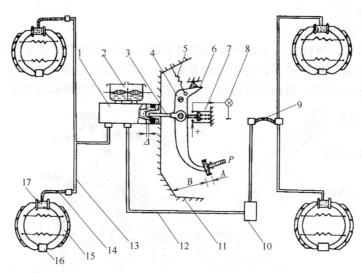

图 10-40 液压式制动传动装置的组成

1—制动主缸;2—储液罐;3—主缸推杆;4—支承销;5—复位弹簧;6—制动踏板;7—制动灯开关;
8—指示灯;9,14—软管;10—比例阀;11—地板;12—后桥油管;13—前桥油管;
15—制动蹄;16—支承座;17—制动轮缸;Δ—自由间隙;A—自由行程;B—有效行程

制动踏板自由行程:在不制动时,制动主缸的推杆球头与活塞之间应保持一定间隙(1~2mm),以保证活塞彻底回位,防止制动时的拖滞现象,保证完全解除制动,制动时,为了消除这一间隙所需的踏板行程称为制动踏板自由行程,一般为 5~20mm。为了制动踏板有适当的自由行程,要确保推杆球头与活塞之间的间隙,推杆长度可用螺纹调节。

制动踏板感:显然,制动管路的油压和制动器产生的制动力矩是与踏板力呈线性关系的,在轮胎和路面间的附着力足够的情况下,汽车所受到的制动力矩与踏板力应成线性关系,制动系的这项性能称为制动踏板感(或称路感),驾驶员可因此而直接感受到汽车制动的强度,以便及时加以必要的控制或调节。

制动系的传动比:等于踏板机构杠杆比乘以轮缸与主缸面积之比。传动比越大,则为获得同样大的制动力矩所需的踏板力越小,但踏板行程却因此越大,使操作不便。故要求液压制动系的传动比要合适,保证制动踏板力较小,同时踏板行程又不太大。对于人力液压制动系,在制动器允许磨损量的范围内,踏板全行程不应超过 150mm(轿车)至 180mm(货车)。制动器间隙调整正常时,从踩下踏板到完全制动的踏板工作行程不应超过全行程的 50%~60%,最大踏板力一般不超过 350N(轿车)至 550N(货车)。

2. 双管路液压制动传动装置的布置形式

双管路液压制动传动装置是利用彼此独立的双腔制动主缸,通过两套独立管路,分别控制两桥的车轮制动器。各类汽车不论依靠何种制动动力源,都采用双管路传动装置,其特点是若其中一套管路发生故障而失效时,另一套管路仍能继续起制动作用,从而提高了汽车制动的可靠性和安全性。双管路的布置有多种方案，常见的有两桥制动器彼此独立式和前后制动器对角彼此独立式两种形式。

（1）两桥制动器彼此独立式 如图10-41所示，前后独立式双管路液压制动传动装置由双腔制动主缸通过两套独立的管路分别控制前桥和后桥的车轮制动器。这种布置方式，如果其中一套管路损坏漏油，另一套仍能起作用。但会破坏前、后桥制动力分配的比例，造成附着力利用率低，使制动效能低于50%。此种方案主要用于发动机前置后轮驱动的汽车，如南京依维柯等。

（2）前后制动器对角彼此独立式 如图10-42所示，由双腔制动主缸通过两套独立的管路分别控制前、后桥对角的两车轮制动器。这种布置方式在任一管路失效时，另一套管路对角的前后制动器仍能保持一半的制动力，前、后桥制动力分配比例保持不变，附着力利用率高，有利于提高制动方向稳定性，主要用于发动机前置前轮驱动的轿车。

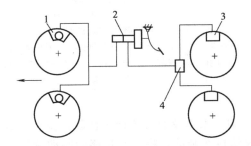
图10-41 两桥彼此独立式的双管路液压制动传动装置
1—盘式制动器；2—双腔制动主缸；
3—鼓式制动器；4—制动力调节器

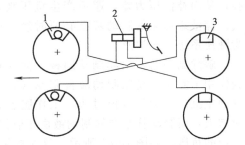
图10-42 交叉式的双管路液压制动传动装置
1—盘式制动器；2—双腔制动主缸；3—鼓式制动器

二、制动液

在液压制动系中有各种不同的材料，如金属、橡胶等与制动液接触，所以制动液必须能够与制动系里的所有材料相容，并且在各种不同的条件下保持稳定，尤其在高温和高压下具有稳定性。因此，制动液必须具有以下特性。

① 高温下不易汽化，否则在管路中产生汽阻现象，使制动系失效。
② 低凝点，在低温下有良好的流动性。
③ 无腐蚀性，必须对金属、塑料或橡胶部件没有腐蚀。
④ 润滑特性，对液压系有良好的润滑作用。
⑤ 吸水性差而溶水性好，即使渗入其中的水汽也能均匀混合，否则在制动液中形成大水泡大大降低汽化温度。

以前，国内大部分使用的汽车制动液是植物制动液，用50%左右的蓖麻油和50%左右的溶剂（丁醇、酒精、甘油）配成。由于植物制动液的汽化温度不够高，而且在低温下易凝结，蓖麻油又是贵重的化工原料，故植物制动液逐渐被合成制动液和矿物制动液所取代。

合成制动液：汽化温度以超过190℃，在-35℃的低温下流动性良好，对金属无腐蚀，对橡胶无伤害，溶水性好，价格高。适用于高速汽车制动器，特别是盘式制动器。

矿物制动液：在高温和低温下性能都很好，对金属无腐蚀作用，但溶水性较差，且易使普通橡胶膨胀，使用矿物制动液时，活塞皮碗及制动软管等都必须用耐油橡胶制成。

三、液压式制动传动装置主要部件

1. 制动主缸

（1）制动主缸的结构与工作原理 制动主缸又称制动总泵，其主要作用是将制动踏板产生的机械力转换成液压力。虽然制动主缸有多种类型,但基本结构与工作原理是一致的。

单腔制动主缸的结构如图10-43所示,主要由储液罐、制动主缸外壳、活塞回位弹簧、推杆和皮碗等组成。

不制动时,两活塞前部皮碗均遮盖不住其旁通孔,制动液由储液罐进入主缸。

当驾驶员踩下制动踏板时,推杆推动活塞左移,如图10-44所示,在这一过程中当活塞皮碗遮盖住补偿孔之后,活塞左腔的制动液压力升高,制动液经出油阀流入制动管路,于是对汽车制动。活塞右腔产生负压,使制动液从储液罐中经旁通孔吸入到活塞右腔,从而补偿压力差,避免产生负压吸入空气。储液罐存储的制动液在必要时经补偿孔为液压系统补充油液。

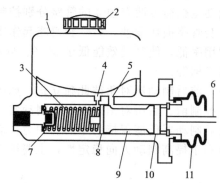

图10-43 单腔制动主缸的结构
1—储液罐;2—注油孔盖;3—回位弹簧;4—补偿油孔;
5—旁通油孔;6—推杆;7—单向阀;8—第一活塞皮碗;
9—活塞;10—第二活塞皮碗;11—缸体

解除制动时,抬起制动踏板,活塞在弹簧作用下复位,高压制动液自制动管路流回制动主缸。如活塞复位过快,工作腔容积迅速增大,而制动管路中的制动液由于管路阻力的影响,来不及充分流回工作腔,使左腔形成一定的负压,如图10-45所示。这时如果驾驶员突然再次制动,将没有足够的制动液保证可靠制动。为了避免这种情况发生,储液罐中的油液便经旁通孔和活塞上的轴向小孔推开垫片及皮碗进入左腔(见图10-46)。

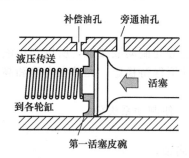

图10-44 推动活塞左移开始制动时的工作情况

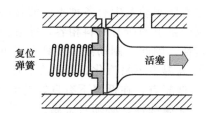

图10-45 复位弹簧推动制动主缸活塞复位

当活塞完全复位时,补偿孔开放,制动管路中流回工作腔的多余油液经补偿孔流回储液罐(见图10-47)。

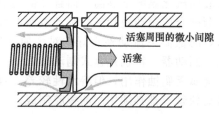

图10-46 主缸活塞快速复位时,制动液由右腔推开垫片及皮碗进入左腔

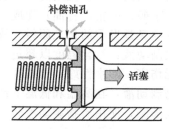

图10-47 主缸活塞完全复位时,制动管路中流回工作腔的多余油液经补偿孔流回储液罐

说明:一般在鼓式制动器的制动主缸出油口上装有出液单向阀,理论上,它能使制动管

路中保有残余压力,这样可以减小气体进入制动系的可能性,同样,通过这个残余压力,也能补偿制动系中每个车轮制动器上的松弛,由于盘式制动器没有像鼓式制动器中那样的制动蹄复位弹簧,故这个阀被省去,在鼓式制动器的制动主缸中,由于采用先进的轮缸设计,这个出油单向阀也被淘汰。

(2) 串联双腔制动主缸　就是在一个主缸内设有两个彼此独立的油腔,目前它是制动主缸的标准结构,主要由储液罐、制动主缸外壳、前活塞、后活塞及前后活塞弹簧、推杆、皮碗等组成,如图 10-48 所示。除了两个油腔的压力独立形成外,双腔制动主缸的工作原理和前面描述的单腔结构的工作原理相同。后腔由制动踏板的推杆施压,前腔通过两个活塞之间的弹簧和后腔形成的液压来施压。对于前、后桥彼此独立的制动管路系统,前腔通向前轮制动器,后腔通向后轮制动器。

当其中一个油腔失效时,另一个油腔仍能继续工作。

若与前腔连接的制动管路损坏漏油,则在踩下制动踏板时只有后腔中能建立液压,前腔中无压力。此时,在压力差的作用下,前活塞迅速移到其前端顶到主缸缸体上。此后,后工作腔中液压方能升高到制动所需的值。

若与后腔连接的制动管路损坏漏油,则在踩下制动踏板时,起先只是后活塞前移,而不能推动前活塞,因而后腔制动液压不能建立,但在后活塞直接顶触前活塞时,前活塞便前移,使前腔建立必要的制动液压而制动。

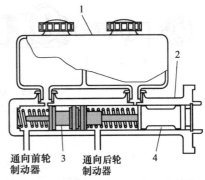

图 10-48　串联双腔制动主缸的结构
1—储液罐;2—制动主缸缸体;
3—前活塞;4—后活塞

(3) 制动主缸的检修

① 检查储液罐是否破损,出现破损应更换。

② 检查主缸缸体内孔和活塞表面,其表面不得有划伤和腐蚀;检查缸体内孔与活塞之间的配合间隙,其标准值为 0.05~0.12mm,使用极限为 0.16mm,超过极限应更换。

③ 检查制动主缸皮碗、密封圈是否老化、损坏或磨损,不符要求应更换。

2. 制动轮缸

制动轮缸的作用是将制动主缸传来的液压力转变为使制动蹄张开的机械推力。

(1) 制动轮缸的类型与结构　制动轮缸有双活塞式和单活塞式两类。如图 10-49 所示,双活塞式制动轮缸的缸体通常用螺钉固装在制动底板上,位于两制动蹄之间。内装两个铝合金活塞 4,密封皮碗 2 的刃口方向朝内,并由弹簧 7 压靠在活塞上与其同步运动。活塞外端压有顶块并与蹄的上端相抵紧。在缸体的另一端装有防尘罩 1,可防止尘土及水分的侵入。缸体上方装有放气螺钉 5,以便放出液压系统中的空气。制动时,制动液自制动油管进入活塞腔,顶出活塞,使制动蹄扩张。松开制动踏板,液压力消失,靠制动蹄复位弹簧的力,使活塞回位。

图 10-50 所示为单活塞式制动轮缸,它多用于单向双领蹄式车轮制动器。为缩小轴向尺寸,液压腔密封件不用抵靠活塞断面的皮碗,而采用装在活塞导向面上且朝内的皮碗。进油间隙靠活塞端面的凸台保持。放气螺钉的中部有螺纹,尾部有密封锥面,平时旋紧压靠在阀座上。

(2) 制动轮缸的检修　制动轮缸分解后,用制动液或酒精清洗轮缸零件。清洗后,检查制动轮缸筒与活塞外圆表面的烧蚀、刮伤和磨损情况。如果轮缸缸筒有轻微刮伤或腐蚀,可用细砂布磨光。磨光后的缸筒应用制动液或酒精清洗后,用无润滑油的压缩空气吹干。测出轮缸缸筒直径和活塞外圆直径，计算出轮缸缸筒与活塞的配合间隙，标准值为 0.04～0.106mm，轮缸缸筒与活塞的配合间隙超过 0.15mm 时，应更换新件。

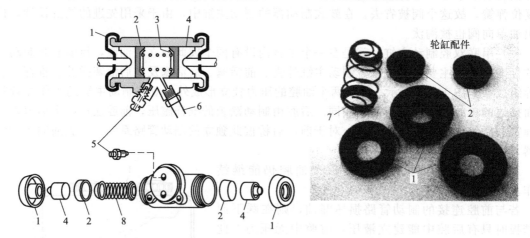

图 10-49　双活塞式制动轮缸的配套元件分解图
1—防尘罩；2—密封皮碗；3—皮碗扩张圈；4—活塞；
5—放气螺钉；6—制动液管；7—弹簧；8—复位弹簧及扩张圈

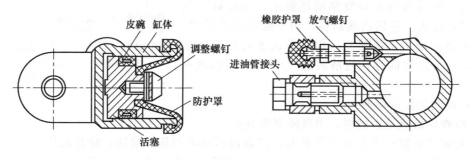

图 10-50　单活塞式制动轮缸

3. 制动主缸、制动轮缸的装配

制动主缸、制动轮缸在装配时，应特别注意清洁工作，所有零件在装合前，应用制动液或酒精清洗，切不可用煤油或汽油清洗，以免使橡胶皮碗发胀，使制动不能可靠地工作，或侵入其他杂物，使活塞和缸筒早期磨损。

制动主缸装合后，以推杆推动活塞数次，检查其运动和回位是否灵活自如，活塞是否能回到原位。然后在放松推杆时，用一细铁丝检查回油孔、补偿孔是否畅通，如果被橡胶皮碗封闭，应查明原因予以排除，否则将会使制动产生发咬的故障。常见的原因有弹簧弹力不足、卡簧过厚、活塞过长及橡胶皮碗边缘尺寸过大等。

第五节　伺服制动系

汽车高速化后，采用人力液压制动的汽车，要求制动液压达到 10～20MPa 方能产生与车速相适应的制动力矩，这是靠人力制动难以实现的。特别是盘式制动系，因制动器无助势作用，更必须加大制动液压。伺服制动系是在人力液压制动系的基础上加设一套动力伺服系（真空加力装置）而形成的，是兼用人体和发动机作为制动能源的制动系。它可以减轻驾驶员的操纵强度，增加车轮制动力，达到制动操纵轻便、可靠的目的。

按伺服系统输出力的作用部位和对其控制装置操纵方式的不同,伺服制动系可分为助力式和增压式两类。助力式是通过助力器来帮助制动踏板对制动主缸产生推力,助力器装在踏板与主缸之间;增压式是通过增压器将制动主缸的液压进一步增加,增压器装在主缸之后。

一、真空助力式伺服制动系

1. 系统组成

图 10-51 所示为一汽红旗 CA7220 型轿车真空助力式伺服制动系示意图,它采用的是对角线布置的双回路液压制动系。串联双腔制动主缸的前腔通向左前轮制轮器的轮缸,并经感载比例阀通向右后轮制动器的轮缸。主缸的后腔通向右前轮制动器的轮缸,并经感载比例阀通向左后轮制动器轮缸。真空伺服气室和控制阀组成一个整体部件,称为真空助力器。制动主缸直接装在真空伺服气室的前端,真空单向阀装在伺服气室上。真空伺服气室工作时产生的推力,也同踏板力一样直接作用在制动主缸的活塞推杆上。

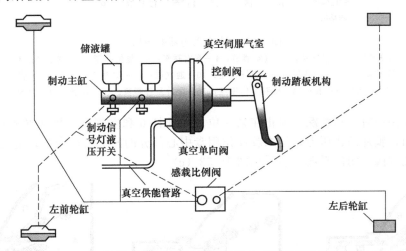

图 10-51 红旗 CA7220 型轿车真空助力式伺服制动系示意图

2. 真空助力器的结构

如图 10-52 所示,真空助力器和制动主缸用四个螺钉固定在车身前围上,借推杆与制动踏板连接。真空伺服气室由前、后壳体组成,其间夹装有膜片和座 12,它的前腔 A 经单向阀 16 通进气歧管或真空罐;后腔膜片座毂筒中装有控制阀,其中装有与推杆固接的空气阀 2 和限位板,橡胶阀门 8 与在膜片座上加工出来的阀座组成真空阀。

3. 真空助力器的工作情况

(1) 不制动时 复位弹簧 5 将推杆 6 连同空气阀 2 推至右极限位置,空气阀 2 紧压阀座 9 而关闭;橡胶阀门 8 被压缩离开阀座 4 而开启。真空通道 3 开启,伺服气室 A、B 两腔相通,并与大气隔绝。控制阀处于非工作状态,即真空阀开,空气阀关。发动机运转后,真空单向阀被吸开,A、B 两腔内均处于一定的真空状态 [见图 10-53 (a)]。

(2) 制动时 制动推杆连同空气阀和真空阀共用阀座向左移动,消除了与橡胶反作用盘的间隙后,压缩橡胶反作用中心部分产生压凹变形,并推动推杆 1 向左移动,使制动主缸油压上升传入各轮缸。与此同时,推杆先将真空阀关闭,使 A 腔与 B 腔隔绝。进而空气阀与阀座分离而开启,外界空气经空气滤清器 7、空气阀的开口和通气道 10 进入加力气室的后腔 B。前腔 A 为真空,后腔为大气,在加力气室膜片的两侧出现压力差,再加上驾驶员的踏板力一起推动膜片和活塞推杆 1 左移。此时,伺服气室推力较踏板力大得多,从而使制动主缸输出的液压成数倍的增高 [见图 10-53 (b)]。

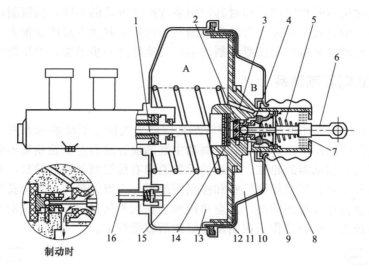

图10-52 真空助力器的结构

1—活塞推杆；2—空气阀；3—真空通道；4—真空阀座；5—复位弹簧；6—制动踏板推杆；7—空气滤清器；8—橡胶阀门；9—空气阀座；10—通气道；11—加力气室后腔；12—膜片座；13—加力气室前腔；14—橡胶反作用盘；15—膜片复位弹簧；16—真空口和单向阀

（3）维持制动时 踏板踩下停止在某一位置，推杆6和空气阀2推压橡胶反作盘14的推力不再增加，膜片两边压力差使橡胶反作用盘中心部分的凹下变形恢复，空气阀重新落座而关闭，出现双阀关闭的平衡状态［见图10-53（c）］。

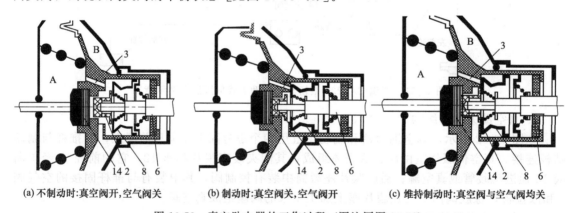

图10-53 真空助力器的工作过程（图注同图10-52）

（4）放松制动时 复位弹簧5使制动推杆和空气阀后移，真空阀离开阀座4，真空阀开，空气阀关。伺服气室A、B相通，成为真空状态。膜片和膜片座在复位弹簧15的作用下回位，主缸即解除制动。

真空助力器失效时，制动推杆将通过空气阀2直接推动膜片座和活塞推杆移动，使主缸产生制动液压，但踏板力要大得多。

制动推杆和活塞推杆之间使用的是橡胶反作用盘，可以准确地传递路感。

4. 真空助力器的检修

（1）真空助力器工作情况检查 如图10-54所示，启动发动机，怠速运转1～2min后停机。用力踩动制动器踏板若干次（这样可消除助力器中残留的真空度），检查踏板是否升高，踏板有升高，则主缸良好。用适中的力踩动制动器踏板，使它停留在制动位置上，然后启动发动机，进气管中重新产生真空度，如果助力器性能良好，则制动踏板有下降趋势，说明真空助力器正常工作；若踏板位置保持不动，则说明真空助力器工作不良，应检查真空管路或更换真空助力器。

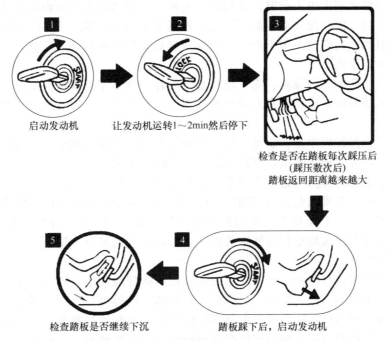

图 10-54 真空助力器工作情况检查

（2）真空助力器的真空检查　如图 10-55 所示，启动发动机，制动踏板踩下并保持 30s 后将发动机熄火，检查踏板高度是否不变。若高度改变，说明真空助力器有真空泄漏。

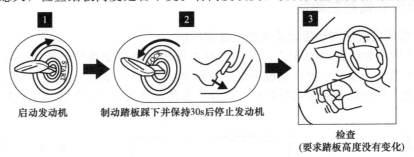

图 10-55 真空助力器的真空检查

（3）真空助力器单向阀的检查　助力器单向阀安装在真空软管内，单向阀失效将造成制动踏板沉重。其工作性能可用压缩空气进行检查，按阀体上的箭头方向压缩空气应能通过（吹不通，真空过不去，真空助力器就没有助力作用），反向时应不通（相反方向如吹得通，这个单向阀就形同虚设）。单向阀密封不良时，应更换新件。

有的修理工将真空单向阀拆除不装，这种做法是完全错误的。因为发动机熄火或真空泵失效后，如真空阀良好，装有真空罐的汽车还有三次带真空助力的制动；没有装真空罐的汽车，也有一次带真空助力的制动。如不装真空阀，真空源中断后，连一脚保命的带真空助力的制动液也没有了。另外，在启动和发动机低速运转时能听到伺服气室膜片收缩的声音，这会明显减少膜片的寿命。

（4）真空助力器的拆检　真空助力器的失效，最常见的原因是空气阀和真空阀两用阀座面不平或制动控制推杆前端的伺服气室前后腔的密封圈松旷。

阀座面经常和两个阀门发生接触，一旦磨出沟纹，助力器就失效了。没有制动时空气阀应完全关闭，整个助力器伺服气室应和大气隔绝。如阀座不平，空气侵入后，就会因不制动时真空阀处于开启状态而进入前腔，使伺服气室前、后腔均为大气压而丧失助力作用。制动时应先关闭真空阀，使伺服气室前后腔隔绝，然后再打开空气阀，使伺服气室后腔为大气，前腔为真空。但如果真空阀关闭不严，空气阀开启后，空气不仅进入后腔，而且同时还会侵入前腔而丧失助力作用。

伺服气室前、后腔间的隔离，除了依赖真空阀外，就靠制动推杆前端的密封圈密封。该密封圈用手转不动最好，转动起来有明显涩感也可以正常使用，转动涩感不强时，它的气密性就丧失了。

真空助力器的拆卸顺序是：制动主缸→伺服气室→控制阀。制动主缸与伺服气室之间全部采用螺栓连接，拆下连接螺母，制动主缸也就可以拿下来了。

伺服气室前、后壳体间的连接方式常见的有两种：一种是卡环式；另一种是卡箍式。无论哪种结构，拆前都必须在前、后壳间做上配合记号。拆装卡环式可以不用装用工具，拆时将控制阀一侧朝下，一个人双手按住伺服气室两侧，另一个人用扳手将卡环上连接螺栓拆下，按伺服气室的人缓缓地把伺服气室盖松开，以防膜片的复位弹簧伤人。拆装卡箍式的需要用专门的拆装夹具。

控制阀的拆卸方式有两种，国产汽车的制动控制推杆前端球头较大，需从伺服气室一端拆出，而进口汽车的制动控制推杆一般都是从控制阀一侧拆出，无论是哪类汽车，拆控制阀前都需先将伺服气室的反作用盘或三个分离杠杆拆掉，使制动控制推杆的前端暴露出来。国产的助力器，用卡簧钳将制动控制推杆在控制阀外端的卡环卸掉，推杆即可从伺服气室一侧拔出。进口的助力器用卡簧钳拆掉伺服气室一侧的制动控制推杆前端的卡簧，即可将制动控制推杆从控制阀一侧拔出。控制阀的壳体是胶木的，拆卸时要小心，不要让壳体损坏。

二、真空增压式伺服制动系

1. 真空增压式液压制动传动装置的组成和原理

图 10-56 所示为跃进 NJ1061A 型汽车的真空增压式液压制动传动装置。它在液压制动传动装置中加装了一套真空增压伺服系统，主要由发动机进气歧管、真空单向阀、真空罐组成的供能装置，作为控制装置的控制阀，以及作为传动装置的真空伺服室、辅助缸和安全缸等组成。

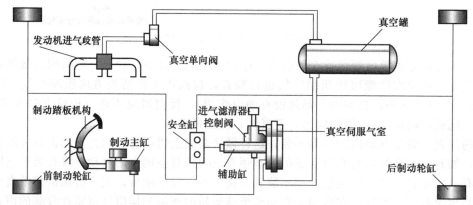

图 10-56 跃进 NJ1061A 型汽车的真空增压式液压制动传动装置

发动机工作时，在进气歧管真空度作用下，真空罐中的空气经真空单向阀被吸入发动机，真空罐中产生并积累一定的真空度，作为制动增压的动力源。

踩下制动踏板时，制动主缸输出的制动液先进入辅助缸，由此一方面传入前、后轮制动轮缸作为促动力，另一方面又作为控制压力输入控制阀，启动控制阀使真空伺服室产生的推力与来自制动主缸的液压力一起作用在辅助缸活塞上，从而使辅助缸输送到各制动轮缸的压力远高于制动主缸的压力。

2. 工作特点

辅助缸的液压高于主缸液压，故称为增压式。伺服增压系统失效时辅助缸的出油球阀总是开启，仍可通过人力液压来继续制动，但踏板力与踏板行程增大。

安全缸的作用是当前、后轮制动管路之一损坏漏油时，该管路上的安全缸即自动封堵，保证另一管路仍能保持其中的压力。

第六节 气压动力制动系

气压制动系中，用以进行制动的能源是由空气压缩机产生的气压能，而空气压缩机由汽车发动机驱动。驾驶员只需按不同的制动强度要求，控制制动踏板的行程，便可控制制动气压的大小来获得所需的制动力。其主要特点是：制动操纵省力、制动强度大、踏板行程小；需要消耗发动机的动力；系统结构比较复杂。

气压制动系是发展最早、使用最广的一种动力制动系。我国生产的中型以上的载货汽车或大客车都使用这种制动系统。

一、气压制动回路

气压制动传动装置的组成与制动回路随车型而异，其回路与液压制动系一样采用双回路或多回路制动系。图 10-57 所示为解放 CA1092 型汽车双回路气压制动系示意图。它由供能装置和控制装置两部分组成。供能装置包括空气压缩机、调压装置、双指针式气压表、储气筒、低压报警开关和安全阀等。控制装置包括制动踏板、制动控制阀等。

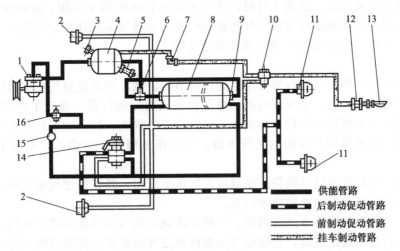

图 10-57 解放 CA1092 型汽车的双回路气压制动系示意图
1—空气压缩机；2—前制动气室；3—放气阀；4—湿储气筒；5—安全阀；6—三通管；
7—低压警报开关；8—储气筒；9—单向阀；10—挂车制动阀；11—后制动气室；
12—分离开关；13—连接头；14—串联双腔制动阀；15—气压表；16—气压调节阀

发动机驱动的活塞式空气压缩机将压缩空气经单向阀压入湿储气筒 4，湿储气筒上装有安全阀 5 和供外界使用的压缩空气放气阀 3。压缩空气在湿储气筒内冷却并进行油水分离之后，再分别经两个单向阀9进入储气筒8的前、后腔。储气筒的前腔与串联双腔制动阀14的上腔相连，以控制后轮制动。同时，通过三通管与气压表15相连。储气筒的后腔与串联双腔制动阀14的下腔相连，以控制前轮制动，并通过三通管与气压表相连。气压表为双指针式，分别指示储气筒两腔的气压。储气筒的前腔还通过气管与气压调节阀16相连，当该腔气压增大到规定值时，调压阀便使空气压缩机空转而停止向储气筒供气。储气筒最高气压为0.8MPa。

当踩下制动踏板时，通过拉杆机构操纵串联双腔制动阀14。储气筒前腔的压缩空气经阀14的上腔进入后制动气室11，使后轮制动；同时储气筒后腔的压缩空气经阀14的下腔进入前制动气室2，使前轮制动。当放松制动踏板时，制动阀使各制动气室通大气以解除制动。

驾驶员所施加的踏板力只用来控制制动阀的开度，而不能像液压制动系那样直接造成制动器促动装置的促动力，故制动阀应能使制动气室压力与踏板力也成一定的递增函数关系，以保证驾驶员有良好的制动踏板感。因此，串联双腔制动阀应具有随动作用，即制动踏板力越大，制动气室内的气压越高，制动器产生的制动力矩越大。

二、气压式制动系的主要零部件

1. 空气压缩机

空气压缩机的作用是产生压缩空气，是整个制动系的动力源。按其缸数可分为单缸与双缸两种。图10-58所示为东风EQ1090E型汽车空气压缩机，它具有与发动机类似的曲柄连杆机构。气缸体由铸铁制成，下端用螺栓与曲轴箱连接，缸筒外圆铸有散热片。气缸盖上都有由弹簧压闭的进气阀门9和排气阀门3。进气阀经进气道与小空气滤清器相通，其上方装有卸荷装置。出气室经气管通向湿储气筒。压缩机的曲轴用两球轴承支承于曲轴箱前、后座孔内，前端与驱动带轮相连，由发动机的曲轴通过V带驱动。

如图10-58所示，当活塞自上止点下行时，吸开进气阀，外界空气即经空气滤清器、进气道、进气阀被吸入气缸。活塞上行时，进气阀在弹簧的作用下关闭，缸内空气即被压缩，压力升高。当压力升高到足以克服排气阀弹簧的张力与排气室内压缩空气的压力之和时，排气阀便开启，压缩空气经排气室和气管送至储气筒。

2. 调压阀

气压制动系中，当储气筒内的气压达到规定值后，就不再需要空气压缩机向其供气。而此时空气压缩机仍在运转，则压缩机的压缩行程就成为无用行程，浪费了的发动机的动力。因此，此时的空气压缩机应空转，以减小发动机功率的损失。但行驶中的汽车不定时地使用车轮制动器时，会使得储气筒内的气压下降，当气压下降到一定值后，则要求压缩机恢复供气。

调压阀的作用就是使储气筒保持在规定的气压范围内，并在超过规定气压后，使空气压缩机的卸荷空转，减小发动机的功率消耗。

调压阀在管路中的连接方式有两种：一种是将调压阀与空气压缩机和储气筒并联，当系统内的气体压力达到规定值时，它使空气压缩机的进气阀常开，卸荷空转；另一种是将调压阀串联在空气压缩机和储气筒之间，当系统内的空气压力达到规定值时，它将多余的压缩空气直接排入大气使空气压缩机基本上卸荷空转。

如图10-59所示，与储气筒并联的膜片式调压阀主要由调压弹簧、膜片、调整螺钉等零件组成。调压阀壳体上装有两个带滤芯的管接头，分别与卸荷室和储气筒相通。壳体和盖之间装有膜片和调压弹簧，膜片中心用螺纹固联着芯管。芯管可以在壳体的中央孔内滑动，其间有密封圈，上部的侧面有径向孔与轴向孔相通。调压阀下部装有与大气相通的排气阀。

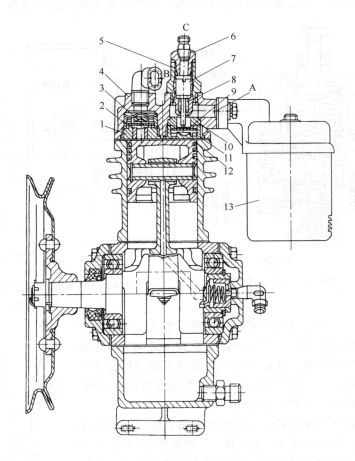

图 10-58 东风 EQ1090E 型汽车空气压缩机
1—排气阀座；2—排气阀门导向座；3—排气阀门；4—气缸盖；
5—卸荷装置壳体；6—定位塞；7—卸荷柱塞；8—柱塞弹簧；
9—进气阀门；10—进气阀座；11—进气阀弹簧；
12—进气阀门导向座；13—进气滤清器；
A—进气口；B—排气口；C—调压阀控制压力输入口

如图 10-60 所示，空压机卸荷装置和调压阀控制空气压缩机工作状态的工作情况是，当储气筒的压力达到一定值（东风 EQ1090E 型汽车为 0.7～0.74MPa）时，作用在调压阀膜片组件下方的气压大于其上弹簧的压力，膜片组件向上移动并带动芯管一同上移，芯管下的阀门关闭，储气筒气压作用在卸荷柱塞上方，使其下移，顶开进气阀门，空气压缩机往复运动的过程中，进气阀门始终开启，空气压缩机处于空转状态，如图 10-60 中的箭头所示。当储气筒的气压下降到一定值（0.56～0.60MPa）时，膜片组件在弹簧作用下下移，芯管顶开阀门，卸荷柱塞上方的气压降低，柱塞上移，进气阀门正常开关，空气压缩机向储气筒充气。

在使用过程中，调压阀的性能参数会发生变化，应定期进行检查和调整。调压阀调节气压值可通过盖上的调整螺钉改变调压弹簧的预紧力来调整，如图 10-61 所示。旋入时，弹簧的预紧力增大，储气筒内的气压值相应增大；反之，压力下降。

3. 串联双腔制动阀

制动阀是气压行车制动系统中的主要制动控制装置，用以控制制动气室的气压的大小，从而达到控制制动的强度大小的目的。并有渐进变化的随动作用并保证有足够强的踏板感，以保证作用在制动器上的制动力与制动踏板的行程和踏板力成一定的递增函数关系。

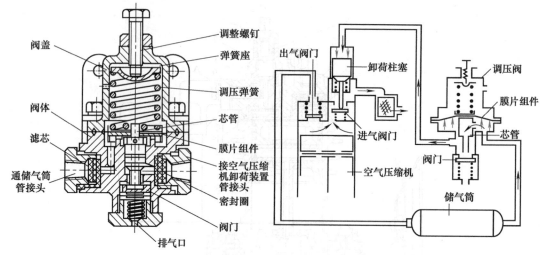

图 10-59 与储气筒并联的调压阀

图 10-60 空气压缩机卸荷装置与调压阀工作原理示意图

制动阀的类型有双回路双腔式和多回路三腔式，大多数车辆采用双回路双腔式制动阀。而双回路双腔式制动阀又有串联双腔式和并联双腔式两种。解放 CA1092 型汽车使用的是串联双腔活塞式制动阀，而东风 EQ1090E 采用并联双腔式制动阀。下面主要介绍串联双腔活塞式制动阀。

图 10-62 所示为解放 CA1092 型汽车串联双腔活塞式制动阀的结构示意图。它由上盖 5、上阀体 7、中阀体 10 和下阀体 13 等组成，并用螺钉连接在一起。中阀体上的通气口 A_1 和 B_1 分别接后桥储气筒和后桥制动气室；下阀体上的通气口 A_2 和 B_2 分别接前桥储气筒和前桥制动气室。上阀体中装有上腔活

图 10-61 调压阀的调整

塞；下阀体中装有下腔活塞，下腔活塞由大小两个套装在一起，小活塞 12 对大活塞 2 能进行单向分离。上腔阀门 11 滑动地套装在芯管上，其外圆有密封隔套，上腔阀门既是进气阀的阀门又是排气阀的阀座，为两用阀。下腔阀门 14 滑动地套在有密封圈的下阀体 13 的中心孔中，中空的芯管和小活塞 12 制成一体，下腔阀门 14 同样既是进气阀的阀门又是排气阀的阀座，也为两用阀。

串联双腔活塞式制动阀的工作情况如下。

不制动时，上、下活塞和芯管组在其复位弹簧的作用下，处于腔室上端的极限位置。两阀腔的两用阀门的进气阀都处于关闭状态，芯管和阀门间存在着排气间隙［上腔阀门 11 与上腔活塞 8 上的芯管间的排气间隙值为 $(1.2±0.2)$mm］，使控制管路通过排气间隙、中空芯管和排气孔与大气相通，如图 10-62 所示。

制动时，驾驶员将制动踏板踩下一定程度，通过滚轮 3、推杆 4 使平衡弹簧 6 及上腔活塞 8 向下移动，先消除排气间隙，再推开上腔阀门 11。此时，从储气筒来的压缩空气经通气口 A_1、阀门 11 与中阀体上的进气阀座间的进气间隙充入 G 腔，并经通气口 B_1 进入后桥制动气室，使后轮制动；又经通气孔 E 充入上活塞下腔，使上平衡气室的气压平稳地增长。与此同时，进入 G 腔的压缩空气通过通气孔 F 充入大活塞的上腔，推动大、小活塞和芯管下移，关闭排气阀后打开阀门 14，使前桥储气筒的压缩空气经通气口 A_2、阀门 14 进入 H

腔，并经通气口 B_2 充入前桥制动气室，使前轮制动，如图 10-62 所示。

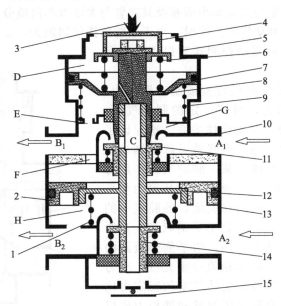

图 10-62　解放 CA1092 型汽车串联双腔活塞式制动阀的结构示意图（制动状态）
1—下腔小活塞复位弹簧；2—下腔大活塞；3—滚轮（未绘出）；4—推杆；5—上盖；
6—平衡弹簧；7—上阀体；8—上腔活塞；9—上腔活塞复位弹簧；10—中阀体；
11—上腔阀门；12—下腔小活塞；13—下阀体；14—下腔阀门；15—防尘片；
A_1—接后桥储气筒；A_2—接前桥储气筒；B_1—接后桥制动气室；B_2—接前桥制动气室；
C—排气口；D—上腔排气口；E，F—通气孔；G—G 腔；H—H 腔

注意，因为后桥制动管路较长，且制动气室容积较大，因此制动阀的下阀排气间隙较大，因而下阀开启比上阀晚，这就是串联双腔制动阀的上腔接后桥制动管路、下腔接前桥制动管路的原因。

维持制动时，制动踏板保持在某一位置不动，进入 G 腔的气压作用及复位弹簧 9 的张力之和与平衡弹簧 6 的压紧力相平衡时，上腔阀门 11 及排气阀处于"双阀关闭"状态。与此同时，因下腔大活塞上的控制气压与平衡气室的气压相等，待其下腔制动气压的作用力和其复位弹簧张力之和的合力，稍大于其上腔控制气压对活塞的作用力时，其大、小活塞即上移，进而也使下腔阀门 14 及排气阀处于"双阀关闭"状态。这样，上、下两个活塞虽大小不等，但两制动管路内却保持着相等的与踏板行程相适应的稳定气压，维持制动的稳定状态。

若驾驶员感到制动强度不足，可将制动踏板再踩下一些，此时上腔阀门 11 和下腔阀门 14 又重新开启，使 G 腔和 H 腔及制动气室进一步充气，直到 G 腔中的气压又一次达到与平衡弹簧 6 的压力平衡，H 腔的气压又一次达到与下腔活塞的上腔气压相平衡。在此新的平衡状态下，制动气室所保持的稳定压力较以前提高。同时，平衡弹簧 6 的压缩量和踏板力也较以前大。

放松制动踏板时，操纵摇臂复位，对平衡弹簧、上腔活塞和芯管的上压力解除，上腔活塞和芯管及平衡弹簧即在平衡气室内的气压和复位弹簧的作用下升起，排气阀即完全开启，形成排气间隙。后制动气室的压缩空气经 G 腔排气间隙和其下面的排气口 C 排入大气；与此同时，下腔大活塞及小活塞受复位弹簧 1 的张力作用而上移，下腔活塞带动芯管上移打开排气阀，前桥制动气室的压缩空气也经排气间隙和排气口排入大气，如图 10-63 所示。

当某一管路失效时：若前桥管路失效，阀的上腔仍能按上述方式工作，因而后桥制动气

室照常工作；若后桥管路失效时，由于下腔活塞上方建立不起控制气压而无法工作，平衡弹簧将通过上腔活塞、上腔阀门推动小活塞及其芯管与大活塞单向地分离而下移，推开下腔阀门使前桥控制管路建立制动气压。此时，由于下腔的排气间隙大，故踏板的自由行程加大。

归纳起来，串联双腔制动控制阀有以下几方面的工作特点。

① 随动作用：一定的踏板行程或制动踏板力，对应一定的平衡弹簧张力，对应一定的制动气压，也代表了一定的制动力，并成线性关系。这保证了驾驶员有良好的制动踏板感。当驾驶员踩下制动踏板保持在某一位置时，阀体中某一腔的气压作用力（和复位弹簧作用力之和）与平衡弹簧的压紧力相平衡，通向前、后轮的制动回路均关闭，各腔室中的气压保持稳定状态，即制动阀处于平衡状态。当制动力不够时，制动阀再踩下一些，给平衡弹簧新的变形，破坏原来的平衡，再给相关腔室充气，压力升高建立新的平衡，此时稳定制动气室的稳定力比以前更高，同时，平衡弹簧的压缩量和踏板力比以前更大。

② 正常制动时，上、下两腔的工作都由制动踏板控制，并能保证当一个回路漏气时，另一回路仍能工作。上腔回路漏气时，只有前桥制动器能够制动，但踏板的自由行程加大。

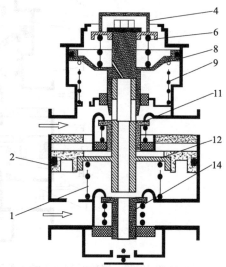

图 10-63　串联双腔活塞式制动阀
工作情况（排气状态）
（图注同图 10-62）

由于串联双腔活塞式制动阀最大工作气压等于储气筒的气压，所以无需进行最大气压的调整。该阀的调整部位只有一处，即上腔活塞芯管与上腔阀门间的排气间隙，标准值为 (1.2 ± 0.2) mm，若该间隙不符合要求，可通过制动阀拉臂上的调整螺钉进行调整。螺钉旋入芯管下移，排气间隙变小，踏板的自由行程减小；反之，排气间隙变大，踏板的自由行程增加。其调整工艺是：将锁紧螺母旋松，慢慢旋入调整螺钉，当听到制动阀有"咝咝"的泄气声，应停止旋入，慢慢退回螺钉，到细听时没有泄气声后，再退回 1/4 圈螺钉，调整后，锁止调整螺钉，检查自由行程是否合适和制动有无拖滞情况。如有拖滞，可旋出螺钉至合适为止。

4. 多回路压力保险阀

在多储气筒多回路系统中，当这些储气筒、回路与单一空气压缩机成并联连接关系时，虽然各储气筒入口处设置了单向阀，使各储气筒保持其独立性，但由于空气压缩机会优先向气压较低的回路充气，这样一旦其中某一回路或储气筒损坏漏气，就会影响其他完好回路的正常充气，制动系的制动效能由此而变差。为了避免这一缺陷，充气回路上装有双回路或四回路压力保护阀。其作用是：来自空压机的压缩空气可经多回路压力保护阀分别向各回路的储气筒充气。当某一回路损坏漏气时，压力保护阀能保证其余完好回路继续充气，使汽车能长时间地低速安全行驶。

(1) 双回路压力保护阀　图 10-64 所示为国产某重型汽车的双回路压力保护阀。不制动时两活塞阀门在弹簧的作用下分别将左右两出气口封闭。压缩空气由进气口进入，经两侧进气道分别流入左右两阀腔。当两阀腔的气体压力超过 0.52MPa 时，两侧气压克服弹簧力作用推开两侧活塞阀门，压缩空气经两出气口分别充入两回路储气筒。当阀腔气体压力达到 0.6MPa 时，两活塞阀门左右移动到中间挡圈极限位置，阀体开度最大。此时前后储气筒相连，两者可进行压力补偿。阀门在开启过程中由于弹簧力会传递到另一个阀体上，两出气口的压力不同会使两阀体开启有先后。

当工作时有一路失效漏气时,设左出气口处压力突然降低,甚至到大气压,则会在开始瞬间,自进气口输入的和由右出气口倒流回来的压缩空气,流向左出气口处,导致阀体内两侧阀腔压力下降,两活塞阀体关闭。随着进气口的不断进气,左右两侧阀腔压力又不断升高,由于右出气口处压力大于左出气口处,用于开启活塞阀体的右阀腔所需压力低于左阀腔所需压力,于是右阀腔活塞阀体重新打开,右侧回路继续充气,充气压力一般在 0.5～0.55MPa,若超过此值,左阀腔活塞阀门重新开启。这就保证了一回路漏气,另一回路正常工作。

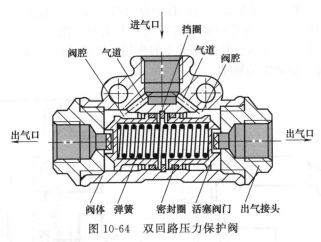

图 10-64 双回路压力保护阀

(2) 四回路保护阀 图 10-65 所示为奔驰 2026A 型汽车的波许四回路压力保护阀示意图。其中设有四个相同的阀单元,均由带节流柱塞的盘形阀门、弹簧及调整螺钉组成。其工作情况与双回路压力保护阀相似,能在任一回路损坏漏气时,保证其他三个回路能以稍低的压力正常工作。

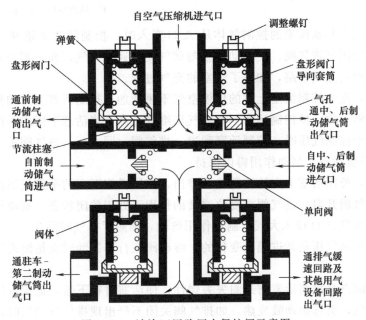

图 10-65 波许四回路压力保护阀示意图

5. 继动阀和快放阀

(1) 行车制动继动阀　若在储气筒与制动气室之间只通过制动阀连接，则储气筒向制动气室充气和制动气室向大气放气均需经过制动阀。在储气筒、制动气室与制动阀相距较远时，这样的迂回充放气会导致制动解除的滞后性，不利于及时制动和制动后的及时加速。

在制动阀与制动气室之间的回路中装设了行车继动阀，如图 10-66 所示。它的作用是使压缩空气不流经制动阀，制动气室的气压通过继动阀可迅速地就近充入或排出，提高了汽车使用性能。

如图 10-67 所示，行车继动阀由壳体 1、控制活塞 2、排气阀 3、进气阀 4 和复位弹簧 5 等组成。壳体上有四个进、出气口：A 为控制腔进口，接行车制动阀；B 为充气腔进口，接后桥储气筒；C 为输出腔口，接制动气室；D 为排气口，与大气相通。

不制动时，控制腔进口 A 通过制动阀的排气口与大气相通。此时，控制活塞 2 处于上极限位置，排气阀打开，进气阀在复位弹簧 5 的作用下处于关闭状态。后桥制动气室通过芯管和排气口大气相通，制动作用解除。

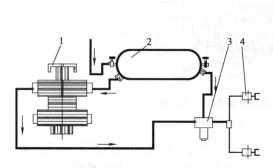

图 10-66　行车继动阀安装位置示意图
1—制动阀；2—储气筒；3—继动阀；4—制动气室

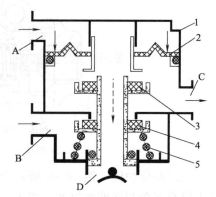

图 10-67　行车继动阀示意图
1—壳体；2—控制活塞；3—排气阀；4—进气阀；
5—复位弹簧；A—控制腔进口；B—充气腔进口；
C—输出腔口；D—排气口

制动时，当行车制动阀来的控制气体从 A 口充入时，控制活塞 2 迅速下移，其芯管先关闭排气阀，然后压开进气阀，使制动气室与储气筒相通而充气，而不需要流经制动阀，大大缩短了制动气室的充气管路，加速了气室的充气过程。

维持制动时，充入控制活塞上方的压缩空气不再增加，控制活塞上方的控制气压不再升高，而进气阀仍然开放，使控制活塞下方的气压继续升高。当活塞下面的平衡气压加上复位弹簧的作用力大于控制气压时，控制活塞和进、排气阀一同上行，进气阀关闭，继动阀处于"双阀关闭"的平衡状态，制动作用得以保持。

放松制动时，控制活塞上方的控制气体排出，控制活塞下方的平衡气压将活塞快速推到上极限位置，排气阀开启，进气阀在复位弹簧的作用下处于关闭状态。制动气室的压缩空气就近通过芯管的排气口 D 排入大气，制动作用解除，缩短了排气时间。

由于该阀的控制气压是渐进随动变化的，继动阀在行车制动时也是渐进随动控制输出压力的。

该阀常见故障点是控制活塞密封圈失去弹性，使活塞自行下落，造成排气不彻底，进气阀关闭不严而漏气，引起制动鼓发热。如排气阀关闭不严出现排气口漏气时，应及时维护或更新。

(2) 快放阀　作用是保证解除制动时制动气室快速放气。快放阀布置在制动阀与制动气室之间的管路上,靠近制动气室,由于离制动气室近,制动气室排气所经过的回路短,放气速度较快。如图10-68所示,快放阀的进气口通制动阀,两出气口分别通向左右两侧的制动气室。制动时,由制动阀输送过来的压缩空气自进气口流入,将阀门推离进气阀座,进而使之压靠在阀盖内端的排气阀座上,这样压缩空气自出气口流向制动气室。此时,快放阀起三通接头的作用,如图10-68(a)所示。解除制动时,进气口经制动阀通大气,阀门在弹簧的作用下使进气口关闭,排气口开启。制动气室的压缩空气即就近经排气口排入大气,而不需要迂回流经制动阀,如图10-68(b)所示。

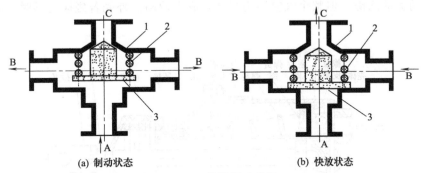

图 10-68 快放阀示意图
1—阀体;2—弹簧;3—阀门

6. 制动气室

在气压制动传动装置中,车轮制动器的促动装置是制动凸轮,而制动气室的作用是将输入的压缩空气压力转变为转动制动凸轮的机械推力,使车轮制动器产生制动力矩。

常用的制动气室有膜片式和活塞式两种类型。

(1) 膜片式制动气室　图10-69所示为膜片式制动气室。解放CA1091型汽车和东风EQ1090E型汽车都采用膜片式制动气室。夹布层橡胶膜片的周缘用卡箍夹紧在壳体和盖的凸缘之间。盖与膜片之间为工作腔,借橡胶软管与制动控制阀接出的钢管相通,膜片的右方与大气相通。弹簧通过焊接在推杆上的支承盘将膜片推到左极限位置。推杆的外端借连接叉与制动器的制动调整臂相连。

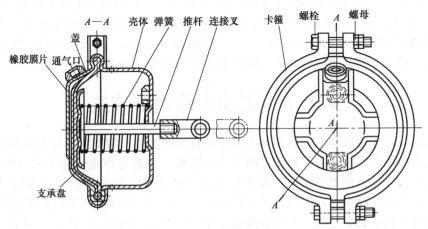

图 10-69 膜片式制动气室

踩下制动踏板时,压缩空气自制动阀充入制动气室工作腔,使膜片向右拱,将推杆推出,使制动调整臂和制动凸轮转动而实现制动。放开制动踏板时,工作腔则经制动阀的排气口通大气。膜片与推杆都在弹簧的作用下复位而解除制动。

膜片式制动气室受膜片变形的限制，推杆的最大行程较小，一般不大于40mm。大于该值时需及时调小蹄鼓间隙。

（2）活塞式制动气室　图10-70所示为国产某重型汽车前轮用的活塞式制动气室。冲压的壳体和盖用螺栓连接。活塞组件由活塞体、密封皮碗、密封圈、弹簧座和导向套筒等组成。推杆与活塞体接触的一端做成球头，因此其在轴向移动的同时还可以摆动。其工作情况与膜片式制动气室相同。

活塞式制动气室的推杆行程较膜片式的大，其活塞工作寿命也比膜片长，使用中不必频繁地调整制动器的间隙，但整个气室结构复杂，成本较高。外壳若碰撞变形时，活塞的移动易被卡住。

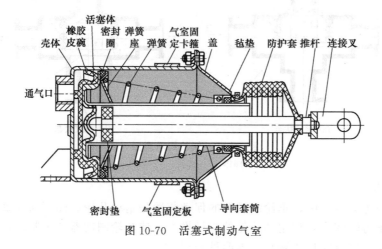

图10-70　活塞式制动气室

（3）制动气室的检修

① 膜片如有裂纹、变形或老化失去弹性等，应予以更换。

② 弹簧发现明显的变形、弯曲或严重锈蚀时，应予以更换。各制动气室的弹簧张力应一致，不合规定时，应予以调整。

③ 制动室壳与盖如有裂纹和凹陷或推杆孔磨损过多时，可堆焊修复。盖和膜片凸缘接触面的平面度误差不大于0.2mm。推杆不允许有弯曲，压板紧铆在推杆上不允许有松动。

④ 制动气室装复后，推杆伸出部分不得超过40mm，以免膜片受压变形，降低制动效果。前轮制动气室推杆行程为15~35mm，后轮为20~40mm。通入空气时，制动气室推杆应迅速运动，灵活无阻，当气压达88.2kPa时，不得有漏气现象。

第七节　制动力的调节装置

汽车制动时，作用在车轮上的制动力随着踏板力的增加而增加，但最大制动力受到轮胎与路面附着力的限制，制动力不能超过附着力，否则，车轮将停止转动而被"抱死"。车轮一旦抱死便会失去抵抗侧滑的能力。如果是前轮（转向轮）制动到抱死滑移而后轮还在滚动，汽车将失去方向操纵性，无法转向（跑偏）；如后轮抱死滑移而前轮还在滚动，即使受到不大的侧向干扰，也会使汽车失去方向稳定性，汽车将出现侧滑（甩尾）现象。这些都极易造成严重的交通事故。可见，后轮抱死的危害性远大于前轮。

汽车前、后轮各自所需要的制动力大小是由桥荷决定的，发动机前置、前轮驱动的汽车，前桥桥荷占到整车总重量的70%左右，所占制动力就不应小于整车的70%。而世界上所有双腔式制动主缸前、后腔的制动压力都相等。这种压力如不加以调节，直接送给各轮的轮缸，就会和前、后桥的桥荷产生巨大的差异，出现制动甩尾的现象。为了合理地进行制动力的分配，充分利用地面所能提供的附着力，就必须对前、后轮的制动力加以调节。一般在通往后轮的制动管路上串联限压阀、比例阀或感载比例阀等，以限制在良好路面上中等程度以上制动时后轮的制动力。

一、限压阀和比例阀

1. 限压阀

限压阀串联在制动主缸与后轮制动器的液压管路之间，其功用是当前、后制动管路压力 p_1 和 p_2 由零同步增长到一定值后，自动将 p_2 限定在该值不变。

液压式限压阀的结构及特性曲线如图 10-71 所示。自进油口输入的控制压力 p_1 是制动主缸的输出压力（亦即前促动管路的压力）；从出油口输出的是后促动管路的压力 p_2。阀门与活塞制成一体，装入阀体后，弹簧就受到一定的预紧力。在弹簧力的作用之下，阀门离开阀体上的阀座而抵靠着阀盖。阀门凸缘上开有若干个通油切口。当轻踩制动踏板时，由制动主缸输入的液压力 p_1 较低时，无法克服右端承受的弹簧力，滑阀不动，阀门保持开启，因而 $p_1=p_2$，限压阀尚未起限压作用。

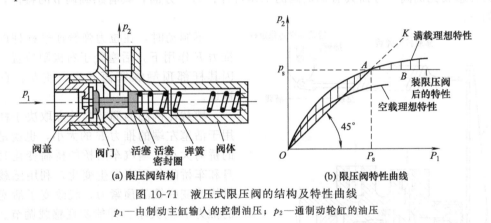

(a) 限压阀结构　　(b) 限压阀特性曲线

图 10-71　液压式限压阀的结构及特性曲线

p_1—由制动主缸输入的控制油压；p_2—通制动轮缸的油压

当踏板压力增大时，p_1 与 p_2 同步增长到一定值 p_s（限压点）后，活塞左方压力便超过右方弹簧的预紧力，于是滑阀向右移动使阀门关闭，主缸与后轮缸隔绝。此后，p_1 再增大时，p_2 也不再增大，保持定值 p_s。

限压点 p_s 决定于限压阀的结构，与汽车的轴载重量无关。由于限制了后轮制动液压管路压力，不会出现后轮先抱死。

2. 比例阀

前盘后鼓的汽车，前桥桥荷大，所需的制动力矩也大，为了满足前轮制动力矩的要求，不仅需要加大前轮轮缸的直径，而且还应在通往后轮鼓式制动器的管路中设置比例阀，在中等以上程度制动时限制后轮的制动压力。

比例阀一般也串联在制动主缸与后轮制动器的管路之间，其功用是当前、后制动管路压力 p_1 和 p_2 由零同步增长到一定值 p_s 后，即自动对 p_2 增长加以限制，使 p_2 的增量小于 p_1 的增量。

图 10-72 所示为比例阀的结构示意图，其内有一个两端承压面积不等的异径活塞，它的下端承压面积小于其上端的承压面积。不工作时，异径活塞 2 在弹簧 3 的作用下处于上极限位置。此时阀门 1 处于完全开启位置。温和制动时，主缸提供的制动压力 p_1 较低，比例阀异径活塞 2 向上与向下的压力差不足与克服复位弹簧 3 的预紧力，活塞不会向下移动，比例

阀不起调压作用，前、后轮制动管路内压力相等，即 $p_1 = p_2$。重踩制动踏板时，来自制动主缸较大的压力进入阀体内，异径活塞上、下端的压差大于复位弹簧的预紧力时，弹簧被压缩，活塞便开始下移，通往后轮轮缸的油道变窄，从而自动对 p_2 的增长加以限制，使 p_2 的增量小于 p_1 的增量。

二、感载比例阀

有些汽车（特别是中、重型货车）在实际载重量不同时，其总重力和重心位置变化较大。因此，满载和空载时理想的前、后轮制动力分配差距也较大。所以应采用随汽车实际载重量变化而改变对后轮制动力调节比例关系的感载比例阀。图10-73所示为液压式感载比例阀及其感载控制机构。阀体安装在车身上，其中活塞为差径结构，其右部空腔内有阀门。感载控制机构由感载拉力弹簧、杠杆和摇臂等组成。

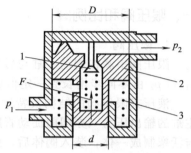

图 10-72 比例阀的结构示意图
1—阀门；2—异径活塞；3—复位弹簧

这种感载比例阀一方面具有比例阀的工作特性；另一方面，具有感载调节的特性，分析说明如下。

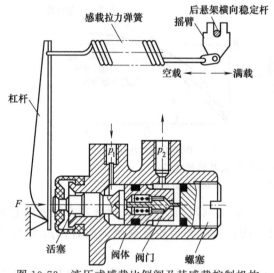

图 10-73 液压式感载比例阀及其感载控制机构

不制动时，在拉力弹簧通过杠杆施加的推力 F 作用下，活塞处于右极限位置。阀门因其杆部顶触螺塞而开启，使左、右阀腔连通。

感载比例阀的调节起始点取决于杠杆作用于活塞左端的推力 F 的大小，也就是后桥的桥荷大小。当汽车后桥的桥荷变化时，车身和车桥间的距离发生变化，利用感载控制机构改变弹簧的预紧力，就改变了活塞左端的推力 F 的大小，即能实现感载调节。

感载拉力弹簧右端经吊耳与摇臂相连，而摇臂则夹紧在汽车后悬架的横向稳定杆的中部。当汽车的后桥桥荷增加时，后桥向车身移近，后悬架的横向稳定杆便带动摇臂逆时针转过一个角度，将弹簧进一步拉伸，感载弹簧的预紧力加大，作用于活塞上的推力 F 便增加，使活塞相应右移一定距离，阀的开度增大，输出压力增加；反之，后桥的桥荷减小，弹簧的拉伸量和推力 F 即减小，输出压力降低。这样，作用于活塞左端的推力 F 随后桥桥荷的变化而变化，因而具有感载调节的特性。

三、惯性限压阀

汽车行驶时紧急制动会使重心前移。特别是那些高速汽车，在静载时，汽车前、后桥桥荷比是7∶3，高速行驶时紧急制动，汽车重心前移较多，使前、后桥桥荷比变为8∶2，甚至9∶1。这种情况下后轮轮缸如仍保持平时的制动压力，就会因后桥桥荷太轻，与之相比较后轮制动力就显得过大，后轮就会比前轮先抱死，甚至出现汽车甩尾的故障。在通往后轮制动管路上安装惯性限压阀可大大减缓或避免上述现象的发生。

惯性限压阀的作用是使限压点液压值 p_s 取决于汽车制动时作用在汽车重心上的惯性力。即 p_s 不仅与汽车的实际重量有关，还与汽车制动减速度有关。

如图 10-74 所示，惯性限压阀内有一个惯性钢球 2，惯性钢球的支承面相对于水平面的仰角 θ 必须大于零，惯性限压阀方可起作用。汽车在水平路面上时，θ 应为 10°～13°。

只要 $\theta>0$，通常惯性钢球在其自身重力作用下处于下极限位置，并将阀门 4 推到与阀盖 5 接触，使阀门 4 与阀座 3 之间保持一定间隙。此时进油口 A 与出油口 B 相通。

汽车在水平路面上施行制动时，来自主缸方面的压力由进油口 A 输入惯性限压阀，再从油口 B 进入后促动管路。输出压力 p_2 即等于输入压力 p_1。当路面对车轮的制动力使汽车产生减速度时，作为汽车零件的惯性钢球也具有相同的减速度。在控制压力 p_1 较低，减速度较小，惯性钢球向前的惯性力

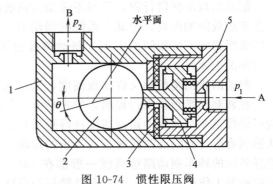

图 10-74 惯性限压阀
1—阀体；2—惯性钢球；3—阀座；4—阀门；5—阀盖

沿支承面的分力不足以平衡钢球的重力沿支承面的分力时，阀门仍保持开启状态，输出压力 p_2 仍等于输入压力 p_1。当 p_1 上升到一定值 p_s 时，制动减速度增大到足以实现上述二力平衡时，阀门弹簧便通过阀门将钢球推向前方，使阀门得以压靠阀座，切断液流通路。此后 p_1 继续升高，前轮制动力亦即汽车总制动力继续增大，钢球的惯性力使钢球滚到上极限位置不动。阀门对阀座的压紧力也因 p_1 的升高而加大，但 p_2 保持 p_s 值不变。

当汽车在上坡路上施行制动时，由于支承面仰角 θ 增大，惯性钢球重力沿支承面的分力也增大，使惯性限压阀开始起作用所需的控制压力值 p_s 也升高，即所限定的输出压力 p_2 值更高。这正与汽车上坡时后轮附着力加大相适应。相反，当汽车在下坡路上施行制动时，后轮附着力减小，惯性限压阀所限定的 p_s 也正好相应地降低。

第八节 制动系的检测、故障诊断与维修

一、制动踏板自由行程的调整

制动踏板的自由行程，就是用手按制动踏板（脚踩感觉不明显），从制动踏板的自由高度到感觉有阻力时的这段制动踏板的空行程。它是主缸推杆与活塞间隙在制动踏板行程上的反映。主缸推杆与活塞发生接触后，如再往下按制动踏板，活塞前边的制动液就要被压缩，自然就感觉到有阻力了。

制动踏板的自由行程是保证主缸活塞可靠复位，旁通孔（回油孔）在不制动时保持畅通的必要条件。制动踏板没有自由行程，活塞不能可靠复位，旁通孔被堵，每次制动时活塞后边向前边补充的制动液不能返回储液罐，会造成四轮制动拖滞。如果是前盘后鼓的汽车，制动踏板没有自由行程，跑长途时前轮盘式制动器会发生制动抱死，而同车后轮的鼓式制动器则只是有些轻微的制动拖滞。这是因为盘式制动器的工作间隙明显小于鼓式制动器的工作间隙。制动踏板自由行程过大又会造成制动迟缓。

制动踏板的自由行程，绝大部分汽车都是靠调整主缸推杆和真空助力器或液压助力器推杆的长度来进行调节的。只有极少数汽车是靠调整制动踏板上的偏心螺栓来实现的（该螺栓旋转一周有五个尺寸可供选择，这种调整属于粗调）。

没有装助力系统的制动主缸，直接将主缸推杆调整到距活塞 1.5～2.5mm 的范围内就可以了。愿意制动踏板高一些（保留行程大一些）的，可将主缸推杆活塞的间隙调得小一些。愿意使用柔和的制动踏板的，可适当放大主缸推杆与活塞的间隙，但主缸推杆与活塞的

间隙不要大于 4mm，推杆与活塞间隙过大，制动踏板的保留行程就会过小，严重时甚至没有。

制动踏板的保留行程，是指不带助力系统的主缸，制动踏板上施加 500N 的力后踏板距驾驶室底板间的距离，带助力系统的制动系，在发动机怠速状态下，给制动踏板加 300N 力后踏板距驾驶室底板间的距离。制动踏板的保留行程，最少也不能少于 40mm 或制动踏板全行程的 1/4。

制动踏板的全行程又称踏板高度，是指未制动时，制动踏板到驾驶室底板之间的距离。

在调制动踏板自由行程前，应先检查一下制动踏板的高度。如踏板高度不合适，应按制造厂提供该车型的制动踏板高度进行重新调节。轿车制动踏板的工作行程（踩下制动踏板，从感到有阻力到制动踏板踩不动为止的这段行程）较短，所以制动踏板高度就相对低一些，世界各国的轿车制动踏板高度一般都在 145～165mm 之间。卡车及轻型以上的旅行车，制动踏板的工作行程较大，所以制动踏板的高度也就相对高一些，制动踏板高度一般在 180～190mm 之间。

在调整制动踏板高度以前先将制动灯开关完全拧松，然后松开主缸推杆或真空助力器推杆的锁紧螺母，按照制造厂提供的数据调整好制动踏板的高度，并用锁紧螺母将推杆锁死。调整制动灯开关与踏板的距离，旋转制动灯开关直至它的壳体轻轻接触到制动踏板的挡块为止。调整完制动踏板高度后，应检查制动灯，看放松制动踏板后，制动灯是否熄灭。

检查带真空助力器的制动踏板的自由行程必须在发动机熄火状态下进行。先重踩几脚制动，将真空助力器加力气室内的真空彻底排净，再用手轻按制动踏板，从自由高度到感觉到有阻力的这段空行程为制动踏板的自由行程，轿车带真空助力器的制动踏板自由行程多为 5～10mm，货车带真空助力器的制动踏板自由行程一般在 8～15mm 的范围内。带真空助力器的制动踏板自由行程的调整都是靠调整真空助力器控制阀推杆的长度来实现的。调整方法如图 10-75 所示，松开推杆上的锁紧螺母，转动踏板推杆直到踏板自由行程正确，然后紧固锁紧螺母。

图 10-75　制动踏板自由行程的调整

二、液压制动系排气

制动液和空气虽然同是流体，其形状都能随容器变化而变化，但制动液具备不可以压缩又不能膨胀的特点，所以可以用它来传递力矩，而空气是既可以压缩又可以膨胀的，很少的一点空气就可以占满一个庞大的空间，而在压力下空气又可以被压缩，压力越大它被压缩得体积越小，所以未经过特殊处理（变成压缩空气）的空气是不能作为传力介质的。液压制动系里有了空气，就会使踏板的工作行程增大，造成制动踏板的保留行程完全丧失。通常需连续踩三脚制动踏板高度恢复到正常位置，才能建立起正常的制动压力。两个前轮的一个制动器轮缸有空气，另一个没有，会造成制动跑偏。双管路液压制动系中一条管路里有空气，另一条管路里没有空气，制动时会造成两轮拖印，另外两轮不拖印。前、后轮分别控制的，同轴两轮拖印，另一轴上的两轮不拖印。对角分别控制的，有一组对角两轮拖印，另一组对角两轮不拖印。

这是因为制动时，没有空气的车轮制动器很快就建立起了（第一脚制动踏板到 2/3 行程时）制动压力，车轮进入了抱死状态。而有空气的车轮制动器还没有建立起制动压力，车轮仍旧在旋转。

盘式制动器轮缸里空气到了一定量后，在解除制动时还会产生气阻使活塞回位变慢，而造成制动拖滞。

液压制动系中的空气除了可以造成制动失灵外，还可以造成制动跑偏；两轮有制动，两轮没有制动；有时还能造成盘式制动器拖滞。必须把它从液压制动系内部彻底排净，才能保证液压制动系的正常工作。

在更换主缸、轮缸或制动管路时，在主缸中缺少制动液时，在拆卸制动蹄又没有事先用弹簧夹将轮缸夹住时等，空气都会乘虚而入。

1. 放气前的准备工作

① 将储液罐加油口附近先清除干净，再打开加油盖，以防止污物掉进储液罐，排气前应先将储液罐内制动液加到规定高度，在排气过程中必须随时进行添补，储液罐内制动液的高度如低于出油孔或与出油孔平齐，空气就会乘机侵入主缸。

② 新添补的制动液必须和原有的制动液型号完全相同，制动液的互溶性很差，不同型号的制动液混用，制动液会出现分层，制动效率会降低，通常需连续踩三脚制动，才能建立起制动压力。如找不到相同型号的制动液，必须将原有制动液排净，再用变性酒精（工业酒精）冲洗整个液压制动系，然后再用新制动液将酒精全部挤出制动系，重新加足制动液。

③ 盘式制动器必须使用特种抗热型制动液。普通制动液在盘式制动器工作时会产生气阻。

④ 带真空助力器的制动系，在发动机熄火状态下，先重踩几脚制动，把加力气室里的真空全部排净，然后再进行放气。

2. 放气方法

(1) 液压制动系的人工排气　人工排气需两人配合进行，一人守在制动踏板处；另一人分别在主缸、组合阀和轮缸等处排气。放气顺序的基本原则是由高至低，同一高度由远至近。

① 无论是哪种结构的液压制动系，只要主缸里有空气，就必须先从主缸放起，主缸里空气排净了才能建立制动压力，才有助于其他部位的排气。

② 如装有组合阀，主缸排完气后，接着在组合阀放气螺钉处放气。

③ 新装的鼓式制动器放气前，应先调整蹄鼓间隙。所有的排气都是压力排气，制动蹄只有贴紧在制动鼓的摩擦面上，才能建立起制动压力。

④ 轮缸放气时从距主缸最远的轮缸放起，即右后、左后、右前、左前。平衡式制动器有两个轮缸，要根据两个轮缸制动管路连接方式来决定先放哪个轮缸的气。串联装置的轮缸应先从直接连接主缸管路的轮缸放起。并联装置的轮缸则应先从位置最低的（接近路面的）轮缸放起。

不按照放气的顺序，只要将每处都放干净，整个液压制动系的空气也能排干净，但要多浪费制动液和放气的时间。

放气时注意事项如下。

① 主缸放气时，主缸上有放气螺钉，从放气螺钉处放气，主缸上没有放气螺钉，则松开主缸输出油管螺母放气。主缸内空气较多时，可将主缸输出油管螺母先拧松3/4圈，连续缓慢地踩制动踏板，待管接头处出现制动液时，拧紧主缸输出油管螺母，连续快速地踩制动踏板，到制动踏板不再升高时，使劲踩住，拧松主缸输出油管螺母放气，在制动踏板降到最低位置时，迅速拧紧主缸输出油管螺母，螺母未拧紧前不允许放松制动踏板。然后继续踩制动踏板，这样重复2～3次，直到无气泡排出为止。

② 在轮缸放气螺钉处排气，必须使用专用扳手或六方扳手，不要使用梅花扳手和开口扳手，放气螺钉出厂时都拧得很紧，梅花扳手和开口扳手容易将放气螺钉的六方给拧圆了。

③ 制动液污染环境，能烧坏漆皮，滴在衣服上洗不掉，溅到眼里必须用净水反复冲洗，不然会给视力带来严重伤害。为了避免制动液带来的这些损害，可以用瓶子装半瓶同类型制动液，用一透明软管，一头插在放气螺钉上，另一头放在瓶内制动液中，将制动踏板反复踩动，升到最高点后，打开放气螺钉，继续反复踩制动踏板，直到没有气泡的清洁的制动液流出时，再关闭放气螺钉。瓶中的制动液必须丢弃，在任何情况下都不可以将这些充满了气泡、被污染的制动液重新加回制动系。液压制动系排气如图10-76所示。

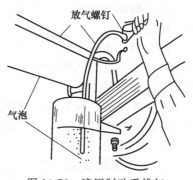

图10-76 液压制动系排气

④ 盘式制动器的管路和轮缸里没有残余压力，轮缸直径又特别大，所以排气较鼓式制动器要费劲。排气时可用塑胶手锤敲制动钳轮缸处，使那些黏附在缸壁上的较小的气泡集聚成大气泡，可迅速排出空气。

为了便于排气，所有轮缸的放气螺钉都位于轮缸的上部，如发现盘式制动器轮缸的放气螺钉位于轮缸的下部，说明左、右轮的制动钳装错了方向，这对制动没有直接影响，但会加大排气的难度。

（2）液压制动系的压力排气　使用制动液充放机压力排气非常迅速，而且一个人就能完成。我国上海大众公司使用的就是大众公司制动液充放机（VW1238机型）。

制动液充放机中有一种压力槽内用膜片将制动液和压缩空气隔开，另一种没有隔开，没有隔开的必须使用干净、干燥、没有油气的压缩空气（空气压缩机出气孔处需有油水分离器）。为了防止压缩空气在压力槽内与制动液混合，压力箱在排气前放好位置，放气过程中不要搬动或摇动压力箱（见图10-77）。

因为压力排气的压力要小于人工排气的压力，所以，对于有些前盘后鼓后轮驱动车辆在通往前轮盘式制动器轮缸的管路上安装了滞后阀的液压制动系，在排气前要保持计量阀处于开启位置。根据阀的结构，将阀杆推进或拉出，施加在阀杆上的力不要超过113N，否则阀会损坏。

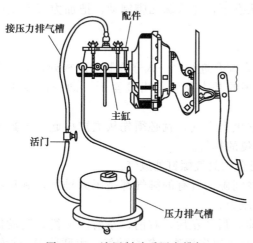

图10-77 液压制动系压力排气

压力放气顺序如下。

① 在压力箱里加足制动液，制动液至少占压力箱容积的1/3。将压力箱加压到0.68～0.91MPa。
② 把压力箱的软管接头和液压制动系的储液罐相连。
③ 开启制动液供给阀，按排气顺序从主缸开始排气。放气后关闭制动液供给阀，拆掉压力箱的软管接头即可。

三、液压制动管路的检查

1. 制动液渗漏

升起车辆，检查制动管路是否有制动液渗漏的部位，<u>应重点检查管接头部位</u>。

2. 制动管路损坏

① 升起车辆，检查制动管路是否有凹痕或其他损坏。

② 检查制动软管是否有扭曲、磨损、开裂、膨胀、老化等缺陷。
③ 将转向盘左右转到极限位置，检查制动管路和制动软管是否会与车轮或车身接触。在行车过程中不得产生较大振幅的振抖。

四、制动系常见故障与排除

制动系常见的故障与排除见表 10-1。

表 10-1 制动系常见故障与排除

故障现象	故 障 原 因	排除方法
制动不灵	①主缸进油孔堵塞 ②主缸出油阀损坏 ③制动管路内有空气 ④踏板自由行程过大 ⑤制动鼓和摩擦蹄片间隙过大 ⑥制动盘或鼓变形，表面不平，接触不良 ⑦摩擦蹄片表面硬化、有油、铆钉外露 ⑧轮缸活塞滑动不良	①应清洗疏通 ②应更换 ③应放气 ④应调整至规定值 ⑤应调整或更换摩擦片 ⑥应修理或更换 ⑦应修理或更换 ⑧应修理或更换
制动拖滞	①踏板没有自由行程 ②踏板回位不良 ③主缸活塞皮碗发胀 ④轮缸皮碗发胀、活塞卡住 ⑤蹄片与鼓/盘的间隙过小，复位弹簧力差 ⑥制动间隙自动调整装置不良 ⑦驻车制动装置回位不良 ⑧制动鼓和盘变形过大	①应调整 ②应及时修整 ③应更换皮碗 ④应更换、清洗或修理 ⑤应调整或更换 ⑥应拆开检修 ⑦应及时修整 ⑧应修理或更换
制动跑偏	①左右蹄片与鼓/盘的间隙不等 ②单边蹄片有油，烧结失效 ③制动蹄复位弹簧衰损或装配不良 ④左、右摩擦片型号、厂家不同 ⑤轮缸内有空气、油管堵或活塞卡住 ⑥左、右轮胎气压和磨损不同 ⑦前轮定位不良 ⑧悬架弹簧衰损或减振器不良	①应调整一致 ②应修理或更换 ③应更换或修整 ④应更换同厂家、同型号产品 ⑤应及时修理 ⑥应调整或更换 ⑦应调整至规定值 ⑧应更换
制动失效	①制动主缸内缺油 ②主缸皮碗损坏 ③制动管破裂或接头漏油 ④踏板推杆等连接机构脱落	①应加油后放气 ②应更换 ③应更换或紧固 ④应修整
制动液泄漏	①管接头处渗漏 ②管路因摩擦破漏 ③制动主缸渗漏 ④制动轮缸渗漏	①应拆卸更换 ②应拆换后加保护套 ③更换密封件 ④更换密封件

第九节　汽车制动防抱死系统

一、概述

前已述及，车轮一旦抱死车辆便会失去抵抗侧滑的能力。如果是前轮（转向轮）制动到抱死滑移而后轮还在滚动，汽车将失去方向操纵性，无法转向（跑偏）；如后轮抱死滑移而前轮还在滚动，即使受到不大的侧向干扰，汽车也将出现侧滑（甩尾）现象。这些都极易造成严重的交通事故。当汽车行驶在附着系数差异很大的路面上时，如汽车的左、右车轮中有一个车轮在无雪的道路上，而另一个车轮在积雪的道路上，就极有可能发生车辆打转的现象。如果在这样的道路上进行紧急制动，就很难掌握方向盘。如果在弯曲的道路上，车辆会从路肩越出去，也极有可能闯入对向车道中。

汽车制动时不希望车轮制动到抱死滑移，而是希望车轮制动到边滚边滑的状态。汽车制动防抱死系统是防止制动过程中车轮被抱死出现滑移现象的控制系统（英文简称为 ABS）。ABS 系统最大的优点就是能保证车辆在任何条件下都能在正常控制下制动，它对增加汽车制动时的稳定性、缩短制动距离、改善轮胎的磨损状况等方面的作用也是十分明显的。

1. 滑移率对附着系数的影响

汽车在制动过程中，车轮的运动可以划分为三个阶段：纯滚动、边滚边滑、完全拖滑。观察汽车的制动过程时，发现轮胎胎面留在地面上的印痕从车轮滚动到抱死是一个渐变的过程，如图 10-78 所示。图 10-78（a）所示的胎面花纹清晰可见，车轮还接近于纯滚动状态。图 10-78（b）所示的胎面花纹基本可辨认，说明车轮处于边滚边滑状态。图 10-78（c）所示的胎面花纹不能辨认，形成一条粗黑拖痕，说明车轮被抱死。

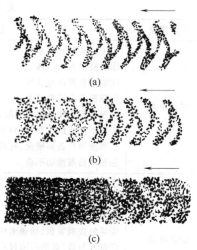

图 10-78 制动时轮胎留在地面上的印痕

从三个阶段的轮胎印痕的变化可以看出，随着制动强度的增加，车轮的滚动成分越来越少，而滑动成分越来越多。一般用滑移率 S 表征滑动成分在车轮纵向运动中所占的比例，车轮滑移率 S 可通过下式确定：

$$S = \frac{v - \omega r}{v} \times 100\%$$

式中　S——车轮的滑移率；
　　　r——车轮的滚动半径；
　　　ω——车轮的转动角速度；
　　　v——车轮中心的纵向速度。

由上式可知：当汽车的实际车速等于车轮滚动时的圆周速度时，滑移率为零，车轮为纯滚动；汽车制动过程中，在汽车停止前车轮处于抱死状态时，车身具有一定的速度，而车轮的滚动圆周速度为零，则滑移率为 100%；当滑移率在 0～100% 之间时，车轮既滚动又滑动。

车轮与路面之间的附着系数 ϕ 是随滑移率而变化的，两者之间的关系如图 10-79 所示。当滑移率处于 8%～35% 的范围内时，纵向附着系数 ϕ_z 和侧向附着系数 ϕ_c 的值都较大。纵向附着系数 ϕ_z 大，可以产生较大的制动力，制动距离短；侧向附着系数 ϕ_c 大，可以产生较大的侧向力，保证汽车制动时的方向稳定性。随着滑移率的增加，侧向附着系数下降，当滑移率为 100%，即车轮抱死滑动时，侧向附着系数 $\phi_c=0$，轮胎与路面之间的侧向附着力几乎为零，车轮将完全丧失抵抗外界侧向力作用的能力。稍有侧向力干扰（如路面不平产生的侧向力、侧向风力等），汽车就会产生侧滑而失去稳定性。

2. 制动防抱死系统的作用

制动防抱死系统是在汽车制动状态下，将车轮滑移率控制在 8%～35% 的最佳范围内。

在上述最佳范围内，不仅车轮和地面之间的纵向附着系数较大，而且侧向附着系数也较大。在汽车的制动过程中，汽车将处于最佳制动状态。

要控制滑移率就要对作用于车轮上的力矩进行瞬时的自适应调节。制动防抱死系统就是通过电子控制器、车轮转速传感器和制动压力调节器，对作用于制动轮缸内的制动液压力进行瞬时的自动控制（每秒约 15 次），从而控制制动车轮上的制动器压力，使制动车轮尽可能在最佳的滑移率范围内运动，从而使汽车的实际制动过程接近于最佳制动状态。

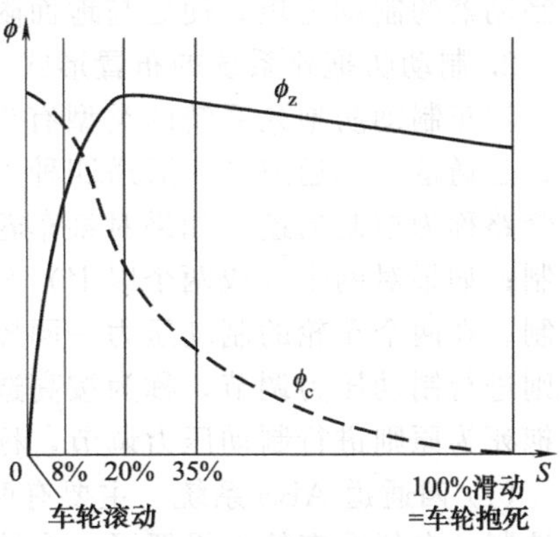

图 10-79 附着系数 ϕ 与滑移率 S 关系曲线

二、制动防抱死系统的基本组成和工作原理

1. 制动防抱死系统的组成和原理

制动防抱死系统由轮速传感器、制动压力调节装置和电子控制模块（ECU）等组成，如图 10-80 所示。ABS 系统主要组件在汽车上的安装位置如图 10-81 所示。其基本工作原理是，汽车制动时，首先由轮速传感器测出与制动车轮转速成正比的交流电压信号，并将该电压信号送入电子控制模块（ECU）。由 ECU 中的运算单元计算出车轮速度、滑移率及车轮的加、减速度，然后再由 ECU 中的控制单元对这些信号加以分析比较后，向压力调节器发

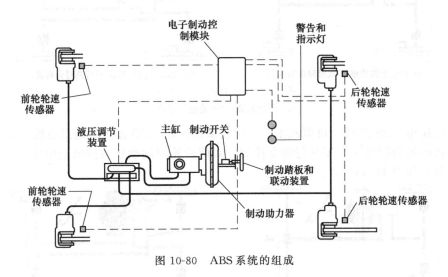

图 10-80 ABS 系统的组成

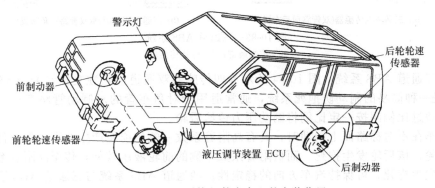

图 10-81 ABS 系统组件在车上的安装位置

出制动压力控制指令,使压力调节器中的电磁阀等直接或间接地控制制动压力的增减,以调节制动器的制动力矩,使之与地面附着状况相适应,防止制动车轮被抱死。

2. 制动防抱死系统的布置形式

汽车制动防抱死系统的类型有许多,按照控制通道数目的不同,ABS 系统可分为四通道、三通道、二通道和一通道四种类型。在 ABS 系统中,能够独立进行制动压力调节的制动管路称为控制通道。如果对某车轮的制动压力可以进行单独调节,称这种控制方式为独立控制;如果对两个(或两个以上)车轮的制动压力一同进行调节,则称这种控制方式为一同控制。在两个车轮的制动压力一同控制时,如果以保证附着力较大的车轮不发生制动抱死为原则进行制动压力调节,称为按高选原则一同控制;如果以保证附着力较小的车轮不发生制动抱死为原则进行制动压力调节,称为按低选原则一同控制。

(1)四通道 ABS 系统　主要有两种结构形式,如图 10-82 所示。为了对四个车轮进行独立控制,在每个车轮上设置了一个轮速传感器,并在通往各个车轮制动轮缸的制动管路上设置了制动压力调节分装置。由于这种布置形式可以最大程度地利用每个车轮的附着力进行制动,因此汽车制动效能最好。但在两侧车轮的附着系数不相等的路面上制动时,由于同一轴上的制动力不相等,易产生制动跑偏现象。因此,ABS 系统通常都不对四个车轮进行独立控制。

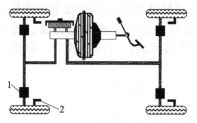 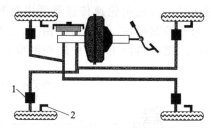

(a) 四通道四传感器(双管路前后布置)　　(b) 四通道四传感器(双管路对角布置)

图 10-82　四通道 ABS 系统

1—控制通道;2—轮速传感器

(2)三通道 ABS 系统　目前汽车上应用较多的四轮 ABS 多为三通道系统,而三通道系统都是对两前轮的制动压力按进行独立控制,对两后轮的制动压力按低选原则一同控制,其布置形式分别如图 10-83(a)、(b)所示。

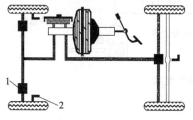 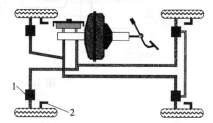

(a) 三通道四传感器(双管路前后布置)　　(b) 三通道四传感器(双管路对角布置)

图 10-83　三通道 ABS 系统

1—控制通道;2—轮速传感器

(3)双通道 ABS 系统　图 10-84 所示为四传感器双通道前轮独立控制的 ABS 系统,此类 ABS 是一种简易的制动防抱死系统,通常适用于对角布置的双制动管路汽车。两前轮单独控制,通过比例阀按一定比例将制动压力传给后轮。

当汽车在不对称路面上制动时,具有高附着系数一侧的前轮产生的高压传至低附着系数一侧的后轮,该后轮发生抱死。而低附着系数一侧的前轮液压较低,传至高附着系数一侧的后轮时不发生抱死,可保持汽车方向的稳定性。两通道 ABS 系统与三通道 ABS 系统或四通道 ABS 系统相比，后轮制动力一般稍显不足，紧急制动时制动距离有所加长，但后轮滑移较小，制动稳定性好。

如图 10-85 所示，四传感器双通道前轮独立后轮低选控制的 ABS 系统是在四传感器双通道前轮独立控制的 ABS 系统的基础上，用低选择阀（SLV）代替比例阀。这样，可使汽车在不对称的路面上制动时，高附着系数一侧的前轮产生的高压不直接传递到低附着系数一侧的后轮，该后轮只升到低附着系数一侧的前轮的制动压力，从而防止了处于低附着系数一侧的后轮抱死，其控制效果更接近三通道式 ABS 系统或四通道式 ABS 系统。

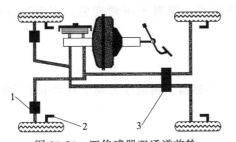

图 10-84 四传感器双通道前轮
独立控制的 ABS 系统
1—控制通道；2—轮速传感器；3—比例阀

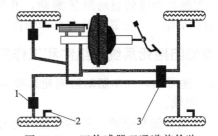

图 10-85 四传感器双通道前轮独
立后轮低选控制的 ABS 系统
1—控制通道；2—轮速传感器；3—低选择阀（SLV）

（4）单通道 ABS 系统 如图 10-86 所示，单通道 ABS 系统都是在前后布置的双管路制动系的后制动管路中设置一个制动压力调节装置，对于后轮驱动的汽车只需在传动系中安装一个转速传感器，单通道 ABS 系统一般对两后轮按低选原则一同控制，其主要作用是提高汽车制动的方向稳定性。当汽车在不对称路面上制动时，两后轮的制动力都被限制在处于低附着系数路面上的后轮的附着水平，制动距离有所增加。由于前制动轮缸的制动压力未被控制，前轮仍可能发生制动抱死，所以汽车制动时的转向操纵能力得不到保障。但由于单通道 ABS 系统能够显著地提高汽车制动时的方向稳定性，又具有结构简单、成本低的优点，因此在轻型货车上得到广泛应用。

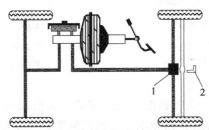

图 10-86 单传感器单通道后轮一同控制的 ABS 系统
1—控制通道；2—轮速传感器

三、制动防抱死系统的特点

1. 缩短制动距离

在同样紧急制动条件下，ABS 系统可以将滑移率控制在最大附着系数范围内，从而可获得最大的纵向制动力。普通的制动系统无法做到这一点。

2. 防止轮胎过度磨损

事实上，车轮完全抱死会造成轮胎杯型磨损，轮胎表面磨损不均匀，使轮胎磨耗增加。ABS 系统可以防止车轮抱死，从而避免了因车轮制动抱死造成的轮胎过度磨损，延长了轮胎的使用寿命。

3. 提高了汽车制动时稳定性

ABS 系统可防止车轮在制动时完全抱死，能将车轮侧向附着系数控制在较大的范围内，使车辆具有较大的侧向支承力，以保证汽车制动时的稳定性。

4. 使用方便、工作可靠

ABS 系统的运用与常规制动装置的运用几乎没有区别，制动时驾驶员只要正常制动即可。遇到雨雪路滑，驾驶员也没有必要用一连串的点刹方式进行制动，ABS 系统根据车轮的实际转速自动进入工作状态，使制动保持在最佳工作状态。要注意的一点是：ABS 系统工作时，驾驶员会感到制动踏板颤动，并听到一些噪声，都属于正常现象，不必过分紧张。ABS 系统工作十分可靠，并有自诊断能力。

四、制动防抱死系统的组件和工作原理

由上述可知，汽车制动防抱死系统一般由轮速传感器、制动压力调节器和电子控制模块（ECU）组成。

1. 车轮转速传感器（简称轮速传感器）

ABS 系统的工作需根据制动时车轮的滑移率进行控制。因此，及时地向电子控制单元输送车轮的转速信号就成为 ABS 系统正常工作的前提。车轮转速传感器的作用就是检测车轮的速度，并将速度信号输入电子控制单元。目前，大多数轮速传感器都是电磁感应式车轮转速传感器。它可以安装在车轮上（见图 10-87），也可以安装在主减速器或变速器上（见图 10-88）。

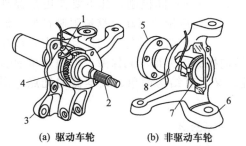

(a) 驱动车轮　　(b) 非驱动车轮

图 10-87　轮速传感器安装在车轮上

1,8—轮速传感器；2—半轴；3—悬架支承；
4,7—齿圈；5—轮毂；6—转向节

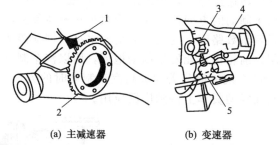

(a) 主减速器　　(b) 变速器

图 10-88　轮速传感器安装在主减速器或变速器上

1,5—转速传感器；2—主减速器从动齿轮；
3—齿圈；4—变速器

轮速传感器的组成及工作原理如图 10-89 所示。它由永久磁铁、磁极、线圈和齿圈组成。齿圈在磁场中旋转时，齿圈齿顶和电极之间的间隙以一定的速度变化，使磁路中的磁阻发生变化，磁通量周期地增减，在线圈的两端产生正比于磁通量增减速度的感应电压，该交流电压信号输送给电子控制模块。

2. 电子控制单元（ECU）

电子控制单元是 ABS 系统的控制中心，它实际上是一个微型计算机，所以又常称为 ABS（ECU）电脑。ECU 由输入电路、数字控制器、输出电路和警告电路组成。其主要任务是连续监测接收各个车轮转速传感器送来的脉冲信号，并进行测量比较、分析放大和判别处理，计算出车轮转速、车轮减速度以及制动滑移率，再进行逻辑比较分析各车轮的

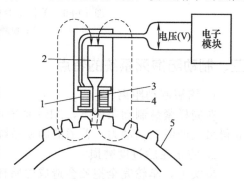

图 10-89　轮速传感器的组成及工作原理

1—线圈；2—磁铁；3—磁极；4—磁通；5—齿圈

制动情况，一旦判断出车轮将要抱死，它立刻进入防抱死控制状态，通过电子控制单元向液压单元发出指令，以控制制动轮缸油路上电磁阀的通断和液压泵的工作来调节制动压力，防止车轮抱死。

ECU还不断地对自身工作进行监控。由于ECU中有两个完全相同的微处理器，它们按照同样的程序对输入信号进行处理，并将其产生的中间结果与最终结果进行比较，一旦发现结果不一致，即判定自身存在故障，它会自动关闭ABS系统。此外，ECU还不断监视ABS系统中其他部件的工作情况，一旦ABS系统出现故障，如车轮速度信号消失、液压压力降低等，ECU会发出指令而关闭ABS系统，并使常规制动系工作，同时将故障信息存储记忆，并将仪表板上的ABS故障灯点亮，向驾驶员发出警示信号，此时应及时检查修理。

当点火开关接通时，ECU就开始进行自检程序，对系统进行自检，此时ABS故障灯点亮。如果自检以后发现ABS系统存在影响其正常工作的故障，它将关闭ABS系统，恢复常规制动系统，仪表板上ABS故障灯一直点亮，警告驾驶员ABS系统存在故障。自检结束后，ABS故障灯就熄灭，表明系统工作正常。由于自检过程大约需要2s，因此在正常情况下，当点火开关接通时，ABS故障灯点亮2s，然后再自动熄灭，是正常的。反之如果点火开关接通时，ABS故障灯不亮，说明ABS故障灯或其线路存在故障，应对其进行检修。

在一些汽车中，电子控制模块通常安装在汽车上尘土和潮气不易侵入、电磁干扰较小的部位，如车尾行李箱中。在某些车型上，为了使ABS系统结构紧凑，减少插头和线束，将ECU安装在制动压力调节装置上。

3. 制动压力调节器

制动压力调节器的功用是接收来自ECU的控制指令，自动控制制动压力的增、减，它是ABS系统的执行器。如图10-90所示，制动压力调节器总成包括液压控制电磁阀和电动液压泵。用液压控制电磁阀和电动液压泵产生的液压压力控制汽车的制动力。根据工作原理的不同，可分为循环式制动压力调节器和可变容积式制动压力调节器。下面以装有波许（BOSCH）ABS2S型的轿车为例介绍循环式制动压力调节器控制制动轮缸压力的工作过程。

循环式制动压力调节器由电磁阀、液压泵和电动机等部件组成。调节器直接装在汽车原有的制动管路中，通过串联在制动主缸和制动轮缸之间的三位三通电磁阀直接控制轮缸的压力，可以使轮缸的工作处于常规工作状态、增压状态、减压状态或保压状态。三位是指电磁阀有三个不同位置，分别控制轮缸制动压力的增、减或保压，三通是指电磁阀上有三个通道，分别通制动主缸、制动轮缸和储液罐。

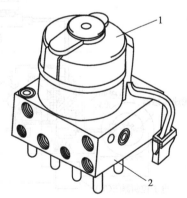

图10-90 制动压力调节器
1—带低压储液罐的电动液压泵；
2—液压单元

（1）常规制动过程 开始制动时，驾驶员踩制动踏板，制动压力由制动主缸产生，电磁阀不通电，柱塞处于图10-91所示的下方，柱塞将制动主缸与制动轮缸联通，并将通向储液罐的通道关闭，ABS系统没有参与控制，整个过程和常规液压制动系相同，制动压力不断上升。

（2）轮缸保压过程 当驾驶员继续踩制动踏板，油压继续升高到车轮出现抱死趋势时，ABS系统电子控制模块发出指令，向电磁阀提供一个较小的电流，使柱塞将通向制动主缸、制动轮缸和储液罐的三个通道全部关闭，此时电磁阀处于"保持压力"位置，系统油压保持不变，如图10-92所示。

（3）轮缸减压过程 若制动压力保持不变，车轮有抱死趋势时，ABS系统电子控制模块发出指令，向电磁阀通入最大电流，使柱塞将制动轮缸和储液罐联通，并将通向制动主缸的通道关闭,此时电磁阀处于"减压"位置,有抱死趋势的车轮被释放,车轮转速开始上升。与此同时,电动液压泵开始启动,将制动液由储液罐送至制动主缸,为下一制动过程做好准备。如图10-93所示。

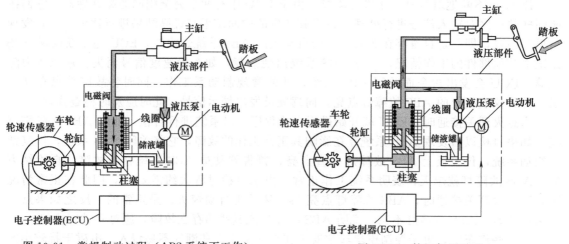

图 10-91 常规制动过程（ABS系统不工作）　　图 10-92 轮缸保压过程

(4) 轮缸增压过程　为了使制动最优化,当车轮转速增加到一定值后,电子控制模块检测到抱死制动状态已被解除,则给电磁阀断电,柱塞下降到初始位置,主缸与轮缸再次相通,使轮缸油压上升。车轮转速又降低接近于抱死状态。如图10-94所示。

这样反复循环控制（工作频率为4～10次/s）,将车轮的滑移率始终控制在20%左右。

我国生产的红旗CA7220型系列轿车及桑塔纳时代超人、宝来等轿车均装用上述循环式制动压力调节器。

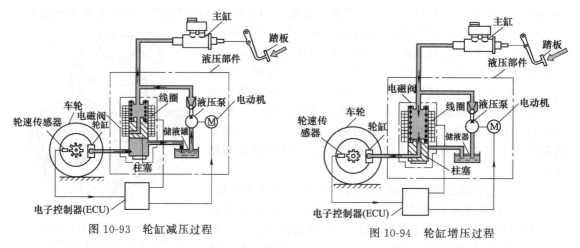

图 10-93 轮缸减压过程　　图 10-94 轮缸增压过程

4. 制动防抱死系统上的附加组件

依据车型、制造厂商和生产年份,制动防抱死系统有不同的附加组件。

① 防抱死警告灯　安装在仪表板上,用来指示ABS系统的工作情况。

② 液位传感器　安装在储液罐上,用来检测制动液的液位。

③ 蓄压器　安装在制动压力调节器总成上,用来储存来自电动泵的高压制动液,以备在制动过程中增加制动压力。

④ 压力开关　一般安装在蓄压器下面,用来检测蓄压器的压力。

⑤ 自诊断功能块　在电子控制模块内，提供制动防抱死系统的不同诊断的检查。

⑥ 制动踏板行程传感器　安装在制动踏板上，向电子控制模块提供制动踏板的行程信号。

5. 制动防抱死系统的使用性能

ABS 系统与传统的制动系使用特性不同。

（1）制动踏板感　在正常情况下，制动防抱死系统可以减少制动踏板的总行程，这样往往有正常制动时有踏板行程短的感觉。当车辆停车时，踏板有海绵的感觉。

（2）制动防抱死系统起作用的车速范围　当汽车时速低于 3～8km/h 时，ABS 自动关闭，不起作用。当车速在 8～12km/h 以上时进行制动，制动防抱死系统都自动进入防抱死制动状态。那么，车轮抱死可能发生在防抱死制动停车的最后阶段，这是正常的。

（3）轮胎制动痕迹　在防抱死制动过程中，滑移率被控制在 20% 左右的最佳范围。这样制动时总是有一定程度的滑动，滑动可能导致车轮某种程度的打滑。这将取决于路面情况。在没有 ABS 系统控制下紧急制动，车轮完全抱死会在干燥的公路上留下黑色的轮胎拖痕。在防抱死制动系统作用下紧急制动时，将会在公路上留下显而易见的轻微斑纹痕迹。

【认证链接】

汽车维修工取证，汽车制动系部分技能要求：

1. 能够解释制动系的有关概念，了解必要的制动系工作过程。
2. 测量制动踏板的高度，进行必要的检测与调整。
3. 检查制动主缸的泄漏情况，准确地了解其操作过程，并进行必要的检修。
4. 能够拆卸、安装和调整制动主缸。
5. 能够检查、诊断由于液压制动系出现故障引起的制动效能降低的各种情况，并进行必要的维修与调整。
6. 检查制动回路、制动软管是否发生泄漏、出现扭结、锈蚀、裂缝、疲劳破坏等情况，及时进行更换或维护维修等措施。
7. 选择、控制并加注适量的制动液。
8. 检查、测试或更换限压阀、比例阀和组合阀。
9. 检查、测试并调整感载比例阀。
10. 检查、测试或更换制动报警等系统的部件。
11. 放出制动系统（人力式、液压助力式等）的制动液，并清洗制动系。
12. 诊断制动效能低、制动跑偏、制动拖滞、制动失效、制动踏板抖动和车轮打滑等相关故障情况，确定所采取的维修措施。
13. 拆卸、清洗、检查和测量制动鼓，确定所要采取的维修措施。
14. 鼓式制动器总成和零部件的拆装、调整与检修。
15. 拆卸、检测并安装制动轮缸。
16. 拆卸、清洗制动钳总成，检查各零部件是否磨损、生锈、有划痕或损坏情况，更换密封圈、防尘罩和损坏的零件。
17. 清洗并检查制动钳安装支座的磨损程度，进行必要的维修。
18. 拆卸、清洗并检查制动片和其他零件，进行必要的维修。
19. 拆卸、润滑和安装制动钳、制动片和其他零部件，调整好制动片，检查泄漏。
20. 检查真空助力器的密封情况，检查单向阀是否正常工作，进行必要的维修。
21. 检查驻车制动操纵装置的零部件，看是否磨损、生锈或粘合等，进行必要的清洗和润滑，必要时进行零部件更换。
22. 检查驻车制动系，进行必要的维护与调整。

23. 气压制动系的拆装、调整与检修。

24. 拆卸、清洗、检测和安装车轮轴承，更换密封件，安装轮毂，调整车轮支承轴承的预紧度。

25. 识别和检查制动防抱死系统（ABS）的零部件。

26. 用自诊断或推荐的检测仪器设备诊断 ABS 系统的故障，决定采取的维修措施。

复 习 题

一、解释术语

1. 领蹄与从蹄。
2. 液力制动踏板自由行程。
3. 浮钳盘式制动器。
4. 制动拖滞。
5. 制动跑偏。
6. 真空助力器。
7. 感载比例阀。
8. 伺服制动系。
9. 中央制动器。
10. 非平衡式制动器。
11. 制动踏板感。
12. 气压制动串联双腔制动阀。

二、填空题

1. 汽车制系一般至少装用（　）各自独立的系统，即主要用于（　）时制动的（　）装置和主要用于（　）时制动的（　）装置。

2. 制动系按制动能源可分为（　）、（　）和（　）三类。

3. 在鼓式制动器中，制动稳定性最差的制动器是（　）。

4. 在鼓式制动器中，助势作用最大的是（　）制动器。

5. 液力制动装置主要由（　）、（　）、（　）、（　）等组成。

6. 评价制动性能的主要指标是（　）、（　）、（　），通常以（　）来间接衡量汽车的制动性能。

7. 轮缸促动式的领从蹄式车轮制动器的制动蹄片与制动鼓的间隙规定一般为：促动端为（　）mm，支承端是（　）mm，其大小可通过（　）进行调整。

8. 解放 CA1092 型汽车车轮制动器的蹄鼓间隙可通过（　）进行调整，该间隙的规定值为：凸轮端（　）mm，支承销端（　）mm。

9. 钳盘式制动器以制动钳固定在支架上的结构形式来分有（　）制动钳和（　）制动钳两种。其中（　）制动钳只在制动钳的一侧布置单向轮缸。

10. 钳盘式制动器中的轮缸活塞密封圈的作用：（　）、（　）和（　）。

11. 液压双回路制动器制动系的布置形式主要有：（　）；（　）。

12. 对于一桥对一桥式双回路制动系的串联双腔式制动主缸的前腔与（　）桥相连，后腔与（　）桥相通。

13. 在正常工作情况下，串联双腔式制动主缸的前活塞由（　）推动，后活塞由（　）推动。

14. 气压制动系中，调压器的作用是（　），EQ1090E 型汽车的调压阀安装在（　）之间。

15. 气压制动控制阀的结构按汽车所用管路系统的不同可分为（　）、（　）。

16. 液力制动系中的真空助力器具有（　）的工作特点。

17. 在采用液压制动装置的汽车上，根据制动增势装置的方式不同，可分为（　）和（　）两种。

18. 常见的驻车制动器有（　）和（　）两种，解放 CA1092 型汽车采用（　）的驻车制动器，而东风 EQ1092 型汽车采用（　）的驻车制动器。

19. 东风 EQ1092 型汽车的驻车制动杆从放松的极限位置拉回时，应只有（　　）"响"的自由行程，第（　　）"响"即开始有制动感觉，至第（　　）"响"应能（　　）。

20. 中央驻车制动器是通过制动（　　）而使驱动轮上产生制动力矩的，当全浮式半轴折断或传动轴拆除时，中央驻车制动器（　　）。

三、判断题（正确打√、错误打×）

1. 单向双领蹄式车轮制动器在汽车前进和后退时，制动力大小相等。（　　）
2. 定钳盘式和浮钳盘式制动器的正常工作间隙为 0.1mm。（　　）
3. 东风 EQ1092 型和解放 CA1092 型汽车车轮制动器属于平衡式车轮制动器。（　　）
4. 领从蹄式车轮制动器在汽车前进或后退时，制动力几乎相等。（　　）
5. 一些领从蹄式车轮制动器的前制动蹄摩擦片比后制动蹄摩擦片长，是为了增大前蹄片与制动鼓的摩擦力矩。（　　）
6. 双向双领蹄式车轮制动器在汽车前进和后退时，制动力大小相等。（　　）
7. 双自动增力式车轮制动器在汽车前进和后退时，制动力大小相等。（　　）
8. 装有自动调节装置的自增力式制动器，装配后，倒车制动即可调整好工作间隙。（　　）
9. 如果主缸和轮缸都有气存在，应先放主缸内的气。（　　）
10. 液压制动主缸的补偿孔和旁通油孔堵塞，会造成制动不灵。（　　）
11. 液压制动最好没有制动踏板自由行程。（　　）
12. 制动踏板自由行程过大，会造成制动不灵。（　　）
13. 最佳的制动状态是车轮完全被抱死而发生滑移时。（　　）
14. 双腔制动主缸在后制动管路失效时前活塞仍由液压推动。（　　）
15. 液压制动传动机构传动比就是制动轮缸直径与制动主缸直径之比。（　　）
16. 解放 CA1092 型汽车制动传动机构中的主储气筒的前后两腔和制动控制阀的上下两腔及前后制动管路都相通。（　　）
17. 制动盘有些磨损，只要其摩擦表面是平滑的，就不用修理。（　　）
18. 使用真空助力器时制动踏板力矩会突然加大，说明助力系统即将完全损坏。（　　）
19. 连续踩制动，制动踏板升高的原因，是制动系有空气。（　　）
20. 真空助力器在不制动时，其大气阀门是开启的。（　　）
21. 真空助力器失效时，制动主缸也将随之失效。（　　）
22. 液压制动系中安全缸的作用是在制动系漏油时，中断对漏油部位供油。（　　）
23. 当气压增压器失效时，制动主缸仍然能够进行临时性制动。（　　）
24. EQ1092 型汽车当踏板踩到底时，其制动气室的气压与储气筒气压相同。（　　）
25. 汽车上都装有排气制动装置。（　　）
26. 气压制动气室膜片破裂会使制动不灵。（　　）
27. 气压制动储气筒气压不足，会使制动不灵。（　　）
28. 疾速行驶紧急制动时可采用中央驻车制动器来应急制动。（　　）
29. 带有真空助力器的制动机构，在检查制动踏板自由程前，需在熄火状态下，连踩几脚制动，排出真空后，再进行制动踏板自由程检查。（　　）
30. 真空助力器上的单向阀可以保证发动机熄火后至少还有一脚带真空助力的制动。（　　）
31. 前轮驱动轿车制动管路没有按前后布置的原因是后轮制动力太小，单靠后轮无法实现有效制动。（　　）

四、选择题

1. 北京 BJ2023 型汽车的前轮制动器采用（　　）。
   A. 领从蹄式；　　　　　B. 单向双领蹄式；　　　　　C. 自动增力式

2. 液力张开的领从蹄式车轮制动器，在轮缸内两活塞大小相等的情况下，其制动蹄摩擦片的长度是（　　）。
   A. 前长后短；　　　　　B. 前后等长；　　　　　C. 前短后长

3. 自动增力式车轮制动器的两制动蹄摩擦片的长度是（　　）。

A. 前长后短； B. 前后等长； C. 前短后长
4. 解放 CA1092 型汽车采用的空气压缩机是（　　）。
A. 单缸风冷式； B. 双缸风冷式； C. 单缸水冷式
5. 解放 CA1092 型汽车制动时的最大工作气压（　　）。
A. 等于储气筒气压； B. 低于储气筒气压； C. 高于储气筒气压
6. 东风 EQ1092 型汽车采用的制动控制阀是（　　）。
A. 单腔式； B. 并联双腔膜片式； C. 串联双腔活塞式
7. 单腔式气压制动控制阀在维持制动时，进、排气阀的开闭情况是（　　）。
A. 进、排气阀均关闭； B. 进气阀开启、排气阀关闭； C. 进气阀关闭、排气阀开启
8. 在不制动时，气压制动控制阀的进、排气阀门的开闭情况是（　　）。
A. 进气阀开启、排气阀关闭； B. 进气阀关闭、排气阀开启； C. 进、排气阀均关闭
9. 前、后轮的制动气室膜片通常是（　　）。
A. 前小后大； B. 前后相等； C. 前大后小
10. 真空增压器在维持制动时，真空阀和大气阀的开闭情况是（　　）。
A. 大气阀开、真空阀关； B. 双阀关闭； C. 大气阀关、真空阀开
11. 制动踏板自由行程过大会（　　）。
A. 制动不灵； B. 制动拖滞； C. 甩尾
12. 在汽车制动过程中，如果只是前轮制动到抱死滑移而后轮还在滚动，则汽车可能（　　）。
A. 失去转向性能； B. 甩尾； C. 正常转向； D. 调头

五、问答题

1. 分析领从蹄式、单向双领蹄式、双向双领蹄式、双从蹄式、单向自增力式和双向自增力式轮缸制动器的结构和性能特点，并按制动能力由大到小的次序进行排序。
2. 什么是制动间隙的局部调整和全面调整？
3. 一汽 Audi-100 型轿车后轮领从蹄式制动器间隙如何实现自动调整？
4. 在倒车制动时，丰田佳美轿车双向自增力式制动器的间隙如何实现自动调整？
5. 说明浮动钳盘式制动器的构造及间隙自调过程。
6. 盘式制动器与鼓式制动器相比有何特点？
7. 为什么采用中央制动器的驻车制动系不宜用于应急制动？
8. 画出液压式制动传动装置组成的示意图，并简述其工作原理。
9. 如何检查真空助力器的性能？
10. 以解放 CA1092 型汽车为例，说明气压制动系的组成。
11. 液压感载比例阀有什么作用？
12. 以解放 CA1092 型汽车为例，如何调整凸轮促动车轮制动器的蹄鼓间隙？
13. 盘式车轮制动器的制动块是否可用粗砂纸修正？
14. 试述液力双腔式制动主缸在某一腔控制回路失效时的工作情况。
15. 如何调整北京 BJ2023 型汽车的制动踏板自由行程？其值过大或过小有何害处？
16. 气压制动系中的调压阀有何作用？
17. 以解放 CA1092 型汽车为例，说明如何进行气压制动踏板自由行程的调整。
18. 试述如何对 EQ1091 型汽车的驻车制动器进行调整和性能检查。
19. 说明如何进行液压制动传动系的排气。
20. 说明如何进行液压制动系制动踏板自由程的调整。
21. ABS 系统由哪几部分构成？有何布置形式？
22. 说明 ABS 系统中循环式制动压力调节器的工作过程。

参考文献

[1] 陈家瑞. 汽车构造（下册），第3版，北京：机械工业出版社，2009.
[2] 张红伟，王国林. 汽车底盘构造及维修. 北京：高等教育出版社，2005.
[3] [美] Jack Erjavec著. 汽车底盘及其诊断维修. 司利增等编译. 北京：电子工业出版社，2006.
[4] [美] J. 厄尔贾维克著. 汽车自动变速器与变速驱动桥. 韩爱民等译. 北京：机械工业出版社，1998.
[5] 张红伟主编. 汽车自动变速器实训. 北京：高等教育出版社，2007.
[6] 郑劲主编. 汽车底盘电控系统与检修. 北京：化学工业出版社，2012.
[7] 嵇伟编著. 现代汽车故障诊断与维修. 北京：人民交通出版社，2005.
[8] [美] A. E. 斯卡沃勒尔编著. 汽车构造原理与维修应用. 王锦俞等译. 北京：机械工业出版社，2005.
[9] 唐艺编. 新编汽车修理工艺. 北京：机械工业出版社，1998.
[10] 王遂双主编. 汽车电子控制系统的原理与检修（底盘与车身部分）. 北京：北京理工大学出版社，2003.
[11] 关文达. 汽车构造. 第2版. 北京：清华大学出版社，2009.
[12] 吴际章主编. 汽车构造（下册）. 北京：人民交通出版社，2005.
[13] 左成基，扬明软编著，汽车自动变速器实务. 北京：人民交通出版社，2005.
[14] 杨忠敏，陆刚主编. 汽车检测与维修一本通. 北京：科学技术文献出版社，2006.
[15] 姚国平等编. 21世纪汽车电工. 北京：北京理工大学出版社，2000.